明代贵州进士丛考

王力 杨慧◇著

科学出版社
北京

内 容 简 介

本书在明代科举制度的时代背景下，以明代贵州进士群体为研究对象，全面考证他们的姓名、籍贯、科举、生平、著述等情况，通过考证、整理、分析、汇总他们的资料，完善学界对这一群体的学术研究，以期形成相对系统、完备的明代贵州进士群体考证资料。

本书可供中国古代史等专业的师生阅读和参考。

图书在版编目（CIP）数据

明代贵州进士丛考 / 王力，杨慧著. —北京：科学出版社，2024.6
ISBN 978-7-03-076679-3

Ⅰ. ①明… Ⅱ. ①王… ②杨… Ⅲ. ①进士-研究-贵州-明代 Ⅳ. ①D691.3

中国国家版本馆 CIP 数据核字（2023）第205437号

责任编辑：任晓刚 / 责任校对：张亚丹
责任印制：肖 兴 / 封面设计：润一文化

科学出版社 出版
北京东黄城根北街16号
邮政编码：100717
http://www.sciencep.com
三河市骏杰印刷有限公司印刷
科学出版社发行 各地新华书店经销

*

2024年6月第 一 版 开本：720×1000 1/16
2024年6月第一次印刷 印张：27 1/4
字数：540 000

定价：198.00 元

（如有印装质量问题，我社负责调换）

前　言

一、问题的提出

进士、举人数量常被视作衡量地方文教水准的重要指标，但记录不一、资料亡佚、统计口径有异等诸多因素，往往导致统计结果不一，甚至无法完成统计。近年来，学界关于明清进士的总量统计已取得了较大突破，如龚延明、邱进春《明代登科总录》利用多种资料逐科予以确认，数据已较为可信。清史编纂项目中的“进士表”工程也已开展多年，预计不久当有详尽成果问世。但分政区的统计又多一层甄别的难度，乡贯与户籍问题的复杂性导致了众多重出和交叉的情况，对研判形成了干扰，因此学界现有成果中多有数据冲突，颇有辨析之必要。具体到明代贵州进士，上述情况又较他省严重。贵州自明代始成单独政区，其科举起步亦晚，故进士、举人数量均居全国后列，明代贵州进士仅百人左右，但具体数字却无定论，诸书说法颇不一致，有些进士的姓名写法也有歧异。

今天的数据来源大致有两种：一是记录了进士姓名的国史、方志、登科录等历史资料，可以统计得出数字；二是今人已有的统计成果。前者涉及资料很多，有些系统记载了明代各科进士数量，如《古今图书集成·选举典·殿试部》《续文献通考·选举考·明登科总目》《国朝历科题名碑录初集》《明清历科进士题名碑录》《明清进士题名碑录索引》。另有《皇明进士登科考》《皇明贡举考》《国朝典汇·礼部·科目》等，虽然因编纂年代较早而收录不全，但其所涉及的部分仍有一定参考价值。在贵州方志中，凡明代以后修纂的通志皆有相对完整的收录，其中以民国《贵州通志·选举志一》收录最全，其他各府州县志则可作参考，明代晚期的万历《贵州通志》、万历《黔记》所记万历中期之前的登科情况，亦可参看。登科录有天一阁所藏《进士登科录》、我国台湾地区所藏《明代登科录汇编》及美国国会图书馆所藏资料，哈佛燕京学社已将全部存世登科录的进士履历汇总，方便研究者使用。今人统计较有代表性者则有吴宣德《中国教育制度通史·明代卷》《明代进士的地理分布》、庞思纯《明清贵州七百进士》。

各书数据不一，统计下来，康熙《贵州通志》101人、乾隆《贵州通志》102人、《明清进士题名碑录索引》104人、《国朝历科题名碑录初集》104人、《中国教育制度通史·明代卷》91人、《明代进士的地理分布》99人、《明清贵州七百进士》109人。民国《贵州通志·选举志一》正文统计为105人，另有两条补充信息，一是万历三十二年（1604）甲辰科后，“按是科尚有永宁籍之龙遇奇，见《浙江通志·人物志》有传”；二是崇祯十六年（1643），“又是科进士有涂宏猷，都匀籍，见《黔诗纪略》及《都匀县志稿》。”实际数据当计为107人。

上列诸书中，除《中国教育制度通史·明代卷》《明代进士的地理分布》外，另几种均具体列出姓名籍贯，还有中式时间、名次等信息，兹随机抽取汪大章一人为例，看各书记载之异同：

康熙《贵州通志》卷十八载：“普定人，弘治己未进士，幼称奇童，弱冠登第，历官参议，声名籍甚，以事忤刘瑾，遂告归。”

民国《贵州通志·选举志一》云：“安顺籍，人物志有传。”

《明清进士题名碑录索引》载：“贵州普定卫（直隶休宁），官籍，弘治十二年三甲一百七十二名。”

《国朝历科题名碑录初集》载：“贵州普定卫，官籍，直隶休宁县人。”

《明清贵州七百进士》云：“官籍，原籍直隶休宁县，幼称奇童。弘治十二年己未科进士，三甲一百七十二名。以反对宦官刘瑾告归。”

总体看各书信息冲突较少，整体趋于统一，但户籍的表述仍有“普定”和“安顺”两种，且各书所记详略有差，因而仍有统计出错的概率，更不要说有些进士的记录本就颇多冲突，令人莫衷一是。因此，厘清贵州进士的相关信息确有必要。

二、本书的核心概念界定与论证逻辑

如何界定“明代贵州进士”？当从“明代”“贵州”和“进士”三个角度加以限定。“明代”的起止时间史学界已有定论，并无争议，但在科举语境中存在明朝中举而清朝中进士的情况，需加以针对性辨析。所列诸史料在统计时均执行了常用标准，即必须在明朝灭亡前考中进士才算明朝进士，故而此问题并不需要特别加以辨析。

“进士”的标准比较明晰，按明廷规定，会试中式可称“贡士”，必须要继续成功通过殿试，才可称进士。如果当科因故未参加殿试，后来随下一科殿试，也可称进士。但会试中式后始终未参加殿试，则不能称进士。

“贵州”是个地域名词，涉及一个人的籍贯。明代户籍制度严格，“籍贯”表述有明确要求。“籍贯”指一个人的“户籍”加“乡贯”，乡贯指一个人的祖籍地，户籍地则指一个人的户口信息所在地，籍贯决定了考生的考试归属地，是判断一名进士是否属于某地的重要依据。古代社会人口的迁移难以避免，也就产生了乡贯与户籍不对应的情况。贵州人籍贯信息的特殊性主要表现为两个方面：一是人口流动中，贵州以流入为主，贵州于永乐十一年（1413）建省，之前之后都有大量移民进入，而流出者相对要少；二是贵州士子多系祖籍外省者，万历年间的巡抚郭子章在谈及科举冒籍时曾指出：“黔固夷薮也，俗难顿化，其群聚而成都邑大都，军若民乔居者久之，历祖父，长子孙即同土著，舍此无贵州矣。”[①]在黔人中，乡贯为他省而随家人入黔从而获得黔地户籍的现象比较普遍，按照明代律法规定，此类人可在贵州参加乡试，考中进士后也应视为贵州进士，因此，凡拥有贵州户籍者应当属于贵州进士。问题的复杂性在于记录的混乱，或出于乡土情结，或出于对黔地的轻视，不少生长于斯的士子并不以黔人自居，在乡试、会试填写籍贯信息时可能只填乡贯（当然有时是本人已完整填写而他人收录时有遗漏），从而造成信息缺失而形成误导。这也是认识明代贵州人籍贯时特别需要注意的地方。下文中有几位进士就属此类，如张谏、秦颙等在部分史籍中就只有其乡贯而看不出其与贵州的联系。

辨析一省之进士，以何种资料为基础信息切入非常重要。理论上讲，凡涉及明代贵州进士的信息都在辨析范围之内，如此则凡有一书言及某人为贵州进士，必予以辨明，因为难以预估何种书中有此类信息，工作量难以计算，故只能以某一两种资料为基础，再辅以相关资料进行研判。综合考量后，本书决定以民国《贵州通志·选举志》和国子监进士题名碑为基础信息，结合贡举志、试录、方志、文集、碑刻、谱牒等，以证实的方式展示其籍贯、科份、名次、中式年龄等。而对有争议的信息，则集中于前言中先行辨析，方志中的孤证颇多，难以尽析，则仅举几例以示。

综合各书信息来看，需要辨析的人物主要有以下五类：一是崇祯十三年（1640）特科中式者，此类有三人，分别为蒋克达、李之驹、刘宪模。二是未殿试者，此类中有张佐辰一人。三是乡贯为贵州、户籍为异地者，此类有徐卿伯一人。四是名字仅见于个别书中者，此类人物较多，如汤训仅见于民国《贵州通志》及《明清贵州七百进士》，龙遇奇仅见于民国《贵州通志》，涂宏猷仅见于民国《贵州志》及《明清贵州七百进士》，张一甲、潘埘、潘瑞、潘鎏、谢士章、曾凤彩仅见于《明清贵州七百进士》。五是部分书中籍贯信息未涉贵州者，如张谏、秦颙、钟震、彭果、赵侃、郭珠、侯位、钱嘉猷、龙起雷、梅友月。以下逐类进行辨析。

① （明）郭子章著，赵平略点校：《黔记》卷16《学校志上》，贵阳：贵州人民出版社，2016年，第397页。

三、崇祯十三年（1640）特科中式人物之辨析

此科涉及人物有蒋克达、李之驹、刘宪模三人，由于记载混乱，各书说法不一。民国《贵州通志·选举志》记蒋为崇祯十三年（1640）、李刘二人为崇祯十六年（1643）进士，《明清进士题名碑录索引》《国朝历科题名碑录初集》则全部列入崇祯十五年（1642），三书的记载各有谬误，时间上此次特科考试应为崇祯十三年（1640），因为此科的题名碑现仍存放于北京国子监，所记时间即为崇祯十三年（1640），三人同为此科考生，碑文所记颇为清楚，因此可以确定三人同属崇祯十三年（1640）特科考生。

另一个关键问题是三人是否算作进士。龚延明、邱进春《明代登科进士总数考》一文对此科考试性质有过详细考辨，指出此科录用的263人中“前163人为该科会试的副榜举人，后100人则为当年经过廷试的岁贡生员，显然和进士是两码事”[①]，其文同时分析了崇祯开特科的用意，“在崇祯的眼里，进士出身的大臣并无经国韬略，他认为这是历年以来铨官循资格太甚造成的弊端，于是特地将举人和贡生的初授官资格提高到进士的地位，这样既可以鼓励非进士出身的人才积极报国，又能对拥资格而自重的进士们产生一定的刺激作用”[②]，崇祯的用意并非赐考生们进士出身，而只是破例升用。方志中的部分信息也可佐证这一结论，民国《贵州通志·选举志》“蒋克达”条下即有按语：“按，明进士碑是科无蒋克达其人，今据旧志载入”，说明修志者已有疑惑。李之驹、刘宪模二人条下记有“按：是科未分一二三甲，共取二百六十三名，赐特用出身”，与《明代登科进士总数考》一文所言吻合。民国《贵州通志·人物志》对三人的进士身份也未持肯定态度，仅提到刘宪模为“崇祯六年癸酉科举人，十五年壬午科进士”，李之驹处则只称其为“崇祯癸酉举人”，未提及进士之事，蒋克达更是不曾入传。因此三人并非进士，不能计入贵州进士之列。

四、未殿试者之辨析

此种情况有张佐辰一人。康熙《贵州通志》、乾隆《贵州通志》将其列入进士，民国《贵州通志·选举志》也将他列入进士，但明确指出其“未殿试”，《明清进士题名碑录索引》《国朝历科题名碑录初集》《明清历科进士题名碑录》均将其列入崇祯十六年（1643）癸未科“未殿试一十一人”之中，综合上述资料，他未参加殿试的事实基本可以确定。这里只需要辨清一个问题：未殿试者是否可以称进士？答案是明确的，因为会试中式者必须经过殿试方能成为进士，未经殿试则只能称贡士。并非所有会试中式者都会参加殿试，虽然绝大多数贡士都

---

① 龚延明、邱进春：《明代登科进士总数考》，《浙江大学学报（人文社会科学版）》2006年第3期，第70页。
② 龚延明、邱进春：《明代登科进士总数考》，《浙江大学学报（人文社会科学版）》2006年第3期，第70页。

不会放弃这种离翰苑凤池仅一步之遥的人生机遇，但遇上特殊情况仍会被动放弃，有的出于身体原因，如患重病；有的出于社会礼法的约束，如丁忧。事实上，在永乐朝之后，几乎各科都有未参加殿试者，未殿试就没有被赐予进士出身的机会，因此就不能算是进士。

五、乡贯为贵州、户籍为异地者之辨析

此类型涉及人物为徐卿伯，他是一个向外流动的例子，《明清进士题名碑录索引》《国朝历科题名碑录初集》均称其为“直隶徐州籍，贵阳府人”。他于万历四十年（1612）壬子科贵州乡试中式，万历四十一年（1613）中进士，其进士信息，《明清历科进士题名碑录》《明清进士题名碑录索引》《国朝历科题名碑录初集》均记为户籍直隶徐州官籍、乡贯贵州贵阳。综合各种资料看，他的贵州人身份没有问题。万历四十一年（1613）的会试主考官叶向高在其《蘧编》一书中便称：“御史徐卿伯者，黔人，亦余所举士也。”[①]《明史·王三善传》有“大方之役，御史贵阳徐卿伯上言……”，直接称其为贵阳人。[②]康熙中期任贵州巡抚的田雯所著《黔书》之“人物名宦”一节中，称“黔之人物，尹珍以上无论，已明之以理学、文章、气节著者，如……徐卿伯……皆大雅复作，声闻特达者也，而文恭为之最。”[③]嘉庆《大清一统志》、道光《贵阳府志》亦均视其为贵州贵阳人[④]，徐卿伯在其奏折中称“臣以黔人而言黔事，其情形岂不熟悉？其利害岂不关切？”[⑤]说明其本人确实自视为黔人，综合以上信息，则徐卿伯为贵州人无疑。

影响判断的是其户籍记为直隶徐州官籍，一般考生省际流动主要表现为由文化强势地区流向弱势地区，从贵州转往直隶无疑会增加竞争难度，黔人徐卿伯以直隶籍应试似乎不合常情，但明代会试实行分卷制，“给事中徐廷章复请依正统间例。五年甲戌，会试，礼部奏请裁定，于是复从廷章言，分南、北、中卷：南卷，应天及苏、松诸府，浙江、江西、福建、湖广、广东；北卷，顺天、山东、山西、河南、陕西；中卷，四川、广西、云南、贵州及凤阳、庐州二府，滁、徐、和三州也”[⑥]。贵州与直隶的徐州等几地同处中卷地区，考试竞争度一致，这就大大增加了徐卿伯以徐州官籍参加会试的可能，他这么做可能是因为其父亲在彼地任官，也可能有其他缘由，因何种原因改换地方已难查考。一个辅助判断的重要信息是其家族的应试情况，乾隆《贵

---

① （明）叶向高：《蘧编》，《四库禁毁书丛刊补编》第25册，北京：北京出版社，2005年，第548页。
② 《明史》卷249《王三孝传》，北京：中华书局，1974年，第6458页。
③ （清）田雯编，罗书勤点校：《黔书》卷下，贵阳：贵州人民出版社，1992年，第69页。
④ 分别见嘉庆《大清一统志》卷391、道光《贵阳府志》卷73。
⑤ （明）张萱：《西园闻见录》卷80，《续修四库全书》第1169册，上海：上海古籍出版社，2002年，第771页。
⑥ 《明史》卷70《选举志二》，第1698页。

州通志》对徐家几代人科举情况的记载脉络比较清晰。其祖父徐大魁[①]、父徐讲分别于嘉靖二十八年（1549）、万历十六年（1588）中贵州举人，而徐卿伯之子徐必远、徐必升、徐必遴，其孙徐缜分别于崇祯六年（1633）、崇祯九年（1636）、清康熙二年（1663）、康熙二十一年（1682）中贵州举人。本人及父祖、子孙明清两代均在黔参加乡试，表明起码在乡试之前每个人的户籍、乡贯均在贵州贵阳，子孙户籍在贵阳表明徐卿伯本人大概率没有入籍他乡，他以直隶官籍身份参加会试当有特殊原因。此种情况下，可视徐卿伯为贵州进士。

六、孤证辨析举例

此处以汤训、龙遇奇、涂宏猷、张一甲、潘埘、潘瑞、潘鎏、谢士章、曾凤彩等人为例，有些信息仅见于一种书，非仅见于一书者也不超两三种文献，且多系转引而来，姑且视为孤证。

（1）汤训。民国《贵州通志·选举志》将其与汤冔一起列入正德十六年（1521）辛巳科，言其为宣慰司籍，官同知，其后则有小注云："辛巳科杨维聪榜二人，康熙志无汤训，今据《贵阳府志》补入"，表明是书编纂者对此并不确信，也未做考证，只是权且收录。庞思纯《明清贵州七百进士》的相关介绍为"正德十六年进士，官同知。《明清进士题名碑录》无。民国《贵州通志·选举志一》载入"，说明其信息来源于民国《贵州通志·选举志一》，所不同的是他发现了《明清进士题名碑录》中并无记载。再看贵州方志的记载情况，最早的弘治《贵州图经新志》因时间较早，不可能记载嘉靖时事，故不在考证之列。其他如嘉靖《贵州通志》无汤训信息，万历《贵州通志》、万历《黔记》、康熙《贵州通志》均仅列名正德十四年（1519）举人，而无中进士信息。乾隆《贵州通志》将其列入正德己卯科举人，注曰"宣慰司人，辛巳进士"，但此科的进士处却又仅列汤冔一人，并无汤训。被民国《贵州通志·选举志一》视为信息来源的道光《贵阳府志》则这样记载："官同知，二人通志未载"，二人即汤冔、汤训，前述引文的《通志》即乾隆《贵州通志》，这表明道光《贵阳府志》亦不能确定其进士身份。此外，《皇明贡举考》所收正德十六年（1521）辛巳科也无汤训此人。由此来看，汤训并未考中进士。

（2）龙遇奇。龙遇奇是一个被错点"鸳鸯谱"的案例，与汤训不同的是，他确实考中了进士，但并不是贵州人。民国《贵州通志》以"见《浙江通志》"作

① 乾隆《贵州通志》、道光《贵阳府志》、民国《贵州通志·选举志一》均记明代贵州举人有两个徐大魁，分别在嘉靖四年（1525）、嘉靖二十八年（1549）中举，万历《黔记》嘉靖四年（1525）举人名录则无徐大魁，天一阁藏《嘉靖四年云贵乡试录》所列中式名单也无此人，乡试录中有中举者名次籍贯信息，可信程度更高。另外，倪蜕《滇云历年传》记此科云贵共取五十五人，云南三十四人，贵州二十一人，乾隆《贵州通志》、民国《贵州通志·选举志一》此科人数均为二十二人，应为误增徐大魁一人，则徐大魁真正中举时间为嘉靖二十八年（1549）。

（1）侯位、钱嘉猷、龙起雷、梅友月。在《明清进士题名碑录索引》与《明清历科进士题名碑录》中，侯位、钱嘉猷、龙起雷分别被记为“湖广平溪卫人”“湖广镇远卫人”“湖广五开卫人”，梅友月则在两书中分别被记为“湖广五开卫人”和“直隶婺源人”，均与湖广有关。明代湖广的偏桥、镇远、清浪、平溪、五开五卫与贵州交界，嘉靖二十二年（1543）后五卫俱附试于黔，“偏桥、镇远、清浪、平溪、五开五卫，俱隶湖广都司，而去贵州稍近，惟偏桥卫旧有学校，平溪卫亦寄思州府学，后因生儒渐多，奏准设学校，镇远卫寄镇远府学，清浪卫寄思州府学，五开卫寄黎平府学，俱听贵州督学宪臣考试，而科举则仍于湖广。嘉靖二十二年，平溪等卫学生称各卫去湖广险远，欲要比照四川夔州卫、直隶归德卫等处事例，就近附试，该巡抚都御史刘彭年、巡按御史赵大佑、行左布政使叶珩、按察使胡松、提学副使蒋信议覆，会题奉钦依勘合，偏桥、镇远、清浪、平溪、五开五卫军生俱听贵州提学考校，科举俱赴贵州布政司应试，其宾兴银两亦听查照岁贡旧例，皆应办于各卫焉”[①]。钱嘉猷、龙起雷、梅友月分别为嘉靖二十三年（1544）、万历元年（1573）、万历二十九年（1601）进士，均在嘉靖二十二年（1543）之后，因此应算为贵州进士。

而侯位的情况更特殊一些，他参加了弘治八年（1495）的湖广乡试，考中举人，《正德六年进士登科录》记其会试时的籍贯信息为“湖广平溪卫，官籍”，万历《黔记》则称其乡贯为江西永新，“寄学思州府，又为思州人”[②]，这与康熙《贵州通志》、乾隆《贵州通志》的记载相符。康熙《贵州通志》和乾隆《贵州通志》关于侯位等四人籍贯的记载一致，称侯位为思州人，钱嘉猷为镇远人，龙起雷和梅友月均为黎平人。从这种表述来看，他与贵州既有特殊的地缘联系，也有合法的学缘关系，“又为思州人”则显示家族有人分居思州与平溪两地的可能，兼之若干年后平溪卫改隶贵州的背景，将其归入贵州进士合适。

（2）张谏。《明清进士题名碑录索引》和《国朝历科题名碑录初集》称其为应天府句容人，嘉靖《贵州通志》与万历《黔记》、康熙《贵州通志》、乾隆《贵州通志》俱称其为“赤水卫人”，《黔诗纪略》则称“其先自应天句容来籍”，看来应当属于异地入黔者后代，同时，明朝人也视其为黔人，《明分省人物考》称其“字孟弼，赤水卫人，少有志节，脱父伯安于行伍……宣德乙卯中云南乡试第二，明年至燕，卒业忠愍之门，正统己未成进士，贵州登进士自谏始”[③]，则其为贵州进士无疑。

（3）秦颙。《明清进士题名碑录索引》和《国朝历科题名碑录初集》称其为直隶武进人，弘治《贵州图经新志》与万历《黔记》称其为贵州前卫人，康熙

① 嘉靖《贵州通志》卷6《学校》，明嘉靖三十四年（1555）刻本，第28—29页。
② （明）郭子章著，赵平略点校：《黔记》卷44《乡贤列传一》，第970页。
③ （明）过庭训：《明分省人物考》卷115，周骏富：《明代传记丛刊》第140册，台北：明文书局，1991年，第731—732页。

《贵州通志》称其为“贵阳人”，乾隆《贵州通志》与《明分省人物考》均称其“宣慰司人”，比较有说服力的证据是嘉靖《贵州通志》所引易贵《亚中大夫左参政秦颙墓表》一文，其云：“（秦颙）先自古汴光山之裔，祖思齐，仕宋忠亮大夫，南渡机务常州，世为武进人。大父讳孟礼，我明洪武初坐累戍贵……中云南乡试”，说明其家本为直隶武进，自明初已迁入贵州，其本人已被视为黔人，可以确定为贵州进士。

（4）赵侃。《明清进士题名碑录索引》和《国朝历科题名碑录初集》指其为直隶嘉定人，实际是指乡贯而言。弘治《贵州图经新志》、康熙《贵州通志》和乾隆《贵州通志》均称其为普定卫人，民国《贵州通志·人物志》称其“曾祖文政，洪武初自苏州嘉定从征云南，留戍普定，遂家焉”，《明分省人物考》卷一百一十五也记载他“字至刚，普定卫人，景泰庚午云南乡试第二，天顺甲申进士”①，由此看他属于祖籍嘉定而家庭入黔已久之人，可以确定为贵州进士。

（5）钟震。其中进士时间记载不一，民国《贵州通志·选举志一》记其为天顺四年（1460），弘治《贵州图经新志》记其为“贵州卫人，景泰元年举人，天顺元年进士”，嘉靖《贵州通志》也记作天顺元年（1457），万历《贵州通志》记其为贵州进士，然未指明时间，《明清进士题名碑录索引》和《国朝历科题名碑录初集》均记为天顺元年（1457），看来民国《贵州通志·选举志一》误记的可能性较大，应以天顺元年（1457）为准。康熙《贵州通志》和乾隆《贵州通志》分别称其为“贵阳人”和“宣慰司人”，综合乡贯户籍信息看，他应当是乡贯直隶华亭，而拥有贵州军籍，在贵州参加乡试并以贵州籍参加会试，可以确定为贵州进士。

（6）彭果。除《国朝历科题名碑录初集》记其为“直隶松江府华亭县”人外，康熙《贵州通志》、乾隆《贵州通志》、民国《贵州通志》、《明清进士题名碑录索引》均称其为“四川永宁人”，看来他应该是乡贯华亭，户籍在四川永宁。因为处于四川与贵州的交界地带，永宁的情况比较特殊，“（洪武）五年，曹国公李文忠迁于公今治，为永宁卫指挥使司，隶贵州都司”②，到了正统八年（1443），关于科举的归属也有了明确规定：“贵州设永宁卫，以本卫军生附宣抚司学，其科贡，民隶四川，军隶贵州”③，身属军籍的彭果有资格参加贵州乡试。《天顺元年进士登科录》中记他“贯四川永宁宣抚司，民籍，国子生”④，并指出其在顺天府参加乡试并获得第三名，国子生可以在顺天应试，但其科举归属仍在贵州，所以彭果可以确定为贵州进士。

彭果之名在各书中记载不一，主要表现为“彭果”与“彭杲”之别，孰正孰误，当从其名与字之关系、其兄弟名字之联系来分析。《天顺元年进士登科录》

---

① （明）过庭训：《明分省人物考》卷115，周骏富：《明代传记丛刊》第140册，第740页。
② 万历《贵州通志》卷11《永宁卫·沿革》，北京：书目文献出版社，1991年，第224页。
③ 万历《贵州通志》卷18《兼制志·学校》，第413页。
④ 《天顺元年进士登科录》，屈万里主编：《明代登科录汇编》，台北：学生书局，1969年，第507页。

及万历《黔记》均称其字为“仕显”，意为仕途荣显，似与“杲”字的“明亮”义项相符。但参考其诸弟之名“概”“栗”“梁”“棨”“采”，均与“木”有意义上的实质性联系，相较而言，“果”比“杲”与“木”的关联度高，且“果”有“实现”的义项。再从记载来源来看，试录更接近第一手资料，且明代对试录管理甚严，故《天顺元年进士登科录》所记的“彭果”可信度当更高。

（7）郭珠。郭珠为四川叙州府富顺县民籍，万历《黔记·选举表》、康熙《贵州通志·选举志》、乾隆《贵州通志》均以贵州进士收入，并称其以按察司吏身份参加成化十五年（1479）云贵乡试考中举人。除民国《贵州通志》记为“贵州卫”外，其余几种史料都记为“四川叙州府富顺县”，且仅此一句，并无乡贯与户籍之分，看起来他应该是四川富顺人。同时，雍正《四川通志》与多种《富顺县志》选举表均收有“郭珠”，并指明他是成化二十三年（1487）进士，但并未注明其乡试地点，只是称其为“富顺人”，与贵州方志所载相同，应是同一人无疑。明代贵州方志唯万历《黔记》称“郭珠，贵州按察司吏”，康熙《贵州通志》、乾隆《贵州通志》也提到其“贵州按察司吏”的身份，这是一种不入流品的职位，朝廷对此类人的科举有相应的规定：“凡应试，洪武十七年定……应试，国子学生、府州县学生员之学成者，儒士之未仕者，官之未入流而无钱粮等项黏带者，皆由有司保举性资敦厚、文行可称者，各具年甲、籍贯、三代、本经，县州申府，府申布政司乡试。”[①]考试需在所在省份报名，贵州按察司吏参加贵州乡试，郭珠顺理成章参加云贵乡试而中举，并继而考取进士，其乡试报名资格属于贵州，又无迹象表明其在参加会试时改变了报名区域，因此视其为贵州进士似更合适。

八、结　论

由上述统计结果，参以前列几种书籍，可以确定为明代贵州进士为100人，兹列科份与姓名之简况如下：

正统四年（1439）：张谏

正统七年（1442）：秦颙

正统十年（1445）：王敞、申祐

正统十三年（1448）：黄绂

景泰五年（1454）：周瑛、易贵

天顺元年（1457）：陈迪、黎逊、彭果、钟震

天顺七年（1463）：赵侃、朱谦

成化五年（1469）：杨遵

① （明）李东阳等撰，（明）申时行等重修：《明会典》卷77《贡举·科举》，扬州：广陵书社，2007年，第1232页。

成化八年（1472）：茅铉、李珉、俞玑、徐节
成化二十年（1484）：朱璧
成化二十三年（1487）：熊祥、郭珠
弘治十二年（1499）：詹恩、汪大章
正德六年（1511）：侯位
正德九年（1514）：田秋、周昺
正德十六年（1521）：汤冔
嘉靖五年（1526）：梅月
嘉靖十一年（1532）：赵维垣
嘉靖十七年（1538）：敖宗庆、王炯、蒋宗鲁、缪文龙
嘉靖二十年（1541）：闻贤
嘉靖二十三年（1544）：钱嘉猷
嘉靖二十六年（1547）：李佑、刘秉仁、孙裒
嘉靖二十九年（1550）：张守宗、姚世熙、陈治安
嘉靖三十二年（1553）：孙应鳌、陈珊
嘉靖三十八年（1559）：汪若泮、梅惟和
嘉靖四十四年（1565）：邵元哲、李良臣、蒋思孝
隆庆五年（1571）：许一德、李大晋、宋儒
万历二年（1574）：陈扬产
万历五年（1577）：孙世祯、沈存仁
万历八年（1580）：邵以仁、陈尚象、郑国柱
万历十一年（1583）：唐一鹏、沈权、何汝岱
万历十四年（1586）：萧重望
万历十七年（1589）：蒋杰、龙起雷
万历二十年（1592）：马文卿
万历二十三年（1595）：喻政
万历二十六年（1598）：董绍舒、丘禾实、万士英
万历二十九年（1601）：杨师孔、徐穆、梅友月
万历三十二年（1604）：王尊德、杨如皋
万历三十五年（1607）：熊文灿、娄九德、潘润民、张应吾
万历三十八年（1610）：刘述祖
万历四十一年（1613）：王祚远、田仰、徐卿伯、张慎言
万历四十四年（1616）：陈士章、汤景明
万历四十七年（1619）：马士英、谢上选、胡允恭、杨廷诏、田景新
天启二年（1622）：敖荣继、田景猷

崇祯四年（1631）：费道用

崇祯七年（1634）：万任、扶纲、姚咨俊

崇祯十年（1637）：孙顺、胡允敬、李觉先、周祚新

崇祯十六年（1643）：苏国瓛

乡贯与户籍情况的复杂性为确认贵州进士数量带来了困难，但其带来的影响又非仅人数一个方面，许多官至督抚的明代贵州进士在清代贵州方志中完全没有传记，而同一本书中却不择细流地收入大量影响力较小的地方人物，这种反常的情况可能是新创政区更为复杂的人口流动状况所致，这也为本书的深入研究提供了新的思路。

凡　例

（1）本书分两编，上编为考证编，下编为传记编，两编皆以时间为序，逐人分析。考证编中每人下设三部分："户籍、乡贯""朝榜、甲次""中式年龄"；传记编中每人下设两部分：传记资料、诗文资料，若诗文皆佚，则只留传记部分。

（2）传记资料部分诸史料大致排序为：试录、齿录等科举档案，国史，方志和其他书籍。

（3）本书使用文献较多，且有一书多次出现者，若每条加注则不胜烦琐，故将参考文献版本情况一概胪列于后，以便对照。

（4）明代刻书常有干支纪年中的"戌""戍""戊"相混，"己""已""巳"不分的现象，清代与民国一些方志也有（如乾隆《贵州通志》、民国《贵州通志》），此种情况均据实际年份径改，不出校。

（5）古籍中经常有避讳现象，此类情况也径改，不出校。

（6）明代诸书皆次第产生，时间下限不一，所记进士总数不一，故各人条目下参考文献多少不一，为便于读者了解，列其时间限断于此：

《皇明进士登科考》截至时间为嘉靖四十四年（1565）

弘治《贵州图经新志》截至时间为弘治十三年（1500）

嘉靖《贵州通志》截至时间为嘉靖三十四年（1555）

万历《贵州通志》截至时间为万历二十五年（1597）

万历《黔记》截至时间为万历三十五年（1607）丁未科

《国朝历科题名碑录初集》包含整个明代

《皇明贡举考》截至时间为万历十一年（1583）

凡例

[illegible]

目　录

上编　考证编

下编　传记编

上编　考证编

一、明英宗正统朝

（一）张谏

1. 户籍、乡贯

《正统四年进士登科录》称其“贯应天府句容县，军籍，贵州赤水卫军生。”弘治《贵州图经新志》卷十七收入张谏，嘉靖《贵州通志》卷六将其列入赤水卫人，万历《贵州通志》将其科举信息收入卷十一中，万历《黔记》卷三十称其为“赤水卫（人）”，《本朝分省人物考》卷一百一十五记其为“赤水卫人”。康熙《贵州通志》记其为“赤水人”，乾隆《贵州通志》记其为“赤水人”，民国《贵州通志·选举志一》记其为“赤水籍人”。《黔诗纪略》记“其先自应天句容来籍”。《国朝历科题名碑录初集》记其为“应天府句容县，军籍”，《明清历科进士题名碑录》记其为“应天府句容人”，《明清进士题名碑录索引》记其为“应天府句容”，《皇明进士登科考》记其为“应天府句容人”，《皇明贡举考》记其为“应天府句容县人，贵州赤水卫学”，《明清历科进士题名碑录》记其为“应天府句容人”，道光《大定府志》卷三十二记其为“赤水人”，乾隆《毕节县志》卷三、同治《毕节县志》卷十三、光绪《毕节县志》卷五均收入张谏。

按：其籍贯信息中包含两个地名：一是贵州赤水；二是应天府句容。其中“赤水”为户籍所在地信息，“句容”为乡贯信息，即其祖籍所在地。诸种史料所记总体一致，并无矛盾，部分史料只提及其中一面，多与其书体例有关。道光《大定府志》、乾隆《毕节县志》等方志收有张谏，是因为其辖区与明代赤水卫多有重合，弘治《贵州图经新志》卷十七记其“东至永宁卫界七十里，南至毕节卫界百一十五里，西至四川乌撒府界四十里，北至永宁卫界六十里，东南到禄肇界五十里，西南到四川芒部府界七十里，东北到永宁卫界十里，西北到四川永宁宣抚司界二十里。”乾隆《毕节县志》卷一载：“东至赤水河北，四川叙永厅界，一百五十里。西至平山哨威宁州界，九十五里。南至梨树坪大定府界，二十五里。北至大坪坝，云南镇雄州界，一百里。”并述其沿革“洪武十四年，颍川侯傅友德征南，奏置乌蒙、乌撒等卫，毕节遂为卫驿。十六年，因驿改卫，属贵州都司，领守御所一。二十一年，置层台卫，旋废。又置赤水卫，领左、右、前、后、中所五。国朝初年因之。康熙四年，改毕节卫隶大定府。二十六年，以赤水卫并入毕节为毕节县，隶威宁府。雍正七年，改移府治，仍隶大定。”可证其地与明代赤水卫有沿革关系，故其科举信息的记载可作为一种佐证。

明代户籍分类众多，制度严格，具备世袭特性，卫所军人及其后代的户籍类型为“军籍”，这与诸书记载一致。

综上，可认定张谏户籍归属地为赤水卫，户籍类型为军籍，乡贯为应天府句容县。

2. 朝榜、甲次

弘治《贵州图经新志》卷十七记其“登正统己未进士”“正统四年进士”，嘉靖《贵州通志》卷六记其“中正统己未进士”，万历《贵州通志》卷十一记其为宣德壬子科举人、正统己未科进士，万历《黔记》卷三十记其中正统己未会试，《本朝分省人物考》卷一百一十五记其中“正统己未成进士”，康熙《贵州通志》卷十六、乾隆《贵州通志》卷二十六均记其为“正统己未科施盘榜”，乾隆《贵州通志》卷二十六称“正统四年赐赤水卫张谏进士”，并自注称此为“贵州有进士之始”，而在进士名录中称其所中为“正统己未科施盘榜”。道光《大定府志》卷三十二记其为“正统己未科施盘榜”，民国《贵州通志·选举志一》将其记入正统四年（1439）己未科进士。乾隆《毕节县志》卷三记其为“宣德乙卯科举人、正统己未科进士”，同治《毕节县志》、光绪《毕节县志》亦沿用此信息。

《国朝历科题名碑录初集》《明清历科进士题名碑录》《明清进士题名碑录索引》《皇明进士登科考》均记其正统四年（1439）中式，《皇明贡举考》将其收入正统四年（1439）。

《明清进士题名碑录索引》记其名次为三甲第三十三名。其他书中未予明示，依其排列顺序计算，均为三甲第三十三名。因此，可认定张谏甲次为正统四年（1439）己未科施盘（又写作槃）榜进士，三甲第三十三名。

按：综上所述，可以认为诸方志信息与题名录、登科录信息一致，当为正统四年（1439）己未科中式无疑，是科一甲第一名为施盘，故称“正统四年己未科施盘榜”，公元纪年为1439年，时距贵州建省26年。

3. 中式年龄

诸书中唯《正统四年进士登科录》记其进士中式年龄为二十四岁。

（二）秦颙

1. 户籍、乡贯

《正统七年进士登科录》记其为“贯直隶常州府武进县，军籍，贵州宣慰使司学军生。”弘治《贵州图经新志》记其为“贵州前卫人”，嘉靖《贵州通志》卷六记其为“（贵州）前卫人”，万历《贵州通志》卷四将其列入“宣慰司”，万历《黔记》卷三十称其为“前卫（人）”，康熙《贵州通志》卷十六记其为“贵阳人”，乾隆《贵州通志》记其为“宣慰司人”，民国《贵州通志·选举志一》记其为“宣慰司人”。

《国朝历科题名碑录初集》记其为“直隶常州府武进县，军籍”，《明清历科进士题名碑录》记其为“直隶武进”，《明清进士题名碑录索引》记其为“直隶武进”，《皇明进士登科考》记其为“直隶武进县籍，贵州人”，《皇明贡举考》记其为“南直隶武进县人，贵州宣慰使司学”。

按：诸史料中的乡贯信息一致，为南直隶武进县，即今常州市武进区。户籍地出现了“贵州前卫”“宣慰司”“贵阳”等不同表述，实为不同时期的同一区域名称。

2. 朝榜、甲次

弘治《贵州图经新志》记其为“正统七年进士”，嘉靖《贵州通志》记其为“正统壬戌进士”，万历《贵州通志》记其为正统壬戌科进士，万历《黔记》卷三十称其中壬戌会试，《本朝分省人物考》卷一百一十五记其为“宣慰司人，正统壬戌进士”，康熙《贵州通志》卷十六、乾隆《贵州通志》卷二十六均记其为“壬戌科刘俨榜”，道光《贵阳府志》记其为“正统七年壬戌科刘俨榜”，民国《贵州通志·选举志一》将其列入正统壬戌科刘俨榜。

《明清进士题名碑录索引》记其名次为三甲第二名。《明清历科进士题名碑录》《皇明进士登科考》《皇明贡举考》等书中未予明示，依其排列顺序计算，均为三甲第二名。因此，可认定秦颙为正统七年（1442）壬戌科刘俨榜进士，三甲第二名。

3. 中式年龄

诸书中唯《正统七年进士登科录》记其进士中式年龄为三十岁。

（三）王敞

1. 户籍、乡贯

《正统十年进士登科录》记其为“贯贵州永宁卫”，弘治《贵州图经新志》收入卷十七之“永宁卫”，嘉靖《贵州通志》卷六将其列入永宁卫，万历《贵州通志》记其为永宁卫人，万历《黔记》卷三十称其为“永宁卫（人）”，康熙《贵州通志》卷十六记其为“永宁人”，乾隆《贵州通志》卷二十六记其为“永宁人”，民国《贵州通志·选举志一》记其为“永宁籍人”。

《国朝历科题名碑录初集》记其为“贵州永宁卫，官籍”，《明清历科进士题名碑录》记其为“贵州永宁卫”，《明清进士题名碑录索引》记其为“贵州永宁卫”，《皇明进士登科考》记其为“贵州永宁卫”。

2. 朝榜、甲次

弘治《贵州图经新志》记其为“正统六年举人、正统十年进士”，嘉靖《贵州通志》卷六称其“中乙丑科进士”，万历《贵州通志》记其为正统乙丑科进士。万历《黔记》卷三十称其中正统乙丑会试，康熙《贵州通志》卷十六、乾隆《贵州通志》卷二十六均记其为正统乙丑科商辂榜，乾隆《贵州通志》卷二十六记其为“（正统）乙丑科商辂榜”，民国《贵州通志·选举志一》将其列入正统十年（1445）乙丑科。

《明清进士题名碑录索引》记其名次为三甲第六十四名。《明清历科进士题名碑录》《皇明进士登科考》《皇明贡举考》等书中未予明示，依其排列顺序计算，均为三甲第六十四名。因此，可认定王敞为正统十年（1445）乙丑科进士，三甲第六十四名。

3. 中式年龄

诸书中唯《正统十年进士登科录》记其进士中式年龄为三十五岁。

（四）申祐

1. 户籍、乡贯

《正统十年进士登科录》记其为“贯贵州思南府婺川县”，弘治《贵州图经新志》收入卷四“思南府”，嘉靖《贵州通志》卷六将其列入思南府，万历《贵州通志》记其为思南府人。万历《黔记》卷三十称其为“务川县（人）”，《本朝分省人物考》卷一百一十五记其为“务川县人”，乾隆《贵州通志》卷二十六记其为“务川人”，民国《贵州通志·选举志一》作“申祜”，并记其为“务川籍人”。

《国朝历科题名碑录初集》记其为“贵州思南府务川县”，《明清历科进士题名碑录》记其为“贵州务川”，《明清进士题名碑录索引》记其为“贵州务川”，《皇明进士登科考》记其为“贵州务川县人”，《皇明贡举考》记其为“贵州务川县”。

按：其名有“祜”“祐”两种说法，《正统十年进士登科录》记其字为“天锡”，“祜”义为“福”，与“天锡”并非全无联系，但“祐”多指天、神的佑助，与“天锡”之义对应。且上列诸书中仅民国《贵州通志》作“祜”，余皆作“祐”，综上，当以“祐”字为准。

2. 朝榜、甲次

弘治《贵州图经新志》记其为“正统九年举人、正统十一年进士”，嘉靖《贵州通志》卷六记其“中乙丑科进士”，万历《贵州通志》记其为正统乙丑科进士。《本朝分省人物考》卷一百一十五记其为“务川县人……登己丑进士”，万历《黔记》卷三十称其中正统乙丑会试，康熙《贵州通志》卷十六、乾隆《贵州通志》卷二十六均记其为正统乙丑科商辂榜，乾隆《贵州通志》卷二十六记其为“（正统）乙丑科商辂榜”，民国《贵州通志·选举志一》将其列入正统十年（1445）乙丑科。

《明清进士题名碑录索引》记其名次为三甲第四十七名。《明清历科进士题名碑录》《皇明进士登科考》《皇明贡举考》等书中未予明示，依其排列顺序计算，均为三甲第四十七名。因此，可认定申祐为正统十年（1445）乙丑科商辂榜进士，三甲第四十七名。

3. 中式年龄

诸书中唯《正统十年进士登科录》记其进士中式年龄为四十三岁。

（五）黄绂

1. 户籍、乡贯

《正统十三年进士登科录》记其“贯贵州都司平越卫”，弘治《贵州图经新志》收入卷十二之“平越卫”，嘉靖《贵州通志》卷六未收其人，万历《贵州通志》将其列入平越卫，记为正统戊辰科进士，万历《黔记》卷三十称其为“平越卫（人）”，康熙《贵州通志》卷十六记其为“永宁人”，乾隆《贵州通志》卷二十六记其为“平越人”，民国《贵州通志·选举志一》记其为“平越籍人”。

《国朝历科题名碑录初集》记其为“贵州都司平越卫，官籍”，《明清历科进士题名碑录》记其为“贵州都司平越卫”，《明清进士题名碑录索引》记其为“贵州都司平越卫”，《皇明进士登科考》记其为“贵州平越卫人”，《皇明贡举考》记其为贵州平越卫人。

2. 朝榜、甲次

弘治《贵州图经新志》记其为“正统十一年举人、正统十三年进士”①，万历《黔记》记其中正统戊辰会试，康熙《贵州通志》卷十六、乾隆《贵州通志》卷二十六均记其为正统戊辰科彭时榜，乾隆《贵州通志》卷二十六记其为“（正统）戊辰科彭时榜”，民国《贵州通志·选举志一》将其列入正统十三年（1448）戊辰科。

《明清进士题名碑录索引》记其名次为三甲第七十二名。《明清历科进士题名碑录》《皇明进士登科考》《皇明贡举考》等书中未予明示，依其排列顺序计算，均为三甲第七十二名。因此，可认定黄绂为正统十三年（1448）戊辰科彭时榜进士，三甲第七十二名。

3. 中式年龄

诸书中唯《正统十三年进士登科录》记其进士中式年龄为二十六岁。

---

① 书中“十三”中“三”字显示为两横，即“二”，从字间距分析，当为漫漶不清所致，实为“二”。

二、明代宗景泰朝

（一）周瑛

1. 户籍、乡贯

《景泰五年进士登科录》记其“贯贵州都司兴隆卫”，弘治《贵州图经新志》卷十三记其为“兴隆卫人”，嘉靖《贵州通志》卷六将其列入兴隆卫，记其“中甲戌科进士”，万历《贵州通志》记其为兴隆卫人，中景泰甲戌科进士。万历《黔记》卷三十称其为“兴隆卫（人）”，《本朝分省人物考》卷一百一十五记其为“兴隆卫人，其先自临川从戎征南，留守于兹……登景泰甲戌进士”，康熙《贵州通志》记其为“兴隆人”，乾隆《贵州通志》卷二十六记其为“兴隆人”，民国《贵州通志·选举志一》记其为“兴隆籍人”。

《国朝历科题名碑录初集》记其为“贵州都司兴隆卫，官籍”，《明清历科进士题名碑录》记其为“贵州都司兴隆卫”，《明清进士题名碑录索引》记其为“贵州都司兴隆卫”，《皇明进士登科考》记其为“贵州兴隆卫人”，《皇明贡举考》记其为“贵州兴隆县”。

2. 朝榜、甲次

弘治《贵州图经新志》记其为“景泰元年举人，五年进士”，嘉靖《贵州通志》卷六称其“中甲戌科进士”，万历《贵州通志》记其为景泰甲戌科进士。《本朝分省人物考》卷一百一十五记其“登景泰甲戌进士”，万历《黔记》卷三十称其中景泰甲戌会试。康熙《贵州通志》卷十六《选举》、乾隆《贵州通志》卷二十六均记其为景泰甲戌科孙贤榜，乾隆《贵州通志》卷二十六记其为“景泰甲戌科孙贤榜”，民国《贵州通志·选举志一》将其列入景泰五年（1454）甲戌科。

《明清进士题名碑录索引》记其名次为第一百零四名。《景泰五年进士登科录》《明清历代进士题名碑录》《皇明进士登科考》《皇明贡举考》等书中未予明示，依其排列顺序计算，均为第一百零四名。因此，可认定周瑛为景泰五年（1454）甲戌科孙贤榜进士，第一百零四名。

3. 中式年龄

《景泰五年进士登科录》记其中式年龄为二十六岁。

（二）易贵

1. 户籍、乡贯

《景泰五年会试录》记其为“贵州贵竹长官司人”，《景泰五年进士登科录》记为“贯贵州宣慰使司贵竹长官司”。弘治《贵州图经新志》卷三记其为“宣慰司人”，嘉靖《贵州通志》收入卷六之“贵州宣慰司”处，万历《贵州通志》卷四将其归入宣慰司，《本朝分省人物考》卷一百一十五记其为“宣慰司籍，吉水人，景泰甲戌进士”，康熙《贵州通志》记其为“贵阳人”。乾隆《贵州通志》卷二十六记其为“宣慰司人”，民国《贵州通志·选举志一》将其记为“宣慰司人”。

《国朝历科题名碑录初集》记其为“贵州宣慰使司贵竹长官司，民籍”，《明清历科进士题名碑录》记其为“贵州贵筑长官司，民籍”，《明清进士题名碑录索引》记其为“贵州贵筑长官司”，《皇明进士登科考》记其为“贵州宣慰司人”，《皇明贡举考》记其为“贵州贵竹长官司”。

2. 朝榜、甲次

弘治《贵州图经新志》记其为“正统十二年举人，景泰五年进士”，嘉靖《贵州通志》卷六记其中景泰甲戌科进士，万历《黔记》卷三十称其中甲戌会试，康熙《贵州通志》卷十六、乾隆《贵州通志》卷二十六均记其为景泰甲戌科孙贤榜，乾隆《贵州通志》卷二十六记其为“景泰甲戌科孙贤榜”，民国《贵州通志·选举志一》将其列入景泰五年（1454）甲戌科。

《明清进士题名碑录索引》记其名次为二甲第二名。《景泰五年进士登科录》《明清历科进士题名碑录》《皇明进士登科考》《皇明贡举考》等书中未予明示，依其排列顺序计算，均为二甲第二名。因此，可认定易贵为景泰五年（1454）甲戌科孙贤榜进士，二甲第二名。

按：易贵中二甲第二名进士，为贵州进士名次最佳者。

3. 中式年龄

《景泰五年进士登科录》记其进士中式年龄为三十六岁。

三、明英宗天顺朝

（一）陈迪

1. 户籍、乡贯

《天顺元年进士登科录》记其“贯贵州赤水卫”，弘治《贵州图经新志》记其为“赤水卫人”，嘉靖《贵州通志》卷六将其列入赤水卫，万历《贵州通志》收其于赤水卫的“科贡”部分，记其科份为“天顺辛未科”，万历《黔记》卷三十称其为“赤水卫（人）”，民国《贵州通志·选举志一》记其为赤水籍人，康熙《贵州通志》记其为“赤水人”，乾隆《贵州通志》卷二十六记其为“赤水人”。

《国朝历科题名碑录初集》记其为“贵州赤水卫，军籍”，《明清历科进士题名碑录》记其为“贵州赤水卫，军籍”，《明清进士题名碑录索引》记其为贵州赤水卫人，《皇明进士登科考》记其为“贵州赤水卫人”，《皇明贡举考》记其为“贵州赤水卫（人）”。

2. 朝榜、甲次

弘治《贵州图经新志》卷十七记其为“景泰七年举人，天顺元年进士”，嘉靖《贵州通志》记其“中天顺辛未进士”，万历《贵州通志》记其为“天顺辛未科”，万历《黔记》卷三十称其中天顺丁丑会试，康熙《贵州通志》卷十六、乾隆《贵州通志》卷二十六均记为天顺丁丑科黎淳榜，乾隆《贵州通志》卷二十六记其为“天顺丁丑科黎淳榜”，民国《贵州通志·选举志一》记其为“天顺元年丁丑科”。

《明清进士题名碑录索引》记其名次为二甲第三十八名。《明清历科进士题名碑录》《皇明进士登科考》《皇明贡举考》等书排序亦是。因此，可认定陈迪是天顺元年（1457）丁丑科黎淳榜进士，二甲第三十八名。

按：嘉靖《贵州通志》和万历《贵州通志》均记作“天顺辛未，干支有误，天顺无辛未。”

3. 中式年龄

《天顺元年进士登科录》记其中式年龄为三十五岁。

（二）黎逊

1. 户籍、乡贯

《天顺元年进士登科录》记其“贯贵州宣慰司”，弘治《贵州图经新志》记其为“宣慰司人”，嘉靖《贵州通志》收入卷六之“贵州宣慰司”处，万历《贵州通志》卷四将其列入宣慰司，万历《黔记》卷三十称其为“宣慰司（人）”。康熙《贵州通志》记其为“贵阳人”，乾隆《贵州通志》卷二十六记其为“宣慰司人”，民国《贵州通志·选举志一》记其为“宣慰司籍”。

《国朝历科题名碑录初集》记其为“贵州宣慰司，民籍”，《明清历科进士题名碑录》记其为“贵州宣慰司，民籍”，《明清进士题名碑录索引》记其为“贵州宣慰司”，《皇明进士登科考》记其为“贵州宣慰司人”，《皇明贡举考》记其为“贵州宣慰司”。

2. 朝榜、甲次

弘治《贵州图经新志》记其为“景泰六年举人，天顺元年进士”，嘉靖《贵州通志》卷六记其中天顺丁丑科进士，万历《黔记》卷三十称其中天顺丁丑会试。康熙《贵州通志》卷十六、乾隆《贵州通志》卷二十六均记其为天顺丁丑科黎淳榜，乾隆《贵州通志》卷二十六记其为“天顺丁丑科黎淳榜”，民国《贵州通志·选举志一》记其为“天顺元年丁丑科”。

《明清进士题名碑录索引》记其名次为三甲第四十八名。《明清历科进士题名碑录》《皇明进士登科考》《皇明贡举考》等书排序亦是。因此，可认定黎逊是天顺元年（1457）丁丑科黎淳榜进士，三甲第四十八名。

3. 中式年龄

《天顺元年进士登科录》记其进士中式年龄为二十八岁。

（三）彭果

嘉靖《贵州通志》卷六作“彭杲”，乾隆《贵州通志》卷二十六作“彭杲”，弘治《贵州图经新志》无其信息。

1. 户籍、乡贯

《天顺元年进士登科录》记其“贯四川永宁宣抚司”，弘治《贵州图经新志》未收其人，嘉靖《贵州通志》卷六作“彭杲”，将其列入永宁卫，同时称其为“宣抚司人”“中天顺丁丑科进士”，万历《贵州通志》将其列入“永宁卫”，万历《黔记》卷三十作“彭杲”，称其为“永宁司（人）”，康熙《贵州通志》作“彭杲”，记其为“永宁人”，乾隆《贵州通志》卷二十六记其为“彭杲，永宁人”，民国《贵州通志・选举志一》记其为“永宁籍”。

《国朝历科题名碑录初集》记其为“四川永宁宣抚司，军籍”，《明清历科进士题名碑录》记其为“四川永宁宣抚司”，《明清进士题名碑录索引》记其为“四川永宁宣抚司”，《皇明进士登科考》记其为“四川永宁宣抚司人”，《皇明贡举考》记其为“四川永宁宣抚司”。

2. 朝榜、甲次

嘉靖《贵州通志》卷六记其中天顺丁丑科进士，万历《黔记》卷三十称其中天顺丁丑会试，康熙《贵州通志》卷十六、乾隆《贵州通志》卷二十六均记其为天顺丁丑科黎淳榜，乾隆《贵州通志》卷二十六记其为“天顺丁丑科黎淳榜”，民国《贵州通志・选举志一》记其为“天顺元年丁丑科”。

《明清进士题名碑录索引》记其名次为二甲第八十名。《明清历科进士题名碑录》《皇明进士登科考》《皇明贡举考》等书排序亦是。因此，可认定彭果是天顺元年（1457）丁丑科黎淳榜进士，二甲第八十名。

按：彭果信息有三处值得辨析，分别如下：

（1）名字的写法。彭果之名在各书中记载不一，主要表现为“彭果”与“彭杲”之别，孰正孰误，当从其名与字之关系、其兄弟名字之联系来分析。《天顺元年进士登科录》及万历《黔记》均称其字为“仕显”，意为仕途荣显，似与“杲”字的“明亮”义项相符。但参考其诸弟之名“概”“栗”“梁”“棨”“采”，均与“木”有意义上的实质性联系，相较而言，“果”比“杲”与“木”的关联度高，且“果”有“实现”的义项。再从记载来源来看，试录更接近第一手资料，且明代对试录管理甚严，故《天顺元年进士登科录》所记的“彭果”可信度当更高。

（2）乡贯与户籍。各书表述不一，除《国朝历科题名碑录初集》记其为“直隶松江府华亭县”外，康熙《贵州通志》、乾隆《贵州通志》、民国《贵州通志》、《明清进士题名碑录索引》均称其为“四川永宁人”，综合乡贯、户籍信息，当是乡贯华亭，户籍在四川永宁。因为永宁处于四川与贵州的交界地带，所以情况比较特殊，“（洪武）五年，曹国公李文忠迁于公今治，为永宁卫指挥使司，隶贵州都司”[①]，到了正统八年（1443），关于科举的归属也有了明确规定：“贵州设永宁卫，以本卫军生附宣抚司学，其科贡，民隶四川，军隶贵州”[②]，身属军籍的彭果有资格参加贵州乡试。

（3）乡试中式地点。彭果并未在贵州参加乡试。《天顺元年进士登科录》称其中顺天乡试，“贯四川永宁宣抚司，民籍，国子生”，并指出其在顺天府参加乡试并获得第三名[③]，国子生可以在顺天应试，但其科举归属仍在贵州，所以彭果可以确定为贵州进士。

3. 中式年龄

《天顺元年进士登科录》记其进士中式年龄为三十四岁。

（四）钟震

1. 户籍、乡贯

《天顺元年进士登科录》记其“贯直隶松江府华亭县，军籍”，弘治《贵州图经新志》记其为“贵州前卫人”，嘉靖《贵州通志》记其为“贵州卫人”，万历《贵州通志》卷四将其列入宣慰司，万历《黔记》卷三十称其为“贵州卫（人）”。康熙《贵州通志》记其为“贵阳人”，乾隆《贵州通志》卷二十六记其为“宣慰司人”，民国《贵州通志・选举志一》记其为“宣慰司人”。

《国朝历科题名碑录初集》记其为“直隶松江府华亭县，军籍”，《明清历科进士题名碑录》记其为“直隶华亭，军籍”，《明清进士题名碑录索引》记其为“直隶华亭”，《皇明进士登科考》记其为“直隶华亭县人”，《皇明贡举考》记其为“南直隶华亭”。

2. 朝榜、甲次

弘治《贵州图经新志》记其为“景泰元年举人，天顺元年进士”，嘉靖《贵州通志》记其为“贵州卫人，中天顺丁丑科进士”，万历《黔记》卷三十称其中天顺丁丑会试。康熙《贵州通志》卷十六、乾隆《贵州通志》卷二十六均记其为天顺丁丑科黎淳榜，民国《贵州通志・选举志一》记其中“天顺四年庚

① 万历《贵州通志》卷 11《永宁卫・沿革》，第 224 页。
② 万历《贵州通志》卷 18《兼制志・学校》，第 413 页。
③ 《天顺元年进士登科录》，屈万里主编：《明代登科录汇编》，第 507 页。

辰科”。

《明清进士题名碑录索引》记其名次为三甲第一百零三名。《明清历科进士题名碑录》《皇明进士登科考》《皇明贡举考》等书排序亦是。因此，可认定钟震是天顺元年（1457）丁丑科黎淳榜进士，三甲第一百零三名。

3. 中式年龄

《天顺元年进士登科录》记其进士中式年龄为三十一岁。

（五）赵侃

1. 户籍、乡贯

《天顺七年进士登科录》记其“贯直隶嘉定县人，贵州普定卫，官籍”，弘治《贵州图经新志》卷十四记其为“普定卫人”，嘉靖《贵州通志》卷六将其列入普定卫，万历《黔记》卷三十称其为“普定卫（人）”，《本朝分省人物考》卷一百一十五记其为“普定卫人，景泰庚午云南乡试第二，天顺甲申进士”。康熙《贵州通志》记其为“普定人”，乾隆《贵州通志》卷二十六记其为“普定人”，民国《贵州通志·选举志一》记其为“普定籍”。

《国朝历科题名碑录初集》记其为“直隶苏州府嘉定县，民籍”，《明清历科进士题名碑录》记其为“直隶嘉定”，《明清进士题名碑录索引》记其为“直隶嘉定”，《皇明进士登科考》记其为“贵州普定卫籍，直隶嘉兴县人”，《皇明贡举考》记其为“贵州普定卫”。

2. 朝榜、甲次

弘治《贵州图经新志》卷十四记其为“天顺三年举人，八年进士”，嘉靖《贵州通志》卷六称其“中成化甲戌科进士”，而将其乡试中举时间记为“景泰庚午科”，万历《黔记》卷三十称其中天顺甲申会试，《本朝分省人物考》卷一百一十五记其为“景泰庚午云南乡试第二，天顺甲申进士”。康熙《贵州通志》卷十六记其为甲申科彭教榜，乾隆《贵州通志》卷二十六记其为“（天顺）癸未科彭教榜”，民国《贵州通志·选举志一》记其为“天顺七年癸未科”。

《明清进士题名碑录索引》记其名次为二甲第四十名。《明清历科进士题名碑录》《皇明进士登科考》《皇明贡举考》等书排序亦是。因此，可认定赵侃是天顺七年（1463）癸未科彭教榜进士，二甲第四十名。

3. 中式年龄

《天顺七年进士登科录》记其中式年龄为四十岁。

（六）朱谦

1. 户籍、乡贯

《天顺七年进士登科录》记其“贯浙江鄞县人，贵州赤水卫，军籍”，弘治《贵州图经新志》记其为“赤水卫人”，嘉靖《贵州通志》卷六将其列入赤水卫，并记其“中天顺甲申进士”，万历《黔记》卷三十称其为“赤水卫（人）”。康熙《贵州通志》记其为“赤水人”，乾隆《贵州通志》卷二十六记其为“赤水人”，民国《贵州通志·选举志一》记其为“赤水（人）”。

《国朝历科题名碑录初集》记其为“浙江鄞县人，贵州赤水卫，军籍”，《明清历科进士题名碑录》记其为“贵州赤水卫，浙江鄞县”，《明清进士题名碑录索引》记其为“贵州赤水卫，浙江鄞县”，《皇明进士登科考》记其为“贵州赤水卫籍，浙江鄞县人”，《皇明贡举考》记其为“贵州赤水卫”。

2. 朝榜、甲次

弘治《贵州图经新志》记其为“景泰七年举人，天顺元年进士”，嘉靖《贵州通志》卷六记其中天顺甲申进士，万历《黔记》卷三十称其中天顺甲申会试，康熙《贵州通志》卷十六、乾隆《贵州通志》卷二十六均记其为天顺甲申科彭教榜，乾隆《贵州通志》卷二十六记其为“（天顺）癸未科彭教榜”，民国《贵州通志·选举志一》记其为“天顺七年癸未科”。

《明清进士题名碑录索引》记其名次为三甲第一百六十九名。《明清历科进士题名碑录》《皇明进士登科考》《皇明贡举考》等书排序亦是。因此，可认定朱谦是天顺七年（1463）癸未科彭教榜进士，三甲第一百六十九名。

3. 中式年龄

《天顺七年进士登科录》记其中式年龄为三十五岁。

四、明宪宗成化朝

（一）杨遵

1. 户籍、乡贯

《成化五年进士登科录》记其“贯湖广衡州府衡山县人，贵州平越卫，官籍”，弘治《贵州图经新志》卷十二记其为“平越卫人”，万历《黔记》卷三十称其为“平越卫（人）”。康熙《贵州通志》记其为“平越人”，乾隆《贵州通志》卷二十六记其为“平越人”，民国《贵州通志·选举志一》记其为“平越籍”。

《国朝历科题名碑录初集》记其为“湖广蕲州府衡山县人，贵州平越卫，官籍”，《明清历科进士题名碑录》记其为“贵州平越卫，湖广衡山”，《明清进士题名碑录索引》记其为“贵州平越卫，湖广衡山”，《皇明进士登科考》记其为“贵州平越卫籍，湖广衡山县人”，《皇明贡举考》记其为“贵州平越卫”。

2. 朝榜、甲次

弘治《贵州图经新志》卷十二记其为“天顺三年举人，成化五年进士”，万历《黔记》卷三十称其中成化己丑会试，康熙《贵州通志》卷十六、乾隆《贵州通志》卷二十六均记其为成化己丑科张升榜，乾隆《贵州通志》卷二十六记其为“成化己丑科张升榜”，民国《贵州通志·选举志一》记其为“成化五年己丑科”。

《明清进士题名碑录索引》记其名次为二甲第三十七名。《明清历科进士题名碑录》《皇明进士登科考》《皇明贡举考》等书排序亦是。因此，可认定杨遵为成化五年（1469）己丑科张升榜进士，二甲三十七名。

3. 中式年龄

《成化五年进士登科录》记其中式年龄为三十四岁。

（二）茅铉

1. 户籍、乡贯

《成化八年进士登科录》记其“贯直隶扬州府兴化县人，贵州赤水卫，军籍”，弘治《贵州图经新志》记其为“赤水卫人”， 嘉靖《贵州通志》卷六将其列入赤水卫，万历《贵州通志》将其列入赤水卫进士，万历《黔记》卷三十称其为“赤水卫（人）”，康熙《贵州通志》记其为“赤水人”，乾隆《贵州通志》卷二十六记其为“赤水人”， 民国《贵州通志·选举志一》记其为“赤水籍”。

《国朝历科题名碑录初集》记其为“直隶扬州府兴化县人，贵州赤水卫，军籍”，《明清历科进士题名碑录》记其为“贵州赤水卫，直隶兴化”，《明清进士题名碑录索引》记其为“贵州赤水卫，直隶兴化”，《皇明进士登科考》记其为“贵州赤水卫籍，直隶兴化县人”，《皇明贡举考》记其为“贵州赤水卫”。

2. 朝榜、甲次

弘治《贵州图经新志》记其为“天顺三年举人，成化八年进士”，嘉靖《贵州通志》卷六记其“中正统己未进士”，万历《贵州通志》记其为“成化壬辰科”，万历《黔记》卷三十称其中成化壬辰会试，康熙《贵州通志》卷十六、乾隆《贵州通志》卷二十六均记其为成化壬辰科吴宽榜，乾隆《贵州通志》卷二十六记其为“成化壬辰科吴宽榜”，民国《贵州通志·选举志一》记其为“成化八年壬辰科”。

《明清进士题名碑录索引》记其名次为二甲第四十二名。《明清历科进士题名碑录》《皇明进士登科考》《皇明贡举考》等书排序亦是。因此，可认定茅铉为成化八年（1472）壬辰科吴宽榜进士，二甲第四十二名。

3. 中式年龄

《成化八年进士登科录》记其进士中式年龄为三十七岁。

（三）李珉

1. 户籍、乡贯

《成化八年进士登科录》记其“贯河南卫辉府淇县人，贵州乌撒卫，军籍”，弘治《贵州图经新志》记其为“乌撒卫人”，嘉靖《贵州通志》卷六将其列入乌撒卫，万历《贵州通志》记其为乌撒卫进士，万历《黔记》卷三十称其为“乌撒卫（人）”，《本朝分省人物考》卷一百一十五记其为“卫辉淇县人，祖仲宜洪武间授御史，不阿权要，谪戍乌撒，遂占籍焉”，康熙《贵州通志》记其为“乌撒人”，乾隆《贵州通志》卷二十六记其为“乌撒人”，民国《贵州通志·选举志一》记其为“乌撒籍”。

《国朝历科题名碑录初集》记其为“河南卫辉府淇县人，贵州乌撒卫，军籍”，《明清历科进士题名碑录》记其为“贵州乌撒卫，河南淇县”，《明清进士题名碑录索引》记其为“贵州乌撒卫，河南淇县”，《皇明进士登科考》记其为“贵州乌撒卫籍，河南淇县人”，《皇明贡举考》记其为“贵州乌撒卫”。

2. 朝榜、甲次

弘治《贵州图经新志》记其为“天顺六年举人，成化八年进士”，嘉靖《贵州通志》卷六《科目》记其“中成化壬辰进士”，万历《贵州通志》记作“天顺壬辰科”，万历《黔记》卷三十称其中成化壬辰会试。《本朝分省人物考》卷一百一十五记其为“成化壬辰，珉登进士”，康熙《贵州通志》卷十六、乾隆《贵州通志》卷二十六均记其为成化壬辰科吴宽榜，乾隆《贵州通志》卷二十六记其为“成化壬辰科吴宽榜”，民国《贵州通志·选举志一》记其为“成化八年壬辰科”。

《明清进士题名碑录索引》记其名次为三甲第七十六名。《明清历科进士题名碑录》《皇明进士登科考》《皇明贡举考》等书排序亦是。因此，可认定李珉为成化八年（1472）壬辰科吴宽榜进士，三甲第七十六名。

按：万历《贵州通志》记作“天顺壬辰科”，有误，天顺无壬辰科。

3. 中式年龄

《成化八年进士登科录》记其进士中式年龄为三十四岁。

（四）俞玑

1. 户籍、乡贯

《成化八年进士登科录》记其“贯直隶苏州府吴县人，贵州前卫，军籍”，弘治《贵州图经新志》记其为“贵州前卫人”，嘉靖《贵州通志》卷六记其为“（贵州）前卫人”，万历《贵州通志》卷四将其归入宣慰司，万历《黔记》卷三十称其为“宣慰司（人），壬辰进士”。康熙《贵州通志》记其为“贵阳人”，乾隆

《贵州通志》卷二十六记其为“宣慰司人，成化壬辰科吴宽榜”， 民国《贵州通志·选举志一》记其为“贵州前卫籍”。

《国朝历科题名碑录初集》记其为“直隶苏州府吴县人，贵州前卫，军籍”，《明清历科进士题名碑录》记其为“贵州前卫，直隶吴县”，《明清进士题名碑录索引》记其为“贵州前卫，直隶吴县”，《皇明进士登科考》记其为“贵州前卫籍，直隶吴县人”，《皇明贡举考》记其为“贵州前卫”。

2. 朝榜、甲次

弘治《贵州图经新志》记其为“成化八年进士”，嘉靖《贵州通志》卷六记其“中壬辰科进士”，万历《贵州通志》称其为“成化壬辰科”进士，万历《黔记》卷三十称其中成化壬辰会试，康熙《贵州通志》卷十六、乾隆《贵州通志》卷二十六均记其为成化壬辰科吴宽榜，民国《贵州通志·选举志一》记其为“成化八年壬辰科”。

《明清进士题名碑录索引》记其名次为三甲第九十九名。《明清历科进士题名碑录》《皇明进士登科考》《皇明贡举考》等书排序亦是。因此，可认定俞玑为成化八年（1472）壬辰科吴宽榜进士，三甲第九十九名。

3. 中式年龄

《成化八年进士登科录》记其进士中式年龄为三十五岁。

（五）徐节

1. 户籍、乡贯

《成化八年进士登科录》记其“贯浙江严州府寿昌县人，贵州卫，军籍”，弘治《贵州图经新志》卷三记其为“贵州卫人”，嘉靖《贵州通志》记其为“贵州卫人”，万历《贵州通志》卷四将其归入宣慰司，万历《黔记》卷三十称其为“贵州卫（人）”，《本朝分省人物考》卷一百一十五记“其先寿昌人，戍籍贵州卫”，康熙《贵州通志》记其为“贵阳人”，乾隆《贵州通志》卷二十六记其为“宣慰司人”，民国《贵州通志·选举志一》记其为“贵州卫籍”。

《国朝历科题名碑录初集》记其为“浙江严州府寿昌县人，贵州卫，军籍”，《明清历科进士题名碑录》记其为“贵州卫，浙江寿昌”，《明清进士题名碑录索引》记其为“贵州卫，浙江寿昌”，《皇明进士登科考》记其为“贵州卫籍，浙江寿昌县人”，《皇明贡举考》记其为“贵州卫”。

2. 朝榜、甲次

弘治《贵州图经新志》卷三记其为“天顺三年举人，成化八年进士”，嘉靖《贵州通志》卷六记其“中成化壬辰科进士”，万历《黔记》卷三十称其中成化壬辰会试，《本朝分省人物考》卷一百一十五记其为“成化壬辰举进士”，康熙《贵州通志》卷十六、乾隆《贵州通志》卷二十六均记其为成化壬辰科吴宽榜，乾隆《贵州通志》卷二十六记其为“成化壬辰科吴宽榜”，民国《贵州通志·选举志一》记其为“成化八年壬辰科”。

《明清进士题名碑录索引》记其名次为三甲第一百三十六名。《明清历科进士题名碑录》《皇明进士登科考》《皇明贡举考》等书排序亦是。因此，可认定徐节为成化八年（1472）壬辰科吴宽榜进士，三甲第一百三十六名。

3. 中式年龄

《成化八年进士登科录》记其进士中式年龄为三十八岁。

（六）朱璧

1. 户籍、乡贯

《成化二十年会试录》记其为“贵州贵州卫”，弘治《贵州图经新志》卷三记其为“贵州卫人”，嘉靖《贵州通志》卷六记其为“贵州卫人”，万历《贵州通志》卷四将其归入宣慰司，万历《黔记》卷三十称其为“宣慰司（人）”，康熙《贵州通志》记其为“贵阳人”，乾隆《贵州通志》卷二十六记其为“宣慰司人”，民国《贵州通志·选举志一》记其为“贵州卫籍”。

《国朝历科题名碑录初集》记其为“贵州都司贵州卫，官籍，江西乐平县人”，《明清历科进士题名碑录》记其为“贵州都司贵州卫，江西乐平”，《明清进士题名碑录索引》记其为“贵州都司贵州卫，江西乐平”，《皇明进士登科考》记其为“贵州卫籍，江西乐平县人”，《皇明贡举考》记其为“贵州贵州卫”。

2. 朝榜、甲次

弘治《贵州图经新志》卷三记其为“成化十三年举人，成化二十年进士”，嘉靖《贵州通志》卷六记其“中甲辰科进士”，万历《黔记》卷三十称其中成化甲辰会试，康熙《贵州通志》卷十六、乾隆《贵州通志》卷二十六均记其为成化甲辰科李旻榜，乾隆《贵州通志》卷二十六记其为“成化甲辰科李旻榜”，民国《贵州通志·选举志一》记其为“成化二十年甲辰科”。

《明清进士题名碑录索引》记其名次为三甲第十四名。《明清历科进士题名碑录》《皇明进士登科考》《皇明贡举考》等书排序亦是。因此，可认定朱璧为成化二十年（1484）甲辰科李旻榜进士，三甲第十四名。

3. 中式年龄

《明清历科进士题名碑录》《明清进士题名碑录索引》《皇明进士登科考》《皇明贡举考》均未记其中式年龄，存阙俟考。

（七）熊祥

1. 户籍、乡贯

《成化二十三年进士登科录》记其“贯江西丰城县人，贵州镇远府偏桥长官司，民籍”，弘治《贵州图经新志》卷五记其为“偏桥司人”，嘉靖《贵州通志》卷六将其列入镇远府“丁未科进士”，万历《黔记》卷三十称其为“镇远府（人）”。康熙《贵州通志》记其为“镇远人”，乾隆《贵州通志》卷二十六记其为“镇远人”，民国《贵州通志·选举志一》记其为“偏桥卫籍”。

《国朝历科题名碑录初集》记其为“江西丰城县人，贵州镇远府偏桥长官司，民籍”，《明清历科进士题名碑录》记其为“贵州镇远府偏桥长官司，江西丰城”，《明清进士题名碑录索引》记其为“贵州镇远府偏桥长官司，江西丰城”，《皇明进士登科考》记其为“贵州偏桥长官司籍，江西丰城县人”，《皇明贡举考》记其为“贵州偏桥长官司”。

2. 朝榜、甲次

弘治《贵州图经新志》记其为“成化十九年顺天府乡试中式，二十三年登进士第”，嘉靖《贵州通志》卷六记其中顺天府乡试，登丁未科进士，万历《黔记》卷三十称其“以都司知印中顺天乡试，丁未进士”，康熙《贵州通志》卷十六、乾隆《贵州通志》卷二十六均记其为成化丁未科费宏榜，乾隆《贵州通志》卷二十六记其为“成化丁未科费宏榜”，民国《贵州通志·选举志一》记其为“成化二十三年丁未科”。

《明清进士题名碑录索引》记其名次为二甲第六十三名。《明清历科进士题名碑录》《皇明进士登科考》《皇明贡举考》等书排序亦是。因此，可认定熊祥为成化二十三年（1487）丁未科费宏榜进士，二甲第六十三名。

3. 中式年龄

《成化二十三年进士登科录》记其进士中式年龄为三十三岁。

（八）郭珠

1. 户籍、乡贯

《成化二十三年进士登科录》记其“贯四川叙州府富顺县，民籍”，弘治《贵州图经新志》、嘉靖《贵州通志》、万历《贵州通志》未收其人，康熙《贵州通志》、乾隆《贵州通志》均以贵州进士收入，并称其以按察司吏身份参加成化十六年（1480）云贵乡试考中举人。万历《黔记》卷三十称其为“按察司吏”，未提及籍贯，乾隆《贵州通志》卷二十六记其为“按察司吏”，民国《贵州通志·选举志一》记其为“贵州卫籍”。

《国朝历科题名碑录初集》记其为“四川叙州府富顺县，民籍”，《明清历科进士题名碑录》记其为“四川富顺”，《明清进士题名碑录索引》记其为“四川富顺”，《皇明进士登科考》记其为“四川富顺县人”，《皇明贡举考》记其为“四川富顺县”。

按：《新中国出土墓志·重庆》一书有《明中宪大夫陕西行太仆寺少卿郭公（珠）墓志铭》，详细记载了其生平经历，其中提及他以贵州吏身份参加云贵乡试及会试之事。“孺人亦感泣，命弃所学，从事吏役于贵州。……督学者薛侍御试之，复许可，公遂得以宾饯于滇南矣。自贵至滇，毋虑几千里，公自负旅具，□□□有八▨即归于贵，未释装，捷书随报矣，人莫不异之，时则成化庚子云贵乡闱也。……辛丑赴试礼闱落第，以孺人远▨甲辰赴试，复落第，乃西望稽首曰：天其相吾母于百年乎，俾得释然万里之外，竟所业以酬所志，天之与我不孤也。不尔北▨何时。爰是，游太学，群天下士而友之。其山立海受也，遍索群书于书肆，穷之昼不弛以夜，经夫暑不阻以寒。虽乡里至亲厚▨是者迄四年，至丁未登二甲进士第矣。泥金捷报，孺人喜跃不能寐，乡国荣之。”说明其于成化十六年（1480）庚子科中举，成化二十三年（1487）丁未科中进士，皆与方志所记吻合。

2. 朝榜、甲次

弘治《贵州图经新志》未收其人，万历《黔记》卷三十称其为“丁未进士”，康熙《贵州通志》卷十六、乾隆《贵州通志》卷二十六均记其为成化丁未科费宏榜，乾隆《贵州通志》卷二十六记其为“成化丁未科费宏榜”，民国《贵州通志·选举志一》记其为“成化二十三年丁未科”。

《明清进士题名碑录索引》记其名次为二甲第一百零五名。《明清历科进士题名碑录》《皇明进士登科考》《皇明贡举考》等书排序亦是。因此，可认定郭珠为成化二十三年（1487）丁未科费宏榜进士，二甲第一百零五名。

3. 中式年龄

《成化二十三年进士登科录》记其进士中式年龄为三十四岁。

五、明孝宗弘治朝

（一）詹恩

1. 户籍、乡贯

《弘治十二年进士登科录》记其“贯贵州贵州卫，江西玉山县人”，弘治《贵州图经新志》将其收入“宣慰司”，嘉靖《贵州通志》卷六记其为“贵州卫人”，万历《贵州通志》卷四将其归入宣慰司，万历《黔记》卷三十称其为“（詹）英孙”，而詹英被记为贵州卫人。康熙《贵州通志》记其为“贵阳人”，乾隆《贵州通志》卷二十六记其为“宣慰司人，弘治己未科伦文叙榜”，民国《贵州通志·选举志一》记其为“贵州卫籍”。

《国朝历科题名碑录初集》记其为“贵州贵州卫籍，江西玉山县人”，《明清历科进士题名碑录》记其为“贵州贵州卫，江西玉山”，《明清进士题名碑录索引》记其为“贵州贵州卫，江西玉山”，《皇明进士登科考》记其为“贵州卫籍，江西玉山县人”，《皇明贡举考》记其为“贵州贵州卫”。

2. 朝榜、甲次

弘治《贵州图经新志》记其为“弘治八年举人、弘治十二年进士”，嘉靖《贵州通志》卷六记其“中己未进士”，万历《黔记》卷三十称其中己未会试，为“己未进士”，康熙《贵州通志》卷十六、乾隆《贵州通志》卷二十六均记其为成化己未科伦文叙榜，乾隆《贵州通志》卷二十六记其中“宏（弘）治己未科伦文叙榜”，民国《贵州通志·选举志一》记其为“弘治十二年己未科”。

《明清进士题名碑录索引》记其名次为三甲第三十五名。《明清历科进士题名碑录》《皇明进士登科考》《皇明贡举考》等书排序亦是。因此，可认定詹恩为弘治十二年（1499）己未科伦文叙榜进士，三甲第三十五名。

3. 中式年龄

《弘治十二年进士登科录》记其进士中式年龄为二十六岁。

（二）汪大章

1. 户籍、乡贯

《弘治十二年进士登科录》记其“贯贵州普定卫，官籍，直隶休宁县人”，弘治《贵州图经新志》记其为普定卫人，嘉靖《贵州通志》卷六将其列入普定卫“中己未进士”，万历《贵州通志》记其为“普定卫人”，万历《黔记》卷三十称其为“普定卫（人）己未进士”，民国《贵州通志·选举志一》记其为“安顺籍”，《本朝分省人物考》卷一百一十五记其为“普定卫人”，康熙《贵州通志》记其为“安顺人”，乾隆《贵州通志》卷二十六记其为“安顺人”。

《国朝历科题名碑录初集》记其为“贵州普定卫，官籍，直隶休宁县人”，《明清历科进士题名碑录》记其为“贵州普定卫，直隶休宁”，《明清进士题名碑录索引》记其为“贵州普定卫，直隶休宁”，《皇明进士登科考》记其为“贵州普定卫籍，直隶休宁县人”，《皇明贡举考》记其为“贵州普定卫”。

2. 朝榜、甲次

弘治《贵州图经新志》记其为“弘治八年举人、弘治十二年进士”，嘉靖《贵州通志》卷六记其“中己未进士”，万历《贵州通志》记其为“弘治己未科”，万历《黔记》卷三十称其中己未会试，为“己未进士”。

过庭训《本朝分省人物考》卷一百一十五记其为“普定卫人，弘治己未进士”，康熙《贵州通志》卷十六记其为“成化己未科伦文叙榜”，乾隆《贵州通志》卷二十六记其为“安顺人，弘治己未科伦文叙榜”，民国《贵州通志·选举志一》记其为“弘治十二年己未科”。

《明清进士题名碑录索引》记其名次为三甲第一百七十二名。《明清历科进士题名碑录》《皇明进士登科考》《皇明贡举考》等书排序亦是。因此，可认定汪大章为弘治十二年（1499）己未科伦文叙榜进士，三甲第一百七十二名。

3. 中式年龄

《弘治十二年进士登科录》记其进士中式年龄为二十岁。

六、明武宗正德朝

（一）侯位

1. 户籍、乡贯

《正德六年进士登科录》记其“贯湖广平溪卫，官籍”，《本朝分省人物考》卷一百一十五记其为“平溪卫籍。平溪故无学，位寄学思州府，又为思州人。正德辛未进士”，嘉靖《贵州通志》卷六将其列入思州府，万历《贵州通志》将其列入思州府，万历《黔记》卷三十称其为“思州府（人）”。康熙《贵州通志》记其为“思州人”，乾隆《贵州通志》卷二十六记其为“思州人，正德辛未科杨慎榜”，民国《贵州通志·选举志一》记其为“平溪籍，正德六年辛未科”。

《国朝历科题名碑录初集》记其为“湖广平溪卫，官籍”，《明清历科进士题名碑录》记其为“湖广平溪卫”，《明清进士题名碑录索引》记其为“湖广平溪卫”，《皇明进士登科考》记其为“湖广平溪卫人”，《皇明贡举考》记其为“湖广平溪卫”。

按：在《明清进士题名碑录索引》与《明清历科进士题名碑录》中，侯位、钱嘉猷、龙起雷分别被记为“湖广平溪卫人”“湖广镇远卫人”“湖广五开卫人”，梅友月则在两书中分别被记为“湖广五开卫人”和“直隶婺源人”，均与湖广有关。明代湖广的偏桥、镇远、清浪、平溪、五开五个卫与贵州交界，嘉靖二十二年（1543）后五个卫俱附试于黔，“偏桥、镇远、清浪、平溪、五开五卫，俱隶湖广都司，而去贵州稍近，惟偏桥卫旧有学校，平溪卫亦寄思州府学，后因生儒渐多，奏准设学校，镇远卫寄镇远府学，清浪卫寄思州府学，五开卫寄黎平府学，俱听贵州督学宪臣考试，而科举则仍于湖广。嘉靖二十二年平溪等卫学生称各卫去湖广险远，欲要比照四川夔州卫、直隶归德卫等处事例，就近附试，该巡抚都御史刘彭年、巡按御史赵大佑、行左布政使叶珩、按察使胡松、提学副使蒋信议覆，会题奉钦依勘合，偏桥、镇远、清浪、平溪、五开五卫军生俱听贵州提学考较，科举俱赴贵州布政司应试，其宾兴银两亦听查照岁贡旧例，皆应办于各卫焉”[①]。钱嘉猷、龙起雷、梅友月分别为嘉靖二十三年（1544）、万历元年（1573）、万历二十九（1601）年进士，均在嘉靖二十二年（1543）之后，因此应算为贵州进士。

而侯位的情况更特殊一些，他参加了弘治八年（1495）的湖广乡试，考中举人，《正德六年进士登科录》记其会试时的籍贯信息为“湖广平溪卫，官籍”，万历《黔记》则称其乡贯为江西永新，“寄学思州府，又为思州人”[②]，这与康熙《贵州通志》、乾隆《贵州通志》的记载相符。从这种表述来看，他与贵州既有特殊的地缘联系，也有合法的学缘关系，“又为思州人”则显示家族有人分居思州与平溪两地的可能，兼之若干年后平溪卫改隶贵州的背景，将其归入贵州进士合适。

2. 朝榜、甲次

嘉靖《贵州通志》卷六记其“中正德辛未进士”，万历《贵州通志》记其为“正德辛未科”，万历《黔记》卷三十记其“中湖广乡试，辛未进士”，康熙《贵州通志》卷十六、乾隆《贵州通志》卷二十六均记其为正德辛未科杨慎榜，《明清进士题名碑录索引》记其名次为三甲第一百六十三名。《明清历科进士题名碑录》《皇明进士登科考》《皇明贡举考》等书排序亦是。因此，可认定侯位为正德六年（1511）辛未科杨慎榜进士，三甲第一百六十三名。

3. 中式年龄

《正德六年进士登科录》记其进士中式年龄为四十五岁。

（二）田秋

1. 户籍、乡贯

《皇明吉安进士录》记其为“贵州籍，庐陵”，康熙《贵州通志》记其为“思南人”，《国朝历科题名碑录初集》记其为“贵州思南府水德江长官司，民籍，德江司人”，《明清历科进士题名碑录》记其为“贵州水德江长官司，贵州德江”，《明清进士题名碑录索引》记其为“贵州水德江长官司，贵州德江”，《皇明进士登科考》记其为“贵州水德江长官司人”，《皇明贡举考》记其为

① 嘉靖《贵州通志》卷5《学校》，明嘉靖三十四年（1555）刻本，第28—29页。
② （明）郭子章著，赵平略点校：《黔记》卷44《乡贤列传一》，第970页。

“贵州水德江长官司”，《国朝典汇》卷一百二十八《礼部·科目》记其为“贵州水德江长官司”。

2. 朝榜、甲次

嘉靖《贵州通志》卷六将其列入思南府，“中甲戌科进士”。万历《贵州通志》记其为思南府人，甲戌进士。万历《黔记》卷三十称其为“思南府（人），甲戌进士”，康熙《贵州通志》卷十六、乾隆《贵州通志》卷二十六均记其为正德甲戌科唐皋榜，《本朝分省人物考》卷一百一十五记其为“曾祖永富洪武初游学思南，因家焉。正德甲戌登进士”，乾隆《贵州通志》卷二十六记其为“思南人，正德甲戌科唐皋榜”，民国《贵州通志·选举志一》记其为“思南籍，正德九年甲戌科”。

《明清进士题名碑录索引》记其名次为三甲第七十八名。《明清历科进士题名碑录》《皇明进士登科考》《皇明贡举考》等书排序亦是。因此，可认定田秋为正德九年（1514）甲戌科唐皋榜进士，三甲第七十八名。

3. 中式年龄

诸书皆无，尚未查到。

（三）周昺

1. 户籍、乡贯

嘉靖《贵州通志》卷六将其列入永宁卫，称其“中正德甲戌科进士”，万历《贵州通志》记其为永宁卫人，万历《黔记》卷三十称其为“永宁司（人），甲戌进士”。康熙《贵州通志》记其为“永宁人”，乾隆《贵州通志》卷二十六记其为“永宁人，正德甲戌科唐皋榜”，民国《贵州通志·选举志一》记其为“永宁籍，正德九年甲戌科”。

《国朝历科题名碑录初集》记其为“贵州永宁卫，军籍，江西宁州人”，《明清历科进士题名碑录》记其为“贵州永宁卫，江西宁州”，《明清进士题名碑录索引》记其为“贵州永宁卫，江西宁州”，《皇明进士登科考》记其为“贵州永宁卫籍，江西宁州人”，《皇明贡举考》记其为“贵州永宁卫”，《国朝典汇》卷一百二十八《礼部·科目》记其为“贵州永宁卫”。

2. 朝榜、甲次

嘉靖《贵州通志》卷六记其中正德甲戌科进士，万历《贵州通志》记其为正德甲戌科，万历《黔记》卷三十称其中甲戌会试，康熙《贵州通志》卷十六、乾隆《贵州通志》卷二十六均记其为正德甲戌科唐皋榜，《明清进士题名碑录索引》记其名次为三甲第一百名。《明清历科进士题名碑录》《明清进士题名碑录索引》《皇明进士登科考》《皇明贡举考》等书排序亦是。因此，可认定周昺为正德九年（1514）甲戌科唐皋榜进士，三甲第一百名。

3. 中式年龄

诸书皆无，尚未查到。

（四）汤昪

1. 户籍、乡贯

《正德十六年进士登科录》记其“贯贵州宣慰司，民籍，直隶桃源县人”，嘉靖《贵州通志》卷六将其列入“贵州宣慰司”处，并称其“中辛巳科进士”，万历《贵州通志》记其为宣慰司人，万历《黔记》卷三十称其为“宣慰司（人），辛巳进士”，《本朝分省人物考》卷一百一十五记其为“贵阳人”，康熙《贵州通志》记其为“贵阳人”，乾隆《贵州通志》卷二十六记其为“宣慰司人，正德辛巳科杨维聪榜”，民国《贵州通志·选举志一》记其为“宣慰司籍，正德十六年辛巳科”。

《国朝历科题名碑录初集》记其为“贵州宣慰司，民籍，直隶桃源县人”，《明清历科进士题名碑录》记其为“贵州宣慰司，直隶桃源”，《明清进士题名碑录索引》记其为“贵州宣慰司，直隶桃源”，《皇明进士登科考》记其为“贵州宣慰司籍，直隶桃源县人”，《皇明贡举考》记其为“贵州宣慰司”，《本朝分省人物考》记其为“贵阳人……嘉靖辛巳成进士”。

2. 朝榜、甲次

嘉靖《贵州通志》卷六记其中辛巳进士，万历《贵州通志》记其为“正德辛巳科”，万历《黔记》卷三十称其中辛巳会试，康熙《贵州通志》卷十六、乾隆《贵州通志》卷二十六均记其为正德辛巳科杨维聪榜，《本朝分省人物考》卷一百一十五称其“嘉靖辛巳成进上”，《明清进士题名碑录索引》记其名次为三甲第二百零七名。《明清历科进士题名碑录》《皇明进士登科考》《皇明贡举考》等书排序亦是。因此，可认定汤尋为正德十六年（1521）辛巳科杨维聪榜进士，三甲第二百零七名。

按：过庭训《本朝分省人物考》卷一百一十五称其“嘉靖辛巳成进士”，嘉靖朝无辛巳年，当为“正德”辛巳之误。

3. 中式年龄

《正德十六年进士登科录》记其进士中式年龄为三十七岁。

七、明世宗嘉靖朝

（一）梅月

1. 户籍、乡贯

嘉靖《贵州通志》卷六将其列入普定卫，并记其“中丙戌进士”，万历《贵州通志》将其列入普定卫人，万历《黔记》卷三十称其为“普定卫（人），丙戌进士”，康熙《贵州通志》记其为“安顺人”，乾隆《贵州通志》卷二十六记其为“安顺人，嘉靖丙戌科龚用卿榜”，民国《贵州通志·选举志一》记其为“普定籍，嘉靖五年丙戌科”。

《国朝历科题名碑录初集》记其为“贵州普定卫，军籍，陕西三原县人”，《明清历科进士题名碑录》记其为“贵州普定卫，陕西三原”，《明清进士题名碑录索引》记其为“贵州普定卫，陕西三原”，《皇明进士登科考》记其为“贵州普定卫籍，陕西三原县人”，《皇明贡举考》记其为“贵州普定卫”。

2. 朝榜、甲次

嘉靖《贵州通志》卷六认为他是普定卫人，并记其“中丙戌进士”，万历《贵州通志》将其列入“正德丙戌科”有误，万历《黔记》卷三十称其中丙戌会试。康熙《贵州通志》卷十六、乾隆《贵州通志》卷二十六均记其为嘉靖丙戌科龚用卿榜。

《明清进士题名碑录索引》记其名次为三甲第二百零七名。《明清历科进士题名碑录》《皇明进士登科考》《皇明贡举考》等书排序亦是。因此，可认定梅月为嘉靖五年（1526）丙戌科龚用卿榜进士，三甲第二百零七名。

3. 中式年龄

诸书皆无，尚不得知。

（二）赵维垣

1. 户籍、乡贯

《嘉靖十一年进士登科录》记其“贯贵州永宁卫，官籍，直隶江都县人”，嘉靖《贵州通志》卷六将其列入永宁卫，并记其“中壬辰科进士”，万历《贵州通志》记其为永宁人，认为他是“嘉靖壬辰科（进士）”，万历《黔记》卷三十称其为“永宁司（人），壬辰进士”，《本朝分省人物考》卷一百一十五记其为“永宁卫人，嘉靖壬辰进士”，康熙《贵州通志》记其为“永宁人”，乾隆《贵州通志》卷二十六记其为“永宁人，嘉靖壬辰科林大钦榜”，民国《贵州通志·选举志一》记其为“永宁籍，嘉靖十一年壬辰科”。

《国朝历科题名碑录初集》记其为“贵州永宁卫，官籍”，《明清历科进士题名碑录》记其为“贵州永宁卫”，《明清进士题名碑录索引》记其为“贵州永宁卫”，《皇明进士登科考》记其为“贵州永宁卫籍，直隶江都县人”，《皇明贡举考》记其为“贵州永宁卫”。

2. 朝榜、甲次

嘉靖《贵州通志》卷六记其“中壬辰科进士”，万历《贵州通志》记其为“嘉靖壬辰科（进士）”，万历《黔记》卷三十称其中壬辰会试。康熙《贵州通志》卷十六记其为“嘉靖壬辰科林大卿榜”，乾隆《贵州通志》卷二十六记其为嘉靖壬辰科林大钦榜。

《明清进士题名碑录索引》记其名次为三甲第二百零七名。《明清历科进士题名碑录》《皇明进士登科考》《皇明贡举考》等书排序亦是。因此，可认定赵维垣为嘉靖十一年（1532）壬辰科林大钦榜进士，三甲第二百零七名。

按：康熙《贵州通志》卷十六作“林大卿榜”，与其他书之“林大钦榜”有异，当系音近而讹。

3. 中式年龄

诸书皆无，尚不得知。

（三）敖宗庆

1. 户籍、乡贯

《嘉靖十七年进士登科录》记其“贯贵州思南府水德江长官司，民籍，江西新喻县人”，嘉靖《贵州通志》卷六将其列入思南府，并记其“中戊戌科进士”，万历《贵州通志》记其为思南府人，万历《黔记》卷三十称其为“思南府（人），戊戌进士”，《本朝分省人物考》卷一百一十五记其为“思南府籍……嘉靖戊戌，宗庆成进士”，康熙《贵州通志》记其为“思南人”，乾隆《贵州通志》记其为“思南人，戊戌科茅瓒榜”，民国《贵州通志·选举志一》记其为“思南籍，嘉靖十七年戊戌科”。

《国朝历科题名碑录初集》记其为“贵州思南府水德江长官司，民籍，江西新喻县人”，《明清历科进士题名碑录》记其为“贵州思南府，江西新喻”，《明清进士题名碑录索引》记其为“贵州思南府，江西新喻”，《皇明进士登科考》记其为“贵州水德江长官司人，江西新喻县人”，《皇明贡举考》记其为“贵州水德江长官司（人）”。

2. 朝榜、甲次

嘉靖《贵州通志》卷六记其中戊戌科进士，万历《贵州通志》记其为嘉靖戊戌科进士，万历《黔记》卷三十称其中戊戌会试。康熙《贵州通志》卷十六、乾隆《贵州通志》卷二十六均记其为嘉靖戊戌科茅瓒榜，《明清进士题名碑录索引》记其名次为三甲第二十九名。《明清历科进士题名碑录》《皇明进士登科考》《皇明贡举考》等书排序亦是。因此，可认定敖宗庆为嘉靖十七年（1538）戊戌科茅瓒榜进士，三甲第二十九名。

3. 中式年龄

《嘉靖十七年进士登科录》记其进士中式年龄为三十岁。

（四）王炯

1. 户籍、乡贯

《嘉靖十七年进士登科录》记其“贯贵州清平卫，官籍，浙江嵊县人”，嘉靖《贵州通志》卷六将其列入清平卫，并记其“中戊戌科进士”，万历《贵州通志》记其为清平卫人，万历《黔记》卷三十称其为“清平卫（人）戊戌进士”，康熙《贵州通志》记其为“清平人”，乾隆《贵州通志》记其为“清平人，嘉靖戊戌科茅瓒榜”，民国《贵州通志·选举志一》记其为“清平籍，嘉靖十七年戊戌科”。

《国朝历科题名碑录初集》记其为“贵州清平卫，官籍，浙江嵊县人”，《明清历科进士题名碑录》记其为“贵州清平卫，浙江嵊县”，《明清进士题名碑录索引》记其为“贵州清平卫，浙江嵊县”，《皇明进士登科考》记其为“贵州清平卫籍，浙江嵊县人”，《皇明贡举考》记其为“贵州清平卫”。

2. 朝榜、甲次

嘉靖《贵州通志》卷六记其中戊戌科进士，万历《贵州通志》记其为嘉靖戊戌科进士，万历《黔记》卷三十称其中戊戌会试。康熙《贵州通志》卷十六、乾隆《贵州通志》卷二十六均记其为嘉靖戊戌科茅瓒榜，《明清进士题名碑录索引》记其名次为三甲第六十一名。《明清历科进士题名碑录》《皇明进士登科考》《皇明贡举考》等书排序亦是。因此，可认定王炯为嘉靖十七年（1538）戊戌科茅瓒榜进士，三甲第六十一名。

3. 中式年龄

《嘉靖十七年进士登科录》记其进士中式年龄为二十四岁。

（五）蒋宗鲁

1. 户籍、乡贯

《嘉靖十七年进士登科录》记其“贯贵州普安卫，军籍，应天府溧阳县人”，嘉靖《贵州通志》卷六称其为“普安卫人，中戊戌科进士”，万历《贵州通志》记其为普安州人，万历《黔记》卷三十称其为“廷璧子，戊戌进士”（蒋廷璧被记为普安人），《本朝分省人物考》卷一百一十五记其为“普安卫人”，康熙《贵州通志》记其为“普安人”，乾隆《贵州通志》卷二十六记其为“普安人，嘉靖戊戌科茅瓒榜”，民国《贵州通志·选举志一》记其为“普安籍，嘉靖十七年戊戌科”。

《国朝历科题名碑录初集》记其为“贵州普安卫，军籍，应天府溧阳县人”，《明清历科进士题名碑录》记其为“贵州普安卫，应天府溧阳”，《明清进士题名碑录索引》记其为“贵州普安卫，应天府溧阳”，《皇明进士登科考》记其为“贵州普安卫籍，应天府溧阳县人”，《皇明贡举考》记其为“贵州普安卫”。

2. 朝榜、甲次

嘉靖《贵州通志》卷六记其中戊戌科进士，万历《贵州通志》记其为嘉靖戊戌科进士，万历《黔记》卷三十称其中戊戌会试。康熙《贵州通志》卷十六、乾隆《贵州通志》卷二十六均记其为嘉靖戊戌科茅瓒榜，《明清进士题名碑录索引》记其名次为三甲第七十六名。《明清历科进士题名碑录》《皇明进士登科考》《皇明贡举考》等书排序亦是。因此，可认定蒋宗鲁为嘉靖十七年（1538）戊戌科茅瓒榜进士，三甲第七十六名。

3. 中式年龄

《嘉靖十七年进士登科录》记其进士中式年龄为二十二岁。

（六）缪文龙

1. 户籍、乡贯

《嘉靖十七年进士登科录》记其“贯贵州乌撒卫，军籍，直隶华亭县人”，嘉靖《贵州通志》卷六将其列入乌撒卫，万历《贵州通志》记其为乌撒卫人，万历《黔记》卷三十称其为“（缪）良玉子，戊戌进士”（缪良玉处记为“乌撒卫”），康熙《贵州通志》记其为“乌撒人”，乾隆《贵州通志》记其为“乌撒人，嘉靖戊戌科茅瓒榜”，民国《贵州通志·选举志一》记其为“乌撒籍，嘉靖十七年戊戌科”。

《国朝历科题名碑录初集》记其为“贵州乌撒卫，军籍，直隶华亭人”，《明清历科进士题名碑录》记其为“贵州乌撒卫，直隶华亭”，《明清进士题名碑录索引》记其为“贵州乌撒卫，直隶华亭”，《皇明进士登科考》记其为“贵州乌撒卫籍，直隶华亭县人”，《皇明贡举考》记其为“贵州乌撒卫”。

2. 朝榜、甲次

嘉靖《贵州通志》卷六记其“中戊戌进士”，万历《贵州通志》记其为嘉靖戊戌科进士，万历《黔记》卷三十称其中戊戌会试。康熙《贵州通志》卷十六、乾隆《贵州通志》卷二十六均记其为嘉靖戊戌科茅瓒榜。

《明清进士题名碑录索引》记其名次为三甲第八十六名。《明清历科进士题名碑录》《皇明进士登科考》《皇明贡举考》等书排序亦是。因此，可认定缪文龙为嘉靖十七年（1538）戊戌科茅瓒榜进士，三甲第八十六名。

3. 中式年龄

《嘉靖十七年进士登科录》记其进士中式年龄为二十九岁。

（七）闻贤

1. 户籍、乡贯

《嘉靖二十年进士登科录》记其“贯贵州永宁卫，官籍”，嘉靖《贵州通志》卷六将其列入永宁卫，并记其“中辛丑科进士”，万历《贵州通志》记其为永宁卫人，万历《黔记》卷三十称其为“永宁卫（人），辛丑进士”，康熙《贵州通志》记其为“永宁人”，乾隆《贵州通志》记其为“永宁人，嘉靖辛丑科沈坤榜”，民国《贵州通志·选举志一》记其为“永宁籍，嘉靖二十年辛丑科”。

《国朝历科题名碑录初集》记其为“贵州永宁卫，官籍”，《明清历科进士题名碑录》记其为“贵州永宁卫”，《明清进士题名碑录索引》记其为“贵州永宁卫”，《皇明进士登科考》记其为“贵州永宁卫人”，《皇明贡举考》记其为“贵州永宁卫”。

2. 朝榜、甲次

嘉靖《贵州通志》卷六记其中辛丑科进士，万历《贵州通志》记其为嘉靖辛丑科进士，万历《黔记》卷三十称其中辛丑会试。康熙《贵州通志》卷十六、乾隆《贵州通志》卷二十六均记其为嘉靖辛丑科沈坤榜，《明清进士题名碑录索引》记其名次为三甲第七十二名。《明清历科进士题名碑录》《皇明进士登科考》《皇明贡举考》等书排序亦是。因此，可认定闻贤为嘉靖二十年（1541）辛丑科沈坤榜进士，三甲第七十二名。

3. 中式年龄

《嘉靖二十年进士登科录》记其进士中式年龄为三十九岁。

（八）钱嘉猷

1. 户籍、乡贯

《嘉靖二十三年进士登科录》记其“贯湖广镇远卫，官籍，贵州镇远府人”，嘉靖《贵州通志》卷六记其为“镇远卫人，中甲辰科进士”，万历《贵州通志》记其为镇远府人，万历《黔记》卷三十称其为“镇远府（人），甲辰进士”，康熙《贵州通志》记其为“镇远人”，乾隆《贵州通志》卷二十六记其为“镇远人，（嘉靖）甲辰科秦鸣雷榜”，民国《贵州通志·选举志一》记其为“镇远籍，嘉靖二十三年甲辰科”。

《国朝历科题名碑录初集》记其为“湖广镇远卫，官籍”，《明清历科进士题名碑录》记其为“湖广镇远卫，贵州镇远”，《明清进士题名碑录索引》记其为“湖广镇远卫，贵州镇远”，《皇明进士登科考》记其为“湖广镇远卫籍，贵州镇远府人”，《皇明贡举考》记其为“贵州镇远卫”。

按：在《明清进士题名碑录索引》与《明清历科进士题名碑录》中，侯位、钱嘉猷、龙起雷分别被记为“湖广平溪卫人”“湖广镇远卫人”“湖广五开卫人”，梅友月则在两书中分别被记为“湖广五开卫人”和“直隶婺源人”，均与湖广有关。钱嘉猷、龙起雷、梅友月分别为嘉靖二十三年（1544）、万历元年（1573）、万历二十九年（1601）进士，均在嘉靖二十二年（1543）之后，因此应算为贵州进士。

2. 朝榜、甲次

嘉靖《贵州通志》卷六记其中甲辰科进士，万历《贵州通志》记其为嘉靖甲辰科进士，万历《黔记》卷三十称其中甲辰会试。康熙《贵州通志》卷十六、乾隆《贵州通志》卷二十六均记其为嘉靖甲辰科秦鸣雷榜，《明清进士题名碑录索引》记其名次为二甲第五十名。《明清历科进士题名碑录》《皇明进士登科考》《皇明贡举考》等书排序亦是。因此，可认定钱嘉猷为嘉靖二十三年（1544）甲辰科秦鸣雷榜进士，二甲第五十名。

3. 中式年龄

《嘉靖二十三年进士登科录》记其进士中式年龄为四十五岁。

（九）李佑

1. 户籍、乡贯

《嘉靖丁未科进士序齿录》记其为“贵州清平卫，官籍，福建崇安县人”，《嘉靖二十六年进士登科录》记其“贯贵州清平卫，官籍，福建崇安县人”，嘉靖《贵州通志》卷六将其列入清平卫，并记其“中丁未科进士”，万历《贵州通志》记其为清平卫人，万历《黔记》卷三十称其为“夔子，丁未进士”（李夔被记为清平卫人），《本朝分省人物考》卷一百一十五记为“清平卫人，嘉靖丁未进士”，康熙《贵州通志》记其为“清平人”，乾隆《贵州通志》卷二十六记其为“清平人，丁未科李春芳榜”，民国《贵州通志·选举志一》记其为“清平籍，嘉靖二十六年丁未科”。

《国朝历科题名碑录初集》记其为“贵州清平卫，官籍，福建崇安县人”，《明清历科进士题名碑录》记其为“贵州清平卫，福建崇安”，《明清进士题名碑录索引》记其为“贵州清平卫，福建崇安”，《皇明进士登科考》记其为“贵州清平卫籍，福建崇安县人”，《皇明贡举考》记其为“贵州清平卫”。

2. 朝榜、甲次

嘉靖《贵州通志》卷六记其中丁未科进士，万历《贵州通志》记其为嘉靖丁未科进士，万历《黔记》卷三十称其中丁未会试。康熙《贵州通志》卷十六、乾隆《贵州通志》卷二十六均记其为嘉靖丁未科李春芳榜，《明清进士题名碑录索引》记其名次为三甲第一百一十名。《明清历科进士题名碑录》《皇明进士登科考》《皇明贡举考》等书排序亦是。因此，可认定李佑为嘉靖二十六年（1547）丁未科李春芳榜进士，三甲第一百一十名。

3. 中式年龄

《嘉靖二十六年进士登科录》记其进士中式年龄为三十一岁。

（十）刘秉仁

1. 户籍、乡贯

《嘉靖丁未科进士序齿录》记其为“贵州贵州卫籍，湖广大冶县人”，《嘉靖二十六年进士登科录》记其“贯贵州贵州卫，军籍，湖广大冶县人”，嘉靖《贵州通志》记其为“贵州卫人，中丁未进士”，万历《贵州通志》卷四将其归入宣慰司，万历《贵州通志》卷三十记其为“（刘）恒子，丁未进士”（刘恒被记为宣慰司人），《本朝分省人物考》卷一百一十五记其为“贵阳人……嘉靖丁未成进士”，康熙《贵州通志》记其为“贵阳人”，乾隆《贵州通志》卷二十六记其为“宣慰司人，（嘉靖）丁未科李春芳榜”，民国《贵州通志·选举志一》记其为“贵阳籍，嘉靖二十六年丁未科”。

《国朝历科题名碑录初集》记其为“贵州贵州卫，军籍，湖广大冶县人”，《明清历科进士题名碑录》记其为“贵州贵州卫，湖广大冶”，《明清进士题名碑录索引》记其为“贵州贵州卫，湖广大冶”，《皇明进士登科考》记其为“贵州卫籍，湖广大冶县人”，《皇明贡举考》记其为“贵州贵州卫”。

2. 朝榜、甲次

嘉靖《贵州通志》卷六记其中丁未进士，万历《贵州通志》记其为嘉靖丁未科进士，万历《黔记》卷三十称其中丁未会试。康熙《贵州通志》卷十六、乾隆《贵州通志》卷二十六均记其为嘉靖丁未科李春芳榜，《明清进士题名碑录索引》记其名次为三甲第一百一十七名。《明清历科进士题名碑录》《皇明进士登科考》《皇明贡举考》等书排序亦是。因此，可认定刘秉仁为嘉靖二十六年（1547）丁未科李春芳榜进士，三甲第一百一十七名。

3. 中式年龄

《嘉靖二十六年进士登科录》记其进士中式年龄为二十五岁。

（十一）孙裒

1. 户籍、乡贯

《嘉靖丁未科进士序齿录》记其为“贵州清平卫籍，直隶如皋县人”，《嘉靖二十六年进士登科录》记其“贯贵州清平卫，官籍，直隶如皋县人”，嘉靖《贵州通志》卷六将其列入清平卫，并记其“中丁未科进士”，万历《贵州通志》记其为清平卫人，丁未进士。万历《黔记》卷三十称其为“清平卫（人），丁未进士”，康熙《贵州通志》记其为“清平人”，乾隆《贵州通志》卷二十六记其为“清平人，（嘉靖）丁未科李春芳榜”，民国《贵州通志·选举志一》记其为“清平籍，嘉靖二十六年丁未科”。

《国朝历科题名碑录初集》记其为“贵州清平卫，官籍，直隶如皋县人”，

《明清历科进士题名碑录》记其为“贵州清平卫，直隶如皋”，《明清进士题名碑录索引》记其为“贵州清平卫，直隶如皋”，《皇明进士登科考》记其为“贵州清平卫籍，直隶如皋县人”，《皇明贡举考》记其为“贵州清平卫”。

2. 朝榜、甲次

嘉靖《贵州通志》卷六记其中丁未科进士，万历《贵州通志》卷十三记其为丁未科进士，万历《黔记》卷三十称其中丁未会试。康熙《贵州通志》卷十六、乾隆《贵州通志》卷二十六均记其为嘉靖丁未科李春芳榜，《明清进士题名碑录索引》记其名次为三甲第二百零五名。《明清历科进士题名碑录》《皇明进士登科考》《皇明贡举考》等书排序亦是。因此，可认定孙裒为嘉靖二十六年（1547）丁未科李春芳榜进士，三甲第二百零五名。

3. 中式年龄

《嘉靖二十六年进士登科录》记其进士中式年龄为二十六岁。

（十二）张守宗

1. 户籍、乡贯

《嘉靖二十九年进士登科录》记其“贯贵州思南府水德司，民籍”，嘉靖《贵州通志》卷六将其列入思南府，并记其“中庚戌科进士”，万历《贵州通志》记其为思南府人，庚戌进士。万历《黔记》卷三十称其为“思南府（人），庚戌进士”，康熙《贵州通志》卷十六记为“孙守宗，思南人”，乾隆《贵州通志》卷二十六作“孙守宗，思南人，（嘉靖）庚戌科唐汝楫榜”，民国《贵州通志·选举志一》记其为“思南籍，嘉靖二十九年庚戌科”。

《国朝历科题名碑录初集》记其为“贵州思南府水德司，民籍”，《明清历科进士题名碑录》记其为“贵州水德司”，《明清进士题名碑录索引》记其为“贵州水德司”，《皇明进士登科考》中籍贯信息遭涂两字，仅见“贵州□□人”，《皇明贡举考》记其为“贵州思南府水德司”。

按：康熙《贵州通志》卷十六与乾隆《贵州通志》卷二十六均记为“孙守宗”，余书皆为“张守宗”，其墓于 1980 年 3 月被发现，据贵州省博物馆刘恩元所撰《贵州思南明代张守宗夫妇墓清理简报》记录，其墓碑中间阴刻有“明赐进士出身户部山西司员外郎诏晋中宪大夫□□□张老先生之墓”，综合诸资料，可证“孙守宗”为误。

2. 朝榜、甲次

嘉靖《贵州通志》卷六记其中庚戌科进士，万历《贵州通志》卷十六记其中庚戌科进士。康熙《贵州通志》卷十六、乾隆《贵州通志》卷二十六均记其为嘉靖庚戌科唐汝楫榜，《明清进士题名碑录索引》记其名次为二甲第十六名。《明清历科进士题名碑录》《皇明进士登科考》《皇明贡举考》等书排序亦是。因此，可认定张守宗为嘉靖二十九年（1550）庚戌科唐汝楫榜进士，二甲第十六名。

3. 中式年龄

《嘉靖二十九年进士登科录》记其进士中式年龄为二十五岁。

（十三）姚世熙

1. 户籍、乡贯

《嘉靖二十九年进士登科录》记其“贯贵州新添卫，官籍，直隶舒城县人”，嘉靖《贵州通志》卷六将其列入新添卫，并记其“登庚戌科进士”，万历《贵州通志》记其为新添卫人，庚戌进士。万历《黔记》卷三十称其为“新添卫（人），庚戌进士”，康熙《贵州通志》卷十六记其为“新添人”，乾隆《贵州通志》卷二十六记其为“新添人，（嘉靖）庚戌科唐汝楫榜”，民国《贵州通志·选举志一》记其为“新添籍，嘉靖二十九年庚戌科”。

《国朝历科题名碑录初集》记其为“贵州新添卫，官籍，直隶舒城县人”，《明清历科进士题名碑录》记其为“贵州新添卫，直隶舒城”，《明清进士题名碑录索引》记其为“贵州新添卫，直隶舒城”，《皇明进士登科考》记其为“贵州新添卫人”，《皇明贡举考》记其为“贵州新添卫”。

2. 朝榜、甲次

嘉靖《贵州通志》卷六记其登庚戌科进士，万历《贵州通志》卷十二记其中嘉靖庚戌科进士，万历《黔记》卷三十称其中庚戌会试。康熙《贵州通志》卷十六、乾隆《贵州通志》卷二十六均记其为嘉靖庚戌科唐汝楫榜，《明清进士题名碑录索引》记其名次为三甲第一百二十七名。《明清历科进士题名碑录》《皇明进士登科考》《皇明贡举考》等书排序亦是。因此，可认定姚世熙为嘉靖二十九年（1550）庚戌科唐汝楫榜进士，三甲第一百二十七名。

3. 中式年龄

《嘉靖二十九年进士登科录》记其进士中式年龄为二十八岁。

（十四）陈治安

1. 户籍、乡贯

《嘉靖二十九年进士登科录》记其“贯贵州宣慰司，军籍，直隶昆山县人”，嘉靖《贵州通志》卷六记其为“前卫人”，万历《贵州通志》卷四将其归入宣慰司，万历《贵州通志》记其为贵州前卫人，庚戌进士。万历《黔记》卷三十称其为“宣慰司（人），庚戌进士”，康熙《贵州通志》卷十六记其为“贵阳人”，乾隆《贵州通志》卷二十六记其为“宣慰司人，（嘉靖）庚戌科唐汝楫榜”，民国《贵州通志·选举志一》记其为“宣慰司籍，嘉靖二十九年庚戌科”。

《国朝历科题名碑录初集》记其为“贵州宣慰司，军籍，直隶昆山县人”，《明清历科进士题名碑录》记其为“贵州宣慰司，直隶昆山”，《明清进士题名碑录索引》记其为“贵州宣慰司，直隶昆山”，《皇明进士登科考》记其为“贵州宣慰司人”，《皇明贡举考》记其为“贵州宣慰司”。

按：明代进士有两位陈治安，另一位为浙江人。

2. 朝榜、甲次

嘉靖《贵州通志》卷六记其中庚戌科进士，万历《贵州通志》记其中嘉靖庚戌科进士，万历《黔记》卷三十称其中庚戌会试。康熙《贵州通志》卷十六、乾隆《贵州通志》卷二十六均记其为嘉靖庚戌科唐汝楫榜，《明清进士题名碑录索引》记其名次为三甲第二百零二名。《明清历科进士题名碑录》《皇明进士登科考》《皇明贡举考》等书排序亦是。因此，可认定陈治安为嘉靖二十九年（1550）庚戌科唐汝楫榜进士，三甲第二百零二名。

3. 中式年龄

《嘉靖二十九年进士登科录》记其进士中式年龄为二十九岁。

（十五）孙应鳌

1. 户籍、乡贯

《嘉靖三十二年进士登科录》记其“贯贵州清平卫，官籍，直隶扬州府泰州如皋县人”，嘉靖《贵州通志》卷六将其列入清平卫，并记其“中癸丑科进士”，万历《贵州通志》记其为清平卫人，癸丑进士。万历《黔记》卷三十称其为“（孙）衣子，癸丑进士”（孙衣被记为清平卫人），《本朝分省人物考》卷一百一十五记其为“清平卫人……癸丑成进士”，康熙《贵州通志》卷十六记其为“清平人”，乾隆《贵州通志》卷二十六记其为“清平人，（嘉靖）癸丑科陈谨榜”，民国《贵州通志·选举志一》记其为“清平籍，嘉靖三十二年癸丑科”。

《国朝历科题名碑录初集》记其为“贵州清平卫，官籍，直隶扬州府泰州如皋县人”，《明清历科进士题名碑录》记其为“贵州清平卫，直隶如皋”，《明清进士题名碑录索引》记其为“贵州清平卫，直隶如皋”，《皇明贡举考》记其为“贵州清平卫”。

2. 朝榜、甲次

嘉靖《贵州通志》卷六记其中癸丑科进士，万历《贵州通志》卷十三记其中嘉靖癸丑科进士，万历《黔记》卷三十称其中癸丑会试。康熙《贵州通志》卷十六、乾隆《贵州通志》卷二十六均记其为嘉靖癸丑科陈谨榜，《明清进士题名碑录索引》记其名次为二甲第六十五名。《明清历科进士题名碑录》《皇明进士登科考》《皇明贡举考》等书排序亦是。因此，可认定孙应鳌为嘉靖三十二年（1553）癸丑科陈谨榜进士，二甲第六十五名。

3. 中式年龄

《嘉靖三十二年进士登科录》记其进士中式年龄为二十七岁。

（十六）陈珊

1. 户籍、乡贯

《嘉靖三十二年进士登科录》记其“贯贵州铜仁府铜仁司，民籍，四川富顺县人”，嘉靖《贵州通志》卷六将其列入铜仁府，并记其“登癸丑科进士”，万历

《贵州通志》记其为铜仁人，万历癸丑进士。万历《黔记》卷三十称其为“铜仁府（人）癸丑进士”，《本朝分省人物考》卷一百一十五记为“其先庐陵人，附籍铜仁……癸丑成进士”，康熙《贵州通志》卷十六记其为“铜仁人”，乾隆《贵州通志》卷二十六记其为“铜仁人，（嘉靖）癸丑科陈谨榜”，民国《贵州通志·选举志一》记其为“铜仁籍，嘉靖三十二年癸丑科”。

《国朝历科题名碑录初集》记其为“贵州铜仁府铜仁司，民籍，四川富顺县人”，《明清历科进士题名碑录》记其为“贵州铜仁司，四川富顺”，《明清进士题名碑录索引》记其为“贵州铜仁司，四川富顺”，《皇明进士登科考》记其为“贵州铜仁司，四川富顺”，《皇明贡举考》记其为“贵州铜仁司”。

2. 朝榜、甲次

嘉靖《贵州通志》卷六记其登癸丑科进士，万历《贵州通志》记其中嘉靖癸丑科进士，万历《黔记》卷三十称其中癸丑会试。康熙《贵州通志》卷十六、乾隆《贵州通志》卷二十六均记为嘉靖癸丑科陈谨榜，《明清进士题名碑录索引》记其名次为三甲第一百六十四名。《明清历科进士题名碑录》《明清进士题名碑录索引》《皇明进士登科考》《皇明贡举考》等书排序亦是。因此，可认定陈珊为嘉靖三十二年（1553）癸丑科陈谨榜进士，三甲第一百六十四名。

3. 中式年龄

《嘉靖三十二年进士登科录》记其进士中式年龄为四十四岁。

（十七）汪若泮

1. 户籍、乡贯

《嘉靖三十八年进士登科录》记其“贯贵州贵州卫，军籍，应天府江浦县人”，万历《贵州通志》卷四将其归入宣慰司，万历《贵州通志》记其为宣慰司人，己未进士。万历《黔记》卷三十称其为“（汪）庆子，己未进士”（汪庆及其兄汪度被记为宣慰司人），康熙《贵州通志》卷十六记其为“宣慰司人”，乾隆《贵州通志》卷二十六记其为“宣慰司人，（嘉靖）己未科丁士美榜”，民国《贵州通志·选举志一》记其为“贵州卫籍，嘉靖三十八年己未科”。

《国朝历科题名碑录初集》记其为“贵州贵州卫，军籍，应天府江浦县人”，《明清历科进士题名碑录》记其为“贵州贵州卫，应天府江浦”，《明清进士题名碑录索引》记其为“贵州贵州卫，应天府江浦”，《皇明进士登科考》记其为“贵州贵州卫”，《皇明贡举考》记其为“贵州贵州卫”。

2. 朝榜、甲次

万历《贵州通志》记其中嘉靖己未科进士，万历《黔记》卷三十称其中己未会试。康熙《贵州通志》卷十六、乾隆《贵州通志》卷二十六均记其为嘉靖己未科丁士美榜，《明清进士题名碑录索引》记其名次为三甲第二十一名。《明清历科进士题名碑录》《皇明进士登科考》《皇明贡举考》等书排序亦是。因此，可认定汪若泮为嘉靖三十八年（1559）己未科丁士美榜进士，三甲第二十一名。

3. 中式年龄

《嘉靖三十八年进士登科录》记其进士中式年龄为三十二岁。

（十八）梅惟和

1. 户籍、乡贯

《嘉靖三十八年进士登科录》记其“贯贵州普定卫，军籍，陕西西安府三原县人”，万历《贵州通志》记其为普定卫人，“中己未进士”，万历《黔记》卷三十称其为“（梅）月子，己未进士”（梅月前有信息，为普定卫人），康熙《贵州通志》卷十六记其为“安顺人”，乾隆《贵州通志》卷二十六记其为“安顺人，（嘉靖）己未科丁士美榜”，民国《贵州通志・选举志一》记其为“普定籍，嘉靖三十八年己未科”。

《国朝历科题名碑录初集》记其为“贵州普定卫，军籍，陕西西安府三原县人”，《明清历科进士题名碑录》记其为“贵州普定卫，陕西三原”，《明清进士题名碑录索引》记其为“贵州普定卫，陕西三原”，《皇明进士登科考》记其为“贵州普定卫”，《皇明贡举考》记其为“贵州普定卫”。

2. 朝榜、甲次

万历《贵州通志》记其中嘉靖己未科进士，万历《黔记》卷三十称其中己未会试。康熙《贵州通志》卷十六、乾隆《贵州通志》卷二十六均记其为嘉靖己未科丁士美榜，《明清进士题名碑录索引》记其名次为三甲第一百四十四名。

《明清历科进士题名碑录》《皇明进士登科考》《皇明贡举考》等书排序亦是。因此，可认定梅惟和为嘉靖三十八年（1559）己未科丁士美榜进士，三甲第一百四十四名。

3. 中式年龄

《嘉靖三十八年进士登科录》记其进士中式年龄为三十一岁。

（十九）邵元哲

1. 户籍、乡贯

《嘉靖四十四年进士登科录》记其“贯贵州普安卫，军籍，应天府上元县人”，万历《贵州通志》记其为乙丑科进士，万历《黔记》卷三十称其为“（邵）华谱子，乙丑进士”（邵华谱被记为普安州人），康熙《贵州通志》卷十六记其为“普安人”，乾隆《贵州通志》卷二十六记其为“普安人，（嘉靖）乙丑科范应期榜”，民国《贵州通志·选举志一》记其为“普安籍，嘉靖四十四年乙丑科”。

《国朝历科题名碑录初集》记其为“贵州普安卫，军籍”，《明清历科进士题名碑录》记其为“贵州普安卫”，《明清进士题名碑录索引》记其为“贵州普安卫”，《皇明进士登科考》记其为“应天府上元县”，《皇明贡举考》记其为“贵州普安卫”。

2. 朝榜、甲次

万历《贵州通志》卷九记其中嘉靖乙丑科进士，万历《黔记》卷三十称其中乙丑会试。康熙《贵州通志》卷十六、乾隆《贵州通志》卷二十六均记其为嘉靖乙丑科范应期榜，《明清进士题名碑录索引》记其名次为二甲第四十二名。《明清历科进士题名碑录》《皇明进士登科考》《皇明贡举考》等书排序亦是。因此，可认定邵元哲为嘉靖四十四年（1565）乙丑科范应期榜进士，二甲第四十二名。

3. 中式年龄

《嘉靖四十四年进士登科录》记其进士中式年龄为三十六岁。

（二十）李良臣

1. 户籍、乡贯

《嘉靖四十四年进士登科录》记其“贯贵州普安卫，军籍，应天府江宁县人”，《嘉靖乙丑科进士同年乡籍》记其为“普安卫籍，应天府江宁人”，万历《贵州通志》记其为乙丑科进士，万历《黔记》卷三十称其为“普安州（人），乙丑进士”，康熙《贵州通志》卷十六记其为“普安人”，乾隆《贵州通志》卷二十六记其为“普安人，（嘉靖）乙丑科范应期榜”，民国《贵州通志・选举志一》记其为“普安籍，嘉靖四十四年乙丑科”。

《国朝历科题名碑录初集》记其为“贵州普安卫，军籍”，《明清历科进士题名碑录》记其为“贵州普安，军籍”，《明清进士题名碑录索引》未收其人，《皇明贡举考》记其为“贵州普安卫”。

2. 朝榜、甲次

万历《贵州通志》卷九记其中乙丑科进士，万历《黔记》卷三十称其中乙丑会试。康熙《贵州通志》卷十六、乾隆《贵州通志》卷二十六均记其为嘉靖乙丑科范应期榜，《明清进士题名碑录索引》记其名次为三甲第一百二十七名。《明清历科进士题名碑录》《皇明进士登科考》《皇明贡举考》等书排序亦是。因此，可认定李良臣为嘉靖四十四年（1565）乙丑科范应期榜进士，三甲第一百二十七名。

3. 中式年龄

《嘉靖四十四年进士登科录》记其进士中式年龄为三十岁。

（二十一）蒋思孝

1. 户籍、乡贯

《嘉靖四十四年进士登科录》记其“贯贵州普安卫，军籍，应天府溧阳县人”，《嘉靖乙丑科进士同年乡籍》记其为“普安卫籍，应天府溧阳人”，万历《贵州通志》记其为乙丑科进士，万历《黔记》卷三十称其为“（蒋）宗鲁子，乙丑进士”（蒋宗鲁前有信息，为普安人），康熙《贵州通志》卷十六记其为“普安人”，乾隆《贵州通志》卷二丨六记其为“普安人，（嘉靖）乙丑科范应期榜”，民国《贵州通志·选举志一》记其为“普安籍，嘉靖四十四年乙丑科”。

《国朝历科题名碑录初集》记其为“贵州普安卫，军籍”，《明清历科进士题名碑录》记其为“贵州普安卫”，《明清进士题名碑录索引》记其为“贵州普安卫”，《皇明进士登科考》记其为“应天府溧阳县”，《皇明贡举考》记其为“贵州普安卫”。

2. 朝榜、甲次

万历《贵州通志》卷九记其中嘉靖乙丑科进士，万历《黔记》卷三十称其中乙丑会试。康熙《贵州通志》卷十六、乾隆《贵州通志》卷二十六均记为嘉靖乙丑科范应期榜，《明清进士题名碑录索引》记其名次为三甲第一百七十四名。《明清历科进士题名碑录》《皇明进士登科考》《皇明贡举考》等书排序亦是。因此，可认定蒋思孝为嘉靖四十四年（1565）乙丑科范应期榜进士，三甲第一百七十四名。

3. 中式年龄

《嘉靖四十四年进士登科录》记其进士中式年龄为二十四岁。

八、明穆宗隆庆朝

（一）许一德

1. 户籍、乡贯

《隆庆五年进士登科录》记其“贯贵州贵州卫，官籍，直隶泗州人”，《隆庆五年辛未科进士履历便览》记其为“贵州卫籍，泗州人”，万历《贵州通志》卷四将其归入宣慰司，认为他是辛未科进士。万历《贵州通志》卷三十记其为“（许）奇子，辛未进士”（许奇被记为宣慰司人），万历《黔记》称其为“宣慰司人”，康熙《贵州通志》卷十六记其为“贵阳人”，乾隆《贵州通志》卷二十六记其为“贵阳人，（隆庆）辛未科张元忭榜”，民国《贵州通志·选举志一》记其为“宣慰司籍，隆庆五年辛未科”。

《国朝历科题名碑录初集》记其为“贵州贵州卫，官籍”，《明清历科进士题名碑录》记其为“贵州贵州卫，直隶泗州”，《明清进士题名碑录索引》记其为“贵州贵州卫，直隶泗州”，《皇明贡举考》记其为“贵州贵州卫”。

2. 朝榜、甲次

万历《贵州通志》卷四记其中隆庆辛未科进士，万历《黔记》卷三十称其中辛未会试。康熙《贵州通志》卷十六、乾隆《贵州通志》卷二十六均记其为隆庆辛未科张元忭榜，记其名次为三甲第六十六名。《明清历科进士题名碑录》《明清进士题名碑录索引》《皇明贡举考》等书排序亦是。因此，可认定许一德为隆庆五年（1571）辛未科张元忭榜进士，三甲第六十六名。

3. 中式年龄

《隆庆五年进士登科录》记其进士中式年龄为三十二岁。

（二）李大晋

1. 户籍、乡贯

《隆庆五年进士登科录》记其“贯贵州清平卫，官籍，福建崇安县人”，《隆庆五年辛未科进士履历便览》记其为“清平卫籍，崇安县人”，万历《贵州通志》记其为清平卫人，隆庆辛未科进士。万历《黔记》卷三十称其为“（李）佑子，辛未进士”（李佑前有信息，为清平卫人），康熙《贵州通志》卷十六记其为“清平人”，乾隆《贵州通志》卷二十六记其为“清平人，（隆庆）辛未科张元忭榜”，民国《贵州通志·选举志一》记其为“清平籍，隆庆五年辛未科”。

《国朝历科题名碑录初集》记其为“贵州清平卫，官籍，福建崇安县人”，《明清历科进士题名碑录》记其为“贵州清平卫，福建崇安”，《明清进士题名碑录索引》记其为“贵州清平卫，福建崇安”，《皇明贡举考》记其为“贵州清平卫”。

2. 朝榜、甲次

万历《贵州通志》卷十三记其中隆庆辛未科进士，万历《黔记》卷三十称其中辛未会试。康熙《贵州通志》卷十六、乾隆《贵州通志》卷二十六均记其为隆庆辛未科张元忭榜，《明清进士题名碑录索引》记其名次为三甲第一百一十八名。《明清历科进士题名碑录》《皇明贡举考》等书排序亦是。因此，可认定李大晋为隆庆五年（1571）辛未科张元忭榜进士，三甲第一百一十八名。

3. 中式年龄

《隆庆五年进士登科录》记其进士中式年龄为三十三岁。

（三）宋儒

1. 户籍、乡贯

《隆庆五年进士登科录》记其“贯贵州都匀府麻合州，官籍，直隶定州人”，《隆庆五年辛未科进士履历便览》记其为“定州籍，麻合州人”，万历《贵州通志》记其为都匀府人，隆庆辛未进士。万历《黔记》卷三十称其为“都匀府（人），辛未进士”，康熙《贵州通志》卷十六记其为“都匀人”，乾隆《贵州通志》卷二十六记其为“都匀人，（隆庆）辛未科张元忭榜”，民国《贵州通志·选举志一》记其为“麻哈籍，隆庆五年辛未科”。

《国朝历科题名碑录初集》记其为“贵州都匀府麻合州，官籍，直隶冀定府定州人”，《明清历科进士题名碑录》记其为“贵州麻合州，直隶定州”，《明清进士题名碑录索引》记其为“贵州麻合州，直隶定州”，《皇明贡举考》记其为“贵州麻合州”。

按：“麻合州”系“麻哈州”之误。

2. 朝榜、甲次

万历《贵州通志》卷十四记其中隆庆辛未科进士，万历《黔记》卷三十称其中辛未会试。康熙《贵州通志》卷十六、乾隆《贵州通志》卷二十六均记其为隆庆辛未科张元忭榜，《明清进士题名碑录索引》记其名次为三甲第二百一十二名。《明清历科进士题名碑录》《皇明贡举考》等书排序亦是。因此，可认定宋儒为隆庆五年（1571）辛未科张元忭榜进士，三甲第二百一十二名。

3. 中式年龄

《隆庆五年进士登科录》记其进士中式年龄为三十五岁。

九、明神宗万历朝

（一）陈扬产

1. 户籍、乡贯

《万历二年进士登科录》记其“贯贵州铜仁府，民籍，四川富顺县人”，万历《贵州通志》记其为铜仁人，万历甲戌进士。万历《黔记》卷三十称其为“（陈）珊子，甲戌进士”（陈珊被记为铜仁府人），康熙《贵州通志》卷十六记其为“铜仁人”，乾隆《贵州通志》卷二十六记其为“铜仁人，（万历）甲戌科孙继皋榜”，民国《贵州通志·选举志一》记其为“铜仁籍，万历二年甲戌科”。

《国朝历科题名碑录初集》记其为“贵州铜仁府，民籍，四川富顺县人”，《明清历科进士题名碑录》记其为“贵州铜仁府，四川富顺”，《明清进士题名碑录索引》记其为“贵州铜仁府，四川富顺”，《皇明贡举考》记其为“贵州铜仁府”。

2. 朝榜、甲次

万历《贵州通志》卷十七记其中万历甲戌科进士，万历《黔记》卷三十称其中甲戌会试。康熙《贵州通志》卷十六、乾隆《贵州通志》卷二十六均记其为万历甲戌科孙继皋榜，《明清进士题名碑录索引》记其名次为三甲第二百二十六名。《明清历科进士题名碑录》《皇明贡举考》等书排序亦是。因此，可认定陈扬产为万历二年（1574）甲戌科孙继皋榜进士，三甲第二百二十六名。

3. 中式年龄

《万历二年进士登科录》记其进士中式年龄为二十四岁。

（二）孙世祯

1. 户籍、乡贯

《万历五年进士登科录》称其“贯贵州清平卫，官籍，直隶淮安府安东县人”，万历《贵州通志》记其为清平卫人，丁丑进士。万历《黔记》卷三十称其为“（孙）继武子，丁丑进士”（孙继武被记为清平卫人），康熙《贵州通志》卷十六记其为“清平人”，乾隆《贵州通志》作“孙世正”，并记其为“清平人，（万历）丁丑科沈懋学榜”，民国《贵州通志·选举志一》记其为“清平籍，万历五年丁丑科”。

《国朝历科题名碑录初集》记其为“贵州清平卫，官籍，直隶淮安府安东县人”，《明清历科进士题名碑录》记其为“贵州清平卫，直隶安东”，《明清进士题名碑录索引》记其为“贵州清平卫，直隶安东”，《皇明贡举考》记其为“贵州清平卫”。

2. 朝榜、甲次

万历《贵州通志》卷十三记其中万历丁丑科进士，万历《黔记》卷三十称其中丁丑会试。康熙《贵州通志》卷十六、乾隆《贵州通志》卷二十六均记其为万历丁丑科沈懋学榜，《明清进士题名碑录索引》记其名次为三甲第九十九名。《明清历科进士题名碑录》《皇明贡举考》等书排序亦是。因此，可认定孙世祯为万历五年（1577）丁丑科沈懋学榜进士，三甲第九十九名。

3. 中式年龄

《万历五年进士登科录》记其进士中式年龄为二十六岁。

（三）沈存仁

1. 户籍、乡贯

《万历五年进士登科录》记其“贯贵州普安卫，军籍，直隶扬州府高邮州人”，万历《贵州通志》记其为普安人，万历丁丑科进士。万历《黔记》卷三十称其为“普安州（人），丁丑进士”，康熙《贵州通志》卷十六记其为“普安人”，乾隆《贵州通志》记其为“普安人，（万历）丁丑科沈懋学榜”，民国

《贵州通志·选举志一》记其为“普安籍，万历五年丁丑科”。

《国朝历科题名碑录初集》记其为“贵州普安卫，军籍，直隶扬州府高邮州人”，《明清历科进士题名碑录》记其为“贵州普安卫，直隶高邮州”，《明清进士题名碑录索引》记其为“贵州普安卫，直隶高邮州”，《皇明贡举考》记其为“贵州普安卫”。

2. 朝榜、甲次

万历《贵州通志》卷九记其中万历丁丑科进士，万历《黔记》卷三十称其中丁丑会试。康熙《贵州通志》卷十六、乾隆《贵州通志》卷二十六均记其为万历丁丑科沈懋学榜，《明清进士题名碑录索引》记其名次为三甲第一百三十名。《明清历科进士题名碑录》《皇明贡举考》等书排序亦是。因此，可认定沈存仁为万历五年（1577）丁丑科沈懋学榜进士，三甲第一百三十名。

3. 中式年龄

《万历五年进士登科录》记其进士中式年龄为三十二岁。

（四）邵以仁

1. 户籍、乡贯

《万历八年进士登科录》记其“贯贵州普安卫，军籍，应天府上元县人”，《万历八年庚辰科进士履历便览》记其为“普安卫籍，上元县人”，万历《贵州通志》记其为普安人，万历庚辰科进士。万历《黔记》卷三十《文武科第表》称其为“（邵）元高子，庚辰进士”（邵元高与邵元哲皆邵华谱子，邵华谱为普安人），康熙《贵州通志》卷十六记其为“普安人”，乾隆《贵州通志》卷二十六记其为“普安人，（万历）庚辰科张懋修榜”，民国《贵州通志·选举志一》记其为“普安籍，万历八年庚辰科”。

《国朝历科题名碑录初集》记其为“贵州普安卫，军籍，应天府上元县人”，《明清历科进士题名碑录》记其为“贵州普安卫，应天府上元”，《明清进士题名碑录索引》记其为“贵州普安卫，应天府上元”，《皇明贡举考》记其为“贵州普安卫”。

2. 朝榜、甲次

万历《贵州通志》卷九记其中万历庚辰科进士，万历《黔记》卷三十称其中庚辰会试。康熙《贵州通志》卷十六、乾隆《贵州通志》卷二十六均记其为万历庚辰科张懋修榜，《明清进士题名碑录索引》记其名次为三甲第九十名。《明清历科进士题名碑录》《皇明贡举考》等书排序亦是。因此，可认定邵以仁是万历八年（1580）庚辰科张懋修榜进士，三甲第九十名。

3. 中式年龄

《万历八年进士登科录》记其进士中式年龄为三十二岁。

（五）陈尚象

1. 户籍、乡贯

《万历八年进士登科录》记其“贯贵州都匀卫，官籍，直隶凤阳府定远县人”，《万历八年庚辰科进士履历便览》记其为“都匀卫籍，定远县人”，万历《贵州通志》记其为都匀人，万历庚辰科进士。万历《黔记》卷三十称其为“都匀府（人），庚辰进士”，《本朝分省人物考》卷一百一十五记其为“贵州都匀卫籍”，康熙《贵州通志》卷十六记其为“都匀人”，乾隆《贵州通志》记其为“都匀人，（万历）庚辰科张懋修榜”，民国《贵州通志·选举志一》记其为“都匀籍，万历八年庚辰科”。

《国朝历科题名碑录初集》记其为“贵州都匀卫，官籍，直隶凤阳府定远县人”，《明清历科进士题名碑录》记其为“贵州都匀卫，直隶凤阳府定远县”，《明清进士题名碑录索引》记其为“贵州都匀卫，直隶定远”，《皇明贡举考》记其为“贵州都匀卫”。

2. 朝榜、甲次

万历《贵州通志》卷十四记其中万历庚辰科进士，万历《黔记》卷三十称其中庚辰会试。康熙《贵州通志》卷十六、乾隆《贵州通志》卷二十六均记其为万历庚辰科张懋修榜，《本朝分省人物考》称其为“万历庚辰进士”，《明清进士题名碑录索引》记其名次为万历八年（1580）庚辰科三甲第二百三十五名。《明清历科进士题名碑录》《皇明贡举考》等书排序亦是。因此，可认定陈尚象为万历八年（1580）庚辰科张懋修榜进士，三甲第二百三十五名。

3. 中式年龄

《万历八年进士登科录》记其进士中式年龄为二十八岁。

（六）郑国柱

1. 户籍、乡贯

《万历八年进士登科录》记其“贯贵州镇远府镇远县，民籍，江西抚州府金溪县人”，《万历八年庚辰科进士履历便览》记其为“镇远县籍，金溪县人”，万历《贵州通志》记其为镇远府人，万历庚辰科进士。万历《黔记》卷三十称其为“镇远府（人），庚辰进士”，康熙《贵州通志》卷十六记其为“镇远人”，乾隆《贵州通志》记其为“镇远人，（万历）庚辰科张懋修榜”，民国《贵州通志·选举志一》记其为“镇远籍，万历八年庚辰科”。

《国朝历科题名碑录初集》记其为“贵州镇远府镇远县，民籍，江西抚州府金溪县人”，《明清历科进士题名碑录》记其为“贵州镇远，江西金溪”，《明清进士题名碑录索引》记其为“贵州镇远，江西金溪”，《皇明贡举考》记其为“贵州镇远县”。

2. 朝榜、甲次

万历《贵州通志》卷十五记其中万历庚辰科进士，万历《黔记》卷三十称其中庚辰会试。康熙《贵州通志》卷十六、乾隆《贵州通志》卷二十六均记其为万历庚辰科张懋修榜，《明清进士题名碑录索引》记其名次为三甲第二百四十二名。《明清历科进士题名碑录》《皇明贡举考》等书排序亦是。因此，可认定郑国柱是万历八年（1580）庚辰科张懋修榜进士，三甲第二百四十二名。

3. 中式年龄

《万历八年进士登科录》记其进士中式年龄为二十五岁。

（七）唐一鹏

1. 户籍、乡贯

《万历十一年进士登科录》记其“贯贵州平溪卫，官籍，湖广蕲州人”，《万历十一年癸未科进士同年序齿便览》记其为“平溪籍，蕲州人”，万历《贵州通志》记其为万历癸未进士。万历《黔记》卷三十称其为“平溪卫（人），癸未进士”，康熙《贵州通志》卷十六记其为“平溪人”，乾隆《贵州通志》记其为“平溪人，（万历）癸未科朱国祚榜”，民国《贵州通志·选举志一》记其为“平溪籍，万历十一年癸未科”。

《国朝历科题名碑录初集》记其为“贵州平溪卫，官籍，湖广蕲州人”，《明清历科进士题名碑录》记其为“贵州平溪卫，湖广蕲州”，《明清进士题名碑录索引》记其为“贵州平溪卫，湖广蕲州”，《皇明贡举考》记其为“贵州平溪卫”。

2. 朝榜、甲次

万历《贵州通志》卷十七记其中万历癸未科进士，万历《黔记》卷三十称其中癸未会试。康熙《贵州通志》卷十六、乾隆《贵州通志》卷二十六均记其为万历癸未科朱国祚榜，《明清进士题名碑录索引》记其名次为三甲第十名。《明清历科进士题名碑录》《皇明贡举考》等书排序亦是。因此，可认定唐一鹏是万历十一年（1583）癸未科朱国祚榜进士，三甲第十名。

3. 中式年龄

《万历十一年进士登科录》记其进士中式年龄为二十六岁。

（八）沈权

1. 户籍、乡贯

《万历十一年进士登科录》记其“贯贵州永宁卫，官籍，河南开封府祥符县人”，万历《贵州通志》记其为永宁卫人，万历癸未进士。万历《黔记》卷三十称其为“（沈）梅、桥弟，癸未进士”（沈梅、沈桥被记为永宁司人），康熙《贵州通志》卷十六记其为“永宁人”，乾隆《贵州通志》记其为“永宁人，（万历）

癸未科朱国祚榜”，民国《贵州通志·选举志一》记其为“永宁籍，万历十一年癸未科”。

《国朝历科题名碑录初集》记其为“贵州永宁卫，官籍，河南开封府祥符县人”，《明清历科进士题名碑录》记其为“贵州永宁卫，河南祥符”，《明清进士题名碑录索引》记其为“贵州永宁卫，河南祥符”，《皇明贡举考》记其为“贵州永宁卫”。

2. 朝榜、甲次

万历《贵州通志》卷十一记其中万历癸未科进士，万历《黔记》卷三十称其中癸未会试。康熙《贵州通志》卷十六、乾隆《贵州通志》卷二十六均记其为万历癸未科朱国祚榜，《明清进士题名碑录索引》记其名次为三甲第一百零一名。《明清历科进士题名碑录》《皇明贡举考》等书排序亦是。因此，可认定沈权为万历十一年（1583）癸未科朱国祚榜进士，三甲第一百零一名。

3. 中式年龄

《万历十一年进士登科录》记其进士中式年龄为三十一岁。

（九）何汝岱

1. 户籍、乡贯

《万历十一年进士登科录》记其“贯贵州普安卫，军籍，直隶太平府当涂县人”，万历《贵州通志》记其为普安人，万历癸未科进士。万历《黔记》卷三十称其为“（何）清子，癸未进士”（何清被记为普安州人），康熙《贵州通志》卷十六记其为“普安人”，乾隆《贵州通志》记其为“普安人，（万历）癸未科朱国祚榜”，民国《贵州通志·选举志一》记其为“普安籍，万历十一年癸未科”。

《国朝历科题名碑录初集》记其为“贵州普安卫，军籍，直隶□□府当涂县人”，《明清历科进士题名碑录》记其为“贵州普安卫，直隶当涂”，《明清进士题名碑录索引》记其为“贵州普安卫，直隶当涂”，《皇明贡举考》记其为“贵州普安卫”。

按：“直隶□□府当涂县人”似被涂去两个字，据明代政区推知为“太平”。

2. 朝榜、甲次

万历《贵州通志》卷九记其中万历癸未科进士，万历《黔记》卷三十称其中癸未会试。康熙《贵州通志》卷十六、乾隆《贵州通志》卷二十六均记其为万历癸未科朱国祚榜，《明清进士题名碑录索引》记其名次为三甲第二百四十五名。《明清历科进士题名碑录》《皇明贡举考》等书排序亦是。因此，可认定何汝岱为万历十一年（1583）癸未科朱国祚榜进士，三甲第二百四十五名。

3. 中式年龄

《万历十一年进士登科录》记其进士中式年龄为二十八岁。

（十）萧重望

1. 户籍、乡贯

《万历丙戌科进士同年总录》记其“贯贵州思南府籍，江西南昌府丰城县人”，万历《贵州通志》记其为思南府人，万历丙戌进士。万历《黔记》卷三十称其为“思南府（人），丙戌进士”，康熙《贵州通志》卷十六记其为“思南人”，乾隆《贵州通志》记其为“思南人，（万历）丙戌科唐文献榜”，民国《贵州通志·选举志一》记其为“思南籍，万历十四年丙戌科”。

《国朝历科题名碑录初集》记其为“贵州思南府，民籍，江西南昌府丰城县人”，《明清历科进士题名碑录》记其为“贵州思南府，江西丰城”，《明清进士题名碑录索引》记其为“贵州思南府，江西丰城”。

2. 朝榜、甲次

万历《贵州通志》卷十六记其中万历丙戌科进士，万历《黔记》卷三十称其中丙戌会试。康熙《贵州通志》卷十六、乾隆《贵州通志》卷二十六均记其为万历丙戌科唐文献榜，《明清进士题名碑录索引》记其名次为三甲第一百八十二名。《明清历科进士题名碑录》等书排序亦是。因此，可认定萧重望为万历十四年（1586）进士，三甲第一百八十二名。

3. 中式年龄

《万历丙戌科进士同年总录》记其为“甲寅年十一月二十一日生”，距万历十四年（1586）丙戌有三十二年。

（十一）蒋杰

1. 户籍、乡贯

万历《贵州通志》记其为普安人，万历己丑科进士。万历《黔记》卷三十称其为“普安州（人），乙丑进士”，康熙《贵州通志》卷十六记其为“普安人”，乾隆《贵州通志》卷二十六记其为“普安人，（万历）己丑科焦竑榜”，民国《贵州通志·选举志一》记其为“普安籍，万历十七年己丑科”。

《国朝历科题名碑录初集》记其为“贵州普安卫，官籍，直隶苏州府吴江县人”，《明清历科进士题名碑录》记其为“贵州普安卫，直隶吴江”，《明清进士题名碑录索引》记其为“贵州普安卫，直隶吴江”。

2. 朝榜、甲次

万历《贵州通志》卷九记其中万历己丑科进士，万历《黔记》卷三十称其中乙丑会试有误。康熙《贵州通志》卷十六、乾隆《贵州通志》卷二十六均记其为万历己丑科焦竑榜，《明清进士题名碑录索引》记其名次为二甲第五十七名。《明清历科进士题名碑录》等书排序亦是。因此，可认定蒋杰为万历十七年（1589）己丑科焦竑榜进士，二甲第五十七名。

3. 中式年龄

诸书皆无，尚不得知。

（十二）龙起雷

1. 户籍、乡贯

万历《贵州通志》记其为黎平军民府人，万历己丑进士。万历《黔记》卷三十称其为“（龙）起春、起渊弟，己丑进士”（龙起春被记为黎平府人），康熙《贵州通志》卷十六记其为“黎平人”，乾隆《贵州通志》卷二十六记其为“黎平人，（万历）己丑科焦竑榜”，民国《贵州通志·选举志一》记其为“五开卫籍，万历十七年己丑科”。

《国朝历科题名碑录初集》记其为“湖广都司五开卫，军籍，靖州绥宁县人”，《明清历科进士题名碑录》记其为“湖广都司五开卫，湖广绥宁”，《明清进士题名碑录索引》记其为“湖广都司五开卫，湖广绥宁”。

2. 朝榜、甲次

万历《贵州通志》卷十五记其中万历己丑科进士，万历《黔记》卷三十称其中己丑会试。康熙《贵州通志》卷十六、乾隆《贵州通志》卷二十六均记其为万历己丑科焦竑榜，《明清进士题名碑录索引》记其名次为三甲第一百五十九名。《明清历科进士题名碑录》等书排序亦是。因此，可认定龙起雷为万历十七年（1589）己丑科焦竑榜进士，三甲第一百五十九名。

3. 中式年龄

诸书未记，尚不得知。

（十三）马文卿

1. 户籍、乡贯

万历《贵州通志》卷三将其列入贵阳府，并记其为万历壬辰科进士，万历《黔记》卷三十称其为“贵阳府壬辰进士”，康熙《贵州通志》卷十六记其为“贵阳人”，乾隆《贵州通志》卷二十六记其为“贵阳人，（万历）壬辰科翁正春榜”，民国《贵州通志·选举志一》记其为“宣慰司籍，万历二十年壬辰科”。

《国朝历科题名碑录初集》记其为“贵州都司贵州卫，官籍，直隶扬州府仪真县人”，《明清历科进士题名碑录》记其为“贵州都司贵州卫，直隶仪真”，《明清进士题名碑录索引》记其为“贵州都司贵州卫，直隶仪真”。

2. 朝榜、甲次

万历《贵州通志》卷三记其中万历壬辰科进士，万历《黔记》卷三十称其中壬辰会试。康熙《贵州通志》卷十六、乾隆《贵州通志》卷二十六均记其为万历壬辰科翁正春榜，《明清进士题名碑录索引》记其名次为三甲第二百三十六名。《明清历科进士题名碑录》等书排序亦是。因此，可认定马文卿为万历二十年（1592）壬辰科翁正春榜进士，三甲第二百三十六名。

3. 中式年龄

诸书未记，尚不得知。

（十四）喻政

1. 户籍、乡贯

《万历乙未科进士同年序齿录》记其“贵州铜仁府籍，江西南昌县人”，万历《贵州通志》卷十七之“铜仁”处记有其人科贡信息，为万历乙未科进士，万历《黔记》卷三十称其为“铜仁府（人），乙未进士”，康熙《贵州通志》卷十六记其为“铜仁人”，乾隆《贵州通志》卷二十六记其为“铜仁人，（万历）乙未科朱之蕃榜”，民国《贵州通志·选举志一》记其为“铜仁籍，万历二十三年乙未科”。

《国朝历科题名碑录初集》记其为“贵州铜仁府，民籍，江西南昌府南昌县人”，《明清历科进士题名碑录》记其为“贵州铜仁府，江西南昌”，《明清进士题名碑录索引》记其为“贵州铜仁府，江西南昌”。

2. 朝榜、甲次

万历《贵州通志》卷十七记其中万历乙未科进士，万历《黔记》卷三十称其中乙未会试。康熙《贵州通志》卷十六、乾隆《贵州通志》卷二十六均记其为万历乙未科朱之蕃榜，《明清进士题名碑录索引》记其名次为三甲第一百零六名。《明清历科进士题名碑录》等书排序亦是。因此，可认定喻政为万历二十三年（1595）乙未科朱之蕃榜进士，三甲第一百零六名。

3. 中式年龄

《万历乙未科进士同年序齿录》记其为“庚午十月十四日生”，庚午为隆庆四年（1570）庚午，万历二十三年为1595年，按中国传统算法，喻政中式年龄为二十六岁。

（十五）董绍舒

1. 户籍、乡贯

《万历二十六年进士登科录》记其“贯贵州普安卫，军籍，浙江绍兴府山阴县人”，万历《贵州通志》记其为普安人，万历戊戌科进士。万历《黔记》卷三十称其为“普安州（人），戊戌进士”，康熙《贵州通志》卷十六记其为“普安人”，乾隆《贵州通志》卷二十六记其为“普安人，（万历）戊戌科赵秉忠榜”，民国《贵州通志·选举志一》记其为“普安籍，万历二十六年戊戌科”。

《国朝历科题名碑录初集》记其为“贵州普安卫，军籍，浙江绍兴府山阴县人”，《明清历科进士题名碑录》记其为“贵州普安卫，浙江山阴”，《明清进士题名碑录索引》记其为“贵州普安卫，浙江山阴”。

2. 朝榜、甲次

万历《贵州通志》卷九记其中万历戊戌科进士，万历《黔记》卷三十称其中戊戌会试。康熙《贵州通志》卷十六、乾隆《贵州通志》卷二十六均记其为万历戊戌科赵秉忠榜，《明清进士题名碑录索引》记其名次为三甲第三十六名。《明清历科进士题名碑录》等书排序亦是。因此，可认定董绍舒为万历二十六年（1598）戊戌科赵秉忠榜进士，三甲第三十六名。

3. 中式年龄

《万历二十六年进士登科录》记其进士中式年龄为二十八岁。

（十六）丘禾实

1. 户籍、乡贯

《万历二十六年进士登科录》记其“贯贵州新添卫，官籍，山东莱州府即墨县人”，万历《黔记》卷三十称其为“（丘）东昌子，戊戌进士”（丘东昌被记为新添卫人），康熙《贵州通志》卷十六记其为“新添人”，乾隆《贵州通志》卷二十六记其为“新添人，（万历）戊戌科赵秉忠榜”，民国《贵州通志·选举志一》记其为“新添籍，万历二十六年戊戌科”。

《国朝历科题名碑录初集》记其为“贵州新添卫，官籍，山东莱州府即墨县人”，《明清历科进士题名碑录》记其为“贵州新添卫，山东即墨”，《明清进士题名碑录索引》记其为“贵州新添卫，山东即墨”。

2. 朝榜、甲次

万历《贵州通志》卷十二记其中万历辛卯科进士，万历《黔记》卷三十称其中戊戌会试。康熙《贵州通志》卷十六、乾隆《贵州通志》卷二十六均记其为万历戊戌科赵秉忠榜，《明清进士题名碑录索引》记其名次为三甲第九十四名。《明清历科进士题名碑录》等书排序亦是。因此，可认定丘禾实为万历二十六年（1598）戊戌科赵秉忠榜进士，三甲第九十四名。

3. 中式年龄

《万历二十六年进士登科录》记其进士中式年龄为二十七岁。

（十七）万士英

1. 户籍、乡贯

《万历二十六年进士登科录》记其“贯贵州铜仁府，民籍，四川成都府内江县人”，万历《黔记》卷三十称其为“铜仁府（人），戊戌进士”，康熙《贵州通志》卷十六记其为“铜仁人”，乾隆《贵州通志》卷二十六记其为“铜仁人，（万历）戊戌科赵秉忠榜”，民国《贵州通志·选举志一》记其为“铜仁籍，万历二十六年戊戌科”。

《国朝历科题名碑录初集》记其为“贵州铜仁府，民籍，四川成都府内江县人”，《明清历科进士题名碑录》记其为“贵州铜仁府，四川内江”，《明清进士题名碑录索引》记其为“贵州铜仁府，四川内江”。

2. 朝榜、甲次

万历《贵州通志》卷十七记其中万历戊戌科进士，万历《黔记》卷三十称其中戊戌会试。康熙《贵州通志》卷十六、乾隆《贵州通志》卷二十六均记其为万历戊戌科赵秉忠榜，《明清进士题名碑录索引》记其名次为三甲第二百二十名。《明清历科进士题名碑录》等书排序亦是。因此，可认定万士英为万历二十六年（1598）戊戌科赵秉忠榜进士，三甲第二百二十名。

3. 中式年龄

《万历二十六年进士登科录》记其进士中式年龄为二十六岁。

（十八）梅友月

1. 户籍、乡贯

《万历二十九年进士登科录》记其“贯湖广五开卫，军籍，直隶徽州府婺源县人”，《万历二十九年辛丑科进士履历便览》记其为“黎平籍，直隶婺源县人”，万历《黔记》卷三十称其为“黎平府（人），辛丑进士”，康熙《贵州通志》卷十六记其为“黎平人”，乾隆《贵州通志》卷二十六记其为“黎平人，（万历）辛丑科张以诚榜”，民国《贵州通志·选举志一》记其为“五开卫籍，万历二十九年辛丑科”。

《国朝历科题名碑录初集》记其为“湖广五开卫，军籍，直隶徽州府婺源县人”，《明清历科进士题名碑录》记其为“湖广五开卫，直隶婺源”，《明清进士题名碑录索引》记其为“湖广五开卫，直隶婺源”。

2. 朝榜、甲次

万历《黔记》卷三十称其中辛丑会试。康熙《贵州通志》卷十六、乾隆《贵州通志》卷二十六均记其为万历辛丑科张以诚榜，《明清进士题名碑录索引》记其名次为三甲第十六名。《明清历科进士题名碑录》等书排序亦是。因此，可认定梅友月为万历二十九年（1601）辛丑科张以诚榜进士，三甲第十六名。

3. 中式年龄

《万历二十九年进士登科录》记其进士中式年龄为三十二岁，《万历二十九年辛丑科进士履历便览》记其“庚午三月初五日生”。

（十九）徐穆

1. 户籍、乡贯

《万历二十九年进士登科录》记其“贯贵州铜仁府铜仁县，民籍，江西抚州府临川县人”，《万历二十九年辛丑科进士履历便览》记其为“铜仁府籍，江西临川县人”，万历《黔记》卷三十称其为“铜仁府（人），辛丑进士”，康熙《贵州通志》卷十六记其为“铜仁人”，乾隆《贵州通志》卷二十六记其为“铜仁人，（万历）辛丑科张以诚榜”，民国《贵州通志·选举志一》记其为“铜仁籍，万历二十九年辛丑科”。

《国朝历科题名碑录初集》记其为“贵州铜仁府铜仁县，民籍，江西抚州府临川县人”，《明清历科进士题名碑录》记其为“贵州铜仁，江西临川”，《明清进士题名碑录索引》记其为“贵州铜仁，江西临川”。

2. 朝榜、甲次

万历《黔记》卷三十称其中辛丑会试。康熙《贵州通志》卷十六、乾隆《贵州通志》卷二十六均记其为万历辛丑科张以诚榜，《明清进士题名碑录索引》记其名次为三甲第一百二十六名。《明清历科进士题名碑录》等书排序亦是。因此，可认定徐穆为万历二十九年（1601）辛丑科张以诚榜进士，三甲第一百二十六名。

3. 中式年龄

《万历二十九年进士登科录》记其进士中式年龄为二十九岁。

（二十）杨师孔

1. 户籍、乡贯

《万历二十九年进士登科录》记其“贯贵州贵州卫，官籍，江西吉安府庐陵县人”，《万历二十九年辛丑科进士履历便览》记其为“贵州卫人”，万历《黔记》卷三十称其为“贵阳府（人），辛丑进士”，康熙《贵州通志》卷十六记其为“贵阳人”，乾隆《贵州通志》卷二十六记其为“贵阳人，（万历）辛丑科张以诚榜”，民国《贵州通志·选举志一》记其为“贵州卫籍，万历二十九年辛丑科”。

《国朝历科题名碑录初集》记其为“贵州贵州卫，官籍，江西吉安府庐陵县人”，《明清历科进士题名碑录》记其为“贵州贵州卫，江西庐陵”，《明清进士题名碑录索引》记其为“贵州贵州卫，江西庐陵”。

2. 朝榜、甲次

万历《黔记》卷三十称其中辛丑会试。康熙《贵州通志》卷十六、乾隆《贵州通志》卷二十六均记其为万历辛丑科张以诚榜，《明清进士题名碑录索引》记其名次为三甲第一百零七名。《明清历科进士题名碑录》等书排序亦是。因此，可认定杨师孔是万历二十九年（1601）辛丑科张以诚榜进士，三甲第一百零七名。

3. 中式年龄

《万历二十九年进士登科录》记其进士中式年龄为二十五岁，《万历二十九年辛丑科进士履历便览》记其“丙子十月十五日生”。

（二十一）王尊德

1. 户籍、乡贯

《万历三十二年进士登科录》称其“贯贵州贵州前卫，官籍，直隶凤阳府泗州人”，《万历三十二年甲辰科进士履历便览》记其“贵州前卫，官籍，泗州人”，康熙《贵州通志》卷十六记其为“贵阳人”，乾隆《贵州通志》卷二十六记其为“贵阳人，（万历）甲辰科杨守勤榜”，民国《贵州通志·选举志一》记其为“贵州卫（人）”。

《国朝历科题名碑录初集》记其为“贵州贵州前卫，官籍，直隶凤阳府泗州人”，《明清历科进士题名碑录》记其为“贵州贵州前卫，直隶泗州”，《明清进士题名碑录索引》记其为“贵州贵州前卫，直隶泗州”。

2. 朝榜、甲次

万历《黔记》卷三十称其中甲辰会试。康熙《贵州通志》卷十六、乾隆《贵州通志》卷二十六均记其为万历甲辰科杨守勤榜，《明清进士题名碑录索引》记其名次为三甲第一百一十七名。《明清历科进士题名碑录》等书排序亦是。因此，可认定王尊德为万历三十二年（1604）甲辰科杨守勤榜进士，三甲第一百一十七名。

3. 中式年龄

《万历三十二年进士登科录》记其进士中式年龄为三十二岁，《万历三十二年甲辰科进士履历便览》称其“丙子四月初十日生”。

按：嘉靖、隆庆无丙子年，唯万历四年（1576）为丙子，假如他万历四年（1576）出生，则至万历三十二年仅二十八岁，与三十三岁不符，留疑待考。

（二十二）杨如皋

1. 户籍、乡贯

《万历三十二年进士登科录》称其“贯贵州铜仁府铜仁县，民籍”，《万历三十二年甲辰科进士履历便览》记其为“铜仁县籍，蒲州人”，万历《黔记》卷三十称其为“铜仁府（人），甲辰进士”，《本朝分省人物考》卷一百一十五记其为“贵州铜仁人”，康熙《贵州通志》卷十六记其为“铜仁人”，乾隆《贵州通志》卷二十六记其为“铜仁人，（万历）甲辰科杨守勤榜”，民国《贵州通志·选举志一》记其为“铜仁籍，万历三十二年甲辰科”。

《国朝历科题名碑录初集》记其为“贵州铜仁府铜仁县，民籍”，《明清历科进士题名碑录》记其为“贵州铜仁”，《明清进士题名碑录索引》记其为“贵州铜仁”。

2. 朝榜、甲次

万历《黔记》卷三十称其中甲辰会试。康熙《贵州通志》卷十六、乾隆《贵州通志》卷二十六均记其为万历甲辰科杨守勤榜，《本朝分省人物考》记其“弱冠登万历甲辰进士”，《明清进士题名碑录索引》记其名次为三甲第一百二十名。《明清历科进士题名碑录》等书排序亦是。因此，可认定杨如皋为万历三十二年（1604）甲辰科杨守勤榜进士，三甲第一百二十名。

3. 中式年龄

《万历三十二年进士登科录》记其进士中式年龄为二十岁，《万历三十二年甲辰科进士履历便览》记其乙酉年（1585）十一月十四日生。

（二十三）熊文灿

1. 户籍、乡贯

《万历三十五年进士登科录》记其“贯贵州永宁卫，军籍，四川泸州人”，

《万历三十五年丁未科进士履历便览》记其“泸州人”，万历《黔记》卷三十称其为“永宁司（人）丁未进士”。康熙《贵州通志》卷十六记其为“永宁人”，乾隆《贵州通志》卷二十六记其为“永宁人，（万历）丁未科黄士俊榜”，民国《贵州通志·选举志一》记其为“永宁籍，万历三十五年丁未科”。

《国朝历科题名碑录初集》记其为“贵州永宁卫，军籍，四川泸州人”，《明清历科进士题名碑录》记其为“贵州永宁卫，四川泸州”，《明清进士题名碑录索引》记其为“贵州永宁卫，四川泸州”。

按：熊文灿籍贯在各书中表述不统一，《万历三十五年进士登科录》为“贯贵州永宁卫，军籍，四川泸州人。”《国朝历科题名碑录初集》亦是，《万历三十五年丁未科进士履历便览》称他为泸州人，《明史》卷二百六十《熊文灿传》则称其为贵州永宁卫人，《类姓登科考》和乾隆《贵州通志》卷二十六分别称其为“贵州人”和“永宁人”。多种表述实际上集中于两个地名：贵州永宁卫、四川泸州。

赵永康所撰两篇论文《熊文灿籍贯考述》《熊文灿的籍贯和功过》考辨较详，值得参考，赵文利用了多种登科录、方志及熊氏家谱，他倾向于认为熊文灿为泸州人。

从历史信息分析，他更可能是四川泸州人，明代的四川泸州和贵州永宁卫是两个相邻的政区，两省长期军民混管，一方管民，一方管军。多头管理可能造成考生可以合法选择应试地点，熊文灿可能就是借此取得永宁军籍参加贵州乡试（也不排除其家族本就拥有永宁卫军籍），再中进士。

明清贵州史料中未发现有视熊文灿为黔人者，且熊氏在明末位高权重，贵州诸方志中竟全无传记，不合常理，亦是一个侧面证据。因此，应视其四川泸州人为宜。

2. 朝榜、甲次

万历《黔记》卷三十称其中丁未会试。康熙《贵州通志》卷十六、乾隆《贵州通志》卷二十六均记其为万历丁未科黄士俊榜，《万历三十五年丁未科进士履历便览》记其为三甲第七十四名，与《万历三十五年进士登科录》中的排序互相印证。《明清历科进士题名碑录》等书排序亦是。因此，可认定熊文灿为万历三十五年（1607）丁未科三甲第七十四名进士。

3. 中式年龄

《万历三十五年进士登科录》记其进士中式年龄为二十八岁。

（二十四）娄九德

1. 户籍、乡贯

《万历三十五年进士登科录》记其“贯贵州普定，浙江嘉兴县人”，《万历三十五年丁未科进士履历便览》记其“普定卫人”，万历《黔记》卷三十称其为“普定卫（人），丁未进士”，康熙《贵州通志》卷十六记其为“安顺人”，乾隆《贵州通志》卷二十六记其为“安顺人，（万历）丁未科黄士俊榜”，民国《贵州通志·选举志一》记其为“普安籍，万历三十五年丁未科”。

《国朝历科题名碑录初集》记其为“贵州普定卫，官籍，浙江嘉兴县人”，《明清历科进士题名碑录》记其为“贵州普定卫，浙江嘉兴”，《明清进士题名碑录索引》记其为“贵州普定卫，浙江嘉兴”。

2. 朝榜、甲次

万历《黔记》卷三十称其中丁未会试。康熙《贵州通志》卷十六、乾隆《贵州通志》卷二十六均记其为万历丁未科黄士俊榜，《明清进士题名碑录索引》记其名次为三甲第一百零八名。《明清历科进士题名碑录》等书排序亦是。因此，可认定娄九德为万历三十五年（1607）丁未科黄士俊榜进士，三甲第一百零八名。

3. 中式年龄

《万历三十五年进士登科录》记其进士中式年龄为三十岁，《万历三十五年丁未科进士履历便览》称其“壬申十一月十九日生”，壬申为隆庆六年（1572），则至万历三十五年（1607）已三十五岁，留疑待考。

（二十五）潘润民

1. 户籍、乡贯

《万历三十五年进士登科录》记其“贯贵州前卫，军籍，湖广武陵县人”，《万历三十五年丁未科进士履历便览》记其为“贵州安顺府前卫人”，康熙《贵州通志》卷十六记其为“贵阳人”，乾隆《贵州通志》卷二十六记其为“贵阳人，（万历）丁未科黄士俊榜”，民国《贵州通志·选举志一》记其为“宣慰司籍，万历三十五年丁未科”。

《国朝历科题名碑录初集》记其为“贵州前卫，军籍，湖广武陵县人”，《明清历科进士题名碑录》记其为“贵州前卫，湖广五陵”，《明清进士题名碑录索引》记其为“贵州前卫，湖广武陵”。

2. 朝榜、甲次

万历《黔记》卷三十称其中丁未会试。康熙《贵州通志》卷十六、乾隆《贵州通志》卷二十六均记其为万历丁未科黄士俊榜，《明清进士题名碑录索引》记其名次为三甲第一百一十一名。《明清历科进士题名碑录》等书排序亦是。因此，可认定潘润民为万历三十五年（1607）丁未科黄士俊榜进士，三甲第一百一十一名。

3. 中式年龄

《万历三十五年进士登科录》称其进士中式年龄为二十八岁，《万历三十五年丁未科进士履历便览》称其丁丑七月二十一日生。丁丑为万历五年（1577），则万历三十五年（1607）已三十岁，留疑待考。

（二十六）张应吾

1. 户籍、乡贯

《万历三十五年进士登科录》记其“贯贵州镇远府，民籍，江西金溪县人”，《万历三十五年丁未科进士履历便览》记其为“贵州镇远府人”，万历《黔记》卷三十称其为“镇远府（人），丁未进士”，康熙《贵州通志》卷十六记其为“镇远人”，乾隆《贵州通志》卷二十六记其为“镇远人，（万历）丁未科黄士俊榜”，民国《贵州通志·选举志一》记其为“镇远籍，万历三十五年丁未科”。

《国朝历科题名碑录初集》记其为“贵州镇远府，民籍，江西金溪县人”，《明清历科进士题名碑录》记其为“贵州镇远府，江西金溪”，《明清进士题名碑录索引》记其为“贵州镇远府，江西金溪”。

2. 朝榜、甲次

万历《黔记》卷三十称其中丁未会试。康熙《贵州通志》卷十六、乾隆《贵州通志》卷二十六均记其为万历丁未科黄士俊榜，《明清进士题名碑录索引》记其名次为三甲第一百二十八名。《明清历科进士题名碑录》等书排序亦是。因此，可认定张应吾为万历三十五年（1607）丁未科黄士俊榜进士，三甲第一百二十八名。

3. 中式年龄

《万历三十五年进士登科录》记其为二十五岁，《万历三十五年丁未科进士履历便览》称其“癸未正月二十一日生”。癸未为万历十一年（1583），万历三十五年（1607）为传统算法的二十五岁，与《万历三十五年进士登科录》相符。

（二十七）刘述祖

1. 户籍、乡贯

《万历三十八年庚戌科序齿录》记其为“河南陈留县籍，贵州贵州卫人”，康熙《贵州通志》卷十六记其为“贵阳人”，乾隆《贵州通志》卷二十六记其为“贵阳人，（万历）庚戌科韩敬榜”，民国《贵州通志·选举志一》记其为“贵州卫籍，万历三十八年庚戌科”。

《国朝历科题名碑录初集》记其为“贵州贵州卫，官籍”，《明清历科进士题名碑录》记其为“贵州贵州卫”，《明清进士题名碑录索引》记其为“贵州贵州卫”。

2. 朝榜、甲次

康熙《贵州通志》卷十六、乾隆《贵州通志》卷二十六均记其为万历庚戌科韩敬榜，《明清进士题名碑录索引》记其名次为三甲第一名。《明清历科进士题名碑录》等书排序亦是。因此，可认定刘述祖为万历三十八年（1610）进士，三甲第一名。

3. 中式年龄

《万历三十八年庚戌科序齿录》称其“丁丑二月十四日生”，丁丑为万历五年（1577），则万历三十八年（1610）为中国古代传统算法的三十四岁。

（二十八）王祚远

1. 户籍、乡贯

《万历四十一年会试录》记其为“直隶阜城县”，康熙《贵州通志》卷十六记其为“普安人”，乾隆《贵州通志》卷二十六记其为“普安人，（万历）癸丑科周延儒榜”，民国《贵州通志·选举志一》记其为“普安籍，万历四十一年癸丑科”。

《国朝历科题名碑录初集》记其为“贵州安顺军民府普安卫，官籍，应天府句容县人”，《明清历科进士题名碑录》记其为“贵州普安卫，应天府句容”，《明清进士题名碑录索引》记其为“贵州普安卫，应天府句容”。

2. 朝榜、甲次

康熙《贵州通志》卷十六、乾隆《贵州通志》卷二十六均记其为万历癸丑科周延儒榜，《明清进士题名碑录索引》记其名次为三甲第一百一十三名。《明清历科进士题名碑录》等书排序亦是。因此，可认定王祚远为万历四十一年（1613）进士，三甲第一百一十三名。

3. 中式年龄

诸书皆无信息，尚不得知。

（二十九）田仰

1. 户籍、乡贯

《万历四十一年会试录》记为“贵州思南府”，康熙《贵州通志》卷十六记其为“思南人”，乾隆《贵州通志》卷二十六记其为“思南人，（万历）癸丑科周延儒榜”，民国《贵州通志·选举志一》记其为“安化籍，万历四十一年癸丑科”。

《国朝历科题名碑录初集》记其为“贵州思南府安化县，民籍，江西吉安府庐陵县人”，《明清历科进士题名碑录》记其为“贵州安化，江西庐陵”，《明清进士题名碑录索引》记其为“贵州安化，江西庐陵”。

2. 朝榜、甲次

康熙《贵州通志》卷十六、乾隆《贵州通志》卷二十六均记其为万历癸丑科周延儒榜，《明清进士题名碑录索引》记其名次为三甲第一百六十名。《明清历科进士题名碑录》等书排序亦是。因此，可认定田仰为万历四十一年（1613）癸丑科周延儒榜进士，三甲第一百六十名。

3. 中式年龄

诸书未见记录，尚不得知。

（三十）徐卿伯

1. 户籍、乡贯

《万历四十一年会试录》记其为“贵州贵阳军民府”，康熙《贵州通志》卷十六记其为“贵阳人”，乾隆《贵州通志》卷二十六记其为“贵阳人，（万历）癸丑科周延儒榜”，民国《贵州通志·选举志一》记其为“贵阳籍，万历四十一年癸丑科”。

《国朝历科题名碑录初集》记其为“直隶徐州，官籍，贵州贵阳府人”，《明清历科进士题名碑录》记其为“直隶徐州，贵州贵阳府”，《明清进士题名碑录索引》记其为“直隶徐州，贵州贵阳府”。

按：徐卿伯在明代贵州进士中，籍贯信息较为特殊。他于万历四十年（1612）壬子科贵州乡试中式，万历四十一年（1613）则以直隶徐州府官籍参加会试，其进士信息，《明清历科进士题名碑录》《明清进士题名碑录索引》《国朝历科进士题名初集》均记为户籍直隶徐州官籍、乡贯贵州贵阳，因此带来两种疑问：他是不是贵州人？算不算贵州进士？

《清代朱卷集成》第29册收有其云孙（即九世孙）徐德裕的会试朱卷，对家世有较详细的表述，其家原籍江南江宁府上元县，其入黔始祖名徐思，在洪武初年由江南带兵平黔，因而世代以黔为家。徐德裕在朱卷中所列的祖上各辈分别是一世祖徐大魁、二世祖徐迪吉、三世祖徐讲、四世祖徐卿伯、五世祖徐必久、六世祖徐缜、太高祖徐尚权、高祖徐御、曾祖徐肇华、祖父徐玫、父徐鸿元。其家族科名颇盛，一世祖徐大魁是嘉靖二十八年（1549）贵州乡试举人（朱卷中误作“明正德举人”），二世祖徐迪吉是贡生，三世祖徐讲是“明万历举人”，查民国《贵州通志·选举志》知为万历十六年（1588）贵州乡试中式者，可见徐卿伯之前诸代均在贵州参加乡试。从洪武年间徐思入黔算起，到万历四十年（1612）徐卿伯中举时，已在黔二百年有余。且徐卿伯之后，其子徐必远、徐必升、徐必遴、其孙徐缜分别于崇祯六年（1633）、崇祯九年（1636）、康熙二年（1663）、康熙二十一年（1682）中贵州举人，徐德裕则在道光二十年（1840）中贵州举人。而徐卿伯本人在朱卷中被记为“字孟麟，明万历进士，官翰林御史，抗直敢言，仕至四川左参政，崇祀贵阳贵筑乡贤祠”，本人能入地方乡贤祠，祖上及后辈皆在贵州乡试，证明其家族及地方社会均认可其贵州人身份。

其他史料中的记载也能印证其贵州人身份。万历四十一年（1613）的会试主考官叶向高在其《蘧编》一书中便称：“御史徐卿伯者，黔人，亦余所举士也。”《明史·王三善传》有“大方之役，御史贵阳徐卿伯上言……”，直接称其为贵阳人。[①]康熙中期任贵州巡抚的田雯所著《黔书》之“人物名宦”一节中，称“黔之人物，尹珍以上无论，已明之以理学、文章、气节著者，如……徐卿伯……皆大雅复作，声闻特达者也，而文恭为之最”[②]。嘉庆《大清一统志》、道光《贵阳府志》亦均视其为贵州贵阳人，徐卿伯在其奏折中称：“臣以黔人而言黔事，其情形岂不熟悉？其利害岂不关切？”说明其本人亦自视为黔人。

影响判断的是其户籍记为直隶徐州官籍，一般考生省际流动主要表现为由文化强势地区流向弱势地区，从贵州转往直隶无疑会增加竞争难度，黔人徐卿伯以直隶籍应试似乎不合常情，但明代会试分卷制规定：“给事中徐廷章复请依正统间例。五年甲戌，会试，礼部奏请裁定，于是复从廷章言，分南、北、中卷：南卷，应天及苏、松诸府，浙江、江西、福建、湖广、广东；北卷，顺天、山东、山西、河南、陕西；中卷，四川、广西、云南、贵州及凤阳、庐州二府，滁、徐、和三州也。”[③]贵州与直隶徐州等几地同处中卷地区，考试竞争难度一致，这就大大增加了徐卿伯以徐州官籍参加会试的可能，他这么做可能是因为其父亲在彼地任官，也可能有其他缘由，因何种原因改换地方已难查考。他以直隶官籍身份参加会试当有特殊原因。此种情况下，以视徐卿伯为贵州进士为宜。

2. 朝榜、甲次

康熙《贵州通志》卷十六、乾隆《贵州通志》卷二十六均记其为万历癸丑科周延儒榜，《明清进士题名碑录索引》记其名次为三甲第二百二十一名。《明清历科进士题名碑录》等书排序亦是。因此，可认定徐卿伯为万历四十一年（1613）进士，三甲第二百二十一名。

3. 中式年龄

诸书皆未见记录，尚不得知。

---

① 《明史》卷249《王三善传》，第6458页。
② （清）田雯编，罗书勤点校：《黔书》卷下，第69页。
③ 《明史》卷70《选举志二》，第1698页。

（三十一）张慎言

1. 户籍、乡贯

《万历四十一年会试录》记其为“直隶定远县”，康熙《贵州通志》卷十六记其为“贵阳人”，乾隆《贵州通志》卷二十六记其为“贵阳人，（万历）癸丑科周延儒榜”，民国《贵州通志・选举志一》记其为“贵阳籍，万历四十一年癸丑科”。

《国朝历科题名碑录初集》记其为“贵州贵阳府贵州卫，官籍，直隶定远县人”，《明清历科进士题名碑录》记其为“贵州贵州卫，直隶定远”，《明清进士题名碑录索引》记其为“贵州贵州卫，直隶定远”。

按：明代有两位进士名张慎言，除贵州张慎言外，又有山西同名者，较易混淆。

2. 朝榜、甲次

康熙《贵州通志》卷十六、乾隆《贵州通志》卷二十六均记其为万历癸丑科周延儒榜，《明清进士题名碑录索引》记其名次为三甲第八十名。《明清历科进士题名碑录》等书排序亦是。因此，可认定张慎言为万历四十一年（1613）进士，三甲第八十名。

3. 中式年龄

诸书未见记录，尚不得知。

（三十二）陈士章

1. 户籍、乡贯

康熙《贵州通志》卷十六记其为“陈士章，普安人”，乾隆《贵州通志》卷二十六记其为“普安人，（万历）丙辰钱士升榜”，民国《贵州通志・选举志一》作“陈世章”，记其为“普安籍，人物志见《谢士章传》，万历四十四年丙辰科”。

《国朝历科题名碑录初集》记其为“贵州安顺府普安卫，官籍”，《明清历科进士题名碑录》记其为“贵州普安卫”，《明清进士题名碑录索引》记其为“贵州普安卫”。

按：陈士章的姓名情况较为复杂，与其户籍及家庭归属有关。斯信强《再识谢士章之身世》一文据道光《直隶宁都州志》和《珍溪东山谢氏族谱》有清晰考证，谢士章初名谢与苏，本为江西宁都人，黔人陈时言在宁都任知县时与其父谢蒙恩相知，收谢与苏为义子，谢遂更名为陈士章。陈士章随义父入黔，在黔中举后再中进士，养父母去世后他守制六年，后念及生父一生困厄，遂上疏请求复姓谢，并于崇祯七年（1634）获准，因此写为“谢士章”亦有道理。其一生曾用过谢与苏、陈士章与谢士章三种名字，这种特殊的经历造成后世记载的混乱，综其一生而言，要分析具体时间段以匹配其姓名写法。诸书中有写为“谢世章”者，可能是音近而讹。哪个名字最适于列入进士名录？当以其进士登科时所用的名字为宜，即陈士章。

2. 朝榜、甲次

康熙《贵州通志》卷十六、乾隆《贵州通志》卷二十六均记其为万历丙辰科钱士升榜，《明清进士题名碑录索引》记其名次为三甲第四十八名。《明清历科进士题名碑录》等书排序亦是。因此，可认定陈士章为万历四十四年（1616）进士，三甲第四十八名。

3. 中式年龄

诸书未见记录，尚不得知。

（三十三）汤景明

1. 户籍、乡贯

康熙《贵州通志》卷十六记其为“贵阳人”，乾隆《贵州通志》卷二十六记其为“贵阳人，（万历）丙辰科钱士升榜”，民国《贵州通志·选举志一》记其为“新贵籍，万历四十四年丙辰科”。

《国朝历科题名碑录初集》记其为“贵州贵阳府新贵县，民籍”，《明清历科进士题名碑录》记其为“贵州人”，《明清进士题名碑录索引》记其为“贵州新贵”。

2. 朝榜、甲次

康熙《贵州通志》卷十六、乾隆《贵州通志》卷二十六均记其为万历丙辰科钱士升榜，《明清进士题名碑录索引》记其名次为三甲第一百三十三名。《明清历科进士题名碑录》等书排序亦是。因此，可认定汤景明为万历四十四年（1616）进士，三甲第一百三十三名。

3. 中式年龄

诸书未见记录，尚不得知。

（三十四）马士英

1. 户籍、乡贯

康熙《贵州通志》卷十六记其为“贵阳人”，乾隆《贵州通志》卷二十六记其为“贵阳人，（万历）己未科庄际昌榜”，民国《贵州通志・选举志一》记其为“宣慰司籍，万历四十七年己未科”。

《国朝历科题名碑录初集》记其为“贵州贵阳府贵州卫，官籍”，《明清历科进士题名碑录》记其为“贵州贵州卫”，《明清进士题名碑录索引》记其为“贵州贵州卫”。

2. 朝榜、甲次

康熙《贵州通志》卷十六、乾隆《贵州通志》卷二十六均记其为万历己未科庄际昌榜，《明清进士题名碑录索引》记其名次为二甲第十九名。《明清历科进士题名碑录》等书排序亦是。因此，可认定马士英为万历四十七年（1619）进士，二甲第十九名。

3. 中式年龄

诸书未见记录，尚不得知。

（三十五）谢上选

1. 户籍、乡贯

康熙《贵州通志》卷十六记其为“新贵人”，乾隆《贵州通志》卷二十六记其为“新贵人，（万历）己未科庄际昌榜”，民国《贵州通志·选举志一》记其为“宣慰司籍，万历四十七年己未科”。

《国朝历科题名碑录初集》记其为“贵州前卫，官籍，直隶扬州府兴化县人”，《明清历科进士题名碑录》记其为“贵州前卫，直隶兴华”，《明清进士题名碑录索引》记其为“贵州前卫，直隶兴华”。

2. 朝榜、甲次

康熙《贵州通志》卷十六、乾隆《贵州通志》卷二十六均记其为万历己未科庄际昌榜，《明清进士题名碑录索引》记其名次为二甲第二十九名。《明清历科进士题名碑录》等书排序亦是。因此，可认定谢上选是万历四十七年（1619）进士，二甲第二十九名。

3. 中式年龄

诸书未见记录，尚不得知。

（三十六）胡允恭

1. 户籍、乡贯

康熙《贵州通志》卷十六记其为“石阡人”，乾隆《贵州通志》卷二十六记其为“石阡人，（万历）己未科庄际昌榜”，民国《贵州通志·选举志一》记其为“石阡籍，万历四十七年己未科”。

《国朝历科题名碑录初集》记其为“贵州石阡府葛彰司，民籍，四川内江县人”，《明清历科进士题名碑录》记其为“贵州葛彰司，四川内江”，《明清进士题名碑录索引》记其为“石阡府葛彰司 ”。

2. 朝榜、甲次

康熙《贵州通志》卷十六、乾隆《贵州通志》卷二十六均记其为万历己未科庄际昌榜，《明清进士题名碑录索引》记其名次为三甲第十三名。《明清历科进士题名碑录》等书排序亦是。因此，可认定胡允恭为万历四十七年（1619）进士，三甲第十三名。

3. 中式年龄

诸书未见记录，尚不得知。

（三十七）杨廷诏

1. 户籍、乡贯

康熙《贵州通志》卷十六记其为“思南人”，乾隆《贵州通志》卷二十六记其为“思南人，（万历）己未科庄际昌榜”，民国《贵州通志·选举志一》记其为“思南籍，万历四十七年己未科”。

《国朝历科题名碑录初集》记其为“贵州思南府，民籍，江西南昌府丰城县人”，《明清历科进士题名碑录》记其为“贵州思南府，江西丰城”，《明清进士题名碑录索引》记其为“贵州思南府，江西丰城”。

2. 朝榜、甲次

康熙《贵州通志》卷十六、乾隆《贵州通志》卷二十六均记其为万历己未科庄际昌榜，《明清进士题名碑录索引》记其名次为三甲第一百七十三名。《明清历科进士题名碑录》等书排序亦是。因此，可认定杨廷诏为万历四十七年（1619）进士，三甲第一百七十三名。

3. 中式年龄

诸书未见记录，尚不得知。

（三十八）田景新

1. 户籍、乡贯

康熙《贵州通志》卷十六记其为“思南人”，乾隆《贵州通志》卷二十六记其为“思南人，（万历）己未科庄际昌榜”，民国《贵州通志·选举志一》记其为“思南籍，万历四十七年己未科”。

《国朝历科题名碑录初集》记其为“贵州思南府朗溪司，官籍，陕西蓝田人”，《明清历科进士题名碑录》记其为“贵州思南府朗溪司，陕西蓝田”，《明清进士题名碑录索引》记其为“贵州朗溪司，陕西蓝田 ”。

2. 朝榜、甲次

康熙《贵州通志》卷十六、乾隆《贵州通志》卷二十六均记其为万历己未科庄际昌榜，《明清进士题名碑录索引》记其名次为三甲第二百三十五名。《明清历科进士题名碑录》等书排序亦是。因此，可认定田景新为万历四十七年（1619）进士，三甲第二百三十五名。

3. 中式年龄

诸书未见记录，尚不得知。

十、明熹宗天启朝

（一）敖荣继

1. 户籍、乡贯

《天启壬戌科进士同年序齿录》记其为“思南府安化县籍”，《天启二年壬戌科进士履历》记其为“安化人”，康熙《贵州通志》卷十六记其为“思南人”，乾隆《贵州通志》卷二十六记其为“思南人，天启壬戌科文震孟榜”，民国《贵州通志・选举志一》记其为“安化籍，天启二年壬戌科”。

《国朝历科题名碑录初集》记其为“贵州思南府安化县，民籍，江西新喻县人”，《明清历科进士题名碑录》记其为“贵州安化，江西新喻”，《明清进士题名碑录索引》记其为“贵州安化江西新喻”。

2. 朝榜、甲次

康熙《贵州通志》卷十六、乾隆《贵州通志》卷二十六均记其为天启壬戌科文震孟榜，《明清进士题名碑录索引》记其名次为三甲第二百二十二名。《明清历科进士题名碑录》等书排序亦是。因此，可认定敖荣继为天启二年（1622）进士，三甲第二百二十二名。

3. 中式年龄

《天启壬戌科进士同年序齿录》称其“丁亥年十月二十五日生”，丁亥为万历十五年（1587），到天启二年（1622），其进士中式年龄按中国古代传统算法为三十六岁。

（二）田景猷

1. 户籍、乡贯

《天启壬戌科进士同年序齿录》记其为“思南府官籍，陕西西安蓝田县人”，《天启二年壬戌科进士履历便览》记其为“蓝田人”，康熙《贵州通志》卷十六记其为“思南人”，乾隆《贵州通志》卷二十六记其为“思南人，天启壬戌科文震孟榜”，民国《贵州通志·选举志一》记其为“思南籍，天启二年壬戌科”。

《国朝历科题名碑录初集》记其为“贵州思南府官籍，陕西西安府蓝田县人”，《明清历科进士题名碑录》记其为“贵州思南府，陕西蓝田”，《明清进士题名碑录索引》记其为“贵州思南府，陕西蓝田”。

2. 朝榜、甲次

康熙《贵州通志》卷十六、乾隆《贵州通志》卷二十六均记其为天启壬戌科文震孟榜，《明清进士题名碑录索引》记其名次为三甲第二百四十七名。《明清历科进士题名碑录》等书排序亦是。因此，可认定田景猷为天启二年（1622）进士，三甲第二百四十七名。

3. 中式年龄

《天启壬戌科进士同年序齿录》与《天启二年壬戌科进士履历便览》皆称其“癸卯年七月二十日生”，万历有癸卯年，为1603年，到天启二年（1622），按照中国古代传统算法，田景猷为二十岁。

十一、明思宗崇祯朝

（一）费道用

1. 户籍、乡贯

康熙《贵州通志》卷十六记其为“石阡人”，乾隆《贵州通志》卷二十六记其为“石阡人，崇正（祯）辛未科陈于泰榜”，民国《贵州通志・选举志一》记其为“石阡籍，崇祯四年辛未科”。

《国朝历科题名碑录初集》记其为“贵州石阡司，军籍”，《明清历科进士题名碑录》记其为“贵州石阡司”，《明清进士题名碑录索引》记其为“贵州石阡司”。

2. 朝榜、甲次

康熙《贵州通志》卷十六、乾隆《贵州通志》卷二十六均记其为崇祯辛未科陈于泰榜，《明清进士题名碑录索引》记其名次为三甲第三十七名。《明清历科进士题名碑录》等书排序亦是。因此，可认定费道用为崇祯四年（1631）进士，三甲第三十七名。

3. 中式年龄

诸书未见记录，尚不得知。

（二）万任

1. 户籍、乡贯

《崇祯七年甲戌科进士履历便览》记其为“铜仁县籍，江西南昌县人”，康熙《贵州通志》卷十六记其为“铜仁人”，乾隆《贵州通志》卷二十六记其为“铜仁人，（崇祯）甲戌科刘理顺榜”，民国《贵州通志·选举志一》记其为“铜仁籍，崇祯七年甲戌科”。

《国朝历科题名碑录初集》记其为“贵州铜仁府铜仁县，民籍”，《明清历科进士题名碑录》记其为“贵州铜仁”，《明清进士题名碑录索引》记其为“贵州铜仁”。

2. 朝榜、甲次

康熙《贵州通志》卷十六、乾隆《贵州通志》卷二十六均记其为崇祯甲戌科刘理顺榜，《明清进士题名碑录索引》记其名次为三甲第一百一十七名。《明清历科进士题名碑录》等书排序亦是。因此，可认定万任为崇祯七年（1634）进士，三甲第一百一十七名。

3. 中式年龄

《崇祯七年甲戌科进士履历便览》记其为癸卯年八月十九日生。癸卯为万历三十一年（1603），到崇祯七年（1634），按照中国古代传统算法，万任为三十二岁。

（三）扶纲

1. 户籍、乡贯

《崇祯七年甲戌科进士履历便览》记其为“都匀府籍，江西大庾县人”，康熙《贵州通志》卷十六记其为“都匀人”，乾隆《贵州通志》卷二十六记其为“都匀人，（崇祯）甲戌科刘理顺榜”，民国《贵州通志·选举志一》记其为“都匀籍，崇祯七年甲戌科”。

《国朝历科题名碑录初集》记其为“贵州都匀卫，军籍”，《明清历科进士题名碑录》记其为“贵州都匀卫”，《明清进士题名碑录索引》记其为“贵州都匀卫”。

2. 朝榜、甲次

康熙《贵州通志》卷十六、乾隆《贵州通志》卷二十六均记其为崇祯甲戌科刘理顺榜，《明清进士题名碑录索引》记其名次为三甲第一百五十一名。《明清历科进士题名碑录》等书排序亦是。因此，可认定扶纲为崇祯七年（1634）进士，三甲第一百五十一名。

3. 中式年龄

《崇祯七年甲戌科进士履历便览》记其为辛亥年九月二十二日生，辛亥为万历三十九年（1611），到崇祯七年（1634），按照中国古代传统算法，扶纲为二十四岁。

（四）姚咨俊

1. 户籍、乡贯

《崇祯七年甲戌科进士履历便览》记其为“新添卫人”，康熙《贵州通志》卷十六记其为“新添人”，乾隆《贵州通志》卷二十六记其为“新添人，（崇祯）甲戌科刘理顺榜”，民国《贵州通志·选举志一》记其为“新添籍，崇祯七年甲戌科”。

《国朝历科题名碑录初集》姚咨俊籍贯信息涂抹不清，《明清历科进士题名碑录》字迹不清晰，《明清进士题名碑录索引》记其为“贵州新添”。

2. 朝榜、甲次

康熙《贵州通志》卷十六、乾隆《贵州通志》卷二十六均记其为崇祯甲戌科刘理顺榜，《明清进士题名碑录索引》记其名次为三甲第二百一十名。《明清历科进士题名碑录》等书排序亦是。因此，可认定姚咨俊为崇祯七年（1634）进士，三甲第二百一十名。

3. 中式年龄

《崇祯七年甲戌科进士履历便览》记其戊申年八月初六日生，戊申为万历三十六年（1608），到崇祯七年（1634），按照中国古代传统算法，姚咨俊为二十七岁。

（五）孙顺

1. 户籍、乡贯

《崇祯十年丁丑科进士履历便览》记其为“安化县人”，康熙《贵州通志》卷十六记其为“思南人”，乾隆《贵州通志》卷二十六记其为“思南人，（崇祯）丁丑科刘同升榜”，民国《贵州通志·选举志一》记其为“安化籍，崇祯十年丁丑科”。

《国朝历科题名碑录初集》记其为“贵州思南府安化县籍，四川成都府绵州人”，《明清历科进士题名碑录》记其为“贵州安化，四川绵州”，《明清进士题名碑录索引》记其为“贵州安化 四川绵州”。

按：“安化县籍”疑脱一字。

2. 朝榜、甲次

康熙《贵州通志》卷十六、乾隆《贵州通志》卷二十六均记其为崇祯丁丑科刘同升榜，《明清进士题名碑录索引》记其名次为二甲第二十五名。《明清历科进士题名碑录》等书排序亦是。因此，可认定孙顺为崇祯十年（1637）进士，二甲第二十五名。

3. 中式年龄

《崇祯十年丁丑科进士履历便览》记其为癸丑二月二十二日生，癸丑为万历四十一年（1613），到崇祯十年（1637），按照中国古代传统算法，孙顺为二十五岁。

（六）胡允敬

1. 户籍、乡贯

《崇祯十年丁丑科进士履历便览》记其为“贵州石阡府籍，内江人”，康熙《贵州通志》卷十六记其为“石阡人”，乾隆《贵州通志》卷二十六记其为“石阡人，（崇祯）丁丑科刘同升榜”，民国《贵州通志·选举志一》记其为“石阡籍，崇祯十年丁丑科”。

《国朝历科题名碑录初集》记其为“贵州石阡府，民籍”，《明清历科进士题名碑录》记其为“贵州石阡府”，《明清进士题名碑录索引》记其为“贵州石阡府”。

2. 朝榜、甲次

康熙《贵州通志》卷十六、乾隆《贵州通志》卷二十六均记其为崇祯丁丑科刘同升榜，《明清进士题名碑录索引》记其名次为二甲第二十八名。《明清历科进士题名碑录》等书排序亦是。因此，可认定胡允敬为崇祯十年（1637）进士，二甲第二十八名。

3. 中式年龄

《崇祯十年丁丑科进士履历便览》记其为壬子十一月十七日生，壬子为万历四十年（1612），至崇祯十年（1637），按照中国古代传统算法，胡允敬为二十六岁。

（七）李觉先

1. 户籍、乡贯

《崇祯十年丁丑科进士履历便览》记其为“镇远县人”，康熙《贵州通志》卷十六记其为“镇远人”，乾隆《贵州通志》卷二十六记其为“镇远人，（崇祯）丁丑科刘同升榜”，民国《贵州通志·选举志一》记其为“镇远籍，崇祯十年丁丑科”。

《国朝历科题名碑录初集》记其为“贵州镇远府镇远县，民籍”，《明清历科进士题名碑录》记其为“贵州镇远”，《明清进士题名碑录索引》记其为“贵州镇远”。

2. 朝榜、甲次

康熙《贵州通志》卷十六、乾隆《贵州通志》卷二十六均记其为崇祯丁丑科刘同升榜，《明清进士题名碑录索引》记其名次为三甲第二十八名。《明清历科进士题名碑录》等书排序亦是。因此，可认定李觉先为崇祯十年（1637）进士，三甲第二十八名。

3. 中式年龄

《崇祯十年丁丑科进士履历便览》记其为甲寅正月二十三日生，甲寅为万历四十二年（1614），至崇祯十年（1637），按照中国古代传统算法，李觉先为二十四岁。

（八）周祚新

1. 户籍、乡贯

《崇祯十年丁丑科进士履历便览》记其为“贵阳府人”，康熙《贵州通志》卷十六记其为“贵阳人”，乾隆《贵州通志》卷二十六记其为“贵阳人，（崇祯）丁丑科刘同升榜”，民国《贵州通志·选举志一》记其为“贵阳籍，崇祯十年丁丑科”。同治《湖州府志》卷十之“崇祯十年刘同升榜”载：“周祚新，天启丁卯举人”，嘉庆《重修扬州府志》称：“周祚新，德清人，进士。旧志误作‘贵州人’”。

《国朝历科题名碑录初集》记其为“贵州贵阳卫，军籍”，《明清历科进士题名碑录》记其为“贵州贵阳卫”，《明清进士题名碑录索引》记其为“贵州贵阳卫”。

按：除嘉庆《重修扬州府志》和同治《湖州府志》外，其余诸书均称其为贵阳人。嘉庆《重修扬州府志》中的“德清”是湖州下辖县，二书所指当为一地，从中举与中进士时间看，二书所记之“周祚新”与他书所记为同一人。因为二书均无详细解释，目前也找不到相关证据，初步判断其乡贯为浙江德清，户籍为贵州贵阳。

2. 朝榜、甲次

康熙《贵州通志》卷十六、乾隆《贵州通志》卷二十六均记其为崇祯丁丑科刘同升榜，《明清进士题名碑录索引》记其名次为三甲第九十六名。《明清历科进士题名碑录》等书排序亦是。因此，可认定周祚新为崇祯十年（1637）进士，三甲第九十六名。

3. 中式年龄

《崇祯十年丁丑科进士履历便览》记其为辛亥七月初三日生。辛亥为万历三十九年（1611），到崇祯十年（1637），按照中国古代传统算法，周祚新为二十七岁。

（九）苏国瓓

1. 户籍、乡贯

《崇祯十六年癸未科进士履历便览》记其为“敷勇卫籍，晋江县人”，康熙《贵州通志》卷十六记其为“敷勇人”，乾隆《贵州通志》卷二十六记其为“敷勇人，（崇祯）癸未科杨廷鉴榜”，民国《贵州通志·选举志一》记其为“敷勇籍，崇祯十六年癸未科”。

《国朝历科题名碑录初集》记其为“云南〼江县，民籍”，《明清历科进士题名碑录》记其为“云南□江县”，《明清进士题名碑录索引》记其为“福建晋江，贵州敷勇”。

四库全书本雍正《福建通志》卷三十六所记崇祯十六年（1643）晋江县进士有“苏国澜”，疑为同一人。

按：云南〼江县，中间涂抹几个字。

2. 朝榜、甲次

康熙《贵州通志》卷十六、乾隆《贵州通志》卷二十六均记其为崇祯癸未科杨廷鉴榜，《明清进士题名碑录索引》记其名次为二甲第四十六名。《明清历科进士题名碑录》等书排序亦是。因此，可认定苏国瓛为崇祯十六年（1643）进士，二甲第四十六名。

3. 中式年龄

《崇祯十六年癸未科进士履历便览》记其为甲子年十二月二十二日生，甲子为天启四年（1624），到崇祯十六年（1643），按照中国古代传统算法，苏国瓛为二十岁。

下编　传记编

一、明英宗正统朝

（一）张谏

1. 张谏传记资料

《正统四年进士登科录》

张谏，贯应天府句容县，军籍。贵州赤水卫军生。治《礼记》。字孟弼，行七，年三十四，九月十三日生。曾祖仲明。祖谷宾。父伯安。母孙氏。具庆下。兄麒、麟、谨、諲、赞、诚。弟谊、谘、诩、评。娶王氏。云南乡试第二名，会试第五十二名。

《国朝历科题名碑录初集·明正统四年进士题名碑录》

张谏，应天府句容县，军籍。

《皇明进士登科考》卷五

张谏，应天府句容县人。

《皇明贡举考》卷三

张谏，应天府句容县人，贵州赤水卫学。

《献征录》卷七十二《太仆寺·太仆寺卿张公谏传》

张谏，字孟弼，句容人……正统己未登进士，授行人……授福建道监察御史……召为顺天府尹……出守莱州……召为太仆寺卿……辛卯春以疾卒。

《明实录·宪宗实录》卷九十一

太仆寺卿张谏卒。谏，字孟弼，应天府句容县人，先世谪戍贵州之赤水。谏由进士授行人，擢监察御史……天顺丁丑，调官于南京，寻升河南按察司副使。甲申，召为顺天府尹……遂俱降职，谏山东莱州府知府……复召为太仆寺卿，至是卒。

弘治《句容县志》卷六

张谏，字孟弼，坊郭人。正统四年（1439）登施槃榜进士。授行人司行人，升福建道监察御史……历升河南按察司副使，顺天府府尹，成化二年（1466），出守莱州。四年，进为太仆寺卿。七年，以疾卒于官……

弘治《句容县志》卷十一

……公讳谏，字孟弼，姓张氏，别号守约，世为句容人……

《类姓登科考》七阳

张谏，应天句容人，三甲。

嘉靖《贵州通志》卷九

张谏，赤水卫人。父伯安，读书好义，以孝友清俭为时所重。谏富文学，有雄思，任监察御史，风裁凛然。累官太仆卿，以廉能闻。

万历《黔记》卷四十四

张谏，字孟弼，赤水卫人。少有志节，脱父伯安行伍，不惮险远。尝从刘长史仲珩学于蜀。时刘忠愍廷振奉使至蜀，公[①]日与讲论，二公甚器之。宣德乙卯中云南乡试第二。明年至燕，卒业忠愍[②]门。正统己未成进士，贵州[③]进士自公[④]始。授[⑤]行人。未几，丁母[⑥]孙孺人忧，哀毁骨立，庐墓三年，致群鸟芝草之感。起复[⑦]拜御史，往督福建银课。时当寇[⑧]残毁后，民物凋敝，余孽间作。公[⑨]亲帅士兵抚捕，贼遂解窜。父卒，复庐墓三年，芝再产墓傍。历官河南副使，顺天府尹。以直言谪守莱州，寻召为太仆卿，卒于官。赐葬祭，大学士淳安商文毅公铭其墓。

玭衣生曰：予读容山世美祠记，知张氏世德长矣。在高皇帝时，有一蒂双瓜之异。御制有赞，至今炳耀，世敦孝友，累叶同居。犹然公艺家法，同卿绳之，益昭先烈。至两庐墓，瑞芝再莛，岂亦天鉴其衷，与嘉瓜同贶欤？又不特宦绩荦荦已也。

---

① （明）过庭训：《本朝分省人物考》卷一百一十五作“谏”。
② （明）过庭训：《本朝分省人物考》卷一百一十五“愍”后有“之”字。
③ （明）过庭训：《本朝分省人物考》卷一百一十五“贵州”后有“登”字。
④ （明）过庭训：《本朝分省人物考》卷一百一十五作“谏”。
⑤ （明）过庭训：《本朝分省人物考》卷一百一十五“授”前有“选”字。
⑥ （明）过庭训：《本朝分省人物考》卷一百一十五“母”后无“孙孺人”三个字。
⑦ （明）过庭训：《本朝分省人物考》卷一百一十五作“服”。
⑧ （明）过庭训：《本朝分省人物考》卷一百一十五“寇”后有“盗”字。
⑨ （明）过庭训：《本朝分省人物考》卷一百一十五作“乃”。

附姚福《青溪暇笔》云：洪武五年（1372），嘉瓜并蒂，产于句容张观之圃。群臣上进，太祖自作赞，不以祥瑞自居。群臣亦多为赞，以咏其美。未几，张氏兄弟坐事，骈斩于市，子侄充军者数人。然则瑞乎？妖乎？识者当知之。然今张氏族颇大，天下称为嘉瓜张氏。有名谏者，仕至顺天府尹，终太仆卿。

康熙《贵州通志》卷十八

张谏，字孟弼，赤水人，少有志节，以远大目期。尝从刘仲珩学于蜀，时刘忠愍廷振奉使至蜀，谏日与讲析，二公器之。宣德乙卯中云南乡试，北上受业于忠愍。己未成进士，授行人，未几，丁母忧归，哀毁骨立，庐墓三年，有群鸟芝草之异。服阕，拜御史，督福建银课。时被寇后，民物凋敝，余孽间作。谏亲率兵捕剿，贼遂解窜。父卒，复庐墓三年，芝再产墓侧。历官顺天府尹，以戆直谪莱州守，寻诏为太仆卿，卒于官，赐葬祭。大学士商文毅铭其墓。

乾隆《贵州通志》卷二十六

张谏，赤水人，官顺天府尹。

嘉庆《大清一统志》卷五百零九

张谏，字孟弼，赤水人。少有志节，正统中由进士授行人。丁母忧归，哀毁骨立，庐墓三年，有产芝之异。服阕，拜御史，督福建银课，时被寇后，余孽间作，谏剿平之。父卒，复庐墓，芝再产墓侧，人咸异之，官至太仆寺卿。

《黔诗纪略》卷一

（张）谏，字孟弼，赤水卫人，其先自应天句容来籍。父伯安隐居行义，以孝友称。孟弼少有志节，喟乡里自宋元来，鲜以文章经济闻者，乃北走蜀学于刘仲珩，微言妙义，能辨晰无滞，仲珩喜甚。适刘忠愍廷振奉使至蜀，仲珩见之，忠愍亦大奇之。举宣德十年（1435）乡试，至京师留忠愍门受业。正统四年（1439）成进士，授行人，以母忧去职，哀毁过礼，庐墓三年，墓生芝草，群鸟朝夕环集，人以为孝感。除服，拜监察御史，出督福建银课。时福建贼邓茂七劫沙、尤二县，虽官军击退而余孽间作，孟弼至，率兵协捕，乃尽解窜。使还，疏闽中经贼后物力凋敝状，请罢银课，从之。已而父殁，亦庐墓三年，墓侧再产芝，时人谓其父母墓为孝芝墓也。累迁至顺天府尹，以戆直谪莱州知府，寻擢太仆寺卿，卒官，赐祭葬，淳安商文毅辂铭其墓。明，贵州有举人始永乐辛卯、甲午附云南、四川乡试之刘宏、廖沈（原注：宏，永宁人，官知县。沈，播州桐梓驿人。时尚未置贵州省），而孟弼为有进士之始，自是人物汇起，而赤水为盛。其相次成进士者，天顺元年（1457）则陈迪，八年朱谦，成化八年茅铉，迪、谦、铉并官御史，有声。谦擢江西佥事，吏民不敢干以私，复有真宪臣之目。今宏、沈、迪、谦、铉诗俱无传，惟（唯）孟弼犹存一篇。

道光《大定府志》卷三十四

张谏，字孟弼，赤水人。父伯安，隐居行义，以孝友恭俭为时所重，封御史。谏幼有远志，以南中自元、明再辟以来，鲜文章经济之士，乃北至四川，从学于刘仲珩，仲珩器之。已而刘廷振以奉使至四川，与仲珩相见，仲珩言谏能辨析微言妙义，因见谏于廷振，廷振与语，亦大奇之。宣德十年（1435），举于云南乡试，至京师，留受业于廷振之门。正统四年（1439）成进士，授行人，以母忧去职。居丧哀毁过礼。庐墓三年，墓生芝草，朝夕群鸟环集，人以为孝感所致。除服，拜御史，出督福建银课。时福建贼邓茂七劫沙、尤二县，虽经官军击退，然余党屡作。谏率兵协捕，大著功绩。又以闽中经贼破乱，物力凋敝，奉使回，建言请罢银课，朝议从之。已，又居父丧，亦庐墓三年，芝生其墓侧。谏再致芝草之异，人谓其父母墓为孝芝墓也。服阕，累迁顺天府尹，以戆直谪莱州知府，寻擢太仆寺卿，卒于官。赐葬祭，大学士商辂为铭其墓。贵州之有进士自谏始，而赤、乌、毕三卫文学政事可纪者亦自谏始。继谏者则有陈迪、朱谦、李珉，皆孝宗以前人也。

2. 张谏诗

《黔诗纪略补》卷中

登木稀山

石磴崎岖翠霭间，木稀山上木稀关。也知绝顶无人到，我独抠衣万仞攀。

《黔诗纪略》卷一

望古

赋心既传盛，经术复开尹。并兴巴彭城，名德乃与准。牂柯处荒维，困此山巉嶙。如何初郡县，贤俊已连轸。人文张华夏，覆载讵畦畛。乃知豪杰士，不受山川窘。遥遥今几世，嗣响何泯泯，望古一长叹，负重愁绝膑。

（二）秦颙

1. 秦颙传记资料

《正统七年进士登科录》

秦颙，贯直隶常州府武进县，军籍。贵州宣慰使司学军生。治《诗经》。字士昂，行一，年三十，五月十八日生。曾祖仲明，百户。祖孟礼。父义。母朱氏。具庆下。弟显。娶郗氏。云南乡试第十一名，会试第一百四名。

《国朝历科题名碑录初集·明正统七年进士题名碑录》

秦颙，直隶常州府武进县，军籍。

《皇明进士登科考》卷五

秦颙，直隶武进县籍，贵州人。

《皇明贡举考》卷三

秦颙，南直隶武进县人，贵州宣慰使司学。

《明实录·英宗实录》卷一百零三

癸丑……擢进士刘善庆、秦颙俱为行人司行人。

《明实录·宪宗实录》卷一百

庚申……升……云南布政司左参议秦颙为左参政。

《类姓登科考》十一真

秦颙，南直武进县人，壬戌三甲。

弘治《贵州图经新志》卷三

秦颙，字士昂，贵州前卫人，登正统壬戌进士，累官至云南参政，履正奉公，旬宣不怠，而谦牧之德，尤为乡邦之所重也。

秦颙，贵州前卫人。宣德十年（1435）举人，正统七年（1442）进士。仕礼部主事郎中，升云南右参政。

嘉靖《贵州通志》卷六

秦颙，前卫人，中正统壬戌进士，历任云南右布政使。

嘉靖《贵州通志》卷九

秦颙，官参政[①]，履正奉公，旬宣不怠，谦牧之德，尤为乡邦所重。

嘉靖《贵州通志》卷十二引易贵《亚中大夫左参政秦颙墓表》

亚中大夫、云南布政使司、左参政秦公，卒于官。时余守辰，得讣哀甚。越葬之八年，而余以老归田，公之子寿奉水部郎俞君廷美状公行实诣余告曰："不肖不幸早失怙恃，时愚幼未能悉其先德，幸而乡先生有述焉，寿亦惧其不典也，

① 万历《贵州通志》作"官布政"。

然先人自寒进立朝，任使授牧，操存履历之素，忠爱惠鲜之政，微执友谁详之。墓木虽柱，犹不轻属于人，而有待于今日，敢以志铭累公焉。公念先执肯为立言，则先人必解颐地下而贻我后无涯矣。”言既，犹哽咽如袒括日。余嘉寿之重亲而思秦公之久要也，同出里闬，同席乡校，何契谊也；登甲科为儒先，署朝郎为人望，何丽泽也；官既外补，分封各天，何参商也；痛兹死生，幽明永隔，铭不可辞也。固不俟乎状而后知，亦必撮其状之实而伸吾心之知也。公讳颙，字士昂，别号愚庵，本秦姓，先自古汴光山之裔。祖思齐，仕宋忠亮大夫，南渡机务常州，世为武进人。大父讳孟礼，我明洪武初坐累戍贵。烈考讳义，号冥斋，有隐德，以公贵封奉直大夫、礼部主客司员外郎；母朱氏，赠宜人。公生，端正不群，颖敏岐嶷，少受学于张孟阳之门，日背数千言，笃求义理，先生器重之。宣德乙卯，以《诗经》中云南乡试，明年辞乙榜，卒国子业，登正统壬戌赐同进士第，拜大行人，尝奉使秦、楚王国，巡视西蜀叛夷。辞令之美，操守之坚，应事之智，足以增崇君国，翊赞皇度。景泰辛未，以礼部主客司员外郎奉使岭南。天顺改元，英庙复登大宝，简公赍金帛，由通州抵云南给赏。前后出使者五，藩封大镇敬畏则象，咸曰：“使职如秦公，不多见也。”每至必询民隐归疏于朝，上多嘉纳。庚辰擢任四川右参议。成化乙酉升左参议，转云南，三年而治成，巡镇交章荐之。辛卯迁左参政。治出大体，尤矜细行，而拳拳以忠君爱国、禁奸保民为职，夙夜在公，无少内顾，事凡难剧，资公剖割，盘根错节，迎刃而解，是皆学之精、养之熟、见之明而行之公也。又尝讲究孙吴，谙练武事，而于威远即戎，尤倚赖焉。如沾益、罗雄二州酋长阿赛、适圭之世仇，流毒久矣，公则和释之，而地方以安。铁索箐贼徒起色之攻杀，英武关、马龙、寻甸、普长、习勒之烧毁长官司，为祸惨矣，公皆袭擒之，而烽火遂息。时会御史审决，有死狱九十人，皆执案不辩，公忽摄省堂，万鸟飞集，弹挥不散，公疑有冤狱也，详谳而得不辜者三十九人，原之。偕三司巡金齿、腾冲，舟经潞江，风涛大作，舟中悉惊怖，公独正色赋诗，有云：“若受赃私并土物，任教沉向潞江中。”闻者益愕，风宁舟济，人皆谓公之忠诚仁爱，感天地而格鸟兽也。至于清盐法、督银课、理屯田、广军储，井然条道，卓有程度，吏民怀其惠，后来守其法，此其及民之大者既已周浃，而于其细者用心曲尽不可枚举也。公之弟显，有膂力，公以军功勉之，赡其家而督其进，显得累功正千户而卒。公惜其无子，厚葬之。亲丧葬从礼，祭奠必哀。公尝因公过贵，乡里故旧必罄欢，不有青云紫陌色鄙薄，观化称为长者，是皆公之善行，表表外著，名雷于朝野，功雨于人国，勒口碑于诸藩，流汗青于百世者也。若夫天理之心老犹赤子，势利之态近若眼丁，目金珠于土苴，重道义于性命，语子思孝，语臣思忠，切切以圣贤自期待，而不为世俗依那营苟者，非予孰知之乎。

万历《黔记》卷四十六

秦颙，字士昂，宣慰司人。正统壬戌进士，拜行人，迁礼部员外郎。天顺初奉使滇粤，咨民隐，归疏于朝，上多采纳。历官云南左参政。铁索箐贼起，攻杀武关[①]、马龙、寻甸，公[②]袭擒之。会御史审决，有死囚九十人，皆执案不辨。忽省堂万鸟飞集，弹挥不散。公[③]疑有冤也，详鞫之，得不辜者[④]三十九人，原之[⑤]。偕三司巡金齿、腾冲，舟经潞江，风涛大作，舟中悉惊怖。公[⑥]独正色赋诗有[⑦]云："若受赃[⑧]私并土物，任教沉向潞江中。"闻者益愕[⑨]，风宁舟济，人皆谓公[⑩]忠诚所格。卒于官。辰州太守易贵表其墓。

玭衣生曰：《通志》载秦公官至布政。予读易辰州为公墓表，题曰：亚中大夫左参政秦公之墓。当从表。表称公弟显有膂力，以军功授正千户。卒，无子，公厚葬其弟。遇乡故人必罄欢，绝亡贵倨态，人称长者云。

康熙《贵州通志》卷十八

（秦）颙（乾隆《大清一统志》亦作颙，嘉庆《大清一统志》讳作容），字士昂，贵州宣慰司人，正统壬戌进士，授行人，迁礼部员外郎，天顺初奉使滇粤咨民隐，归疏于朝，上多采纳。历官云南左参政。铁索箐贼起，攻破州府，颙袭擒之，会御史审决死囚，忽万鸟飞集省堂，驱之不散，颙疑有冤，详鞫之，释无辜者三十九人。巡金齿，渡潞江，风涛大作，舟中悉惊怖，颙独正色赋诗云："若受赃私并土物，任教沉向潞江中。"风宁舟济，人谓忠诚所格。后卒于官。

乾隆《贵州通志》卷二十六

秦颙，宣慰司人，官参政。

嘉庆《大清一统志》卷五百

秦容（颙），字士昂，宣慰司人，正统中进士。天顺初，以礼部员外郎奉使滇粤，咨民疾苦，归疏于朝，帝多采纳。历云南参政，擒剧贼，辨疑狱。尝巡金齿，渡潞江，风涛大作，容（颙）正色赋诗。风平舟济，人谓忠诚所格。

---

① （明）过庭训：《本朝分省人物考》作"武昌"。
② （明）过庭训：《本朝分省人物考》作"颙"。
③ （明）过庭训：《本朝分省人物考》作"颙"。
④ （明）过庭训：《本朝分省人物考》作"平反者"。
⑤ （明）过庭训：《本朝分省人物考》无"原之"两个字。
⑥ （明）过庭训：《本朝分省人物考》作"颙"。
⑦ （明）过庭训：《本朝分省人物考》无"有"字。
⑧ （明）过庭训：《本朝分省人物考》作"载赃"。
⑨ （明）过庭训：《本朝分省人物考》无"闻者益愕"四个字。
⑩ （明）过庭训：《本朝分省人物考》作"其"。

后卒于官。

《黔诗纪略》卷一

参政，字士昂，贵州宣慰司人。其先自武进来籍。举宣德十年（1435）乡试，正统七年（1442）成进士。授行人。迁礼部员外郎。天顺初，奉使滇、粤，问民疾苦，归悉疏其利弊，上多所采纳。出为云南左参政。铁索箐贼起，攻破旁近州府十数，尽袭擒之。会御史审决死囚，有鸟近万飞集省堂，驱之不散，士昂疑有冤白，更详鞫，释无辜者三十九人。巡金齿，渡潞江，中流风涛大作，舟中悉惊怖无人色，士昂端坐从容赋诗，风止舟济，人谓忠诚所格。后卒于官。

2. 秦颙诗

《黔诗纪略》卷一

渡潞江口号

无端恶浪助颠风，自矢平生信与忠。若有赃私并土物，任教沉向潞江中。

（三）王敞

1. 王敞传记资料

《正统十年进士登科录》

王敞，贯贵州永宁卫，官籍。宣抚司儒学生。治《春秋》。字文浩，行四，年三十五，五月十四日生。曾祖隆，元枢密。祖兴，镇抚。父斌。嫡母周氏。生母杨氏。慈侍下。兄宣，镇抚；政；敏。弟启、整、恕、谨。娶戴氏。云南乡试第十一名，会试第一百一十名。

弘治《贵州图经新志》卷十七

王敞，永宁卫人，性颖才健，由进士扬历中外，能誉籍然，仕终浙江布政司参政。

王敞，正统六年（1441）举人，正统十年（1445）进士。任大理寺正，改南京户部郎中，升浙江布政司参政。

嘉靖《贵州通志》卷六

王敞，中丁（乙）丑科进士，任浙江布政司参政。

嘉靖《贵州通志》卷九

王敞，性颖才捷，由进士扬历中外，多政声。

《寰宇通志》卷六十九

王敞，正统十年（1445）商辂榜进士。

万历《黔记》卷二

十年春三月，赐思南申佑、永宁王敞进士。

康熙《贵州通志》卷十六

王敞，永宁人，第十二名，乙丑进士。

乾隆《贵州通志》卷二十六

王敞，永宁人，官布政。

2. 王敞诗

《黔诗纪略补》卷中

闻同年申侍御殉节

土木千年堡，沙场十丈尘。当时称孝子，今日见忠臣。名已垂青史，心常侍紫宸。如斯奇节少，海内有完人。

（四）申祐

1. 申祐传记资料

《正统十年进士登科录》

申祐，贯贵州思南府婺川县，官籍。国子生。治《诗经》。字天锡，行三，年四十三，七月二十五日生。曾祖仕隆。祖应斌。父俊，婺川县五堡三坑巡检司巡检。嫡母张氏，生母李氏。永感下。兄祺、禄。弟裕。娶李氏。云南乡试第十五名，会试第二十八名。

《国朝历科题名碑录初集·明正统十年进士题名碑录》

申祐，贵州思南府婺川县，官籍。

《皇明进士登科考》卷五

申祐，贵州婺川县人。

《皇明贡举考》卷四

申祐，贵州婺川县。

《兰台法鉴录》卷八

申祐，字天锡。贵州婺川县人。正统十年（1445）进士。除四川道御史、巡按淮扬。护驾北征，死于土木之难。

《国権》卷二六

进士林廷举……申祐……为监察御史。

《明史》卷一百六十七

六师覆于土木，将相大臣及从官死者不可胜数……申祐，字天锡，贵州婺川人……旋登进士，拜四川道御史，以謇谔闻。

《类姓登科考》十一真

申祐，贵州婺川县人，正统乙丑三甲。

弘治《贵州图经新志》卷四

申祐，正统间，以进士授监察御史，刚正不阿。勇于弹劾，从跸北征，死于土木之难。

申祐，正统九年（1444）举人，十一年进士，授四川道监察御史。

嘉靖《贵州通志》卷六

申祐，中乙丑科进士，任四川道监察御史。

嘉靖《贵州通志》卷七

嘉靖十年（1531），巡按御史郭弘化按行至府，询知郡中名贤申祐死义事，嘉其忠烈，行府立祠崇祀。

嘉靖《贵州通志》卷八

双桂坊在府治左，为举人申祐建。

嘉靖《贵州通志》卷九

申祐，官御史，刚正不阿，勇于弹劾，从跸北征，死于土木之难。

康熙《贵州通志》卷十六

申祐，务川人，官御史。

申祐，务川人，第十五名，乙丑进士。

康熙《贵州通志》卷十八

申祐，字天锡，郡人。常从父之田，父被虎衔，祐持杖尾之，父得免。正统辛酉举于乡，入国学肄业，时祭酒李时勉以言事忤旨下狱。祐首倡六馆诸生伏阙，愿以身代，上为霁威。登乙丑进士，拜四川道御史。立朝忠谠，多所补益，英庙北征以身代帝殉难。

嘉庆《大清一统志》卷五百零四

申祐，字天锡，思南人，正统中举人，入国学肄业。时祭酒李时勉以言事忤旨下狱，祐首倡六馆诸生伏阙，愿以身代。后成进士，授四川道御史，立朝忠谠，多所裨益。英庙北征，以扈跸殉土木之难。

民国《贵州通志·人物志二》

申祐，贵州人，为诸生，读书思州府，裹粮徒步。常从父之田，父为虎衔去，祐挺身持杖奋击之，虎逸，父免晊焉。正统中以举人肄业，国学祭酒李时勉被枷国学门，祐随石大用抗疏救之，寻举进士，官御史。扈跸土木，死之。

《明史》卷一百六十七

英宗之出也，备文武百官以行。六师覆于土木，将相大臣及从官死者不可胜数，英国公张辅及诸侯伯自有传，其余姓氏可考者……给事、御史则……申祐……景帝立，既赠恤诸大臣，自给事、御史以下，皆降敕褒美，录其子为国子生，一时恤典綦备云。……申祐字天锡，贵州婺川人。父为虎啮，祐持梃奋击之，得免。举于乡，入国学，帅诸生救祭酒李时勉。旋登进士，拜四川道御史，以謇谔闻。

万历《黔记》卷四十四

申祐，字天锡，婺川县人。常从其父之田，道逢虎，父入虎口，公①挺身持杖尾击之，虎逸，父得免。正统戊午②，中云南乡试，入国学肄业。时祭酒李时勉以言事忤旨下狱，荷校国学门。公③倡六馆诸生伏阙申救，且愿代其死。上为之霁威。寻登乙丑进士，拜四川道御史。立朝忠谠，多所补益。诸御史聚议事④，公谈论辄数百言，咸中窾，众皆推高。出按庐、凤，所至辄进诸

---

① （明）过庭训：《本朝分省人物考》卷一百一十五作“祐”。
② （明）过庭训：《本朝分省人物考》卷一百一十五作“辛酉”。
③ （明）过庭训：《本朝分省人物考》卷一百一十五作“祐”。
④ （明）过庭训：《本朝分省人物考》卷一百一十五无“事”字。

生，讲论经史疑义。己巳，英庙北狩，公以御史扈从，至土木死之。乡人田方伯秋为作公事状。嘉靖十年，郭御史弘化移檄祠焉[①]。

玭衣生曰：予读田西麓事状，其略曰：先民有言，父生之，君食之，师教之，天下之三本也。惟（唯）其所在，则致死焉，于公尽之矣。然捋虎须不死，逆龙鳞不死，而竟死土木，岂天将留之以彰忠邪？读《李忠文传》，止载石大用代死，而不及公，岂史逸其名邪？

附赵方伯维垣《申御史歌》：柱史耿耿贞元英，精协瑶光干玉衡。纫兰芾蕙好奇服，胸罗珠斗扬文灵。君年童髫，随翁采芝。路逢猛虎，翁为虎噬。君于此时不辟易，执杖击虎力贔屓。翁脱虎口儿轻身，胆雄不数吞牛气。青霄射策蓬莱殿，螭头白简飞霜霰。豸冠凛凛跃青骢，射狼远遁江南甸。英庙銮舆更北巡，一朝大驾俱蒙尘。黄霾塞天白日暗，征袍染血污车轮。吁嗟乎，儿脱父危，臣为君死，忠孝香名满人耳。我歌此曲真伤神，千古谁能秉青史。

嘉靖《贵州通志》卷七

郡人田秋撰申公事状略

公讳祐，字天锡，世居婺川县火炭垭。幼有至性，颖异不群。稍长，补郡庠弟子员。婺川至府，山行五日，每裹粮徒步就学，不倦。常从其父之田，父忽为虎衔去，公挺身持杖，尾击之，虎逸，父免咥焉。

正统辛酉，中云南乡试，入国学肄业。时祭酒李时勉以言事忤旨。枷置国子监门，公首倡六馆诸生伏阙申救，且愿代其死，上并释之。寻登乙丑进士，拜四川道监察御史。

立朝忠谠，多所补益，各道聚会议事，公谈论辄数百言，咸当要会，众皆推让。出按庐、凤等府，所至，进诸生讲论经史疑义。至安庆，诸生私相谓曰："御史贵州人，《千字文》秀才也。"公微闻之，次日，摘"起、剪、颇、牧用军最精"作题试之，诸生大沮，其精敏多类此。十四年己巳。英庙北征，公以名御史扈从，至土木，乘舆北狩，遂死之。

《黔诗纪略》卷一

（申）祐，字天锡，思南府婺川人。曾祖世隆，家吴会。永乐初，思州宣慰使田仁智子琛、思南宣慰使田茂安子宗鼎各嗣立，以争沙坑故，日寻兵，世隆从行人蒋廷瓒往勘。琛、宗鼎仇杀不止，镇远侯顾成禽（擒）并送京师斩之，乃改两宣慰为思州、思南等八府，设贵州布政司，并管四州、一宣慰、一安抚，以廷

① （明）过庭训：《本朝分省人物考》卷一百一十五却载："佑折衷其论，咸中窾綮，众皆推服。出按庐、凤，所至辄进诸生，讲论经史疑义。己巳，英庙北狩。以御史扈从，至土木死之。嘉靖十年，郭御史弘化移檄祠焉。"

瓒为左布政使，世隆遂以官居婺川。天锡举正统三年（1438）乡试，十年成进士，除四川道监察御史，以謇谔闻。尝出按庐凤、安庆诸府，暇则进诸生论经史，至忠孝节烈事尤恳恳动人，听者多感发。还都日，诸生送以千计。十四年八月，瓦剌也先以奄官王振减其马价，大举入寇，塞外城堡所至陷没，振挟大驾亲征，举朝莫能止。自太师英国公张辅以下扈从数百人，至土木堡，敌已逼，不敢动，守隘诸将纷纷以败死闻。敌益增，帝仓卒命选群臣貌似己者，众推申祐，天锡遂冒乘舆，师溃遇难，扈从数百人惟（唯）数人得脱，而帝蒙尘以全。先是，校尉袁彬阴悉奄人喜宁通贼状，告天锡共图之，鸿胪寺卿杨善潜入省帝，天锡因与密谋用彬计杀宁，天锡寻死，善间行脱还朝，而宁降，数为也先画策，索赏赐，导入边寇掠。帝既为也先拥去，令也先使宁还京索礼物，而潜命彬密书报边臣，至独石，参将杨俊擒宁送京师。明年三月磔于市。其谋虽蓄自彬，实因天锡先成之。天锡童时，从父俊之田，俊被虎攫，天锡奋梃斗虎，虎舍去，父子俱无恙。乡举后肄业太学，李祭酒时勉与王振有隙，遂以言事忤旨，枷示国子监门，天锡要诸生同疏救。佥谓侍讲刘球缘劾振下狱，使马顺杀之；大理薛少卿瑄遇振不为礼，诬以出入人罪欲加害。我辈新进书生视两大臣何如？天锡笑曰："六馆生何无一人男子气耶？"遂独与石大用各抗疏捶登闻鼓称冤，请身代祭酒荷校，六馆生和者亦千人，上恻然感动，立释时勉还视胄事。天锡救父救师皆奋不顾身，幸而不死，而死土木堡，乃益得死所。民生于三事之如一，天锡可谓无愧斯语矣。景帝立，既赠恤诸大臣，自给事、御史以下皆降敕褒美，录其子为国子生，一时恤典綦备，天锡家得褒美敕，谕其二子琏、瓒相次命入监，兵阻未往，他恤赠遂不及。弘治中，礼部右侍郎程敏政上言："前土木之役，死王事者虽蒙报礼，其间尚有遗珠漏玉悲贻山石，如井源数十烈君子，骨弃鳞介之乡，名落封简之牍，致有血溅帝衣，而不获颐指鼎鼋，人愁天恫，轸彗复炽。天顺辛巳之变，曹钦五丑作孽，幸怀宁伯一扫妖尘，玉烛重辉，虽圣祖神宗威灵炫赫，而酿此之祸犹必有由。臣伏思之，前御史申祐烈加嵇侍中，而报不及一断臂女子；国祀无闻，乡祀无闻，里中不尝一豆，荫袭忘其裔叶，此其故臣甚怜焉！良以祐远在天末，子孙望金阙高于天阙，当路不为阐幽耳！昔梁公灭淫祀，独存忠孝廉节四祠，使申祐先梁而生，亦必在所深恤。恳乞敕下各道有司，籍其事实条奏，使大典无残缺，而追封谥荫如吴瑾、孙镗诸臣，俾世风有激劝而忠英亦与效灵，臣议至公，固不为一御史鸣也。"报闻，乃建祠乡里，而谥荫仍未议行。万历中，其邑子萧重望剑斗巡按宣大，见土木堡忠臣庙尚无申侍御木主，复疏请补庙祀谥恤。皆报可，而施行之议未详。田秋西麓、敖宗庆梅坡为侍御作《记》《传》尚在剑斗前，敖《传》称"忠节申公"，不知忠节是品目抑是先有谥。旧记阙略，莫能明也。《明史·王佐传》附天锡事不备，故摭敖《传》钩稽详之。所著惟（唯）存未通籍时《挽李长官》一诗，亦足以传矣。天锡之将乡举也，其乡东北三十里之茳边塘上有三雁来止。天锡寻与同乡邹庆以正统戊午领荐，后庆子奭又以成化戊子举，县有科名自申、邹始，人以三雁为兆祥，犹呼其地来雁塘。庆官镇南知州，升姚安知府，有惠政，治行称最。今思南府、婺川县皆有申公祠，祠各有奉祀生一名。载《学政全书》。

……

敖宗庆梅坡《侍御忠节申公祐传论》：也先之寇，鼎命中沦，乘舆草莽，公甘犯纪信之火，帝因还朔漠之辕，泣二祖三宗之灵，完致身事君之节也。今塞上翁犹道公之姓字，悲哽不能言也。愚以伯颜今既送上南还，昔何拥驾北去？果设饯帝之筵，则扈从之十七臣真伪判若黑白，不待辨而自明。伤心哉！王直之顿足，李侃之洒泣，井源之一抔土，于谦之二字狱，公道安在哉？公之死难不书，无足怪也，彼其不敢有须之王佑、滥升之陈循、冒赏之王诚何颜见公于地下乎？九泉之骨可起，吾将以是问而辱之。呜呼！怨结黄云，冤迷紫塞，南风绝唱，西陆可悲。噫嘻！冒爪牙以活天亲，撄逆鳞以拯师难，诳犬羊以图复辟，三烈全备，千古罕闻，古谓求忠臣于孝子之门，公诚不愧斯语矣！

萧重望剑斗题奏《缺漏申侍御土木堡忠臣庙名位疏》：为立阐幽忠，乞恳天恩，俯从舆论，敕赐入祠，表扬忠孝，以鼓天下贤豪人心，以励万世地方风俗事。臣代巡宣大等处地方，密访风俗舆论，首及忠臣孝子义夫节妇贞烈诸辈、贤良等臣，拔擢其一，以为国家巡方得人庆幸。臣遍查屡访，无一可得，忠愤之怀，时勤诸念，转思荐扬举核之典，朝廷总以风励人心，人才难得，自古记之。顷者巡历土木堡见忠臣庙，忠愤之念勃勃欲发，竭诚诣祠展拜，亲目牌位姓名，系正统时死难之臣，独未见申侍御忠臣牌位，目击心伤，寸肠碎裂万断已。何也？申侍御黔人也，名祐，原任巡按四川监察御史，其死节实迹，臣亦黔人，稔知最详，即他无所论，叨蒙景帝敕命一道旌忠，真为的据。其节有三，臣请为陛下言之：祐在童时居乡，随父之田，虎忽爪父去，佑执杖击虎，脱父命于虎口，事亲之难其一。及乡试入胄监，国学祭酒李时勉以言事忤旨枷示国子监门，祐倡六馆诸生石大用等挝鼓愿以身代师难，上霁天威得释，事师之难其二。迨至土木之役，王振惑帝亲征，两军对垒，危亡旦夕，上命群臣中选有与朕貌相合者，不妨代朕乘舆，庶朕脱难。众推申侍御貌与君貌若相似，即命以身代天躬乘銮远驭，保帝驾以全归，事君之难其三。嗟嗟！銮舆反正，宗社宁谧，圣子神孙所以晏安坐享太平全盛之业者，伊谁之力也哉？奈何天顺改元登极，竟忘代驾之命，《通纪》不挂一字，谥与荫典不及一言。而土木堡忠臣庙渺焉无闻，公道湮没之后，人臣亦何乐于以忠自见者？景皇帝即位，尚悯孤忠之死难，深怜塞草之凄怆，宠赐祐以敕命，连荫二子申琏、申瓒恩荣，第缘兵荒未袭，迄今终属缺典。正统时同死事诸臣百千其人，但无亲识在朝，子弟在职，当国步多艰之际，倥偬丧乱之秋，谁能启聪牖明，代为悉晰也者。申祐远在天末，非景帝赐以没后龙章，即臣抱愤缕悉代诉，终为虚旷。虽然，忠贞湮没，士类隐迹，塞外幽魂，含沙饮恨，野史庙食，笔削罔闻。臣谓此臣，功难堪已，如申祐者，宜载《皇明通纪》。英国公张辅、尚书邝野等十四位以上，不惟（唯）今人中少此子臣弟友之完人，即三代前，克敦在三者，亦罕见此。臣随据会试举人申承文呈称，先祖故宦申祐有功英庙，抱恨沙漠。良以焦头烂额为上客意也，臣行牌委怀隆兵备道孙布政并土木堡操守王懋德及儒学陈所学暨诸生、乡耆等，有传闻识记者确查回报，覆案屡访细查，与臣里闬纪（记）载者吻合无差。再阅礼部尚书程敏政议草《为申侍御代驾死难苦忠扼腕不平疏稿》，可见公道恒在人心，天理不容泯灭。伏乞陛下敕宣圣旨，将申忠臣补入庙祀，请加谥以光幽穸，荫及子孙以隆恩典，我皇上培八百年有道之长，享千万世无疆之福，存此盛举矣！谨疏。奉圣旨：忠臣申祐代驾死节，忠孝名臣实迹有据，本当优恤，速令入祠享祀，谥荫着礼部酌议来说。

2. 申祐诗

《黔诗纪略》卷一

从舅李公挽诗

章奴未授首，葛野复枭张。出没乌铜间，煽动楚蜀疆。颇闻萧将军，剿抚亦有方。新堡筑已伙，群蛮尚狓猖。镇溪与箪坪，缓肆急走藏。诸军怯险阻，先入谁肯尝。桓桓我李舅，选锋不可当。匹马进孤军，铁甲驰琅琅。杀贼已不少，我武稍能扬。外援无一来，贼至如堵墙。贼厚我力单，畏贼非公肠。堂堂思南李，致命复何商。忆昔接公论，意气慨以慷。洒血润原草，倾身抵剑铓。男儿贵取义，苟活安足芳。公今得死所，里闬亦有光。总镇复聚师，分途戒戎行。愿公助灵威，早晚断贼吭。

（五）黄绂

黄绂传记资料

《明史》卷一百八十五

黄绂，字用章，其先封丘人。曾祖徙平越，遂家焉。绂登正统十三年进士，除行人，历南京刑部郎中。性刚廉，人目之曰“硬黄”。大猾谭千户者，占民芦场，莫敢问，绂夺还之民。成化九年（1473）迁四川左参议。久之，进左参政。按部崇庆，旋风起舆前，不得行。绂曰：“此必有冤，吾当为理。”风遂散。至州，祷城隍神，梦若有言州西寺者。寺去州四十里，倚山为巢，后临巨塘，僧夜杀人沉之塘下，分其赀。且多藏妇女于窟中。绂发吏兵围之，穷诘，得其状，诛僧毁其寺。仓吏倚皇亲干没官粮巨万，绂追论如法，威行部中。历四川、湖广左右布政使。奏闭建昌银矿。两京工兴，湖广当输银二万，例征之民，绂以库羡充之。荆王奏徙先垄，绂恐为民扰，执不可。

二十二年擢右副都御史，巡抚延绥。劾参将郭镛，都指挥郑印、李铎、王琮等抵罪，计捕奸豪张纲。申军令，增置墩堡，边政一新。出见士卒妻衣不蔽体，叹曰："健儿家贫至是，何面目临其上。"亟豫给三月饷，亲为拊循。会有诏毁庵寺，绂因尽汰诸尼，以给壮士无妻者。及绂去，多携子女拜送于道。

弘治三年（1490）拜南京户部尚书。言官以绂进颇骤，频有言。帝不听，就改左都御史，焚差历簿于庭曰："事贵得人耳，资劳久近，岂立官意哉。"

绂历官四十余年，性卞急，不能容物。然操履洁白，所至有建树。六年乞休，未行卒。

《正统十三年进士登科录》

黄绂，贯贵州都司平越卫，军籍。卫学军生。治《春秋》。字用章，行二，年二十六，九月初一日生。曾祖豫。祖秀。父中。母张氏。具庆下。兄吉。弟绶。未娶。云南乡试第五名，会试第三十六名。

《国朝历科题名碑录初集·明正统十三年进士题名碑录》

黄绂，贵州都司平越卫，军籍。

《皇明进士登科考》卷五

黄绂，贵州平越县人。

《皇明贡举考》卷四

黄绂，贵州平越卫。

《明实录·孝宗实录》卷七十九

致仕南京都察院左都御史黄绂卒。绂，字用章，河南封丘县人。正统十三年（1448）进士，授行人。升南京刑部员外郎，进郎中。成化九年，升四川布政司左参议，督松潘粮饷，兼理兵备。十四年，转本司左参政。历升湖广左布政使。二十二年，迁右副都御史，巡抚延绥……弘治三年（1490），起升南京户部尚书。四年，改南京都察院左都御史，掌院事。六年，疏请致仕，许乘传归，未行而卒。

《万姓统谱》卷四十七

黄绂，字用章，封丘人。正统进士，授行人，升南京刑部主事，累升南京户部尚书，改都察院左都御史。

《类姓登科考》七阳

黄彦俊，浙江黄岩县人，正统丙辰二甲……黄溥，江西弋阳县人，戊辰二甲……黄绂，贵州平越卫人，三甲，南京户部尚书，改左都御史。

弘治《贵州图经新志》卷十二

黄绂，本卫人，梗直方正。由进士累官布政使，转都御史，升南京户部尚书。

黄绂，正统十一年（1446）举人，十二年进士①。

嘉靖《贵州通志》卷八

尚书坊，在城南外，为尚书黄绂建。

嘉靖《贵州通志》卷九

黄绂，立身正大，历官至布政使，转都御史，升南京户部尚书。见崇祀省学乡贤祠。

康熙《贵州通志》卷十六

黄绂，平越人，官右都御史，前②南京户部尚书。

黄绂，平越人，第五名，戊辰进士。

康熙《贵州通志》卷十八

黄绂，字用章，郡人，正统丁卯中云南乡试，戊辰成进士。除行人，累官户部尚书，改左都御史，性廉峻正直，为郎时人呼为“硬黄”。参政崇庆时，旋风拥舆不得行。齐祷于神，梦若有言州西寺者，往围捕之，尽得其淫，杀诸奸慝，置之法。晋楚右布政，会僧继晓来，势焰薰灼。绂废其将遁，檄武昌府，以计款之，俄事败槛送伏诛。晋副都御史巡抚绥延，偶行部见川中饮马妇片布遮下体，大惭俯首叹息曰：“我为巡抚，令健儿家贫至此，何面目临其上。”亟令预出三月饷，军中皆感泣。有诏毁庵寺，绂汰尼配军中壮无妻者。入掌户部，尽革财赋积弊，改左都，天下想望丰采。自以戆直虑触祸，请老去，未几，卒，年七十有一。

---

① 弘治《贵州图经新志》记载其中式时间与他书有异。

② 乾隆《贵州通志》四库全书本无“前”字。

嘉庆《大清一统志》卷五百一十二

黄绂，字用章，其先封丘人。曾祖成平越，遂家焉。绂由正统戊辰进士，历南京刑部郎中，为人刚廉，遇事飚发，时人呼为“硬黄”。成化中，出为四川参议，历湖广布政使、延绥巡抚，所至有建树。弘治中，拜南京户部尚书，改左都御史。正身率属，操履洁白，时望甚重。

民国《贵州通志》引《黔风旧闻录》

尚书后裔寄籍吴中，无从访求，遗书仅《飞泉》四篇，高古浑健，足追汉魏。

《黔诗纪略》卷二

平生所著奏议诗文悉焚不留，惟（唯）见方志载《平越卫学》一记、《飞泉》、《月山》等五诗而已。公为有明贵州名臣之冠，劲节清风，沾丐闾里，诗文本不足言，然而零篇小咏亦自当行，片羽吉光弥增擎宝矣。晚岁好道，自号精一道人、蟾阳子，复有《参同契注》，未见。

民国《贵州通志·人物志》引李梦阳《空同集》卷五十八

李梦阳《尚书黄公传》：尚书黄公者，封丘人也，名绂，字用章，其先洛人，高祖克让始徙封邱。克让生思豫，思豫生秀，秀生中，中生黄公。初，高皇帝兵起，思豫掌太常事，以罪编氓沅州，已又军平越卫，于是平越、沅州、封丘、洛皆有黄氏；乃后秀商金陵死，中收其资商重庆，娶于张，生公重庆，于是重庆亦有黄。公生之夜，梦老人抱婴儿曰：“送蹇尚书为汝子。”长依舅张宗琦，宗琦为麻城学职，从如麻城，归如平越，补卫学生。正统丁卯，以《春秋》中云南乡试第五。明年，登进士第，除行人，升南京刑部员外郎、郎中，出为四川参议、参政，进右使转湖广左使，升右副都御史巡抚延绥，进南京户部尚书，改左都御史，尚书仍旧。黄公廉峻直执，遇事飙发，正色山立，即重忤时贵弗恤，智巧所避，公毅然肩之，人率窃笑其呆，然亦以是获名。郎中时，人业以“硬黄”目之矣。部堂尝缺官，公署堂印，诸僚事之即犹堂官也，亦才识超之之故。谭千户者，大猾也，善欢显贵人，尝夺民芦场，显贵人无敢为民直者，公直之，竟归之民。为参议督松茂诸仓，兼备其兵，厘革宿弊，擒豪恶数百人，举劾将官各当，边赖以宁。参政如崇庆，旋风拥舆不得行，公曰：汝冤气耶？姑散，予图之。至州斋沐祷梦，翌日清其囚无验，乃祷诸城隍，夜果梦若有神言州西寺云，寺去州四十里，边路而巢山。公且起率州官吏兵往诣寺围捕之，有僧少而恶，诘之无牒，便醋垩涂其额，晒洗之则有巾痕，乃鞠讯之，遂尽暴其奸慝，云寺后有巨塘，凡投宿人则杀之沉塘中，众分其财，有妻女则分其妻女。又攒典李节阳，王亲也，侵盗官粮巨万数，王为之窟，公按之悉如法。公虽钱谷司，然善摘发奸伏，以是威行境中，尝道川东，青神令望风解印绶走。为右使，奏闭建昌银矿，许之。大盗周主簿者，哨众抄掠，檄公平之。公谓盗起于烦苛，宜少宽养，而阉官以方贡横敛，公抗不从，阉挤移近省，升左使。时两京工兴，征银二万，例派民，公以库积余充。又势豪马快船债万，坐逼索；又荆王奏徙坟冢，公悉不从，省费巨万；又计锢僧继晓，于是威惠大行。继晓之来也，势焰灼人，公私谓诸公曰："晓以妖术媚上，遂好眠食，其今避而返乡，名扫墓，而实逃生耳。"乃令武昌府锢之后堂，阳尊礼之，居无几，晓果败，槛送京斩之西市。公在蜀尝忤阁臣万安，衔之，三年六推咸抑，公知之乃亦连数乞罢，凡三上，已乃有巡抚延绥之命者，劾参将郭镛，都指挥郑印、李铎、王琮，葭州史知州等，又计捕豪奸张纲。乃于是拔才能，察幽隐，问疾苦，饬废坠；于是申号令，修器械，严警逻，节候望，边政为新。公见饮马妇片布遮其下体，乃悲以惭曰："嗟乎！士之贫至此极，乃驱之战守耶？"于是令预支米三月。会诏毁庵寺，公使汰尼解军门给配鳏士，人人大欢悦，无不愿为公死者。及公去，尼有携子女拜送路旁者云。公既官六曹，益无所顾避，威棱截然，特旨改掌宪院，天下方仰望风采。公自以历侍五朝，中外凡五十年，戆直崖异，忤人获名，伏祸难测，又盛满宜戒，乃引老恳乞骸骨，居无何疾作竟不起，年七十有一。所为奏议及政迹并所著文诗悉去不留，晚嗜《参同契》，号精一道人、蟾阳子，有注本独存。国制：文极于六曹，尚书官之北斗。天造不论夏蹇经纶悃愊，太宗北征，全国是属三杨，公亮寅协熙绩台省，坐臻太平，君佚臣劳，所谓代天之相。英庙之遇文达略似马周，吁俞一德，密画显断，万几精核，局体一变。成化间忠良外植，三原、河州、单县、封丘，巍然辈出，居则岳屹，动则雷击；大事斧断，小事海畜；帷幄佞幸，请剑必殛，使见之者畏，闻之者慑，斯其人生死富贵足动之哉？然较之天顺以前则殊矣，时与位不同邪？委任权力殊邪？弘治中，华容、洪洞、钧阳、灵宝、阳曲、卢氏、金陵、安福，咸称名卿，然志存纳约，行在精审，苟济其事，小枉安焉，局体又变矣。虽形迹罔暴，义遵矫直，亦运数然欤？自言路志伸，毁誉进黜，气焰满盛，公卿敛逊，正德以来遂靡靡难观，亦诸人甘宠饰誉，稍有嘉美便立祠树碑，要歌征颂，镂板镌石，惟（唯）恐不流今信后也。此意既横，机巧自生，工言论，务弥缝，斯又一变。然黄公为左都，则严甄御史，量能委之，火其差簿于庭曰："事贵得人耳，资劳久近，岂立官者意哉？"当是时言官能毁之黜否邪？斯为政在人邪？抑时不同邪？公焚奏草，自泯其嘉美，视汲汲流今而信后者又何如焉？江浙食盐钱钞，民苦包揽掊勒呻吟，公为尚书，力条其折征银状以闻，至今行之便，此其事比之汲汲流今信后者，得与失不较然白哉？公年二十六举进士，始室，孙郎中镛女也，生子楫、霖、彬，封宜人，赠夫人；继室鲁卫镇抚宣姊，生子杞、桓，封夫人，盖终其身无妾婢云。彬工部司务、桓光禄寺署正，公卒之日，皇帝惊悼，遣祭、敕有司营葬，墓在长葛县马陵冈。

民国《贵州通志·人物志》引郑晓《吾学篇》

郑晓《都御史黄公传》：公名绂，字用章，封丘人。曾祖思豫，事孝陵掌太常事，以罪编氓沅州，又徙戍平越，公以故为平越诸生，举云南正统十三年进士、行人。历南刑部郎中，廉直遇事飚发，即重忤时贵不恤，必欲行己意，人或笑黄郎中呆，公正色抗言不移沮，亦竟以是得名。谭千户者，大猾任侠，结欢贵显人，尝夺民芦场万亩，贵显人业与谭千户酒食往来，即知民枉，不能直，公竟尽法直芦场归民。历四川参议、参政、右布政使数年，初督松茂军饷，劾治将领侵冒，擒诸倚势豪肆边上者。参政过崇庆，忽旋风起舆前，拥不得行，公曰："即有冤且散，吾为若理。"风遂止。抵州沐而祷城隍，梦中若有神言州西寺云，公密访州西四十里有寺，当孔道，倚山为巢。公旦起率吏兵急抵寺，尽系诸僧，诸僧中一人少而壮，甚恶，诘之无词牒，即涂醋垩额上晒洗之，隐有巾痕，公曰是盗也。即讯诸僧，诸僧不能隐，尽得其奸状。盖寺西有巨塘，夜杀投宿人沉塘中，众共分其囊负，有妻女则又分其妻女，匿妻女隐窖中，恣淫毒久矣！公尽按律杀僧，毁其寺。仓吏倚王亲侵没官粮万计，王曲庇仓吏，公竟按如法。公为钱谷吏精律比，辄能发摘奸伏，威行川中，青神令闻风解绶走去。右使时奏闭建昌矿。左使湖广，妖僧继晓至，势熏人，公曰："继晓以妖术故不离上左右，今且得罪避出，名扫墓，实逸贼。"檄武昌府馆之后堂，好饮食，无令得出入，俄事败，槛送京伏诛。副都御史巡抚延绥，劾参将郭镛等，擒豪奸张纲。公行道望见川中饮马妇片布遮下体，大惭，俯首叹息曰："我为巡抚，令健儿家贫至此，何面目坐临其上。"亟令豫出饷三月。边健儿素贫苦，延绥特甚，大臣巡抚者辄厚自奉，健儿虽冻饿死不问，延绥人又素忠朴，至死无怨言，闻公惭叹，军中人人感泣，愿出死力为黄都堂一战虏，虏亦不至。俄有诏毁庵寺，公令汰尼尽转军门，给配军中壮无妻者。比公去延绥，有携子女拜道旁送者。已为尚书户部，益不屑顾忌，威棱截然，尽革财赋内外诸积弊。改左都御史入台，天下仰望风采。公戆直崖异忤人，自恐伏祸不可测，请老去，未几卒。

万历《黔记》卷四十四

黄绂，字用章。其先封丘人，后占戍籍平越。父中商重庆，娶于张，生公。公生之夕，母梦老人抱儿曰："送蹇尚书为尔子。"长归平越，补卫学生。正统丁卯中云南乡试，明年成进士，除行人。积官右副都御史巡抚延绥，进南户部尚书，改右都御史，尚书如故。公廉峻直执，遇事飙发，正色山立。即重忤时贵弗恤，智巧所避，公毅然肩之。人率窃叹其呆，然亦以是获名郎中，时人以“硬黄”目之。

参政四川之崇庆，旋风拥舆不得行。公曰：“汝冤气邪？姑散，予图之。”至州，斋沐祷梦，翼日清囚无验，乃祷诸城隍。夜梦若有神言州西寺者，寺去州四十里，边路而巢山。公旦起，率州官吏兵往诣寺，围捕之。有僧少而恶，诘之无牒，便错垩涂其额，晒洗之，则有巾痕。乃鞫讯之，遂尽暴其奸慝。云寺后有大塘，凡投宿人杀之沉塘中，众分其财。有妻女分其妻女。公按尽诛僧。

晋楚右布政，会僧继晓来，势焰灼人。公私谓僚友曰：“晓以妖术媚上，眠食共之，今避而返乡，名扫墓，实逸耳。”檄武昌府馆之后堂，好饮食，无令得出入。俄事败，槛送京师伏诛。

副都御史巡抚延绥，劾参将郭镛等，擒豪奸张纲。公行道，望见川中饮马妇片布遮下体，大惭。俯首叹息曰：“我为巡抚，令健儿家贫至此，何面目坐临其上。”亟令豫出饷三月。边健儿素贫苦，延绥特甚。大臣巡抚者辄厚自奉，健儿虽冻饿死不问。延绥人又素忠朴，至死无怨言。闻公惭叹，军中人人感泣，愿出死力为黄都堂一战虏，虏亦不至。俄有诏撤毁庵寺，公令汰尼尽转给配军中壮无妻者。比公去，延绥有携子女拜道旁送者。

已，为尚书户部。益不屑顾忌，威棱截然，尽革财赋内外诸积弊。改右都御史。入台，天下仰望风采。公戆直，崖异忤人，自恐伏祸不可测。请老去，未几，卒。年七十有一。所为奏议及政迹并所著文诗悉弃不留。晚嗜《参同契》，号精一道人、蟾阳子，有注本独存。

玭衣生曰：予入平越，睹黄尚书绰楔。问公平生后胤，卫人莫能对。已，读《吾学编》《李崆峒集》，有《黄尚书传》，然后知公为硬黄也。公葬在长葛县马陵冈。则公老于中州，子孙仍为洛人。独其母墓仍在平越，公何不一迁葬邪？欧阳永叔迁颍州母墓在吉，即有泷江表，世犹议其薄。黄公归故乡，而令母魂滞徼外，予不知之矣。

二、明代宗景泰朝

（一）周瑛

1. 周瑛传记资料

《景泰五年进士登科录》

周瑛，贯贵州都司兴隆卫，官籍。卫学官生。治《春秋》。字廷润，行三，年二十六，九月十二日生。曾祖德诚。祖庸二。父政。母姜氏。具庆下。兄鉴，副千户；鐀。弟铭。娶谢氏。云南乡试第十二名，会试第八十七名。

《国朝历科题名碑录初集·明景泰五年进士题名碑录》

周瑛，贵州都司兴隆卫，官籍。

《皇明进士登科考》卷六

周瑛，贵州兴隆卫人。

《皇明贡举考》卷四

周瑛，贵州兴隆县。

《明实录·宪宗实录》卷二百四十九

辛酉，升……山西行太仆寺卿周瑛……俱右参政……瑛广东……

《明实录·宪宗实录》卷二百八十七

庚辰……升……广东右参政周瑛俱为右布政使……瑛广西……

《类姓登科考》十一尤

周瑛，山东峄人，甲戌二甲。

《明诗纪事》乙签卷十九

（周）瑛，字廷润，兴隆卫人。景泰甲戌进士，授刑部主事。历员外、郎中，出为临安知府，改衡州。擢太仆寺卿，复出为广西布政使。

嘉靖《贵州通志》卷六

周瑛，中甲戌科进士，历任广西右布政使。

嘉靖《贵州通志》卷八

方伯坊在城南门外，为布政周瑛建。

魁科坊在城中，为周瑛建。

进士坊在右街，为进士周瑛建。

嘉靖《贵州通志》卷九

周瑛，卫人。性疏敏，多才学。以进士任秋官主事，升员外郎，出知临安、衡州二郡，转太仆卿，参广东省政，升广西右布政。扬历中外，德政洋溢，已而引年。优游林泉，清节益励，尝出资修建卫学。所著有《兴隆卫志》二卷。

康熙《贵州通志》卷十六

周瑛，兴隆人，官布政使。

周瑛，兴隆人，第十二名，甲戌进士。

康熙《贵州通志》卷十八

周瑛，字廷润，兴隆人。笃志于学，从师于蜀之泸州，比再期归，登景泰甲戌进士。由部郎出知临安、衡州二郡，迁行太仆卿、广西右布政使，扬历中外，卓有声称。已而引年，优游林泉。多吟咏。尝出资修学，所著有《兴隆志》二卷，《草亭存稿》若干卷。御史丁养浩为序，子希默、希谦，孙竿、笈，曾孙良卿，皆举于乡。

弘治《贵州图经新志》卷十三

周瑛，字廷闰，兴隆卫人。性疏敏多才学，以进士任秋官主事，升员外郎。出知临安、衡州二郡，转太仆卿，参广东省政，升广西右布政，扬历中外，德政洋溢。已而引年，优游林泉，清节益励。尝出资修建卫学，所著有《兴隆卫志》二卷。

乾隆《贵州通志》卷二十八

周瑛，字廷闰，兴隆人，笃志于学，从师于蜀之泸州，比再期归，登景泰甲戌进士。由部郎出知临安、衡州二郡，迁行太仆卿、广西右布政使，扬历中外，卓有声称。已而引年，优游林泉。多咏吟。尝出资修学，所著有《兴隆志》二卷，《草亭存稿》若干卷。子希默、希谦，孙竿、笾，曾孙良卿，皆举于乡。

万历《黔记》卷四十六

周瑛，字廷润，兴隆卫人。其先自临川从戎征南，留守于兹。大父以武功授千户。公[1]补卫庠生，笃志于学，远从师于蜀之泸州。比再期归，登景泰甲戌进士。由刑部郎出知临安、衡州二郡，迁行太仆卿、广西右布政使。扬历中外久。已而引年，优游林泉，多[2]吟咏。尝出訾修卫学舍[3]，所著有《兴隆卫志》二卷，《草亭存稿》若干卷，御史丁养浩为序。子希默、希谦，孙竿、笾，曾孙良卿，举于乡者共五人。

玭衣生曰：予过兴隆，求周方伯《卫志》与草亭稿，已不可得。惟（唯）丁柱史养浩序存于前志，而万历志又不载。丁柱史谓公拔流俗之中，成宏博之学。然哉，然哉！

《黔诗纪略》卷二

（周）瑛，字廷润，兴隆卫人，少好学而苦无师，乃裹粮走蜀就学，居泸州二年，有所得归。举景泰元年（1450）乡试，五年成进士。由部郎出知临安、衡州二府。内擢行太仆寺卿。复出为广西右布政使。扬历中外，皆有声。引年归，优游林泉，啸咏自适。著有《草亭存稿》若干卷，已亡逸，仅见《方志》载诗十余首。当正景之际，沅头沅首，风雅渐兴，用章、草亭并能自造风格，惜传者太少，不尽所长。草亭又有《兴隆卫志》二卷，载《明史·艺文志》。

草亭之先庸二，本临川人，洪武中，从傅友德征南，留守兴隆，授千户。后征螃蟹苗，战死。二子彬、政皆幼。妻邓矢志抚孤，及彬子鉴为岁贡生，始白庸二死难状，授彬千户。鉴子希勋复战死盘江。草亭，政之子也。草亭之子希默，弘治二年（1489）举人，官知县；希谦十四年举，官教谕；孙竿正德八年（1513）举，官通判；笾十四年举，官知县；曾孙良卿嘉靖二十八年（1549）举，官学正。皆能传业无替其家。

仁和丁养浩《草亭类稿序》：文章与时上下，而又限于地理之不同。故时不能无古今，地不能无远近。游艺之士，生其时，处其地，囿其风气，习俗之不齐，则文章之美恶亦因之。此天下之通论也。惟（唯）豪杰之士则不然，虽曰生于今，后于古，播越于僻陋之域，而其志大，其气昌，其功精以勤，则其文章可

① （明）过庭训：《本朝分省人物考》作“瑛”。
② （明）过庭训：《本朝分省人物考》“多”前有“间”字。
③ （明）过庭训：《本朝分省人物考》“学”后无“舍”字。

以高视一世，与古之人不相上下。是故汉之去古为尚近，唐次之，宋又次之。然其时司马迁、韩、柳、欧、苏之数君子，或产于北，或产于南，已非三代之时之比，而苏氏之所产，又远且后，若以古今人论，宜其沦胥以陷而不能自拔也。久矣。数君子者乃能奋发淬厉，追古之豪杰而友之，其文与诗皆可与古之豪杰并。若马迁之文，舍《六经》、诸子无与为比；韩之文近于马；欧之文师于韩；而柳与苏则视韩、欧在师友间，皆不可以优劣辨。由此言之，谓后世无文章，边鄙无豪杰，可乎？

弘治乙卯，余奉命巡按贵州，首以学校为务，思得豪杰之士，宾而礼之，以为之倡，求之缙绅之间，得一人焉，曰周君廷润。君兴隆卫人，名瑛。先世文祖自江右来，从戎于兹。君少补卫学生，能笃志于学，以不能得良师友，则游学于蜀之泸州。比再期归，领景泰庚午乡荐。登甲戌进士第。授秋官属，历官广西右布政使。致仕归，且十年。年老矣，而好学之志不衰。取其平日所为诗文，自始仕以至于今，凡四十余年，总若干篇首，手自校录，萃而成编，命之曰《草亭类稿》以示于余，而求为之序，且曰："瑛之心非敢以古人自期，直不欲自弃于僻陋之域，以与庸众之人等耳！"噫！君其可嘉也哉？余闻之贵州之地，三代以前无有也，我国朝洪武、永乐间，创立省治，建学立师以风化斯土。盖自邃古以来皆弃不录，而今乃以中国之治治之，可谓遭逢其时。而游艺之士，乃往往狃于风气之偏、习俗之陋，不知儒业为何物，视诗与文忽焉若不与其事。君所遭与众人同，所居与众人同，而所志特与众人异，用能自拔于流俗之中以成宏博之学，作为诗文，既富且赡，而又众体具备，可谓得古人之用心矣。呜呼！君诚可嘉矣哉！

《黔风旧闻录》云："草亭诗，清质古雅，称其为人。"

2. 周瑛诗文

嘉靖《贵州通志》卷八

郡人布政周瑛《南楼春晓》诗：

百尺危楼倚碧霄，登临佳景值春朝。桃花点点飞红雨，柳树依依锁画桥。一水护田烟浪绕，四山耸翠雪痕消。远听牧笛兼渔唱，尽是康衢击壤谣。

嘉靖《贵州通志》卷十一

百年难得好怀开，野酌山歌傍将台。村落无期留客醉，管弦有意送春来。雪消波影侵诗幕，云破山光落酒杯。今日四郊无战垒，可追周雅赋台莱。

青山城郭静，白日文书稀。百拜谢君恩，臣职此其宜。

一点孤灯百感生，萧萧风雨满山城。西窗好谢芭蕉叶，莫作羁人枕上声。

游西峡山

经岁不寻西峡舟，与君偶复作清游。山含细雨衣全湿，水泛青天身若浮。人世几番尘土梦，亲闱万里鬓毛秋。短蓬未许全收拾，更有烟波闽海头。

《黔诗纪略》卷二

独啸亭

一年卧衡门，复领楚南牧。此行谁使之？应不为斗粟。和衷乏僚采，供令少徒仆。讼庭日无事，何必修边幅。每当风日佳，散步自扪腹。仰天舒郁襟，大块苦局促。正声发唇齿，余响振林木。浮云敛太清，长风动虚谷。虽未谐宫商，犹堪拟丝竹。原非不平鸣，只用矫庸俗。新亭已结构，徙倚一寓目。燕雀莫惊猜，吾将逐黄鹄。

题飞泉四首

下马碧山阿，散坐清溪滨。遐观千古上，地下人已陈。引手弄清湲，与君怀抱均。安能被炎汗，日与簿书亲。

北山深窈窕，远接渔樵踪。中有寒泉水，如奏峄阳桐。洒雨映疏竹，随风鸣长松。坐久人迹绝，孤云起前峰。

杜甫爱西瀼，渊明登东皋。而我有高兴，石面觏飞涛。平生得丧心，对此轻秋毫。不谓宣尼远，白日坐闻韶。

飞泉落深潭，波澜方涣涣。中有得意鱼，往来或聚散。衔杯意方适，忽尔接奇玩。解组嗟未能，临川发长叹。

嘉靖《贵州通志》卷十一

题高处士梅轩

娄溪昼无车马喧，静爱寒梅绕素轩。风送暗香来几席，月移清影到琴樽。花如东阁时裁句，人似西湖昼掩门。应是江南宜岁晚，先春和气发乾坤。

送滇南贡士王铨之京

桂花香散值中秋，喜送仙郎上帝州。金马山青朝雨歇，碧鸡峰翠暮云收。九重凤阙瞻霄汉，三尺龙泉射斗牛。圣主求贤应若渴，鹏程万里莫淹留。

嘉靖《贵州通志》卷十二

建儒学碑记

圣人之道载诸六经，垂宪万世。故大成之殿自京师暨天下，无处不建。二丁之祭，自天子至郡邑守长，通得祀而遍天下，韩子岂欺我哉？粤稽古兴隆在荒服外，乃鬼方龙洞之域，肆我太祖高皇帝奄有天下，四夷咸宾。洪武己巳，防置卫，而人始知耕守之事。

永乐癸巳，防于贵州置藩臬司，设郡县，建学校，而人始知《诗》《书》之习。宣德甲寅，防于各卫建学，兴隆始有焉。

初设弟子，未有博士，择通教诲者领之。正统癸亥，首除训导江津余师珍来教于兹。景泰庚午，得破天荒，登科者柳子。谓仲尼之道与王化远迩，岂诬也哉？惜乎丁祭止于释菜。

成化戊子，巡按御史许州王公埙谒庙，知祀礼薄，乃劝富家，得白金一十两，具案发学，权其子母，岁以致祭。始得羊一、豕一，定斤重醴帛之类皆具端数，公之知能急先务矣。岁乙巳，分巡佥事淳安吴公倬克绍其美，乃以区画白金九十两具簿发学，置本取息，虽名师生灯油之资，考试科举之费，遇祭有不给，能忍吝不以助乎？公之知有在矣。

弘治戊申秋八月，巡按御史桂林包公裕下车，适逢丁祭行礼毕。喟然曰："夫子，万代帝王之师，祭不腆可乎？"询得城内东北隅，隙地平旷，可以垦田，遂允视篆指挥同知狄俊申状，僦工役，辟土壤，治田四大丘，度七亩，召力田耕。岁获禾百秤，足舂白粲十五石有奇，永供祀事。公之知兼二公而有矣。

庚戌春二月丁亥，职方主事麻城李公文祥，谪官经历，摄学事。先期治事，具羊二、豕六，粢盛醴币，笾豆簠簋，新增十二事，遵宪宗成命也。祭之日，诸执事周旋中礼，诸献官北面跪祭，进退诚敬，礼如亲弟子者。孔子巍然衮冕，南面而坐，以王者当之，群贤以爵配享。其礼蔑以尚矣。圜桥门而观者叹羡，百年来仅见此耳！在泮诸生，慕圣人在天之灵，感诸公作兴之雅，请余记。

於戏！圣道同天地悠久，唯纲常而已。朝廷重祭祀，所以重圣道，所以重纲常也。为师者知所以教，为弟子者知所以学。事君必忠，事亲必孝，夫妇别，长幼序，朋友信，伦理明，风俗厚。庶副圣天子崇儒重道、养贤图治之盛心也。若或吝于用而忽于祀，不唯盭诸公之德，而违圣道之大，不亦远乎哉！故为作记，刻石于庙门，垂休于不泯。

（二）易贵

1. 易贵传记资料

《景泰五年会试录》

易贵，贵州贵竹长官司人，监生，《诗》。

《景泰五年进士登科录》

易贵，贯贵州，贵州宣慰使司贵竹长官司，民籍。国子生。治《诗经》。字天爵，行一，年三十六，三月十二日生。曾祖宗立。祖志祥。父楚诚。母胡氏。具庆下。弟端。娶罗氏。云南乡试第三名，会试第三百四十四名。

《皇明吉安进士录》

易贵，知府。吉水。

《国朝历科题名碑录初集·明景泰五年进士题名碑录》

易贵，贵州贵州宣慰使司贵竹长官司，民籍。

《皇明进士登科考》卷六

易贵，贵州宣慰司人。

《皇明贡举考》卷四

易贵，贵州贵竹长官司。

《礼部志稿》卷四十三

易贵，天爵，贵州长官司人，景泰五年（1454）进士。

《类姓登科考》十一陌

（易）贵，贵州贵竹长官司人，景泰甲戌二甲。

《明诗纪事》乙签卷一百一十九

易贵 贵字天爵，贵竹长官司人。景泰甲戌进士，官辰州知府。

光绪《吉水县志》卷二十八

易贵，知府。

弘治《贵州图经新志》卷三

易贵，字天爵，宣慰司人。性通朗刚正，淹该载籍，为文善序事。登景泰甲戌进士第五人，筮仕职方主事，两奉使命，升礼部郎中。出知辰州府，崇学校，恤民隐，遇事明而能断，不怵于势利，有古循良风。归田，杜门校书十余年而卒。所作有《竹泉文集》十五卷、《诗经直指》一卷、《葬书》一卷。

易贵，宣慰司人，正统十二年（1447）举人，景泰五年（1454）进士，仕兵部主事，转礼部郎中，升湖广辰州府知府。

嘉靖《贵州通志》卷二

点易崖在治城北三里许，易贵曾校《易》于此，故名。

嘉靖《贵州通志》卷六

易贵，中景泰甲戌科进士。历任湖广辰州府知府。

嘉靖《贵州通志》卷八

万卷楼在治城北，郡人易贵建以藏书。

嘉靖《贵州通志》卷九

易贵，幼聪悟出群，长而性通朗刚正，淹该载籍，为文善序事。筮仕于官①，崇学校，恤民隐，遇事明而能断，不怵于势利，有古循良风。归田，杜门校书十余年而卒。所著有《竹泉文集》十五卷、《诗经直指》十五卷。

万历《黔记》卷四十六

易贵，字天爵，宣慰司籍，吉水人。景泰甲戌进士，廷试二甲第二。贵幼聪悟出群，长通朗刚正，淹贯载籍。宦辙所至，崇学校，恤民憾。遇事明而能断，不怵于势利，有古循良风。历官辰州府知府。创礼仪，治乐器，士始知古道。归田杜门校书十余年，卒。所著有《竹泉文集》十五卷，《诗经直指》十五卷。

玭衣生曰：予读《吉安进士录》，知公为吾吉人。读《楚纪》，知公知辰州有善政。予同年许柱史子恒，公弥甥也。道公生平，娓娓不绝口。公博极群书，城北故有万卷楼，公藏书处，久不粪除，予甚伤之。柱史兄弟三人皆起家诗书，岂公所藏者不于其子孙，于其甥邪？

康熙《贵州通志》卷十六

易贵，贵阳人，官知府。

易贵，贵阳人，第三名，甲戌进士。

康熙《贵州通志》卷十八

易贵，字天爵，宣慰司人，景泰甲戌进士，廷试二甲第二。贵赋性刚正，积学淹通，宦辙所至，崇学校，恤民隐，遇事明而能断，不怵于势利，有古循良风。历官辰州府知府，创礼仪制乐器，始知古道。致仕归，闭门校书十余年，卒。著有《竹泉文集》《诗经直指》诸书。

---

① 万历《贵州通志》无“为文善序事。筮仕于官”九个字，且“籍”后有“宦辙所至”四个字。

嘉庆《大清一统志》卷五百

易贵，字天爵，宣慰司人，景泰中进士，性刚正。历官辰州府知府，有古循吏风。致仕归，闭户校书十余年，卒。

《黔诗纪略》卷二

（易）贵，字天爵，贵州宣慰之贵竹长官司人，其先来自吉水，正统十二年（1447）举人，景泰五年（1454）进士，廷试二甲第二。性刚正，学问淹通，历官州县，所至崇学校，恤民隐，遇事明断，不胁于势利。洊升辰州知府，创制礼乐器，录士大夫冠婚丧祭乡相见之礼，镌板学宫，令士人常习之，辰之人始知有礼乐。撰《辰阳志》若干卷，以老乞归，闭户著书十余年始卒。先生淹贯群经，尤长于《易》，尝构别业于贵阳北二里许，读《易》岩谷中，至今犹称点易岩。省、郡《志》载其著述但云有《群经直指》《竹泉文集》。考《明史·艺文志》“易贵《诗经直指》十五卷”，黄虞稷《千顷堂书目》：“易贵《竹泉文集》十五卷”，朱检讨彝尊《经义考》亦载：“易氏贵《诗经直指》，佚”，记长老言，易氏《易经直指》亦十五卷，今皆未见，其他《经》并卷数亦不可考矣。黔人著述见于史者，别集始于王教授，经说始于先生，并明一代，贵州文教鼻祖，其开创之功，不在道真、长通下。当遍访藏家求两先生著述与好事传之乃大快也。忆道光壬辰冬，友芝计偕经辰州，适修郡学正殿，先师、四配、十哲犹旧像设，校官诸生方检点贮器，散置庭庑间，闻余黔人，乃指圣贤像及最旧器相示曰，此君乡先生天爵易公遗也。又谓易公守辰，教士驭民一如家人父子，曲直往诉一言立决，案牍无留者，盖心先服之矣。有明辰阳守令循者殆无逾易公，辰人犹喜道其杖石以济被盗窭人，因以得盗一事，此特公小权数耳。噫！余三百年而循泽称道不衰，经术入人之深诚非一切之所能及也。辰阳留别诗蔼然儒言，安得《竹泉集》一尽其蕴耶。

民国《贵州通志·人物志》引吴讷《详刑要览》

易贵，成化间守辰州，有窭人担纸息寐路旁，觉失盗，诉于贵，即使人抬其处一石到府，杖之。拥入观者如市，闭门量罚入者，以资窭人。后诘曰，纸有识乎？曰：有识。数日后出公牍泛买诸纸，至，令各书名于上，乃召窭人认之，果得原纸，盗服罪。

2. 易贵诗文

《黔诗纪略》卷二

别辰阳士民

明时多良循，美化接州郡。惟（唯）予拙无如，窃守已逾分。喜兹士民好，敦朴肯我近。深惭教养疏，百一未能尽。引退缘避贤，遮留愧斑龀。人生有本业，努力勤自奋。诗书守儒术，名业可腾振。田畴勤力作，衣食天肯靳。我归亦无事，把卷一农畯。勉作尧舜民，常常记迂论。

嘉靖《贵州通志》卷二

柳塘夜月

北闽垒下绿杨池，兔魄当头景绝奇。寒浸蚌珠栖荇叶，光涵蟹鼓挂苔丝。贯渔影列波心叶，拂树阴沉水底枝。地下天边人度里，清期杂兴总相宜。

三、明英宗天顺朝

（一）陈迪

1. 陈迪传记资料

《天顺元年进士登科录》

陈迪，贯贵州赤水卫，军籍。卫学军生。治《书经》。字元吉，行二，年三十五，六月二十八日生。……云南乡试第十三名，会试第二百九十九名。

《国朝历科题名碑录初集·明天顺元年进士题名碑录》

陈迪，贵州赤水卫，军籍。

《皇明进士登科考》卷七

陈迪，贵州赤水县人。

《皇明贡举考》卷四

陈迪，贵州赤水卫。

嘉靖《贵州通志》卷六

陈迪，中天顺辛未进士，任监察御史。按：榜次误。

《类姓登科考》十一真

陈迪，贵州赤水卫人，二甲。

乾隆《贵州通志》卷三十八

陈迪，赤水人。天顺丁丑进士，历官御史……卒于官。

嘉靖《贵州通志》卷六

陈迪，中天顺辛未进士，任监察御史。

嘉靖《贵州通志》卷九

陈迪，任监察御史时[1]，侃侃立朝，弹劾不避权要。寻卒于官。

康熙《贵州通志》卷十六

陈迪，赤水人，官御史。

陈迪，赤水人，第十三名，丁丑进士。

康熙《贵州通志》卷十八

陈迪，赤水人，天顺丁丑进士，历官御史，正色立朝，为时倚重。卒于官。

乾隆《贵州通志》卷二十六

陈迪，赤水人，官御史。

陈迪，赤水人，天顺丁丑进士。历官御史，正色立朝，为时倚重。卒于官。

道光《大定府志》卷三十四

陈迪，赤水人，天顺元年（1457）进士。历官监察御史，正色立朝，为时所重，台中咸倚赖焉。久之，卒于官。

2. 陈迪文

嘉靖《贵州通志》卷十二

大成殿记

孔子为天下所通祀，韩文公处州庙碑论之至矣。贵州旧有大成殿，庳狭浅陋，固不足以揭虔妥灵。矧在闤阓之内，军民杂居。其所豢狗、猪、鹅、鸡，秽践于其庭。工作憩卧之人，袒裸侮慢于其室。春秋朔望，释奠展谒，一时汛扫，不过应故事，守朝典而已，有识者病焉。

洪武二十六年，颁印建官，开设贵州宣慰使司儒学，命名儒芒文缜为其正职，卜筑于城东北隅，辟址宏广，地势爽亢，后作讲堂，列为两庑。缭之以垣，植之以木，幽邃严肃，俗迹鲜至，视殿之基制，相去奚啻倍徙？虽曰事当有渐，然失所先后矣。

今年，贵州重造都指挥使司，使副金侯、汤侯与寮属共议，加伐材木，分以遗学，使立大成之殿于前虚，雕削藻饰，务尽观美。殿成，异圣人像崇奉于中，设陪祀位以斑于序，而致礼焉。

---

① 万历《黔记》作“历官御史”。

贵之父老惊叹感激，奔走相告，合辞谓迪曰："吾郡古南荒之域，前代只羁縻耳。今我太祖皇帝不夷待之，视与中国齿。既命文武重臣以抚之，复遣精能之师以教之，使吾民若厥后世囿于文治，其恩渥矣。侯之是举，具方域之仰瞻，扩前人之未逮。"

丐书之石，以传永久。忸缩谢曰："此何所，而置余踪耶？"固辞弗获，敬录所睹闻者，以纪岁月云。

（二）黎逊

黎逊传记资料

《天顺元年进士登科录》

黎逊，贯贵州宣慰司，民籍。国子生。治《春秋》。字希让，行二，年二十八，闰十二月二十一日生。……云南乡试第十六名，会试第五十九名。

《国朝历科题名碑录初集·明天顺元年进士题名碑录》

黎逊，贵州宣慰司，民籍。

《皇明进士登科考》卷七

黎逊，贵州宣慰司人。

《皇明贡举考》卷四

黎逊，贵州宣慰司。

《明实录·英宗实录》卷三百一十四

庚午……擢进士……黎逊……俱户部主事。

《类姓登科考》八齐

黎逊，贵州宣慰司人，三甲。

嘉靖《贵州通志》卷六

黎逊，中天顺丁丑科进士，历任湖广长沙府知府。

万历《贵州通志》卷四

黎逊，官至知府。

万历《黔记》卷二

三月，赐宣慰司黎逊、钟震，赤水陈迪、永宁彭果进士。

万历《黔记》卷三十

黎逊，宣慰司，丁丑进士。

康熙《贵州通志》卷十六

黎逊，贵阳人，第十六名，丁丑进士。

乾隆《贵州通志》卷二十六

黎逊，宣慰司人[1]，官知府。
黎逊，宣慰司人，丁丑进士。

（三）彭果

彭果传记资料

《天顺元年进士登科录》

彭果，贯四川永宁宣抚司，民籍。国子生。治《诗经》。字仕显，行一，年三十四，五月十三日生。……顺天府乡试第三名，会试第二百八十一名。

康熙《贵州通志》卷十六

彭果，永宁人，官工部郎中。
彭果，永宁人，中四川乡试。丁丑进士。

万历《黔记》卷二

三月，赐宣慰司黎逊、钟震，赤水陈迪，永宁彭果进士。

万历《黔记》卷三十

彭果，永宁司，中四川乡试，丁丑进士。

同治《庐陵县志》卷二十

彭果，水东人，四川籍工部郎中。

---

① 康熙《贵州通志》卷十六写作“贵阳人，第十六名，丁丑进士”。

同治《庐陵县志》卷二十九

彭果，水东人。与兄概、栗相励为学，时人称曰“河东三凤”。有欲败之者，牵微故以激其怒，将以挠之。果兄弟礼之益恭，坚让不与校。其人惭，往谢，卒为善邻。果登天顺丁丑进士。概、栗俱学于乡。栗得永安知州，能举其官，卒于官。

（四）钟震

1. 钟震传记资料

《天顺元年进士登科录》

钟震，贯直隶松江府华亭县，军籍。国子生。治《礼记》。字大声，行一，年三十一，十一月十六日生。……云南乡试第三十五名，会试第九十一名。

《国朝历科题名碑录初集·明天顺元年进士题名碑录》

钟震，直隶松江府华亭县，军籍。

《皇明进士登科考》卷七

钟震，直隶华亭县人。

《皇明贡举考》卷四

钟震，南直隶华亭县。

《类姓登科考》二冬

钟震，南直华亭人，天顺丁丑三甲。

正德《松江府志》卷二十六

（天顺）元年（1457）丁丑黎淳榜钟震，云南乡试。工部主事。

弘治《贵州图经新志》卷三

钟震，贵州前卫人，景泰元年（1450）举人，天顺元年（1457）进士，任工部主事。

嘉靖《贵州通志》卷六

钟震，贵州卫人，中天顺丁丑科进士，任工部主事。

万历《黔记》卷二

三月，赐宣慰司黎逊、钟震，赤水陈迪，永宁彭果进士。
钟震，贵州卫丁丑进士。

康熙《贵州通志》卷十六

钟震，贵阳人，官工部主事。

乾隆《贵州通志》卷二十六

钟震，宣慰司人，丁丑进士。
钟震，宣慰司人，官工部主事。

2. 钟震诗

嘉靖《贵州通志》卷二

草漫平原景物奇，溶溶玉液漾芳池。花香熏灼玻璃暖，恍若杨妃赐浴时。

（五）赵侃

1. 赵侃传记资料

《天顺八年进士登科录》

赵侃，贯直隶嘉定县人，贵州普定卫，官籍。国子生。治《诗经》。字至刚，行四，年四十，四月十四日生。曾祖文政。祖兴甫。父华。母董氏，继母朱氏。慈侍下。兄俊、杰、伟。弟份。娶林氏。云南乡试第二名，会试第三十名。

《国朝历科题名碑录初集·明天顺八年进士题名碑录》

赵侃，直隶苏州府嘉定县，民籍。

《皇明进士登科考》卷七

赵侃，贵州普定县籍，直隶嘉兴县人。

《皇明贡举考》卷四

赵侃，贵州普定卫。

《明实录·宪宗实录》卷二百一十五

通政使司右通政赵侃卒。侃，字至刚，贵州普定卫人。天顺甲申进士，授吏科给事中。迁都给事中。升右通政，清理军职诰命。侃起戎伍……故事，凡书名，先科道后部属，吏部以侃居孔昭次，上特点侃名用之……至是卒。

正德《姑苏志》卷六

赵侃，刑科给事中，通政。

按："刑科"当作"吏科"。

《类姓登科考》十七筱

赵熙，浙江临海县人，天顺丁丑甲……赵侃，贵州普定卫人，甲申二甲。

弘治《贵州图经新志》卷十四

赵侃，字至刚，普定卫人。登天顺甲申进士。忠谨鲠直，授吏科给事中，累升都给事，时政得失，军民利害，累形章疏，率见举行，升通政司右通政，兼掌五军诰命事，终于官，朝廷赐以谕祭。

赵侃，天顺三年（1459）举人，八年进士，任给事中，升右通政。

嘉靖《贵州通志》卷六

赵侃，中成化甲戌科进士，历任通政司右通政。

嘉靖《贵州通志》卷八

进士坊在卫城南，为进士赵侃建。

通政坊为赵侃建。

赵公墓，吏科都给事中赵侃，卓有廉名，寻升通政使。卒，赐葬于此，有谕祭。

嘉靖《贵州通志》卷九

赵侃，忠谨鲠直，授吏科给事中，升都给事。时政得失，军民利害，累形章疏，率见举行。升通政司通政，兼掌诰命事，终于官。朝廷赐以谕祭。

康熙《贵州通志》卷十六

赵侃，普定人，官左通政。

赵侃，普定人，第二名，甲申进士。

康熙《贵州通志》卷十八

赵侃，字至刚，普定卫人，天顺甲申进士。为吏科给事中，有优恤边军、时政人事进退不公等疏，皆痛切时弊。上皆嘉纳行之，升通政司右通政。卒于官，赐谕葬。

嘉庆《大清一统志》卷五百零一

赵侃，字至刚，普定卫人，天顺中进士，为吏科给事中。屡上疏言事，皆切时弊，帝嘉纳之，升通政司右通政。卒于官。

万历《黔记》卷四十四

赵侃，字至刚，普定卫人。景泰庚午，云南乡试第二，天顺甲申进士，授吏科给事中，升都给事中。时政得失，军民利害，屡形奏牍。有《优恤边军疏》《陈时政八事疏》，皆经济急务。大臣有不为公论所惬者，朝[①]觐开报不实、进退不公者，公[②]举弹无所避。权幸惮之。又陈言禁革宿弊，任贤养民，弥灾御乱，振举公道，悉中时弊。上皆嘉纳，率见举行[③]。升通政司右通政，兼掌武官诰命。卒于官，赐谕祭，祀乡贤。子谷马龙州知州。

玭衣生曰：予读赵纳言墓志，立朝举弹不阿，有《恤边军》《陈时政》等疏。比求全疏于其家，已不可得。止普定卫学有科举、岁贡二碑，出纳言笔。读之，文驯雅，可以想见其人。

《黔诗纪略》卷二

（赵）侃，字至刚……天顺八年（1464），进士累官吏科给事中，疏请优恤边军，又陈时政八事。成化六年，丁继母忧，服阕，起原官，升都给事中，多所纠劾。又陈言禁革积弊、任贤养民、弭灾纾难、振举公道，凡若干事，上皆嘉纳。十五年，擢通政司右通政，恪职不懈。十七年五月卒官，赐祭葬。至刚曾祖文政，洪武初自苏州嘉定从征云南，留戍普定，遂家焉。祖兴甫，父华，皆有隐德，至刚其季子也。幼丧母董，而华继娶于朱，华又卒，育于长兄伟，就学，资性兼人，所见书无不记，为文有奇气。景泰首科，诏云南乡试无限云贵分额，据文字通校为去取，而至刚举第二，平坝卫卫兰第三，普定卫张清第四，兴隆卫周瑛、宣慰司钟震并有文名，称一时乡科之盛。后震举天顺丁丑进士，官工部主事；兰官衢州通判，有声；清不知何官，三人文章行事，皆不传，惟（唯）至刚、草亭略可称述。至刚当言路，挺直不阿，举弹无所避，权幸畏惮，风裁凛然，望犹在草亭上，而年才五十八不竟其用以死，当时奏章百余上，亦散无一存，尤可惜也。

《谕祭文》：成化十有八年岁次壬寅八月丁酉朔四日庚子，皇帝遣贵州等

---

① （明）过庭训：《本朝分省人物考》卷一百一十五“朝”前有“乃”字。

② （明）过庭训：《本朝分省人物考》卷一百一十五无“公”字。

③ （明）过庭训：《本朝分省人物考》卷一百一十五“行”后写为“适清理军职，诰命缺右通政，冢宰意属选郎黄孔昭，而以侃名陪点，上特越次点，用舆议骇其有不次之擢，而侃处之泊然。卒于官，赐谕祭，祀乡贤。子谷马龙州知州”。

处承宣布政使司、左参政刘本，谕祭于通政使司右通政赵侃曰：惟（唯）尔发身贤科，擢官近侍，服劳有年，才猷茂勩，既迁职于银台，乃殚心于所事，斯委任之方隆，何一疾而遽逝？爰推恤典，特赐以祭，尔灵不昧，尚克歆慰！

商辂《书赵给事二亲所受敕命后》：国朝著令：廷臣三载有政迹可书者，必推恩其亲，赠其殁，封其存，所以劝忠于孝也。吏科给事中赵侃，先是蒙颁敕赠其父华以征事郎吏科给事中；母董以孺人；封其继母朱以太孺人。至是闻太孺人讣，援例还守制，拟琢石刻所受敕词，树兹墓道，昭示恩典，属辂题其后。臣辂承乏密勿，有以知圣明天子之大德矣。《传》曰："体群臣"谓设以身，处其地而察其心也……此恩典所为有益于世教也。侃由甲申进士擢今官，以言为职，以有所建白为贤，凡其有裨时政者，知无不言，言无不尽，是其忠也，固孝之推也。然而天恩下逮，增光先世，岂非忠之所致欤！虽然，有忠孝之本，始有忠孝之验。赵之先本姑苏嘉定人，洪武中征仕（士）随父谪戍贵之普定，乐善好义，积而能散，奉公之余惟（唯）笃于教子耳，董与朱皆贤淑克相，由是诸子卓立，如侃者荣膺宠命，以振耀后先，岂偶然哉？况侃功业未量，将来恩渥殆未艾也，庸书此以俟。

周原《忠顺大夫通政使司右通政赵公神道碑铭》：赵公讳侃，字至刚，厥配封孺人林氏，合葬普定岐山之阳有年矣。弘治庚申，圣天子简拔贤俊为郡牧，赵公有子曰谷，以乡进士铨部，验其文行咸宜，授奉训大夫，知云南马龙州事，便道省墓，顾瞻流涕曰：呜呼！吾父立朝大节，太史氏吴公希贤志墓有铭，卿大夫祭有文，庆延吾今有成，父母道德不表著，奚以示诸后人？墓左有碑，索文勒石，以状授予，予在朝熟公名，来贵闻公行，义弗容辞。按赵氏，先姑苏嘉定人，洪武初，曾祖讳文正，从戎南征，留戍普定，因家焉。祖讳兴甫。父讳华，以公贵赠吏科给事中，母董氏赠孺人，咸有隐德，公其季子也。初丧母，父继娶朱而卒。公幼失怙恃，育于长兄伟，能自树立，遣游于学，资性绝人，无书不读，及壮，为文有奇气。景泰庚午，以明经中云南乡试第二名，养晦于京，久之学益博。天顺甲申，登进士第，拜吏科给事中，给事厥职，刚正不阿，举弹无所避，奏疏有优恤边军一事、陈时政八事，皆经济急务，寅僚服其才气。成化庚寅，丁继母忧，居丧恸哀恻怛。与乡人游，色平气和，若不有其贵，至今乡人称厚德长者必首及公。复起仍居吏部，转升都给事中，劾弹大臣不为公论所容者，朝觐官开报不实，进退不公者，奏章不绝，权幸惮之。又陈言有禁革宿弊、任贤养民、弭灾保难、振举公道，悉切中时弊，上皆嘉纳之。己亥岁，通政使司右通政缺员，上曰："无逾赵侃。"即以授公，进推中质大夫，舆论咸以得人相庆。公位至金紫，恪职不懈，暇日手不释卷，训子谷以成名，及孙以武功屡升至普定卫指挥使。公年五十有八，殁于成化辛丑五月二十七日，葬于成化壬寅冬月吉日。皇上为震悚，遣官谕祭，恩典殊常。公之配赠孺人，有贤行，治家有法，先公二年卒。男、女二人，女适普定指挥王璘，男即谷也。初公以进士发身，致升九卿，为名臣巨人，居官谨饬谦抑，无纤毫过差，内外无闲言，今三十年余，人皆道之弗已，可谓成德君子矣。谷得五品大夫阶，银鱼铜符辉耀闾里。谷有子曰愈，资器宏伟，人咸异之，赵氏之泽未艾也，天之福善于是乎在。铭曰：有美赵氏，世德昭融；厥分延蔓，爰及于公。发身进士，名显位荣；黄门清要，银台穹隆。敬恭朝夕，蹇蹇匪躬；曰父曰母，褒嘉攸同。嗟嗟夫子，既孝既忠，含真种德，源裕本丰。公亦有子，媲绍父风；受厘食报，天听惟（唯）聪。岐山有丘，佳气郁葱，彼岐之下，惟（唯）公之宫。系绛有石，刻词于中；式昭公后，嗣庆无穷！

2. 赵侃诗

《黔诗纪略》卷二

送邓宗器出守程番

使君五马出牂州，争颂朝廷简任优，今日头兰还郡县，往时豚竹费戈矛。自缘妙手多长策，好借绥边展大猷。早晚政成行报最，纨如应更挽公留。

（六）朱谦

朱谦传记资料

《天顺八年进士登科录》

朱谦，贯浙江鄞县人。贵州赤水卫，军籍。国子生。治《易经》。字益之，行一，年三十五，七月十三日生。曾祖兴一。祖友生。父彬。母万氏。具庆下。弟让、谨、谏、证、诚、诠、谅、谱。娶方氏，继娶茅氏。云南乡试第八名，会试第二百四十一名。

《国朝历科题名碑录初集·明天顺八年进士题名碑录》

朱谦，浙江鄞县人，贵州赤水卫，军籍。

《皇明进士登科考》卷七

朱谦，贵州赤水卫籍，浙江鄞县人。

《皇明贡举考》卷四

朱谦，贵州赤水卫。

《明实录·宪宗实录》卷四十三

丁酉……授理刑进士……朱谦……为南京、山西等道监察御史……谦四川道……

《明实录·宪宗实录》卷一百四十五

癸丑，升南京监察御史朱谦为江西按察司佥事。

《兰台法鉴录》卷九

朱谦，字□□。贵州赤水卫人。景泰二年（1451）进士。除四川道御史，升江西佥事，致仕。

《类姓登科考》七虞

朱谦，贵州赤水卫人，三甲。

嘉靖《贵州通志》卷六

朱谦，中天顺辛未进士，任按察司佥事。

嘉靖《贵州通志》卷九

朱谦，任监察御史及江西按察佥事，贞度修举，人畏之不敢犯。

康熙《贵州通志》卷十六

朱谦，赤水人，官佥事。
朱谦，赤水人，第八名，甲申进士。

康熙《贵州通志》卷十八

朱谦[①]，天顺甲申进士。由御史擢江西佥事，贞[②]宪肃度，人不敢犯。归家益励名节，为乡里范。

---

① 乾隆《贵州通志》四库全书本作“朱谦”，“谦”后有“赤水人”三个字。
② 乾隆《贵州通志》四库全书本作“正”。

万历《黔记》卷四十六

朱谦，赤水卫人。天顺甲申进士。以御史任江西佥事。宪度贞肃，人不敢犯。居乡，益励名节。

道光《大定府志》卷三十四

朱谦，赤水人，天顺八年（1464）进士，授御史，擢江西佥事。以严肃著，吏民不敢干之以私，时有真宪臣之称。已而致仕归；家居，深为乡里所矜式。久之，卒于家。

四、明宪宗成化朝

（一）杨遵

1. 杨遵传记资料

《成化五年进士登科录》

杨遵，贯湖广衡州府衡山县人。贵州平越卫，官籍。国子生。治《春秋》。字循德，行二，年三十四，十月十七日生。曾祖广四郎。祖必富。父中。母李氏。严侍下。兄遷安，百户。弟逵、遇。娶孟氏。云南乡试第十九名，会试第五十一名。

《国朝历科题名碑录初集·明成化五年进士题名碑录》

杨遵，湖广衡州府衡山县人，贵州平越卫，官籍。

《皇明进士登科考》卷八

杨遵，贵州平越卫籍，湖广衡山县人。

《皇明贡举考》卷四

杨遵，贵州平越卫。

《明实录·宪宗实录》卷二百四十九

乙丑，升……南京户部郎中陈潭、杨遵俱右参……遵云南。

《明实录·孝宗实录》卷七十四

丁酉……云南右参议杨遵……复除原职……遵……四川，俱丁忧服阕也。

嘉靖《衡州府志》卷五

杨遵，成化张升榜，累官四川右参议。

《类姓登科考》七阳

杨廷贵，四川岳池县人，成化丙戌二甲……杨光溥，山东沂水县人，己丑三甲。杨遵，贵州平越卫人，二甲。

康熙《贵州通志》卷十六

杨遵，平越人，官参议。

杨遵，平越人，第十七名，己丑进士。

康熙《贵州通志》卷十八

杨遵，郡人，成化己丑进士，官至参议政事。文章所至，推重一时，知名士争师事之。宦成归里，杜门著述，终其身。

《黔诗纪略》卷二

（杨）遵，字□□，平越卫人。其先自湖广衡山以官来籍。天顺三年（1459）举人，成化五年（1469）进士，官至云南右参议，遂引疾归，杜门著述以终。参议文章政事，为一时所推重，出处造就多知名士。

民国《贵州通志・人物志》

按：《瓮安县志》据《桑梓述闻》，以遵为瓮安干平堡人，今从《通志》。

2. 杨遵诗

《黔诗纪略》卷二

宿月山寺

金刹玲珑翠巘巅，传镫谁续远公禅。经坛鹤去风生翼，梵钵龙归雨带涎。已破碧苔因笋出，欲颓锦石赖藤缠。探奇兴剧心忘返，暂借僧房伴月眠。

（二）茅铉

茅铉传记资料

《成化八年进士登科录》

第四十二名茅铉，贯直隶扬州府兴化县人，贵州赤水卫，军籍。国子生。治《诗经》。字大用，行一，年三十七，六月十八日生。……云南乡试第十七名，会试第一百二十五名。

《国朝历科题名碑录初集·明成化八年进士题名碑录》

茅铱，直隶扬州府兴化县人，贵州赤水卫，军籍。

《皇明进士登科考》卷八

茅铱，贵州赤水卫籍，直隶兴化县人。

《皇明贡举考》卷四

茅铱，贵州赤水卫。

《类姓登科考》三肴

茅铱，贵州赤水卫人，成化壬辰二甲。

弘治《贵州图经新志》卷十七

茅铱，赤水卫人，天顺三年（1459）举人，成化八年（1472）进士，未仕，卒。

嘉靖《贵州通志》卷六

茅铱，中正统己未进士。

万历《黔记》卷二

八年春三月，赐宣慰司徐节、俞玑，乌撒李珉，赤水茅铱进士。

康熙《贵州通志》卷十六

茅铱，赤水人，第十五名[①]，壬辰进士。

乾隆《贵州通志》卷二十六

茅铱，赤水人。

道光《大定府志》卷三十二

茅铱，赤水人，官御史。

道光《大定府志》卷三十四

与珉同年成进士者，复有赤水茅铱，官御史，亦以学行称。

---

① 乾隆《贵州通志》无“十五名”三个字。

（三）李珉

1. 李珉传记资料

《成化八年进士登科录》

李珉，贯河南卫辉府淇县人，贵州乌撒卫，军籍。国子生。治《易经》。字美中，行一，年三十八，七月二十日生。曾祖义，元万户。祖英，监察御史。……云南乡试第十七名，会试第八十二名。

《国朝历科题名碑录初集·明成化八年进士题名碑录》

李珉，河南卫辉府淇县人，贵州乌撒卫，军籍。

《皇明进士登科考》卷八

李珉，贵州乌撒卫籍，河南淇县人。

《皇明贡举考》卷四

李珉，贵州乌撒卫。

《类姓登科考》四纸

李珉，贵州乌撒卫人，三甲。

《明实录·宪宗实录》卷一百八十八

戊寅，擢理刑知县……李珉……为试监察御史。

《明实录·宪宗实录》卷二百零四

甲寅，实授南京试监察御史……李珉为监察御史……珉江西道。按：年份误。

弘治《贵州图经新治》卷十六

李珉，乌撒卫人，天顺六年（1462）举人，成化八年（1472）进士，任监察御史。

嘉靖《贵州通志》卷六

李珉，中成化壬辰进士，任监察御史。

嘉靖《宁国府志》卷八

李珉，乌撒卫人，甲子年由进士除任。

万历《黔记》卷二

八年春三月，赐宣慰司徐节、俞玑、乌撒李珉、赤水茅铉进士。

万历《黔记》卷四十六

李珉，字美中，卫辉淇县人。祖仲宜，洪武间授御史，不阿权要，谪戍乌撒，遂占籍焉。成化壬辰，珉登进士，授宁国知县。宁国官田租重，民田多为势豪兼并。公即损益官民田[①]，公私称便，有白兔之瑞。辛丑，行取[②]南道御史，巡视上江，捕僧寇千余。始[③]同巡抚王恕交劾中官王臣等暴横苏松，继[④]同御史徐镛交劾中官汪直等罗织缙绅，王[⑤]传首江南，中外称快。他如余尚书用兵失利，中官梁芳等引用妖邪，日勤章奏，称名御史。乙巳，命清戎四川。疏奏贵州站铺边军扛抬递送之苦。上命站军月支粮五斗，铺军月支粮三斗，铺站之粮自公[⑥]始。寻升四川佥事。子铣，中弘治己酉乡试。

玭衣生曰：李美中父景和，以美中贵封御史，祖仲宜以御史谪，盖三世御史云。当时称李氏之盛者，形之歌韵。今附二诗于左。

康熙《贵州通志》卷十六

李珉，乌撒人，官御史。

李珉，乌撒人，第十六名，壬辰进士。

康熙《贵州通志》卷十八

李珉，字美中，乌撒人，成化壬辰进士。知宁国县，减官租，清兼并，公私称便。擢御史，劾中官王臣暴横及汪直罗织缙绅，余尚、梁芳引用妖邪，称名御史。又疏奏贵州站铺军之苦，因得月支口粮，寻迁四川佥事，告归。子铣，中弘治己酉乡试。

道光《大定府志》卷三十二

李珉，乌撒人，官御史。

李珉，乌撒增生，壬辰成进士。

道光《大定府志》卷三十四

李珉，字美中，乌撒人。成化八年（1472）进士，除宁国知县。宁国有官

---

① （明）过庭训：《本朝分省人物考》此句作“珉损益官民田”，且“田”后有“而税课以平”五个字。
② （明）过庭训：《本朝分省人物考》作“征拜”。
③ （明）过庭训：《本朝分省人物考》无“始”字。
④ （明）过庭训：《本朝分省人物考》作“再”。
⑤ （明）过庭训：《本朝分省人物考》作“臣”。
⑥ （明）过庭训：《本朝分省人物考》作“此”。

田，租重，佃者甚苦之。珉按实其顷亩，平其肥瘠，量度为成法，减旧额十之五六，佃者便之，租入无逋负，公事亦赖以济。顷之，擢御史，弹劾无所避，妖人王臣、中官汪直、梁芳、尚铭皆为所劾。劾王臣以暴横，汪直、尚铭以罗织，梁芳以通妖邪，卒当其罪。已而三大珰、一妖人，以次诛贬，珉直声大振。出按四川、湖广，寻擢四川佥事。后退居，卒于家。子锐，弘治二年举于乡。与珉同年成进士者，复有赤水茅铉[①]，官御史，亦以学行称。

乾隆《大清一统志》卷四百零一

李珉，字美中，乌撒人，成化进士。授宁国知县，减官租，清兼并，公私称便。寻擢御史，时中官王臣横暴，汪直罗织缙绅，余尚、梁方引用妖邪，俱疏劾之，直声甚著。又疏奏贵州站铺兵之苦，因得月支口粮，寻迁四川佥事，告归。

嘉庆《大清一统志》卷五百零九

李珉，字美中，乌撒人。成化中进士，授宁国知县……寻擢御史……迁四川佥事，告归。

《黔诗纪略补》卷中

（李）珉，字美中，乌撒卫人，天顺壬午举人，（附云南乡试，贵州取中十名。）成化壬辰进士，除宁国知县。减官租，清兼并，公私称便。擢御史，劾中官王臣暴横，及汪直罗织缙绅，余尚、梁芳引用妖邪。又疏奏贵州站铺军之苦，因得月支口粮，时称名御史。出为四川按察佥事。

2. 李珉诗

《黔诗纪略补》卷中

初春同登望江亭

杨柳垂垂又放青，春风吹上望江亭。请君更看江南岸，细草笼烟隔远汀。

（四）俞玑

俞玑传记资料

《成化八年进士登科录》

俞玑，贯直隶苏州府吴县人，贵州前卫，军籍。宣慰司学生。治《春秋》。

---

① “铉”字有误，其实为“铉”。

字廷美，行六，年三十五，六月初三日生。……云南乡试第五名，会试第一百九十名。

《国朝历科题名碑录初集·明成化八年进士题名碑录》

俞巩，直隶苏州府吴县人，贵州前卫军籍。

《皇明进士登科考》卷八

俞巩，贵州前卫籍，直隶吴县人。

《皇明贡举考》卷四

俞巩，贵州前卫。

《类姓登科考》七虞

俞俊，南直扬州卫人，成化丙戌二甲……俞俊，浙江丽水县人，壬辰三甲，南京工部尚书……俞巩，癸未前卫人，三甲。

弘治《贵州图经新志》卷三

俞巩，字廷美，贵州前卫人，登成化壬辰进士。官至工部主事，终平乐府通判。为人忠厚慎密，居官廉洁有为，惜大用未究而卒。

俞巩，贵州前卫人，成化七年（1471）举人，成化八年（1472）进士。任工部主事，升广西平乐府通判。

嘉靖《贵州通志》卷六

俞巩，前卫人。中壬辰科进士，任工部主事。

嘉靖《贵州通志》卷八

进士坊在治城南门外大街，为进士俞巩题。

万历《贵州通志》卷四

俞巩，明敏多学，忠厚慎密，居官廉洁有为，惜大用未究卒。

万历《黔记》卷四十六

俞巩，宣慰司人。成化壬辰进士，授主事。明敏多学，忠厚慎密，居官廉洁有为，未究所施卒。

崇祯《吴县志》卷三十四

俞玑，贵州前卫籍。宜黄县学教谕中试。

康熙《贵州通志》卷十六

俞玑，贵阳人，官主事。
俞玑，贵阳人，第五名，壬辰进士。

康熙《贵州通志》卷十八

俞玑，贵阳人，成化壬辰进士，授□事，明敏廉洁，卒于官。

乾隆《贵州通志》卷三十八

俞玑，贵阳人。成化壬辰进士，授主事……卒于官。

道光《贵阳府志》卷七十四

俞玑，贵州宣慰司人。成化七年（1471）举人，明年成进士，授某部主事，以明敏廉洁著称，顷之卒于官。

（五）徐节

1. 徐节传记资料

《成化八年进士登科录》

徐节，贯浙江严州府寿昌县人。贵州卫，军籍。国子生。治《易经》。字时中，行六，年三十八，五月初七日生。……云南乡试第十八名，会试第二百四名。

《国朝历科题名碑录初集·明成化八年进士题名碑录》

徐节，浙江严州府寿昌县人，贵州卫，军籍。

《皇明进士登科考》卷八

徐节，贵州卫籍，浙江寿昌县人。

《皇明贡举考》卷四

徐节，贵州卫。

《明实录·武宗实录》卷一百四十

右副都御史徐节卒。节，字时中，其先绩溪人，占籍贵州卫。成化壬辰进士，授内乡县知县……擢监察御史……弘治改元，迁直隶太平府知府……进云南右参政……癸亥，升广西右布政使……甲子，转广东左布政使。丙寅，进右副都御史，巡抚山西……削秩罢归。瑾诛，诏复职致仕。至是卒。

《兰台法鉴录》卷十一

徐节，字时中。浙江寿昌县人。成化八年（1472）进士。十二年，由内乡知县选福建道御史，丁忧。复除本道，升太平府知府，云南参政。累升右副都御史、巡抚山西，致仕。

《东川刘文简公集》卷一

太平守徐君时中，举成化壬辰进士，初令内乡……擢御史……弘治戊申，太平守缺员，君乃以才望往践其任。

《类姓登科考》十二侵

徐节，贵州卫籍，寿昌县人，三甲，右副都御史、巡抚山西。

嘉靖《贵州通志》卷六

徐节，贵州卫人，中成化壬辰科进士，历任山西巡抚、都御史。

嘉靖《贵州通志》卷八

进士坊在贵宁道前，为都御史徐节建。

方岳坊在治城南，俱为都御史徐节题。

绣衣坊在治城南门外小街，为御史徐节题。

徐公墓在忠节冈后，都御史徐节墓，节有廉介，卒奉。

嘉靖《贵州通志》卷九

徐节，官至山西巡抚，廉能公谨，善誉四达。正德间，为逆瑾所忌，遂致仕归，家无余资，天下想闻其清节。后瑾诛，屡征不起。卒年八十有六。嘉靖元年纂修《武庙实录》，有司以其事闻，赐以谕祭。所著有《蝉噪》等集传于世。

嘉靖《贵州通志》卷十二

徐节墓志铭

正德庚辰冬，儒生汪沐者，奉其师故中丞友槐徐公所遗状，偕公嗣孙隆请铭于潮，其言曰："是岁秋八月，公过沐，自拟渊明生作挽歌，出示所撰行状，诀别如平时，旬浃而逝，惟（唯）兹贲终昭远之托敢以累执事，此先师治命也。"呜呼！生死论交有如皦日，敢不诺而铭诸？公讳节，字时中，其先绩溪人，始祖景福，宋绍圣二年（1095）拜寿昌命，卒于官，子孙遂家焉。曾祖伯逊谪戍贵州，祖旭，父资，皆淳谨，世守家法，父后以公贵，累赠中顺大夫、太平府知府，母陈氏累赠恭人。公幼敏殊异，六岁就乡塾，授书成诵，甫髫年习《易》，巡按御史陈公鉴大奇之，遗以《易义》诸书，选入庠校。正统己酉痛厥考参谋戎幕，殁于战阵，侍母招魂葬衣冠，毁瘠几不能生。家理故贫，攻苦力学，天顺己卯举于乡，历庚辰迄己丑屡不第，取侮乡豪，盖淬砺不屑小就。成化壬辰，举进士，癸巳授河南内乡知县，始至任，以刚正廉惠誓诸神，尽心所事；未几而政即绪。时唐藩闻公女蝉英贤欲聘焉，公屡启辞罢，识者韪之。部使者交相上其治行，戊戌，被征命入朝，吏民遮道悲恸，衣履为之分裂。己亥，擢福建道监察御史，三上章数锦衣指挥牛循罪恶，上嘉纳焉。庚子丁内艰，启封君衣冠，合葬忠节冈，冢茔封树，竭尽孝诚。冈之得名，由侍御杨公纯、佥宪周公孟中，著封君及恭人死难守贞之义，树竭周行，而编修刘公震，又刻传其上表风数也。癸卯服阕，入掌河南、山西二道，屡劾宰臣万安等，风裁凛若。弘治改元，迁直隶太平知府。值郡中大疫，抚摩治疗，所全活者甚众，事集民孚，如治内乡时，观风者数才公以闻。戊午，进云南右参政，吏民遮道留，如去邑之日。先是，边夷煽祸，公至滇，运筹制胜，连破梁山、竹箐、米虏诸寇，捷闻，录功食正二品俸。壬戌，迁广西右布政使，治兵储饷，征思恩，克捷。甲子，转广东左布政使。丙寅，进右副都御史，奉敕巡抚山西，提督雁门等三关。雁门地接西虏，旧尝朝夕内窥，为中国患。公至，增埤、浚隍、严条教、简车徒、谨训练、蓄财谷，边鄙晏然。时方拟其显陟，以廉正素忤逆瑾，寻被矫制削秩罢归，而不得竟其所施。庚午，瑾诛，公奉诏复职。致仕家居，孝友恭俭，动必以礼，日与二三耆硕觞咏泉石间。通篆、隶、行、草诸体，挥翰摛词，为乡邦楷范，后学登庸者多出其门，大夫士吏兹土者，恒礼于其闾而问政焉。用卜以其年十二月十三日窆忠节冈先茔之次。潮频年仕贵，尝从大夫后考德问业于公，交盟乡谊实倍常情，窃尝叹公所禀赋者醇懿，所树立者卓伟，所遭际者又丰亨豫大，如此既荣且寿，《洪范》所谓五福，殆兼备矣。泛观当世，奚啻遐方，难其人哉！顾独于末路而啬其胤续，若此，岂造物者忌盈恶满，虽仁人君子，亦不蒙假借于其间邪？《传》称必有后，其又信然耶？斯则理之不可晓者。呜呼伤哉！铭曰：或苗而莠，草木同朽。或秀而折，幻泡随灭。造化攸司，望乎畸觖。若公者积学以致荣，砺行以范世，寿介耄耋之康，誉驰文武之备。虽亡不亡，此邦无二。矧兹嗣孙，业裕后昆。徽惠英爽，庶昌其门。公其同鉴盈虚之理，孰遂顾欲之全？尚其少慰于九原耶。

嘉靖《贵州通志》卷十二引商辂《徐处士墓表》

成化庚子春，福建道监察御史徐节闻其母陈孺人讣，号恸累日，援例解官还贵阳。将卜日奉柩，启父梅雪处士墓，合葬焉，托乡友右通政赵侃具三亲事状，征予为表，刻石墓道，用图弗朽。其孝可嘉已。

按状：处士讳资，字公正，姓徐氏，别号梅雪轩。徐本严之寿昌诗书右族，公正曾祖原吉，洪武中被诖误，谪戍贵阳。祖伯逊代行，父子旭继之，子旭三子在寿昌，已生子公显至贵，始生公正及公文。公正天资颖敏，存心仁厚。涉猎经史，游心词翰，虽处行伍，而儒言儒服，动循仪矩，事亲尽孝，亲没，哀伤尤甚，朝夕思慕不忘，因扁所居堂曰“永思”。莆田林宪使坦为记其事，文人才士竟为诗美之。

念兄公显远隔数千里。岁时音问不绝，闻公显讣，为位而哭，奠祭如礼。与公文居，友爱尤笃，先人所遗与己所有，多推让之。平生勇于为义，闻人之善，若己有之；见人患难，极力拯之；遇争论不平，以理谕之；人有假贷，倾橐济之。谦和逊顺，与物无忤。乡人无贵贱老少，咸称为长者。

正统己巳，苗寇窃发，边城告急。参将郭瑛素知公正晓畅戎事，荐之。监察御史今南京户部尚书黄公镐与语，奇之。俾参谋议，行次清平，贼势益炽。公正欲以计困之，众弗从。进至栗旦，贼奄至，公正力战死焉，时七月二十日也。

孺人陈氏，陕右名族女，母张氏戍寓贵阳，家法严整。孺人甫及笄，归徐，沉静端洁，闲于内则，精于女工，内助家政，克谨妇道，奉舅姑以孝，处妯娌以和，抚子女以慈，御婢仆以恩。相祀宴宾，躬执庖馈。及闻栗旦之变，惊讣恸哭，绝而复苏者屡矣。卜地城南之原，奉公正所遗衣冠爪发，具棺衾，招魂葬之。自是屏去华饰，服垢敝，誓死守志，躬课僮婢，力于耕绩，以给衣食，抚教二子，诲谕谆切。每出公军前所遗书戒之，谓长子鼎曰：“尔父以家事付尔，非奋自卓立，何以振扬门户，绍承先业？”谓节曰：“尔父遣尔游郡庠，冀光显门楣，万一立志不坚，进修少懈，何以慰尔父于地下乎？”言已，即呜咽泣下。二子感奋，鼎称克家，节领云南己卯乡荐，擢壬辰进士，出宰内乡，三载，政绩超异，晋拜今官。报至，孺人喜曰：“吾今可以见吾良人矣！”未几，疾作，遂至弗起，时成化己亥九月二十五日也。

公生洪武己卯三月十八日，春秋五十有一。孺人生庚辰三月初十日，春秋八十，子男二，即鼎、节，女三，孙男二，女三。

呜乎！公正以事殒身，无负于国者也。孺人以守志全家，无愧于夫者也。无负于国，忠也；无愧于夫，贞也。忠贞之报，至于子孙磁昌，光荣显耀，天之意固有在矣。虽然，节才识老成，方兹向用，功名事业，远大未量，将来朝廷推恩锡秩，光贲九原。天之所以报于二亲者，宁有既乎？予故为之表。

万历《贵州通志》卷四

徐节官至山西巡抚，廉能公谨，令誉四达。正德间，为逆瑾所忌，遂致仕归，家无余费，天下想闻，其清噪等集，传于世。

万历《黔记》卷四十四

徐节，字时中。其先寿昌人，戍籍贵州卫。父资，当正统己巳，湖贵寇起，清平道梗，守臣请兵征讨。御史黄公镐闻资有才略，辟置左右。是年秋七月，黄公巡边至羊场河，猝与贼遇，将为所掩，资奋挺直前，厉声叱曰："蚁蝼群孽，敢害朝廷宪臣邪？我分死之，明年此际，当歼尔丑类。"遂遇害。翼日，贼见之，面如生，遂遁去。黄公幸免。明年秋，贼果平，适符资临终语。乡人因名其墓为忠节冈。节，其仲子也。幼习《易》于御史陈鉴，大奇之，遗以《易》义。成化壬辰举进士，授河南内乡知县。治行最，被征，吏民遮道悲恸，衣履为之分裂。擢御史，三上章，数锦衣指挥牛循罪恶，屡劾相臣万安等，风裁凛若[①]。积官云南右参政[②]。连破梁山、竹箐、米鲁诸寇。录功，食正二品俸，迁右副都御史，巡抚山西。以廉正忤刘瑾。瑾矫制削秩，罢归。瑾诛，奉诏复职致仕[③]。比老，自拟渊明。生作挽歌行状，以示其门人汪沐，诀别如平时。旬浃[④]而逝，年八十有六。嘉靖元年，纂修武庙实录，有司以其事闻。五年，赐谕祭。所著有《蝉噪》等集。

玭衣生曰：正德五年（1510），逆瑾用事，裁各边抚臣。是时，徐中丞抚山西雁门，在裁中，守正忤瑾，矫制为民，罚米三百石，输大同边仓。瑾诛，复职致仕。此中丞之大节也。中丞没后，淑人张氏乞恩铨部，覆题徐节平生苦节，人所共知。逆瑾矫制罚米，子未成立，情实可悯。中丞盖棺之议定矣。奏议著书多逸，不传，止题杨参议廉清白堂一诗附于左。

附诗：君不见桀黠奴，盐利数千万，又不见唐元载，胡椒八百斛。此身已矣名尤污，争似关西杨伯起，白似玉兮清似水，清白声华万古传。嗟公虽死犹不死，鬼神示昭察，不爽纤毫理，善必福兮庆有余，遗馥流来到孙子。悠悠食其报，绳绳继厥美。索我题斯堂，援笔寓深喜。喜此清风岂独擅一家，廉贪激懦应无已。

---

① （明）过庭训：《本朝分省人物考》卷一百一十五作"然"。

② （明）过庭训：《本朝分省人物考》卷一百一十五此句写为"自太平知府擢云南参政"。

③ （明）过庭训：《本朝分省人物考》"仕"后有"节居官廉谨，不忍扰民。在太平荒政，全活甚众。又饲二驴于官廨，乡人过郡以二驴送出境驿递，皆不与知"数十字。

④ （明）过庭训：《本朝分省人物考》作"浃旬"。

康熙《贵州通志》卷十六

徐节，贵阳人，官巡抚都御史。

徐节，贵阳人，第十六名，壬辰进士。

康熙《贵州通志》卷十八

（徐）节，字时中，成化壬辰进士，授河南内乡县知县，治行称最，被征，士民遮道挽留，衣履为裂。擢御史，三上章数锦衣卫指挥牛循罪，屡劾阁臣万安等，风裁凛然。历官云南右参政，连破梁山、竹箐、米鲁诸寇，迁右副都御史，巡抚山西，以刚正忤刘瑾，瑾矫制削秩罢归。瑾诛，复职，致仕。比老，自拟渊明，生作挽歌行状以示其门人，卒年八十有六，赐祭葬。著有《蝉噪》等集。

嘉庆《大清一统志》卷五百

徐节，字时中，资子。成化中进士，授内乡知县，治行称最，擢御史。三上章数锦衣卫指挥牛循罪，屡劾阁臣万安等，风裁凛然。历官云南参政，连破梁山、竹箐、米鲁诸冦。迁山西省巡抚，以忤刘瑾削秩归，瑾诛，复职致仕，卒。

雍正《山西通志》卷八十五

徐节，字时中，贵州卫人，成化壬辰进士。由内乡令擢御史，风裁凛然。丙寅进右都御史，巡抚山西，廉谨守法，无一事扰民。会逆瑾擅政，见忤，削秩罢归。瑾诛，诏复职，致仕。

道光《贵阳府志》卷七十三

徐节，字时中，贵州卫人。父资，别有传。节成化八年（1472）进士，授内乡知县，治行最一方，擢御史。其去内乡也，民庶遮道挽留，衣履为之裂损，曲喻之乃得去。在御史任，三上章劾锦衣卫指挥牛循，屡劾万安，章今不存。出为云南右参政，连破梁山、竹箐诸贼。米鲁之乱，节率兵出击有战功。正德元年（1506），自布政使迁右副都御史，巡抚山西。复以刚直忤刘瑾，为瑾所中，三年六月削秩罢归，罚米三百石。瑾诛，乃复职。已而致仕。

节为人颇旷达，慕陶潜之所为，放遣在家，自作挽歌、行状以示门人。卒年八十六，赐祭葬。著有《蝉噪集》，今不存。节事具朱国桢《大政记》及省志。

2. 徐节诗文

《黔诗纪略》卷二

简李美中索其疏草

才听人人说，南州有硬黄。至今闻铁李，喜复在吾乡。义命君能澈，升沉我亦忘。不须焚谏草，留取式维桑。

嘉靖《贵州通志》卷二

郡人都御史徐节诗

牂州境内有高连，《唐史》曾将景概传。天马行空依北斗，人峰担宇立中天。龙形络络环薇镇，虎阜连连障贵川。一望东南形胜好，秀灵应发甫中贤。

徐节诗

时光迅速电，秋菊烂如许。佳节从来风雨欺，旧传诗句多愁苦。真宰茫茫似有闻，细缊瑞气洞仙行。昔年勋业付流水，今日风豪倚夕曛。更插茱萸向崖窟，感慨悲欢歌不歇。洞酌龙山思古人，浣花溪上问明月。

按：嘉靖《贵州通志》卷六、卷八又有徐节文两篇，兹不尽录。

（六）朱璧

朱璧传记资料

《成化二十年会试录》

朱璧，贵州贵州卫人，监生，《易》。

《国朝历科题名碑录初集·明成化二十年进士题名碑录》

朱璧，贵州都司贵州卫，官籍，江西乐平县人。

《皇明进士登科考》卷八

朱璧，贵州卫籍，江西乐平县人。

《皇明贡举考》卷五

朱璧，贵州贵州卫。

《类姓登科考》七虞

朱璧，贵州贵州卫人，三甲。

正德《饶州府志》卷二

朱璧……中成化甲辰，官都察经历。

弘治《贵州图经新志》卷三

朱璧，贵州卫人，成化十三年（1477）举人，成化二十年（1484）进士。任湖广黄梅县知县，升都察院经历。

嘉靖《贵州通志》卷六

朱璧，贵州卫人。中甲辰科进士，历任都察院经历。

嘉靖《贵州通志》卷八

风宪坊在治城中，为都察院经历朱璧题。
进士坊在大兴寺前，为进士朱璧题。

万历《贵州通志》卷四

朱璧，官至都察院经历。

万历《黔记》卷二

二十年春三月，赐宣慰司朱璧进士。

康熙《贵州通志》卷十六

朱璧，贵阳人，第十五名，甲辰进士。

乾隆《贵州通志》卷二十六

朱璧，宣慰司人[①]，官都察院经历。
朱璧，宣慰司人，甲辰进士。

乾隆《乐平县志》卷十四

朱璧，字廷献，乐平县怀义乡人，贵州军籍。成化二十年（1484）甲辰科李旻榜进士。仕至徽州知府。

① 康熙《贵州通志》写作“贵阳人”，实相同。

（七）熊祥

1. 熊祥传记资料

《成化二十三年进士登科录》

熊祥，贯江西丰城县人，贵州镇远府偏桥长官司，民籍。国子生。治《诗经》。字文应，行二，年三十三，正月十八日生。曾祖国用。祖本静。父鼎。嫡母涂氏，生母罗氏。慈侍下。弟裕。娶李氏。顺天府乡试第九十三名，会试第二百四十一名。

《国朝历科题名碑录初集·明成化二十三年进士题名碑录》

熊祥，江西丰城县人，贵州镇远府偏桥长官司，民籍。

《皇明进士登科考》卷八

熊祥，贵州偏桥长官司籍，江西丰城县人。

《皇明贡举考》卷五

熊祥，贵州偏桥长官司。

《圭峰集》卷六

吾同年三百五十人，阅礼部所发榜时，独吾熊君文应已颎然首弁……及其贯贵之偏桥长官部人……不知其实吾省丰城人也……比廷对，当释褐……入试户部，初筮主事，得刑部主事……又自员外郎擢广西按察司佥事。

《明实录·孝宗实录》卷一百二十五

甲子，升刑部员外郎……熊祥……俱为按察司佥事……祥广西。

《类姓登科考》一东

熊绣，湖广宁远卫人，成化丙戌三甲……熊祥，贵州偏桥长官司人，丁未二甲。

嘉靖《贵州通志》卷六

熊祥，都司知印，中顺天府乡试，登丁未科进士。历任广西佥事。

嘉靖《贵州通志》卷八

桥梓腾芳坊在永安桥对河，为举人熊祥、熊宗吕父子建。

进士坊在州街，为进士熊祥建。

万历《贵州通志》卷十五

成化丁未科（进士），熊祥……成化癸卯科（举人），熊祥。

腾芳坊，为举人熊祥、熊宗吕建……进士坊，为熊祥建。

嘉靖《丰乘》卷二

熊祥，文应……湖广长官司籍，官至按察司佥事。

康熙《贵州通志》卷十六

熊祥，镇远人，官佥事。

熊祥，镇远人，以都司知印中顺天乡试，丁丑进士。

乾隆《贵州通志》卷二十六

熊祥，镇远人，官佥事。

《黔诗纪略》卷二

（熊）祥，字□□，其先自江西丰城来居镇远府之偏桥长官司，遂籍焉。成化十九年（1483）以都司知印，举顺天乡试，二十三年进士。累官广西按察司佥事，廉明有声。事迹不详，仅传二诗存以纪地而已。

《黔诗纪略补》卷中

（熊）祥，字□□。其先自江西丰城来居镇远府之偏桥长官司，遂籍焉。成化癸卯以都司知印举顺天乡试，丁未成进士，累官广西按察佥事。

2. 熊祥诗

《黔诗纪略补》卷中

京居雨后望西山

一身万里住金台，倦踏东华十丈埃。好是凤城新雨后，西山晓翠入帘来。

《黔诗纪略》卷二

飞云岩

争疑云化石，不辨石留云。势欲开凝聚，形方幻郁纷。延溪迷暮霭，出岫弄斜曛。更爱飞泉落，宵中静响闻。

东坡途中

飞云看不舍，迤逦出东坡。田辟青横罫，山尖翠拥螺。悠悠清客思，袅袅送农歌。身世几时了，来从荷笠蓑。

（八）郭珠

郭珠传记资料

《成化二十三年进士登科录》

郭珠，贯四川叙州府富顺县，民籍。国子生。治《易经》。字明远，行二，年三十四，五月二十日生。曾祖思俊。祖子颜。父宗，经历。母金氏。慈侍下。兄相。弟荣。娶李氏。云南乡试第三十九名，会试第一百六十三名。

《国朝历科题名碑录初集·明成化二十三年进士题名碑录》

郭珠，四川叙州府富顺县，民籍。

《皇明进士登科考》卷八

郭珠，四川富顺县人。

《皇明贡举考》卷五

郭珠，四川富顺县。

乾隆《贵州通志》卷二十六

郭珠，按察司吏官佥事。

康熙《贵州通志》卷十六

郭珠，按察司吏，第三十九名，丁未进士。

万历《黔记》卷二

二十三年春三月，赐镇远熊祥、贵州郭珠进士。

郭珠，贵州按察司吏，出云贵科第录。

《新中国出土墓志·重庆》六十一《明中宪大夫陕西行太仆寺少卿郭公（珠）墓志铭》

〔盖文〕▨西行太仆寺卿郭公墓志

〔志文〕明中宪大夫陕西行太仆寺少卿郭公墓志铭

赐进士出身云南按察司副使进阶亚中大夫▨

赐进士出身奉议大夫工部营缮司郎中▨

嘉靖岁庚寅九月朔日，邑乡进士郭子宸持状再拜，请曰：伯甫少卿今兹将归藏矣，先生冠盖相旬，愿得直而不华者刊诸▨□归也，敢不诺而铭诸。维少卿公郭姓，讳珠，字明远，静庵其号。其先楚人也。上世祖讳元四者，避元末兵徙蜀，因相居于邑▨无考也。曾大父讳仕俊，大父讳子颜，俱隐未见。父讳体宗，后官经卫，以公官赠监察御史，母金氏封孺人。兄曰相，生子四。弟曰▨宴、宸父也，俱未谐进□□□卒。经卫君少年勤诗书，尤长于楷字，长则选为省臬司通掾，奉廷命也。当经卫君为省掾，携儒▨前一夕，有神龙衔珠□□□□□则即以告于经卫君，君勃然而起曰：信斯则吾儿有出者，其亦不常也已。诘旦则公诞生焉。▨年五月二十日□□□□□□□□□梦命乳名，其生之异也如此。经卫君既竟掾事，北赴京邑，铨曹者以其善书，晓律令，冠带▨□□□经历，公偕瑢随侍，尚总丱，已知力学不倦矣。经卫君省其志克上，欲遣赀市经以治之，乃焚香吁天曰：吾儿珠虽知章▨人生贵贱有缘也，其令治何经，敢祷以今夕示之梦。叩首再拜而罢。静室独寝，夜分形之梦：大江之中，一马出焉，有书负于▨而起，叹曰：吾儿其有缘于《易》乎？河出图，洛出书，圣人则之□□□也，所谓龙马负图者，兹非欤？遂索《易》以授之，且勉曰：《易》▨命之祖乎？尔岂徒读之诵之云，务有得于意言象数之外也。自是□□终，思之已过半，骎骎乎日无易易之误矣，其成之▨试之，知其发策决科为可望，命还蜀以就试。甫抵宁，经卫君以疾卒于□。讣闻，公匍匐奔任，偕瑢扶榇归。经途悲号逾礼▨曰孝。服阕，就小试，而跲者屡，乃服田为农家事。一日负耒以耕，相深入土，至□克动，公甚苦之。乡里父老郑本灏者就言曰：公▨耶？夫耜入土，运之者耒也。正其耒，则其入也浅，愈力则愈入矣。如其言，耜始获出。□□携酒于溪上，邀饮尽欢，宽慰之者再▨告于孺人曰：我有意于诗书，诗书其未缘于我矣，屡试既不获伸所志矣，服田又弗克胜矣，吾将如之何已矣乎？家贫，母且老，▨慈亲养乎？孺人亦感泣，命弃所学，从事吏役于贵州。时佥贵臬宪事者邑人刘君简，素与经卫君善，公见惊呼曰：子胡为乎来▨吾儿共笔砚，其为文儿曹多所不及也。科第之荣尚亦有期之，子胡为乎事此哉。子且无为，执吾当□□□达之方伯马君绶▨徐以荐之督学侍御者，俾得鏖战于滇闱，可乎？公感激受命。佥宪君达之方伯君，进公而试之者再，咸称可□□其子托之至▨偕佥宪君并荐之，督学者薛侍御试之，复许可，公遂得以宾饯于滇南矣。自贵至滇，毋虑几千里，公自负旅具，□□□有八▨即归于贵，未释装，捷书随报矣，人莫不异之，时则成化庚子云贵乡闱也。还蜀过泸，御史中丞钟君者按至，公谒之，即▨士者非耶，登科者世岂借人如子者，罕矣，罕矣。亲礼殊显被。先是，吾邑士登蜀乡闱者科不乏，少者三四，多者至六七人，是▨以来，未有也。识者以为山川之秀，公剩钟之，公去滇而秀气与之俱矣。其成名之异也如此。辛丑赴试礼闱落第，以孺人远▨甲辰赴试，复落第，乃西望稽首曰：天其相吾母于百年乎，俾得释然万里之外，竟所业以酬所志，天之与我不孤也。不尔北▨何时。爰是，游太学，群天下士而友之。其山立海受也，遍索群书于书肆，穷之昼不弛以夜，经夫暑不阻以寒。虽乡里至亲厚▨是者迄四年，至丁未登二甲进士第矣。泥金捷报，孺人喜跃不能寐，乡国荣之。寻奉进士，得省亲之例还蜀，谒诸镇巡及二▨见者必为改容。时有宪副孙君者，精相法，独携公手而奇之，明公兹行即当司风纪，外补决非其人矣，验之哉。及复北观政▨而中节，凡遇廷报及诸条件，率端肃楷录呈于堂。掌天曹者三原王公恕，每偕僚属叹曰：进士如斯勤者鲜矣。会弘治▨宪之命，公即拜为北道御史。公以其愿得南迁，从水道便迎母养，请上，可之，乃有南畿巡江之命。先是，寇盗为大江患，自▨商旅甚苦之，捕者亦莫能御。公至，虽鱼盐负贩者，且不敢入。越一年，复有南畿巡仓之命。兴武在所属，公至登堂，即经卫君▨老走卒咸举手加额曰：此前经卫君之子也。拥拜观望者如市。公令左右毋为禁，故旧有另参者与之坐，欢饮如布衣。时仓▨卫君同僚佐者，亦忘势优遇，罪者多贷之，兴武之人至今怀想。辛亥，受陕西清戎之命。时荷上敕，赠经卫君以公官为▨为孺人。用是，挽荆襄流而上抵于家，有司具仪焚黄于经卫君墓所。孺人拜封，适疾作，公以孺人违和，愿弃官以终养，▨已知无虞也，尔因我疾以弃官，奈何负□明天子至命乎？速去，我死且瞑目矣。促行者至再，且丁宁曰：尔行，代天子巡狩，其威与权，何如下官有由吏胥者得之艰辛▨事乎？即有不法，亦必按其实，可恕者宽之。公感泣叩首曰：敢不听命。即日戒严，由蜀之秦。所至，士卒训练，戎无漏伍，官吏▨遵孺人命也。甫八月，孺人疾以笃告终。讣报，公悲恸，星夜陛命，奔于家。孺人尚未及藏也，抚棺号绝，水浆不入口者七日，▨兆，自是乡居省墓，绝履城市者逾三年。服阕，复北擢为山西按察司佥事，分巡冀宁、冀南二道。谳狱多所平反，民谓不▨者频年逋负，累数十万，边饷甚无赖，巡抚乃以托之公。公至未逾月，不刑一人，而车输辇运者踵相接。寻复于巡抚▨官曹睿与中贵几人不法，系狱经年，劳案牍，不能伏，抚按独以属之公。公亲下狱，杯酒宽譬，渠自伏辜无遁。抚按神▨狱也，比睿遣其子具书献于公，其词有曰：天星既返草命，必得衔环相报。公卒未尝受一钱。六年将献迹，适总制陕西▨以行。太仆、苑马二司，马政废堕，盖缘官非其人，请得以才望素著者充之，仍照两京堂例升擢。

上允其奏，乃荐公▨度斩斩骊黄，日有夺目者。少宰公以茶法久弛，又荐公代巡之。自汉中而巩昌，商人称便。三载将献迹，不意少宰▨长王君演与公有一二言之隙，诉行于铨曹而罢矣，时方五十有四，发未斑也，人多惜之。夫人孰不登第，由令由▨亦或止于下官者矣。公自金榜即拜御史，历佥宪而少卿，盛位赫赫，所在有声，卒未有物以□我，其历官之异也。▨□登科第而历官也异，且挂冠勇退，方于宋钱若水之年，夷犹林壑念有余载，可谓出处不愧者矣。寻常其及之▨□□如响，公之门祚实自其昌大之。而犹子宴、宸并领乡荐，将以效用于清朝，大抵衣钵之传也。乃今云没无▨□□年五月二十日，卒嘉靖己丑年五月十一日，享年七十有六。嫡室李氏，封孺人，子二人：曰宏，先补邑庠弟〼□□□□大尹张作襄之子叔宜，俱卒。系男曰惟恒，补邑庠弟子；曰仲歌，宏之子。曰惟节，曰惟巽，曰惟颐，陈〼□□□□□弟子；曰镐，幼卒。女一人，曰金姐，适邑庠生□□仁。孙男曰惟鼎，曰惟丰，曰惟萃，曰惟观，宇之子。〼□□□□□□□之原。公行应铭法，岂可无也。

〼见田之龙。处也方而圆，出也正而通。从先之葬，永公之宫。奈何〼

〼九月二十日

按志主郭珠，《明史》不载；志记王恕，《明史》卷一百八十二有传。

五、明孝宗弘治朝

（一）詹恩

詹恩传记资料

《弘治十二年进士登科录》

詹恩，贯贵州贵州卫籍，江西玉山县人。国子生，治《诗经》。字荩臣，行一，年二十六，闰六月十八日生。……祖英，教谕。父木，义官。……娶范氏。云贵乡试第十六名，会试第一百十名。

《国朝历科题名碑录初集·明弘治十二年进士题名碑录》

詹恩（后字迹不清）。

《皇明进士登科考》卷九

詹恩，贵州卫籍，江西玉山县人。

《皇明贡举考》卷五

詹恩，贵州贵州卫。

《类姓登科考》十四盐

詹宝，浙江松阳县人，雨弟，弘治丙辰三甲……詹恩，贵州贵州卫人，己未三甲。

弘治《贵州图经新志》卷三

詹恩[1]，英之孙，弘治八年（1495）举人，弘治十二年（1499）进士，任大理寺评事。

---

① 弘治《贵州图经新志》点校本作“思”，讹之。

嘉靖《贵州通志》卷六

詹恩，贵州卫人。中己未科进士，任大理寺寺副。

嘉靖《贵州通志》卷八

科第传芳坊在治城北门外，为寺副詹恩建。

嘉靖《广信府志》卷十七

詹恩，字荩臣。玉山人。由贵州戎籍登进士。授大理评事，转寺副。

万历《贵州通志》卷四

詹恩，官至寺副。

万历《黔记》卷二

十二年春三月，赐宣慰司詹恩、普定汪大章进士。
詹恩，英孙，己未进士。

乾隆《贵州通志》卷二十六

詹恩，宣慰司人[1]，官大理寺副。
詹恩，宣慰司人，英孙，己未进士。

乾隆《贵州通志》卷三十一

詹恩妻，范氏。

雍正《江西通志》卷五十三

詹恩，玉山人，贵州籍。

同治《玉山县志》卷七

詹恩，己未科伦文叙榜进士，大理评事。

同治《玉山县志》卷八

詹恩，字荩臣，由贵州戎籍登进士，授大理评事，转本寺副。居官以廉平称，治家崇礼让。其孝友之性，尤得之天成。

《贵州墓志选集·詹恩墓志铭》

乡贡进士湖广安陆州儒学训导乡人孟口撰
儒林郎贵州等处承宣布政使司经历司经历古渝曹文渊篆

① 康熙《贵州通志》写作“贵阳人”，实相同。

进士出身文林郎直隶广平府曲周县知县乡人汪大章书

（予）丁内艰，五内分崩，久不事笔砚。适荩臣弟惠述荩臣行实，托予铭，予奚忍铭，谊不容辞，故强为之。荩臣姓詹氏，讳恩，荩臣其字，别号玉屏。系出南阳邓州，中徙江西之玉山，□世祖丕远，宋左正言，十五世祖尚志，元翰林学士。高大父珍宝，永乐间尹山西定襄，坐累谪戍于贵，子孙因家焉。曾大父源，隐德弗曜，善诗翰，名重乡评。大父英，乡贡进士，教谕河西，尝上疏言边务十三事，上嘉纳，寻赐施行。正统之季，云南孟养不庭，出师讨之。又劾其主将失律，上即用往参其军事，度非便诣（阙）自陈，在廷公卿，有交章欲荐，处以言路，会己巳之变，不果，父木，治礼经，两试不偶，遂弃去，赞祖戎役，累功升百户。母越氏，有淑行，以成化甲午闰六月十八日生荩臣，生而颖异，深沉有大志，不苟言笑，寡嗜欲。在襁褓时，指字训之，屡试不易。自幼即知嗜学，清苦镌研，寒暑不少间。经子群书，过目不忘，褎然成文，而卒归于理。父尝顾曰：振祖风者，必是儿也。甫冠，补郡庠弟子员。御史王公一言一见其文而奇之，每延入院，与论终日。余精古诗文，草书近古名家法，似有不学而能者，其天性之聪明，类如此。以诗经领弘治乙卯乡荐书，第已未进士，试政户部，凡律令格例，无不练习。明年大理评事员缺，吏部推荩臣补之。守官清慎，用法明允，凡内外谳狱差爽者，辨（辩）驳无少顾忌，人以为难。迎父母就养，洎来京师，会三年考最，偕赴阙下受恩诏，进阶文林郎，父封如其官，母孺人。自是日孳孳以修职业为事，贤声籍籍，升左寺左寺副，阶承务郎。堂卿王公轼辈咸器重之，方以跻高位，著大事业为期，不意父偶婴疾，毕力调治，竟为不起，哀毁逾礼，援例解官舁榇还贵，便道玉山省祭先陇，有废落者，悉加修理。族人有久负偿者，悉取券焚之，人多以为德。甲子冬抵家，举大事，惟（唯）谨侍养大母，每问慰有常，诚敬益笃。砥砺弟惠精举子业，恒指古人忠孝者为勉，友爱怡怡，惠亦垂成。服阕，将北上，疾作甚剧，越六日，忽起命更衣毕，遂卒。时正德改元丙寅八月七日也。得年三十有三。娶范氏，封孺人，太学博士冠之女，恭顺协德。子男二，长云章，承祖荫优给；次云行，俱幼。卜以次年闰正月十五日归窆西原，祔先兆焉。呜呼！荩臣之志不可谓屯矣，弟为其德其才，未能弘其所施，若天假其年，大书特书，不一书将有不可靳者，惜未见其止也。是宜有铭，铭曰：嗟嗟荩臣，美荐于身。未究于人，如苗斯秀，而实未成。天固为之，夫谁使然。谁其方之，有古子渊。以世厥问，闷辞幽阡。

按：詹恩墓志铭，于一九五四年在贵阳城西出土，志石现存贵州省博物馆，志文楷书，志盖“大明承务郎大理寺左寺副詹公之墓”十五篆字，明正德二年（1507）刻石。

（二）汪大章

汪大章传记资料

《弘治十二年进士登科录》

汪大章，贯贵州普定卫，官籍，直隶休宁县人。国子生，治《书经》。字一夔，行二，年二十，五月二十八日生。曾祖祥，遇例冠带……父汉，训导……聘王氏。云贵乡试第八名，会试第九十二名。

《国朝历科题名碑录初集·明弘治十二年进士题名碑录》

汪大章，贵州普定卫，官籍，直隶休宁县人。

《皇明进士登科考》卷九

汪大章，贵州普定卫籍，直隶休宁县人。

《皇明贡举考》卷五

汪大章，贵州普定卫。

《明实录·武宗实录》卷八十二

甲午……升……锦衣卫经历汪大章为浙江按察司佥事。

《明实录·武宗实录》卷一百二十五

甲寅，升浙江按察司佥事汪大章为云南布政司左参议。

《类姓登科考》七阳

汪泽，浙江余姚人，弘治庚戌二甲……汪标，南直祁门人，己未二甲。汪大章，贵州普定卫人，三甲。

嘉庆《大清一统志》卷五百零一

汪大章，普定人，弘治中进士，累官参议，有政声，以事忤刘瑾，告归。

弘治《贵州图经新志》卷十四

汪大章，普定卫人，弘治八年（1495）举人，十二年进士。

嘉靖《贵州通志》卷六

汪大章，中己未进士，历任云南左参议。

嘉靖《贵州通志》卷八

进士坊为汪大章建。

嘉靖《贵州通志》卷九

大章幼年称为奇童，至二十联登科甲，历官廉介，不阿逆瑾，所经官处，皆入名宦，宣慰司学亦崇祀乡贤。

万历《贵州通志》卷六

汪大章，幼称奇童，二十联登科甲，历官廉介，不阿附逆瑾，所经宦处，皆入祠祀。

万历《黔记》卷四十六

汪大章，普定卫人，弘治己未进士。幼称奇童，年二十登第。历官参议，不附逆瑾，所经宦处，皆入祠祀。

《本朝分省人物考》卷一百一十五

汪大章，普定卫人，弘治己未进士。幼称奇童，年二十登第。历官参政，不附逆瑾。所经宦处，卓有声绩，咸祠祀之。

康熙《贵州通志》卷十六

汪大章，安顺人，官参议。

汪大章，普定人，第八名，己未进士。

康熙《贵州通志》卷十八

普定人，弘治己未进士，幼称奇童，弱冠登第，历官参议，声名籍甚。以事忤刘瑾，遂告归。

乾隆《贵州通志》卷二十六

汪大章，安顺人，官参议。

汪大章，普定人，己未进士。

乾隆《贵州通志》卷二十八

汪大章，普定人，弘治己未进士。幼称奇童，弱冠登第。历官参议，声名籍甚，以事忤刘瑾遂告归。

咸丰《安顺府志》卷三十八

弘治己[①]未进士，幼称奇童，弱冠登第，历官参议，声名籍甚，以事忤刘瑾，遂告归。按，世传大章五岁仆携之涉沟，命之跳，坠湿履归，父责之。大章应曰："跳则失足，从仆之命，遂未尝跃而过也。"奇之，聚书于楼扃，使读皆成诵，且曰："惟时宪书须重读始不讹。"使之诵，无一字错杂者。大章之亮节已无考，谨附此以为奇童之证。

乾隆《云南通志》卷十八上

汪大章，普定人，进士。

① 《安顺府志》清咸丰元年（1851）刻本原作"乙"。

六、明武宗正德朝

（一）侯位

1. 侯位传记资料

《正德六年进士登科录》

侯位，贯湖广平溪卫，官籍。国子生。治《易经》。字世卿，行五，年四十五，十月二十八日生。曾祖辅，正千户。祖□，正千户。父□，指挥使。前母毛氏，母夏氏。慈侍下。兄爵，指挥使；禄，监生。弟勋。娶许氏，继娶李氏。湖广乡试第四十二名，会试第一百七十名。

《国朝历科题名碑录初集·明正德六年进士题名碑录》

侯位，湖广平溪卫，官籍。

《皇明进士登科考》卷十

侯位，湖广平溪卫人。

《皇明贡举考》卷六

侯位，湖广平溪卫。

《明实录·世宗实录》卷一百一十四

丙子，升福建布政使司右参政侯位为四川右布政使。

《明实录·世宗实录》卷一百四十九

癸未，升四川左布政使侯位为南京光禄寺卿。

《国朝列卿纪》卷一百

侯位，字世卿，湖广平溪卫，军籍，江西永新县人。正德辛未进士，授丘县知县。九年，调无锡知县……十年，升南京刑部贵州司主事。十一年，调兵部职方司主事。十六年，升本司员外郎。嘉靖元年（1522），升车驾司郎中……十年，升四川左布政使。十二年，升南京光禄寺卿。本年，升都察院右副都御史、总理粮储兼抚应天等府。十五年，丁忧回籍，被劾为民。

《楚纪》卷四十二

侯位，字世卿，平溪卫人。正德辛未进士，授知县。召入为兵部主事，转车驾员外、武选郎中，出补山东参议。历升都御史，巡抚应天、督理京储致仕。

《类姓登科考》十一尤

侯位，湖广平溪卫人，右副都御史、巡抚应天。

乾隆《贵州通志》卷二十八

侯位，字世卿，平溪卫人。弘治乙卯举人，正德辛未进士，初授无锡知县……后升江南操江巡……转都御史。

嘉靖《贵州通志》卷六

侯位，中正德辛未进士，历任南京巡抚都御史。

嘉靖《贵州通志》卷八

都宪坊在府东城外，为御史侯位建。

康熙《贵州通志》卷十六

侯位，思州人，官巡抚副都御史。

康熙《贵州通志》卷十八

侯位，字世卿，平溪卫籍。寄思州府学，正德辛未进士。知无锡县，历兵部郎中、山东参议、南光禄寺卿，迁副都巡抚应天。时母夏年百岁，位陈乞终养不允，特命有司给绢米。嘉靖二十五年（1546），母百二岁卒，位请祭葬，庐墓所，悬车十余年，虽至戚罕见其面，旧志称其抗疏，受廷杖殁，不知何所据也，今从《黔记》。

乾隆《贵州通志》卷二十六

侯位，思州人，官巡抚右副都御史。

乾隆《贵州通志》卷二十八

侯位，字世卿，平溪卫人，弘治乙卯举人，正德辛未进士。初授无锡知县，判断如神，日了百余事，民咸心服。邑当水陆之冲，往来驿使络绎，位性刚毅，不畏强御，行取兵部主事，转武库司郎中。疏谏武宗游幸，受廷杖，直臣之名满天下。后升江南操江巡抚，奏减浮粮，清海防，恤士爱民，兴利除弊，转都御史。母百岁，奉旨建坊，霍韬有文载通志。

乾隆《玉屏县志》卷七

侯位，由无锡县知县、行取兵部主事转员外郎。升福建布政司，累官操江巡抚、兵部左侍郎、应天都御史。万历癸未科朱国祚榜。

乾隆《玉屏县志》卷八

侯位，字世卿。正德辛未进士。初任无锡知县。判断如神，日了百余事。民威心服，后乃无讼。邑当水陆之冲，往来驿使络绎。位性刚毅，有不畏强御声。力学好古，惠泽及人。事见《无锡县志》。行取兵部主事，转武库司郎中，偕同官黄巩等，疏谏武宗游幸，廷杖降革。世宗即位，起用废谪诸臣，洊历山东参议、福建布政使、南京光禄寺卿。所至政绩茂著。升兵部右侍郎、右副都御史、江南操江巡抚。清海防、肃军政、察吏治、恤民隐，奏减浮粮八万余石，为德于南人甚溥。后转都御史，世宗宠眷甚渥。位感激图报，责难陈善，疏上多蒙嘉纳。顾性恪慎，有口不言、温室树之遗意焉。母一百八岁，赐银建坊，殁赐祭葬，乡党至今犹以为荣。霍韬有文，载《艺文志》。

《黔诗纪略》卷二

（侯）位，字世卿，平溪卫人。举弘治八年湖广乡试。正德六年进士。授无锡知县，裁决敏速，日了百余事，曲直无不餍众心，民惊以为神。县当水陆冲，驿使往来，需索无厌。世卿性刚毅，不畏强御，一切以法应之，得强项声，行取兵部主事，转武库司郎中。武宗好游幸，累抗疏谏，受廷杖。久之，升江南操江巡抚。奏减浮粮，清海防，存恤百姓，兴革利弊。母夏守志百岁。世宗敕建坊，不许终养。母卒，赐祭葬。服除，晋都御史。寻卒。著作散逸，惟（唯）《平溪志》所载一律而已。

嘉庆《大清一统志》卷五百零六

侯位，平溪卫人，字世卿，正德中进士。历官兵部郎中，不畏强御，疏谏武宗微行。受廷杖，直声大振。嘉靖中，累迁至左都御史。

万历《黔记》卷四十四

侯位，字世卿。平溪卫籍，江西永新县人。平溪故无学，公寄学思州府，又为思州人。正德辛未进士。初仕无锡县，历兵部郎、山东参议、南京光禄寺卿，迁右副都御史巡抚应天。公之抚应天也，会太夫人夏氏年百岁，公自陈乞终养。

吏部侍郎霍韬议曰："古者圣帝明王之御天下也，巡狩至于方岳，询百年者就见之，敬老也。天下有百年之老，天下和平之气之征也，是帝所以申敬也。汉文帝者，三代以后，盛德之主也。不时使人存问长老，八十以上赐米肉，九十以上赐絮帛，亦所以敬老也。老者敬焉，所以劝天下之孝也。文帝导民以德之实也。皇上登极，屡颁恩诏：凡高年民八十以上，俱令郡县有司给赐米肉布帛有差。凡以风天下而敦化基也。今都御史侯位母夏氏，寿跻百龄，尤世稀有，是皆我国家敦大博厚之气，熏蒸衍溢，钟为上寿，天下生灵命脉悠久之祥。夏氏孕和协瑞，产自全楚，实我皇上龙飞之地，又圣德造命无疆之祥，敬老尚年，古今通义。都御史侯位自任巡抚，凡财赋之稽查，百姓之存恤，利弊之兴革，竭力效忠，地方甚有赖焉。今拘于例，难准事亲，伏望皇上敕令本官，照旧供职，仍行湖广抚按有司申敬老之制于夏氏，加酒肉粟帛之惠，则厚其亲，其子莫不劝，移孝为忠，侯位将感激图报愈无穷。厚一人，民德因以归厚，风化益淳，政治益有裨矣。"

上曰："侯位不准侍养，夏氏着有司给绢米。"一时缙绅艳以为荣。嘉靖二十五年（1546），太夫人百二岁卒，公请祭葬，庐墓所悬车十余年，杜门寡交，即至戚弗与觌。家在平溪，徙辰州。子孙仍居平溪。平溪建学，实自公始。士至今德之。

玭衣生曰：予考通志、郡志，侯中丞公事不少概见。已，询之平溪故老及其家，始得夏夫人百岁录及公制敕。予读世皇帝敕曰："侯位忠诚体国，廉慎率属，风纪振扬，具有成绩。"公之素可知已。第母百岁，不恳乞身归养，彩服朝绅之重轻，果何如邪？

《黔诗纪略补》卷中

（侯）位，字世卿，平溪卫人，举弘治乙卯湖广乡试，正德辛未成进士，仕履具莫氏《纪略》。

《本朝分省人物考》卷一百一十五

侯位，字世卿，平溪卫籍。平溪故无学，位寄学思州府，又为思州人，正德辛未进士。初在无锡县，历兵部郎、山东参议、南京光禄寺卿，迁右副都御史，巡抚应天，其抚应天也。会太夫人夏氏年登百岁，乃自陈乞终养。吏部侍郎霍韬议曰："古者圣帝明王之御天下也。巡狩至于方岳，询百年者，就见之，敬老也。天下有百年之老，太和元气之征也。古帝王所以申敬也。汉文帝三代以后盛德之主，不时使人存问长老。八十以上以赐米肉，九十以上赐絮帛，亦所以敬老也。老者敬焉，所以劝天下之孝也。"

皇上登极，屡颁恩诏：凡高年民八十以上，俱令郡县有司给赐米肉布帛有差，凡以风天下而敦化基也。今都御史侯位母夏氏，寿跻百龄，尤世希有，是皆我国家敦大博厚之气脉，熏蒸衍溢，钟为上寿。天下生灵命脉悠久之祥，夏氏孕和协瑞，产自全楚。

实我皇上龙飞之地，又圣德造命无疆之祥，敬老尚年，古今通义。都御史侯位自任巡抚，凡财赋之稽查，百姓之存恤，利弊之兴革，竭力效忠，地方甚有赖焉。今拘于例，难准侍亲。

伏望皇上敕令本官，照旧供职，仍行湖广抚按有司申敬老之制于夏氏，加酒肉粟帛之惠，则厚其亲，其子莫不劝，移孝为忠。位将感激图报，愈无穷矣。

上曰："侯位不准侍养，夏氏着有司给绢米"，一时缙绅艳以为荣。嘉靖二十五年（1546），太夫人百二岁卒。位请祭葬，庐墓所悬车十余年。杜门寡交，即至戚弗与觌。家在平溪，徙辰州，子孙仍居平溪。平溪建学，实自位始，士至今德之。

2. 侯位诗文

《黔诗纪略》卷二

位母寿跻期颐敕赐建坊恭纪

陈情未许遂乌私，优典惊传到楚陲。朝议竟称龙邸瑞，臣心欣逐凤书驰。遥知棹楔辉闾表，大胜斑斓慰母慈。薄海自今皆寿域，恬熙岁月乐无期。

《黔诗纪略补》卷中

晚眺

芳城一抹夕阳红，绕郭沅江水接空。好是平溪新雨后，玉屏山色画图中。

（二）田秋

1. 田秋传记资料

《皇明吉安进士录》

田秋，布政（使），贵州籍，庐陵。

《国朝历科题名碑录初集·明正德九年进士题名碑录》

田秋，贵州思南府水德江长官司，民籍，德江司人。

《皇明进士登科考》卷十

田秋，贵州水德江长官司人。

《皇明贡举考》卷六

田秋，贵州水德江长官司。

《明实录·世宗实录》卷二百三十四

壬辰……升四川按察使田秋为广东右布政使。

《类姓登科考》一先

田秋，贵州水德江长官司人，三甲。

嘉靖《贵州通志》卷六

田秋，中甲戌科进士，历任广东左布政使。

嘉靖《思南府志》卷六

田秋，水德司人。正德九年（1514）登状元唐皋榜，授福建延平府推官，复任河间府推官，升吏科左给事，转户科都给事中。

嘉靖《延平府志·官师志》卷五

田秋，字汝力，贵州思南人。正德甲戌进士，延平府推官。

嘉靖《河间府志》卷十七

田秋，字汝力。贵州思南人。进士。嘉靖六年……后选工科给事中。

乾隆《贵州通志》卷三十八

田秋，字汝力，号西麓，思南人。正德甲戌进士，历给事中，建白最多……子时中，举于乡；时龙，举乡试第一。

《明代基本史料丛刊·奏折卷·奏请设位享祀田秋疏》

臣等荷蒙圣恩，莅任滇黔，咨询士俗文风，前经奏闻在案。兹据庚午科举人邵鸿儒等投递恳呈前来。呈称：

旧日，滇黔共科考试，惟（唯）乡绅田秋，搬移黔省科场，捐买试卷，置买卷田。诸生载德难忘，建立牌位一座，恳设明远楼，配魁享祀，神人两祝。后人除正项钱粮照旧完纳，其余杂差祈恩优免，庶乡绅得以贵重，而后嗣亦沾仁慈等情。据此，臣等会议，姑准设位享祀，除正项钱粮照旧征收，其余杂差不准澜派，给以公据。

伏候皇上睿鉴，请旨定夺。

督臣舒凤翼、抚臣王有能谨疏。

万历四年三月初一奏。

朱批：依议。钦此。

万历四年四月十二日内阁钞出。

《本朝分省人物考》卷一百一十五

田秋，字汝力，曾祖永富，洪武初游学思南，因家焉。正德甲戌登进士，历官礼科左给事中。刘瑾初诛，珰焰犹炽，秋奉敕清查御马等监，裁缩至七万夫，食至七万石，查光禄大夫常庖厨力役，又裁至二千四百余夫。因陈谨饲秣、慎稽考十二事，斟酌未尽三事，皆塞冗食之孔，扼中贵之咽者。都御史汪鋐奏坛郊外，凡坟墓悉令迁平，以扩壝址。疏下，涕泣载道。秋疏略曰："都城村落万冢鳞次，怀土重迁，夫人常情。而经发朽骨，尤伤孝子本意，欲以致天地之享，反以伤天地之和。"疏入，忤旨而泽及枯骨矣。

思南偏处一隅，流移啸聚，酋播蚕吞，秋请设兵备。

贵州往贵士赴试云南，跋涉甚艰，请另立选闱，以宽制额，疏入，从之。肃皇修饬山陵，豫建寿宫。大臣首进开矿之策，极陈其不可者三，后试行之。都御史党以平解矿石六十斤，工部煎银止十五金。而解官王恺称掘夫百名，防军百名，灯油、捶凿、厂房、饩廪费不下百金，是所出浮于所入，而矿所地名荆子谷，密迩边墙，又易起衅，复抗疏乞罢。

历升广东右布政，上疏请告。病革，草《训子略》，正衣冠而化。所著有《西麓奏议》若干卷。

《田秋诗文校注》卷三《附录·广东右布政使田公行状》

公田氏，讳秋，字汝力，号西麓。出魏博节度使田弘正之后。宋南渡时有官于朝者，徙庐陵什香之南园。曾祖永富，洪武初，从江西庐陵游学思南，因家焉。祖万钟以孙秋贵，赠大中大夫、福建右参政；祖母刘氏赠淑人。父显文累赠大中大夫、福建右参政；母汪氏赠太孺人，加赠太淑人。参公生子三人：长谷，壬子科云贵举人；次稠，岁荐；又次，公也。

公生而颖异，四五岁时，读书过目成诵，日记数千言。七岁能文，郡伯李公因访伯兄，唤出谒见时，历试偶辙，立应无难色，郡守公甚奇之，欲以女妻，不果。十岁补郡弟子，十三食饩官，十七正德庚午科以易中云贵乡试。明年，上春官回，始亲迎孺人张氏也。

二十一甲戌登进士。时太参公七十有二，太淑人亦六旬有五。伯兄素齐，作县新津；仲兄松轩，分教邛州。公观政户部，喟然叹曰："双亲暮景，二兄外宦，彼之老成，正当输忠。我以少年，孝养非我职乎？矧茕然在堂，心腹恋恋，敢忍拜官耶！”遂疏养病，为归省计。抵家，一意敬孝，烹药煮粥，皆亲执职其事，毫不干有司。创一室于舍左，暇则读书、读律于中，为经世计。身不作帛，出且无车，阛阓中，布衣徒行，摩肩连袂，不校也。至今父老戒子孙，必引公之仪约为训。

家居且八载，至嘉靖壬午，适素齐公以曲靖府通判致仕，强公北上。太参公亦曰：“恩命之光荣，愈于膝下之承欢也，有离忧而亲心乐，汝不闻乎？”公乃辞亲起家至京邸，谒铨曹太宰乔白岩公，授福建延平府推官。虽筮仕，而才猷老练，每事如熟路轻车，当道荐剡交上。

甲申十二月，奔太参公讣音。丁亥服阕，起复到部，补直隶河间府推官，声愈风厉，守愈峻严，洗冤毁成案而不惜，伸法虽豪右罔避。

戊子春，行取到京，授户部给事中。庚寅升礼科左给事中。公在二科，其所以身披龙鳞而争是非者，更仆未易数。每以买直为嫌，稿多不存。如御用御马，尚衣尚膳，正婵貂之利弊也。刘瑾初除，而气焰犹炽，干没其间，盖有大臣不敢问，小臣不敢言者。公始而奉敕清查御马等监，则裁缩至七万夫，食至七万石。寻奉查光禄、太常庖厨力役，又裁去二千四百余夫，是清百年之弊窦，而苏万姓之膏脂也。因谨饲秣、慎稽考十二事，斟酌未尽三事，皆塞冗食之孔而拒中贵之喉者。云南镇守罗太监以采珠至境，钱能遂煽乱诛求，代瓜飏祸矣。会刘福安往代。公疏略曰：“中官相继，大抵袭钱能之故智，满壑豁之贪婪，于地方无分毫益而有骨髓害。内臣视云南为奇货而钻刺必得，云南视内臣为负狼而驱逐不去”。疏入，中官益为切齿，而萋斐之口果进矣。赖圣明御极，得不谴诃。

勋戚之家，岁禄千百石，而请美田宅者复连篇。公恐他日有如昔人所云：尽天子郊，不足为地者。公疏谓：“中间系先朝锡予者，既不可夺。请照清查文册，为之折色，而募兵耕敛。”当时贵戚为之敛手焉。

都御使汪鋐奏：“坛郊外，凡坟墓悉令迁平，以廓壝址。”疏下，而涕泣者载道。公疏略曰：“都城村落，万家鳞次，怀中重迁，人之常情。而轻发朽骨，尤伤孝子之本意，欲以致天地之享，反以伤天地之和。”虽疏入，忤旨，而枯骨有知，不闻而解颜，即以消民变。则疏曰：“大臣过误，重谴者，荷戈戟于穹荒，褫衣冠于草莽；薄罚者，奔走于车尘马足之下，凄楚于蛮烟瘴雨之中。恐乖和气而致祲灾，以裁冗兵。冒死事者优给，抱疾者有酬恩。”则疏曰：“平生无横草之功，而重禄及于疲癃，祖父负牖下之羞，而厚尝及于子孙，既多滥给禄、缺正粮。请于延平而设县治，以控远人；请于河间稍宽牧役，以舒民困。”公之知无不言也。

思南僻处一隅，流移易于啸聚，酉播为次蚕吞，请设住（驻）扎兵备，而今获疆场宁谧之休，公之有功于地方也。

贵州并科云南，途远赴试，跋涉甚艰。请另选开闱，且增科额。碑记复囊，掖疏之功，公之有功于英才也。至今每科临场祀魁，公与按台王公咸配享无穷。合郡士大夫及往年当道屡欲建祠，特祀之。

辛卯，充荣府册，封副使。荷恩命，赠礼科给事中，封母太孺人。便道归，奉太孺人冠服于堂上，行焚黄之礼于墓前。是岁，复命到京，旋闻太孺人之讣。癸巳服满，已无仕进意。以二子奇才，三年间，惟（唯）草堂中同长男时中、次男时龙，并素齐兄之子时雍，日夜课业。明年，甲午科云南乡试，时中年十八，遂中第八名；时雍年二十，中第四十名。

丙申，已服满三年，迫于禁例，四月员到京，补史科左给事中，五月升户科都给事中。时皇上修饬山陵，豫建寿宫。大臣首进开矿之策，公陈不可之状者三。后试行之。都御使党以平送到矿石六十斤，工部煎得银十五两。而解官王恺称：掘夫百名，工二十余日；防军百名，守亦二十余日；灯油、槌凿、厂房、饩廪之费，不下百两，是所出浮于所入。而开矿处所名荆子谷，密迩边墙，又易起衅。公复上疏乞罢。此其诚省一时之浮费，实杜万世之乱阶也。请发大同边饷，而充三军挟纩。请赈川陕之灾伤，而使万姓生春。论合祭非正，而厘大典之乘。请设婺川安顺印江之学，而开汇征之路。十二月升福建布政司右参政，过家。丁酉八月到任，总督粮储，合省之转输，毛猬鳞集。公立有程限，朝到暮发，胥吏毫不能染指，而风清弊绝。如泉州延平山溪险远，瑶贼扰害，公握笏镇守，威信素著，以成算获其渠魁，遂终不敢跳梁。复遇恩命，赠祖父太参、祖母太淑人；加父太参，母太淑人。

己亥升四川按察使，十月到任。其明刑弼教四之功，种种难述。如时值饥荒，灾民垂涎仓粟，赴诉抚台，皆听其请，尽将大户仓廒封固，令民搬运。大户怨声沸腾，将谋不轨。公毅然曰："物各有主，如此欲以济民，反致激变。"白于抚台，尤直拗不许。公出乃曰："古有奉命者便宜行事，矧我守土官乎？"令揭封皮示，勤劝借贷，大姓帖然，而民亦存活。自开设川盐以来，贵州江流阻塞，盐利不得入贵，官民两病。公条刺两台，使疏上报，遂凿壅疏流，传檄谕商贾，货盐入贵者赏。民皆乐趋，往来不绝，迄今盐十余载，不艰于贵，而岁获千百之税，利何溥也，

庚子夏，升广东右布政使。过家，适次男时龙领贵州乡试，荐解元。十二月到任，便道原籍庐陵访什香村落，拜先人墓，置买祭田，刻木本水源碑记，令世世无忘焉。到任督粮，佐蔡半州司马征琼州之黎。

辛丑夏，往总督毛尚书处，会议地方事。师次雷州，闻二男会试，联丧京邸，不胜愤恸。遂上疏告疾，再疏得准。家居，修饰先茔，创建祠堂，买祭田以供粢盛，置邸舍以充祭物。暇则修桥梁，治药饵，以惠乡民。耕凿之外，别无经

营以自封，未尝轻入官府干挠公事。

己酉，铜平苗叛，入寇印江思南，患在肘腋，时都请兵宪南渠林公摄事，艰危万状，屡就谒问计。公出赞其谋，罄私囊以助兵饷，脔耕牛以犒战卒，始议高城深池，保障一方。今合郡士民安枕而卧，平酋数十年不敢南向而窥其隙者，纤毫皆公力也。巡按赵公举境内人才，疏曰："公直谅之声久著谏垣，惠爱之实素孚闽广。议论慷慨，志不安于小成；砥行无怠，雅重乡闾之望；闭门却扫，益甘邱壑之穷。忧国之诚，每形辞色；济时之略，俱见生平。年力未弃，尚堪实用。"巡按张公亦疏云："修池御苗，先居民而戮力；据守要害，赞郡长以设谋"。都督潘公亦疏云："立朝著蹇谔之风，边隅盖希见之凤，而云霄羽仪，众方拭目者也。"三疏交征，公未尝凯一念焉。

至嘉靖丙辰冬十月二十四日，卒于正寝。先三日，召亲戚、诸子侄宴会永诀，草章训子略，嘱后事，正衣冠，怡然而化，人以为盛德之报云。呜呼！公可以瞑目矣！

公性资严毅，仪状魁伟，言动毫不逾闲，颦笑常自爱惜，孝忠得于性成，直戆率诸天赋。少年科第，不以贤智先人；黑发投闲，耻干谒于近贵。待人温良如玉，应事剖决如流。入官虽二十年，历俸不过九载。仓卒求归，不持一物。乐引后进，礼惠高年。诗文自娱，琴鹤怡情。地方有事，当道往叩，偶一言以应之，訚訚寓隐讽之规。闾阎或忤子弟求判，徐徐两言以决之。侃侃有刚直之度，范型乡里，取法时流，进固有裨于社稷，退亦有益于生灵。闭门山居，少涉城市。虑族人之久而易涣，访古制，春秋于祠堂中宴会，以联属之。呜呼！我公在国有谋断之忠，在家缵无前之绪。忠耶？孝耶？可谓成人耶！

公生于弘治甲寅，距嘉靖丙辰卒，享年六十有二，娶妻张氏，侧室魏氏、周氏、余氏、王氏。张氏累封淑人，经府张文建长女，性慈孝，事公姑，汪太淑人得其欢心，尤能逮下。有妊姒之德，生男三人：长时中，甲午举人，娶李氏，驿宰李公女；次时龙，庚子解元，娶罗氏，照府罗公女；又次时都，国学生，先聘大参同野李公长女，未及婚期早殁，再娶安氏，正长官安公女。生女五人：长适张钦辰，次适三尹申守干，次适大尹罗国贤，皆淑人出也；次适吏目张建辰，余孺人出也；次适大尹罗明贤，王孺人出也。孙男三人：长于郏，娶申氏，三尹申公女；次于邡，娶张氏，庠生张公女；又次于郃，娶罗氏，南京都察院经历罗公女，俱府庠生。孙女一人，适敖中丞梅坡公季子、生员敖引。皆都子也。曾孙华国尚幼。

公卒三月余，时都恸哭于家，将以本年十月二十四日葬于昔乐溪之原。以状属钦辰。

呜呼！钦辰荷公罔极，知公最深且实，待属纩、躬殡敛，见公终始，非钦辰其谁是？故稽首垂泣，为之撰次，以俟巨公采而铭。呜呼！公实有遗德，非钦辰所能殚述也。

嘉靖三十六年（1557）二月朔日

承德郎、广西梧州府通判、前乡进士、子婿张钦辰泣涕谨状。

注：张钦辰系嘉靖二十二年（1543）贵州举人，故自称“前乡进士”。

嘉靖《思南府志》卷六

田秋，水德司人，正德九年（1514）登状元唐皋榜，授福建延平府推官，复任河间府推官，升吏科左给事，转户科都给事中。

万历《贵州通志》卷十六

田秋，历任广东左布政使。在谏垣，建白最多，革内监局冗食，停云南镇守内臣，清光禄小经之费，裁太常多役之徒，酌御马监财用盈缩，议天地坛合祭非礼，奏贵州科目之开，倡本府城垣之议。乡人葬祭昔用浮屠，秋倡以家礼民，翕然从之。所著有《西麓奏议》。

万历《黔记》卷四十四

田秋，字汝力。曾祖永富，洪武初从庐陵游学思南，因家焉。正德甲戌，登进士，历官礼科左给事中。刘瑾初诛，珰焰犹炽，公奉敕清查御马等监，裁缩至七万夫，食至七万石。查光禄太常庖厨力役，又裁至二千四百余夫。因陈谨饲秣、慎稽考十二事，斟酌未尽三事，皆塞冗食之孔，拒中贵之喉者。

都御使汪鋐奏坛郊外，凡坟墓悉令迁平，以廓壝址。疏下，涕泣载道。公疏略曰：“都城村落万冢鳞次，怀土重迁，夫人常情。而经发朽骨，尤伤孝子本意，欲以致天地之享，反以伤天地之和。”疏入，忤旨而泽及枯骨矣。

思南僻处一隅，流移啸聚，酉播蚕吞，公请设兵备。贵州并科云南，士远赴试，跋涉甚艰，请另选闱。疏略曰：“永乐年间初设贵州，制度草创，且以远方文教未洽，故附乡试于云南。今列圣休明，治教百五十余年，皇上维新之化又八年于兹。远方人才，如山木得雨露，日渐生长，固非昔比。臣愚为开科盛举，正待今日。且贵至云南相距二千余里，如思、石等府且有三四千里者。盛夏山路险峻，瘴毒侵淫，生儒赴试，其苦最极。有贫无为资者，有弱不能徒者，有不耐苦辛返于中道者，有中冒瘴毒没于途次者，此皆臣亲见亲历。今幸叨列侍从，乃得为陛下陈之。边方下士望天门万里，扼腕叹息，欲言不能者多矣！又臣闻，国初两广共科，其后各设乡试，渐增解额，至今人才之盛埒于中州。又安知他日之贵州不若两广乎？议者或病于费，臣窃以为，贵州虽赴云南乡试，举人坊牌之费贵自办也，鹿鸣之宴贵州之备也，今所加者不过三场供给，试官聘礼耳，求才巨典又可靳于区区小费乎？”疏入，从之。

肃皇修饬山陵，豫建寿宫。大臣首进开矿之策，公陈其不可状者三，后试行之。都御使党以平解矿石六十斤，工部煎银止十五金。而解官王恺称掘夫百名，防军百名，灯油、槌凿、厂房、饩廪费不下百金，是所出浮于所入。而矿所地名荆子谷，密迩边墙，又易起衅，公复抗疏乞罢。

历升广东右布政，上疏请告。病革，草《训子略》，正衣冠而化。所著有《西麓奏议》若干卷。

玭衣生曰：田方伯予郡人，赴粤道庐陵，访什乡村落，拜先人坟墓，市祭田。刻木本水源碑，令世世无忘，何其孝也。读《西麓奏议》，剀切详明，岂忠故孝移邪。方伯子时中、时龙，从子时雍俱举于乡，而时龙发解即未竟，厥施德盛流光矣。

乾隆《贵州通志》卷二十八

田秋，字汝力，号西麓，思南人。正德甲戌进士，历给事中，建白最多，革内府监局冗食，议郊坛迁冢事，奏停云南差镇内臣，清光禄不经之费，裁太常寺冗役，酌御马监财用盈缩，议天地坛合祭之非礼，疏请贵州开科，建府城垣。先是，乡人葬祭，俱用浮屠，秋遵家礼，众翕然从之。建先祠，置义田，以赡族之不能婚葬者。修桥梁，治药饵，惠济无穷。著有《西麓奏议》。子时中，举于乡，时龙举乡试第一。

道光《思南府续志》卷六

田秋，水德司人，号西麓，正德甲戌科，登唐皋榜，授延平河间府推官，升户科给事中，仕至广东左布政使，乞休，屡荐不起。详乡贤。

道光《思南府续志》卷七

田秋，字汝力，号西麓，正德庚午举人，甲戌进士，历给事中。建白最多，革内府监局冗食，议郊坛迁冢事，奏停云南差镇内臣，清光禄不经之费，裁太常寺冗役，酌御马监财用盈缩，议天地坛合祭之非礼，疏请贵州开科。置买卷田，先是乡人葬祭俱用浮屠，秋遵家礼，众翕然从之，建先祠，置义田，以赡族之不能婚葬者，修桥梁，治药饵，惠济无穷。著有《西麓奏议》，子时中举于乡，时龙举乡试第一。

《黔诗纪略》卷三

（田）秋，字汝力，号西麓，思南府人，正德五年（1510）举人，九年（1514）进士。授延平、河间推官，升户科给事中。历官广东左布政使。乞休，屡荐不起。祖万钟、父显文并有隐德。西麓在谏垣最有声。云南差镇内官恣虐，首奏劾停之。内府监多冗食，太常寺多冗役，光禄多不经之费，悉请裁汰。御马监用财无节，酌羸缩为之程，岁省费巨万计。（《明史·李承勋传》：“御马监未汰，复因给事中田秋奏，多所裁减。而请以腾骧四卫属部，核诡冒，制可。”）议郊坛不应侵迁民冢，天地坛不当合祭，皆引义侃侃。

先是，贵州未设乡闱，就试云南，近者二千里，远者三四千里，中隔盘江，夏秋多瘴，往试者不习水土，十病其九，士多裹足，文化不宣，西麓乃请开闱贵州。贵州抚按亦先后有言者，得报允。以嘉靖十六年丁酉科始。又买田供试卷费，乡里人士亦鼓舞奋兴。一二十年后，文章风节骎骎比中州焉。

四川灾民流入思南万余人，间有劫掠，请增设兵备副使，抚辑以防不虞，报可。请建思南府城，请置婺川、印江两学。建先祠，置义田，以赡族之不能婚葬者；治桥道，设药局，以济乡之不能医药者；乡人尚鬼，信浮屠，惑不可解，西麓一遵朱子家礼为倡，陋俗一变。著有《西麓奏议》。

子时中，举嘉靖十三年（1534）乡试。时龙举十九年（1540）乡试第一。西麓兄弟行有以弘治五年（1492）乡举者曰谷，性方正，精《易》学，知新津县，严明清慎，赈穷乏，锄奸宄，学校、城池以次修举，升曲靖府通判。寻，乞养归，不复出。谷子时雍，嘉靖十三年（1534）举人。官湖广远安知县。亦传谷学，惜诗皆无存。

民国《贵州名贤传》十一

在距今五百年前，明朝永乐年间，贵州建了省。但别的省份早就设了乡闱，贵州还是没有。想应乡试的青年，须远至云南去参加，正如以往各省都设有大学，偏是贵州没有，想考大学的青年，须远至省外去参加一样。当时贵州的地方官也知道青年学子感觉不便，曾上过奏折给皇帝，请开设贵州乡闱，然而终不见实行。

时至嘉靖初年，本省有位田秋先生，他很有胆量和眼光，这时他做谏官，他坚决地申请开设贵州乡闱，果然得着皇帝首肯。从此人才四起，文风直追中原。若论起扶持贵州文化的功劳来，真要推田秋做首功呢。

田秋字汝力，号西麓，思南府人。正德五年（1510）中举人，九年中进士。到福建延平、直隶河间等处做推官，不久升户科给事，最后做到广东布政司使，便请假回家，不再出去了。他一生的事业以做谏官最有名声，譬如云南的镇官，以滇省离京城很远，鞭长莫及，因此大施虐政，当时京中有关的官员，对这事都不敢过问，只有田秋首先具奏弹劾。又如当时京中的官署像内府监、太常寺、光禄寺、御马监等等，不是滥开伙食，便是滥用人员，或是滥报经费，结果一经田秋弹劾，便都弊绝风清。这可说是功在当时，名留后世。

2. 田秋诗文

《黔诗纪略》卷三

陈愚见以备遗策疏

臣见得巡按四川监察御史戴金奏内开称："川东道，饥民流移满道。"布政使凌相奏称："四川各处，盗贼渐起。"臣，原籍贵州思南府，与川东重庆、播州、酉阳等处接界。中间山溪平壤，连延千里。每次遇荒年，川民流入境内就食。正德六年（1511），流民入境数多。贼首方四，乘时啸聚，起于地名任仙峰，攻劫本府婺川县、石阡府龙泉司。地方官司，不早扑灭。遂于拥众数万，长驱入蜀。勤三省之兵，延数年之久，仅能除之。传闻今年流民入境者，络绎道途，布满村落，已不下数万，较之正德六年（1511）尤多。本处旱灾与蜀无异，去年虽有薄收，人多食少，势难周给。其间乘时抢掠者，已渐有之。本府僻在省城东北，川贵二省之交。守巡官或因带管别道，或因山路崎岖，往往岁不一至。今又延进镇雄府，抚按镇守诸臣，并力西向，势必忽此。

两府守臣，当衅孽未起之时，必互相推调，莫肯先事提防，今冬明春，兵变必起。臣请邻近知府或本处两司，推举素有才望官一员，量升副使职衔，授以抚民之任，往札思南府，整饬堤备，抚绥安插。边郡储蓄素少，原无军卫城池。乞于太仓之银，量运二三万两，前去赈济，备警精选民兵听用。若有不逞之徒，乘机骚动者，即行剪扑。土流巡捕官下乡扰害者，严行禁治。一应保障，抚处事宜，听其斟酌修举，庶患可禁于未萌，事得立于豫定而不蹈往年之覆辙矣。臣待罪言官，有此一得之愚谨以上，如赐采纳施行，则天下幸甚，生民幸甚。

道光《思南府续志》卷十二

岩门山

登高纵目尽清秋，万里云山在两眸。地脉不因巴水断，风光更与圣山浮。

鸟鸣木落空林响，竹暝烟生别涧幽。兴极马蹄随处到，恍疑身已在沧洲。

按：张子勇《田秋诗文校注》（光明日报出版社，2017 年版）一书钩沉田秋诗文颇多，兹不尽录。

（三）周昺

周昺传记资料

《国朝历科题名碑录初集·明正德九年进士题名碑录》

周昺，贵州永宁卫，军籍，江西宁州人。

《皇明进士登科考》卷十

周昺，贵州永宁卫籍，江西宁州人。

《皇明贡举考》卷六

周昺，贵州永宁卫。

《类姓登科考》十一尤

周昺，贵州永宁卫人，三甲。

嘉靖《马湖府志》卷二

周昺，五年任，由进士，永宁人。

嘉靖《宁州志》卷四

周昺，字文光。授湖广黄陂知县，升南京刑部主事，历官员外、郎中，马湖府知府。

嘉靖《贵州通志》卷六

周昺，中正德甲戌科进士，任四川马湖府知府。

嘉靖《贵州通志》卷八

秋官坊，为刑部郎中周昺立。
进士坊，为进士周昺立。

万历《新修南昌府志》卷十七

周昺，云贵中俱宁州人。

万历《黔记》卷二

九年春正月，赐思南田秋、永宁周昺进士。

康熙《贵州通志》卷十六

周昺，永宁人，官知府。

周昺，永宁人，第四十五名[①]，甲戌进士。

（四）汤冔

1. 汤冔传记资料

《正德十六年登科录》

汤冔，贯贵州宣慰司，民籍，直隶桃源县人。国子生。治《诗经》。字伯元，行一，年三十七，三月二十八日生……父轸，训导。……云贵乡试第三名、会试第一百六十六名。

《国朝历科题名碑录初集·明正德十六年进士题名碑录》

汤冔，贵州宣慰司民籍。直隶桃源县人。

《皇明进士登科考》卷十

汤冔，贵州宣慰司籍，直隶桃源县人。

《皇明贡举考》卷六

汤冔，贵州宣慰司。

《类姓登科考》七阳

汤继文，南直常熟县人，正德辛未二甲……汤虒，四川潼川州人，辛巳三甲。汤冔，贵州宣慰司人，三甲。

嘉靖《贵州通志》卷六

汤冔，中辛巳科进士。历任巩昌府知府。

嘉靖《贵州通志》卷八

进士坊在治城北门外，为进士汤冔题。

万历《黔记》卷四十六

汤冔，字伯元，贵阳人。年十四失恃，继母韩性严重，诸子弗敢近。弟邦、鼎皆亡去，惟（唯）公事以孝，卒致其慈[②]。正德戊辰，王伯安先生谪龙场，公[③]师事

① 乾隆《贵州通志》无“第四十五名”五个字。
② 此句《本朝分省人物考》写为“惟冔委曲承事，卒以孝致其慈”。
③ 《本朝分省人物考》作“冔”。

之。正德[1]辛巳成进士。历官南户部郎，出守潮州。潮剧郡，公割决如流[2]。至广济桥税，开元寺租，公[3]毫无所缁。缙绅请托不少徇，渎之再三，则糊刺堂壁以愧绝之，人由此衔公[4]。甫三月，改巩昌，便道归省。其在任思亲，有“肠断九回情独苦，仕逾十载养全贫”之句。居无何，中飞语归。莫年以诗自娱，与陈栗山唱和为多。所著有《逸老闲录》《续录》若干卷。公[5]性孝友。二弟出亡，公[6]从滇归，获邦于普城，为择室，助赀援例。历官登仕佐郎。惟（唯）求鼎不得，每以为悲。卒年八十一。子克俊，新兴州知州。孙师项，今为顺天府通判。师黄禄丰知县。

康熙《贵州通志》卷十八

汤冔，字伯元，贵阳人。年十四失恃，继母韩，性严重，弟邦、鼎皆亡去，惟（唯）冔事以孝，卒致其慈。阳明先生谪龙场，冔师事之。嘉靖（正德）辛巳成进士，历官南户部郎，出守潮州。潮，剧郡。政事裁决如流，监税租不一指染。缙绅请托不行，有渎者，则糊刺堂壁以愧绝之，人由此衔冔。甫三月，改巩昌，未几，中飞语归。其在任思亲，有“肠断九回情独苦，仕逾十载养全贫”之句。伤二弟出亡，时时物色，得邦于普城，求鼎不得，终身以为大戚。暮年以诗自娱，所著有《逸老闲录》《续录》，卒年八十一。子克俊，孙师项、师炎、师萃、师黄，曾孙景明、景暾，先后登科甲。

嘉庆《大清一统志》卷五百

汤冔字伯元，贵阳人。年十四丧母，继母韩氏性严苛，两弟皆畏惮出亡，独冔能致其慈爱。嘉靖中成进士，历官潮州知府，以风节自任，请托不行，有渎者则糊刺堂壁以愧绝之。未几改巩昌，解任归卒。

乾隆《贵州通志》卷二十八

汤冔，字伯元，贵阳人……正德辛巳成进士，历官南户部郎，出守潮州……改巩昌，未几，中飞语归……卒年八十一。子克俊，孙师项、师炎、师萃、师黄，曾孙景明、景暾，先后登科甲。

《黔诗纪略》卷三

（汤）冔，字伯元，贵州宣慰司人。其先自直隶桃源来籍。年十四丧母。继

---

① 《本朝分省人物考》作“嘉靖”。
② 此句《本朝分省人物考》写为“剖决如流”。
③ 《本朝分省人物考》无“公”字。
④ 此句《本朝分省人物考》写为“由此衔恨刺骨”。
⑤ 《本朝分省人物考》作“冔”。
⑥ 《本朝分省人物考》无“公”字。

母韩严急，两弟邦、鼎皆畏咎出亡。伯元事之，委曲尽善，卒致其慈。正德十一年（1516）举于乡。十六年成进士。累官南京户部郎，出知潮州府。潮剧郡，商旅辐辏，榷税猥杂，士夫又好请托以挠官府。伯元至，裁决如流，监税租不一染指，缙绅有干请者，则糊刺堂壁以愧绝之，人由是衔伯元。甫三月，改巩昌。未几，中潮势家飞语罢归。

伯元为京朝官十余年，守郡才数月，思亲不获迎养，辄遥望呜咽，有“肠断九回情独苦，仕逾十载养全贫”之句。伤二弟出亡，多方物色，得邦于普城；求鼎终身不得以为大戚。暮年以诗自娱。著有《逸老闲录》《续录》若干卷。卒年八十一。

王阳明先生守仁之谪龙场驿丞也，提学席副使书请居文明书院为诸生讲知行合一之学。席公公余常就见论难，或至中夜，诸生环而观听，常数百人，于是黔人争知求心性。得其传者首推陈宗鲁及先生。宗鲁得阳明之和；先生得阳明之正。文章吏治，皆有可称。宗鲁名文学，亦宣慰司人，年十余即能诗文，以诸生事阳明，乃潜心理学。阳明《居彝集》中独有《示陈宗鲁诗》盖进之也。正德十一年举于乡。累官耀州知州，改简告归，杜门不与世事。终日静坐，默记先圣语言与师说相证发，亦游艺染翰。或对客谈诗文，唯意[1]所适，殆无一时不自得。日者言其六十岁，将不利，乃预为《五栗先生志》。五栗，其自号也。又十六年始疾。客来视，曰：别矣！客去危坐而逝。著有《耀归存稿》《懒窝闲录》《余历续稿》（或云《余生续稿》）。余历者，不利岁后之所作也。其门人统编为《陈耀州诗集》又称《五栗山人集》。邵元善为《序》，谓其诗大半在溪山花月、杯酒游览间，语触趣而发，不强作。冲澹如栗里，萧散如苏州，沉郁蕴藉如少陵。而平生落落不偶于时，偃蹇寂寥以终其身，大都相似。今宗鲁三集与伯元两录并无一存。两先生承良知之派以开黔学，岂区区诗文足以重两先生？然而后生不见遗著，何所凭借以为师法？三百年来，庠序间几不知两先生名字。陈先生后裔亦不详谁某，文献荒略，惟（唯）有慨叹而已。

汤先生有子[2]克俊，嘉靖三十四年（1555）举人，官知州。孙师黄，万历七年（1579）举人，官审理；师项，十六年举人，官治中；师炎字子农，三十一年举人，官大理府推官。

天启初，贵州有奢安之乱，云南沾益土妇设科，武定土目张世臣补鲊，土目李贤等皆起，屡败官军，陷安南，围普安，道路不通，新除云南巡抚闵洪学由广西田州迂道赴任，以师炎忠壮，命监军讨贼，不利被执。大骂遂遇害。事闻，赐祭葬，赠光禄寺少卿，荫一子入监。师项子景明，字伯昭，同师炎万历癸酉乡

① 《黔诗纪略》点校本作“竟”。
② 《黔诗纪略》点校本作“事”。

举，四十四年进士。知河间县，擢[①]吏部主事，升郎中，出为荆西道右参政。性坦易，不饰边幅，与人交蔼然可亲，人或犯之，不校也。有女嫁同郡杨玉聪，流贼入黔，闻玉聪被执，投水死；景暾，崇祯十二年（1639）举人。在明三世，皆能世其家。国朝毛奇龄《王文成传》本谓其贵州门人有刘秉鉴，正德中进士。考《明史·桂萼传》：因事贬谪刘秉鉴等，得量移。世亦稍以此贤萼。《韦商臣传》："大礼"初定，廷臣下吏贬谪者无虚日，商臣上疏，有群臣"以咈中使逮问，则副使刘秉鉴"等十人之语，盖即其人，而《省志》不载，殆非黔人也。

道光《贵阳府志》卷七十三

汤冔，字伯元，贵州宣慰司人。年十四丧母，继母韩氏性严急，冔弟邦及鼎皆获咎出亡，冔事之尽孝，卒致其慈，闾里士大夫莫不称之。王守仁谪龙场，冔往师事，得知行合一之学。正德十一年（1516）举于乡，十六年杨维总榜成进士，屡官南京户部员外郎，出知潮州府。潮于两广号剧郡，商旅辏集，税务猥杂，士大夫又好请托，官于其地者多为所挠，冔至官，检核商税不逾旧制，稍有溢额，假云成规，隐以馈贿者立还之，士大夫有以事求者，锢其竿牍于堂壁以愧绝之。以故裁决庶政庶狱罔或有私，宵小屏迹，甫三月改巩昌。在潮时有一势家为冔所拒，造飞语于朝，冔竟为所中，罢官而归。冔性至孝，为京朝官几十年，守郡不过数月，不获迎养。每望西南辄呜咽不已，其诗有"肠断九回情独苦，仕逾十载养全贫"之句，盖出于至性云。邦、鼎之出亡也幼，继母在时，冔时时阴使人物色之，竟不能得，及冔既仕，又告于父，使数仆遍求，仅得邦于普安，而鼎终不能得。冔求之终身不获，每一语及辄自以为大戚，必泣下沾襟，其友于兄弟如此。暮年家居，闲为诗歌以自遣，所著有《逸老闲录》《续录》。卒，年八十一。

子克俊，嘉靖三十四年（1555）举人，官知州。孙师顼，万历十六年（1588）举人，官治中。师炎别有传。师莘，万历四十年（1612）举人，官知州。师黄，万历七年（1579）举人，官审理。师顼子景明、景暾，崇祯十二年（1639）举人，官推官。景明，字伯昭，万历三十一年（1603）与师炎同举于乡，四十四年成进士，选河间知县，治行卓异，擢吏部主事，累迁本部郎中，出为荆西道右参政，皆有治绩。景明性坦易，与人交蔼然可亲，人或犯之，不校也。又不好修边幅，乡党喜昵就之。当世咸称其长厚云。

2. 汤冔诗文

《黔诗纪略补》卷中

潮州郡斋思亲

一从释褐帝城春，又捧除书到海滨。肠断九回情独苦，仕逾十载养仍贫。板舆

① 《黔诗纪略》点校本作"擢"。

远怯黔山险，霜鬓愁添白发新。负米有心思解组，晨昏常得奉慈亲。

嘉靖《贵州通志》卷七

表贤祠记

表贤祠，贵州卫站以祀宪副吴公也。正德辛巳，侍御延平胡公琼撤佛刹之无额者，为名宦祠，括汉武侯而下若干人祀之，公与矣。

岁庚寅，乡致仕教谕党贤、站官仇志善、耆老李滋等以公惠政在站居多，请于中丞维扬叶公相、巡按侍御关内陈公邦敷、清戎侍御丰城陆公梦麟曰："公讳倬，字克大，浙淳安世家，登乙未进士。成化间，佥吾贵宪事，寻陟兵备副使，剔政蠹，发吏奸，清介刚正，难以殚述。惟吾站役繁剧。旧制未设廪饷，公恻然，欲月人米五斗。会侍御桂林包公裕按巡兹土，议合，驰疏上闻，报曰可。公又区画赎金七百两有奇，购附近常稔之田若干亩，献以助不给。今去公辽邈，吾人思公之惠，谈不容口。夫前乎公者未必不贤于公也，后乎公者未必不加志于吾人也，譬之荒垦而开拓之功，实公伊始。按祭法，有功德于民者祀之。吾人岂私公之惠哉！盖民秉之彝，有不能已焉耳。盍就站境立祠专祀，庶吾人慕德之私不替，而公之贤不泯也。"

维时属宪使严陵王公浚、鹤庆朱公佩核实，佥曰宜。乃议出公帑银若干，缮祠祀之，顺下情也。以是年春三月经始，越阅月竣事。颜其前荣曰"表贤"，属走为记。

走生晚，未弗及见公之盛，然得于乡之父老颇悉，虽不文，奚可辞？夫无好德之心，非人也。爱棠有诗，德政有碑，生事有祠，皆志好德之心也。况舆情之誉，有难以幸致者哉！君子曰："惠之有术，养之有道"，公近之矣。百世之下，此石不泐，欲知公者，盍于此乎征之。乃系之以诗，俾歌以祀公。

词曰：

豸冠绣斧，温温春煦。锡我土田，膏泽伊溥。绣斧豸冠，凛凛霜寒。遗我糇廪，百世不刊。祀事聿修，答公之庥。在晋尹铎，在蜀武侯。硕牲清觞，荐公之堂。惟（唯）公降只，云觞翱翔。我稼我穑，系公之力。惟（唯）公歆只，享兹饮食。岁月孔长，颂声洋洋。庇我佑我，惟（唯）公之庆。

按：道光《贵阳府志·余编》卷六亦收此文。

嘉靖《贵州通志》卷四

郡人汤冔记曰：

鱼梁河去贵城东南十里许，当陇落堡要冲，而谷龙、羊场诸寨皆由此历焉。两山夹立，屹然对峙，源发于西南大山中。溯上流，自坝耳堡达石板寨、谷历堡、马厂河、龙洞铺，而乌山、龙津之水复合流于龙洞河，至鱼梁河，则诸山溪之流所汇，河溢而且深。故湍锲涛啮，寝淫奔射，视他水为甚急。每春水泛溢，弥崖研辄高数十丈，行者多至没溺，为患甚焉。比水退，则坎窞泥泞，人踣马跌，怨迹载路。

成化、弘治间，尝伐木石跨河为桥，以利济涉，竟未讫工，寻即溃圮榻，垂今若十年矣。

嘉靖己丑，郡人义官马升喜施拾，乐善功，好修建，遂偕舍人李华白于巡抚叶公。公曰："可，其亟成之毋忽。"乃出廪余若干为助，复时往视而督劝之。镇守太监杨公、总戎牛公与藩臬诸缙绅咸乐其事而赞其成。于是，邑人之尚义者争捐金粟来助。

乃相厥地，乃募工役，乃舍故址，乃图新基，甃石为桥，既坚且固。下券两洞，上加石栏，为高二丈有奇，为下广杀高之半，为袤如高之数而倍之，为费金计三百五十两有奇，以粟计三百二十斛有奇，以灰计六万斤有奇，以石计亿万块有奇，不足而益以旧废者。以募工计千余人，而以力乐助畚筑者不与焉。以时计则经始于己丑秋八月，而落成于庚寅春三月也。时百户梁锐奉台宪檄，莅陇落堡屯政，见成厥善功，因以善士马升义举之盛事而叹于予，且传镇守都宪公之意，俾予记其颠末。予安敢以不文其盛耶？

吁，叶公抚镇贵数年也，威惠四著，吾贵已安其怙恃，而公复拳拳以成是桥，而务成人之善念。其诚知当务之为急者欤？孔子曰："务民之义。"惟（唯）公以之。若夫作善降祥，是又马君之必有者也。予兹效司马迁作《河渠书》，班孟坚作《沟洫志》，使后之稽志索图，得以知前古之所作也。谨记。

七、明世宗嘉靖朝

（一）梅月

梅月传记资料

《国朝历科题名碑录初集·明嘉靖五年进士题名碑录》

梅月，贵州普定卫，军籍，陕西三原县人。

《皇明进士登科考》卷十一

梅月，贵州普定卫籍，陕西三原县人。

《皇明贡举考》卷六

梅月，贵州普定卫。

《类姓登科考》十灰

梅月，贵州普定卫人，嘉靖丙戌三甲。

乾隆《贵州通志》卷三十八

梅月，普定人。嘉靖丙戌进士，历官川南道副使。

嘉靖《贵州通志》卷六

梅月，中丙戌进士，历任云南府知府。

康熙《贵州通志》卷十六

梅月，安顺人，官知府。

梅月，普定人，第五十四名，丙戌进士。

康熙《贵州通志》卷十八

梅月，普定人，嘉靖丙戌进士。历官川南道宪副，民间有梅月双清之谣。生平持躬谦让，人称长者。

乾隆《贵州通志》卷二十八

梅月，普定人，嘉靖丙戌进士。历官川南道副使。民间有梅月双清之谣，生平持躬谦让，人称长者。

咸丰《安顺府志》卷三十四

梅月，安顺人，官副使。

咸丰《安顺府志》卷三十八引《梅氏谱》

（梅）月，字双清，初生时，母熊氏梦月堕马厩，晨往视之，得鸡子色赤，拾食之，遂生月，故以月命之。读书善解悟，工诗古文词。居官有清声，百姓歌之曰："操如梅，明如月，双清那可得！"致仕卒于家，祀乡贤。

（二）赵维垣

1. 赵维垣传记资料

《嘉靖十一年进士登科录》

赵维垣，贯贵州永宁卫，官籍，直隶江都县人。卫学生。治《书经》。字伯师，行二，年二十三，三月三十日生。曾祖显。祖铨。父迪，义官。母周氏，继母文氏。慈侍下。兄维藩。弟维屏、维翰、维宁。娶徐氏。云贵乡试第五十一名，会试第四十一名。

《嘉靖十一年壬辰科进士履历便览》

赵维垣，字伯师，号艮山，直隶江都县人，贵州永宁卫，官籍，治《书经》，年二十三岁中式嘉靖十一年（1532）壬辰科第三甲第一百七十四名进士。三月三十日生，行二，曾祖赵显；祖赵铨；父赵迪，义官；母周氏；继母文氏。慈侍下，妻徐氏，兄维藩，弟维屏；维翰；维宁。由卫学生中式云贵乡试第五十一名举人，会试中式第四十一名。观都察院政，改庶吉士，改礼部，降大名府推官，升宝庆府同知，南京兵部郎中，江西佥事，复除浙江佥事，升云南参议，提学副使，四川参政，福建按察使，右布政使，左布政使止。

《嘉靖十一年进士同年序齿录》

赵维垣，字伯师。治《书经》。庚午年三月三十日生。江都县籍，贵州永宁卫人。观都察院政，改庶吉士，授刑部主事，改礼部，降大名府推官，升宝庆府同知，南京兵部郎中，江西佥事，复除浙江佥事，升云南参议，提学副使，四川参政，福建按察使、右布政使，左布政使，止。号艮山。曾祖显。祖铨。父迪。母周氏，继母文氏。兄维藩，生员。弟维屏、维翰、维宁。辛卯乡试五十一名，会试四十一名，廷试三甲一百七十四名。

《国朝历科题名碑录初集·明嘉靖十一年进士题名碑录》

赵维垣，贵州永宁卫。官籍。

《皇明进士登科考》卷十一

赵维垣，贵州永宁卫籍，直隶江都县人。

《皇明贡举考》卷六

赵维垣，贵州永宁卫。

《明实录·世宗实录》卷四百六十八

乙酉，吏部会都察院考察……不谨布政使赵维垣等三十一人……罢黜调用如例。

《礼部志稿》卷四十二

赵维垣，伯师，贵州永宁卫人。嘉靖壬辰进士，十四年任，历福建左布政使。

《万姓统谱》卷八十三

赵维垣，字伯师，永宁卫人。嘉靖壬辰进士，历左布政使。

《田叔禾小集》卷十二

名维垣，永宁人，嘉靖壬辰进士。

《类姓登科考》十七筱

赵廷松，浙江乐清人，嘉靖癸未二甲……赵维，湖广武昌人，字张父，壬辰二甲……赵维垣，贵州永宁卫人，字伯师，三甲，庶吉士。

嘉靖《贵州通志》卷六

赵维垣，中壬辰科进士。由翰林庶吉士升云南提学，见任四川参政。

嘉靖《贵州通志》卷八

进士坊，为赵维垣立。

翰林坊，为赵维垣立。

翰林坊在治城中，为翰林赵维垣、孙裒题。

嘉靖《贵州通志》卷十一

送赵维垣佥宪江西序

赵子伯师举壬辰进士，选为吉士，入读中秘书，天子欲授以事，授刑部主事，复以其才宜为清秩，改营部追坐刑曹事，左迁推官于大名，又同知宝庆。今擢南库部郎，未几，而江西佥宪之命下矣。

部员吴藩辈相率来告曰：“赵子清才笃志，方幸侍教，无何而去，众人则若欣欣，维垣则若怅然者，幸卒教之。”

甘泉翁曰：“诸君云何？曰赵子之在翰院，清秩也，而去为刑曹，赵子不戚戚。其改礼闱，清秩也，而左迁推官，赵子不戚戚。其在翰院礼曹也，为清、为简、为逸；出而刑曹，迁而理事，臬事也，为剧、为劳，赵子不戚戚。若赵子者，可以授道矣。”

“请有所谕也。”

曰：“诸子所言者境耳，迹耳，盍亦求诸心乎？君子之仕也，上以事君，下以治民。凡以行吾之学，尽吾之心而致之君民者也，孰清孰俗？孰简孰剧？孰逸孰劳？惟其系情于迹，则趋避生焉，情随境迁，而本心忘焉，乃俗、乃剧、乃劳也，而其大本荒矣。殊不知天然之理，无解于心，无与于境也。使赵子之在翰院，在礼曹也，自以为清、为简、为逸，屈意营求焉，其不亦俗且剧且劳乎？使赵子之在法曹理司也，自以为俗、为剧、为劳，而容心以严惮，则其心安得而清且简且逸乎？惟于其素位而行，心安于俗而无俗不清，心安于剧而无剧不简，心安于劳而无劳不逸。惟理之安，则乐莫大焉。是故君子论学与政，至唐虞之世极矣。君子之仕，而事君治民，禹、稷、契、皋陶、伯夷、伯益之为臣，亦可矣。方是时，夔典乐，伯夷典礼，契敷教，不以为清。稷教播种，益烈山泽，不以为俗。皋陶明刑，不以为剧。禹治水八年于外，不以为劳。盖天下之事如人一体，其动其静，协恭而共齐者，惟此一心，则自无心外之学，无心外之政，亦无心外之境与迹矣。赵子志在远大，其行也，以古大臣之道告之。”

万历《黔记》卷二

十一年春三月，赐永宁赵维垣进士，寻改庶吉士。

赵维垣，永宁司壬辰进士，有传。

万历《黔记》卷四十六

赵维垣，字师德，永宁卫人。嘉靖壬辰进士，改庶吉士，授刑部主事。以诖误下狱，得释，谪大名。

维垣长诗歌，善乐府。在大名著《攻玉集》，自为序曰：

予家藏片玉，予爱其色颇温栗，叩之，其响清越。自予之长也，尝伴予之四方以行。今年春，欲㩴一璲，乃属工理之。礝砥瑡钬，予闻玉声琤然瑱然，心窃甚惜。俄而水藻玲珑，光采旁达，垂之若坠，差可人意。成之日，适予诗稿脱，爰以命集。

历官云南提学副使，福建左布政使。永宁以芒部之乱，迤西守备邵鉴请设参将，参将刘镗建府，伐石题名，公为之记。略曰：

嘉靖元年（1522），永宁设参将，成都何将军卿首膺是任。芒部慑何将军威，终其迁，不叛。而吾宁利设参将，又不独在芒部，何也？宁通大江，丝茧、铜鋈、金贝、盐筴之属，舟马上下，充斥迤逦。其地膏沃，人厚藏。即岁旱涝，如蜀，扶老挈幼，争入宁境待哺。宁不知也。军民又畏官府讼，以财雄，藩置掾，及土而掾者曰："是奇货可居。"主臣和同，假此辈日听听焉。弄刀笔，杂治恐喝，以图圄钓贿，以法律詈钱，安能望文无害也？羔裘豹袪，居居究究，宁病是久矣。自何将军先，予不及知。比耳目睹记，则列侯相继。修武之暇，亦稍近民事。诸部曲不直，皆往诉将军，而将军一一剖焉。诸部曲人人自以为天日复见，何者？曲直判而罚锾轻也。及卫司龂龂，将军坐堂上，出片语折衷，噤其口而夺之气，无复瞋目冲冠故态。即一日无镇，则舞鳝鳣，号狐狸者群起矣。益信是镇之不可少也。

人咸以公为名言，而何将军名日益起，卒为西蜀名将。公著述甚多，今多逸，惟（唯）《攻玉集》存于家。

玭衣生曰：黔中先辈之文，予以赵师德为第一。简严处孤松独立，光艳处玉山照人。序事虽相交错，不失其正。盖亦自开户牖者乎？而惜其伯道也，多轶不传。

康熙《贵州通志》卷十六

赵维垣，永宁人，第五十一名，壬辰进士。

康熙《贵州通志》卷十八

赵维垣，字师德，永宁人。嘉靖壬辰进士，改庶吉士，授刑部主政。以诖误，下狱得释。谪大名后起用，官至方伯，长于诗歌，著有《攻玉集》。

乾隆《贵州通志》卷二十六

嘉靖十一年（1532）三月，永宁进士赵维垣选庶吉士，贵州进士选庶常之始。

赵维垣，永宁人，官左布政使。（康熙《贵州通志》卷十六同）

赵维垣，永宁人，壬辰进士。

嘉靖《江西通志》卷二

赵维垣，字师德，贵州永宁卫人，由进士兵部郎中升，嘉靖十九年（1540）到任。

光绪《江西府志》卷十三

赵维垣，字师德，贵州永宁卫人，进士、佥事。

《礼部志稿》卷四十二

赵维垣①，伯师。贵州永宁卫人，嘉靖壬辰进士，十四年任，历福建左布政使。

《本朝分省人物考》卷一百一十五

赵维垣，字师德，永宁卫人。嘉靖壬辰进士，改庶吉士。授刑部主事，以诖误下狱，得释，谪大名。维垣长诗歌，善乐府，在大名著《攻玉集》，自为序。历官云南提学副宪，福建左布政使。永宁以芒部之乱迤西守备，鉴请设参将。参将刘镗建府伐石题名，而维垣为之记。人咸以名言，著述甚多，今多逸，惟（唯）《攻玉集》存于家。

《皇明进士登科考》卷九

赵维垣，贵州永宁卫籍，直隶江都县人。

道光《宝庆府志》卷十二

赵维垣，字伯师，永宁卫人，进士。由主事任。

《黔诗纪略》卷三

（赵）维垣，字师德，永宁卫人，举嘉靖十年（1531）乡试。十一年进士，选庶吉士，授刑部主事，以诖误下狱，得释，谪大名，寻起用，历官云南按察司副使、布政司左参议，晋左布政使。旧志称其长于诗歌，著有《攻玉集》未见。从滇、黔《志》各录一首。

其文有刻《春秋繁露序》及蔡汝楠《白石集题词》，各见本书。

附王璜《攻玉集序》：攻玉者谁？龙岩赵先生也。龙岩者何？谪大名前庶吉士也。曷攻玉鐩也？其鐩之奈何？佩之以昭德也。然则文无与矣。曷以名集？会

① 卷四十三为“赵维垣，字伯师，永宁卫人，嘉靖壬辰进士，历左布政使”。

也。观之者不曰会曰伦也。玉鐩而诗帖两逢其适，故曰会也。玉以鐩砻，诗以炼工，理有相方者故曰伦也。试耳玉取声焉，清越以长也，诗之声亦清越以长也；目玉而取色焉，温润而泽、缜密而栗也，诗之色亦温润而泽、缜密而栗也。至于气如白虹，精神见于山川者，亦无有弗伦。璜乃作而叹曰：呜呼！玉之达也，为珪、为璋、为璆琳与琬琰，国之镇也，重器之需也；交之达为馆、为阁、为丝与纶綍，国之华也，王言之代也，胡乃今皆穷焉？不镇国，徒饰诸躬；不华国，只鸣诸郡，亦会也。龙岩其如会何哉？龙岩之弗会其如朝家何哉？《诗》曰："言念君子，温其如玉。"

2. 赵维垣诗文

《黔诗纪略》卷三

大观楼

我从哀牢来，鸟驿连亭障。一望楪榆城，宇宙何昭旷。瑶峰冠白云，金鱼分玉浪。岫虎川途晖，涛鹭风烟向。岂羡方壶游，可使天台让。元圣心幽冯，海若亦飚荡。吾欲问山灵，无言空罔象。但睹岩壑间，森森石门傍。

申柱史歌

柱史耿耿贞元英，精协瑶光千玉衡。纫兰纡蕙好奇服，胸罗珠斗扬文灵。君年童髫，随翁采芝，路逢猛虎，翁为虎噬。君于此时不辟易，走杖击虎力赑屃。翁脱虎口儿轻身，胆雄不数吞牛气。青霄射策蓬莱殿，螭头白简飞霜霰。豸冠凛凛跃青骢，豺狼远遁江南甸。英庙銮舆更北巡，一朝大驾俱蒙尘。黄霾塞天白日暗，征袍染血污车轮。吁嗟乎！儿脱父危，臣为君死，忠孝之名满人耳。我歌此曲真伤神。千载谁能秉青史。

嘉靖《贵州通志》卷六

仲春六日龙场驿，暂止阳明旧谪居。偃盖苍松盘白石，扶疏翠竹映清渠。荒祠长带风云色，断壁仍留薤叶书。当日卧龙何处去？若为灵气绕庭除。

嘉靖《贵州通志》卷六

郡人翰林院庶吉士赵维垣记：

程番在贵阳为巨郡，万山翠叠，民俗淳庞，古闽兰汀先生实守之。先生葆光含章，怀鼎实颙颙，筮官京署，继历浙郡，事无避难，侃侃有古正直风。再官兹郡，首以作人为务，进诸生问曰："汝辈肄业有恒所乎？"对曰："未也。"先生乃晬其容："斯文之敎也，非士之咎也，有司者之责也。盍图诸？"于是，选地得府治右祭田一亩，乃经野览土，诹日鸠工，伐巽木，拔泰茅，隆大过，树大壮，俄而柎宇焕然，功不告匮而院成矣。先生率郡弟子居焉。陈之规条，章之物采，不弥月，弦诵蔼然，苏湖鹿洞之教，为其振响矣。

乙未春，郡庠袁生綮、程生良玉北来，衔公命，征言于赵维垣氏。

维垣曰："余尝览载籍，见虞庠养老，周廱育贤，而为古圣王之教之备也。三代而降，乃有唐之集贤、丽正、乾口、光顺，古意犹存，逮至于宋，若嵩阳、白鹿、睢阳、应天、开宝、岳麓、开禧、南岳，一时贤士天萃，造化光阐，象纬聿纾，沕哉熙矣。

洪惟我皇祖开国，暨我今上御极，神明协赞，霜蹢冰窾，灵芬瑞彩，罔不光被。百六十余年，诸番郡邑书院之建，山鹄岳峙，学士、大夫，师资藉成者彬彬焉。惟（唯）贵去辇毂万里，士隶戍卫者多，武人倩帅尽为身谋矣。其它（他）郡邑厥吏缩朒，间有志者，则又掣不敢为，或以地远，铨曹无闻焉。

呜呼！士之遭际，亦至是邪尔。程番士得兰汀公育之，其尚藏修于兹，懋乃心力，不见异物而迁焉，俾他日蛟腾虎变，鹄举鸾骞，文章、德业，烜赫配古人，则兹书院也，将可与白鹿、岳麓之胜并曜后世矣。"

袁生辈曰："先生之言，亦兰汀意也，请归而记之，用诏来哲。"

书院凡大门一，厅事三，左右有庑，书楼七，其下为名宦祠，其名则曰文明也。

（三）敖宗庆

1. 敖宗庆传记资料

《嘉靖十七年进士登科录》

敖宗庆，贯贵州思南府水德江长官司，民籍。江西新喻县人。国子生。治《诗经》。字汝承，行一，年三十，二月二十五日生。曾祖勖勤。祖利贞。父元祐。前母简氏，母董氏。慈侍下。弟国庆、家庆。娶田氏，继娶罗氏。云贵乡试第五十名，会试第九十四名。

《国朝历科题名碑录初集·明嘉靖十七年进士题名碑录》

敖宗庆，贵州思南府水德江长官司，民籍，江西新喻县人。

《皇明进士登科考》卷十一

敖宗庆，贵州水德江长官司籍，江西新喻县人。

《皇明贡举考》卷七

敖宗庆，贵州水德江长官司。

《明实录·世宗实录》卷五百零六

甲戌，升……云南右布政使敖宗庆……俱为左布政使……宗庆四川。

《明实录·世宗实录》卷五百一十九

壬辰……升……四川左布政使敖宗庆为右副都御史、巡抚云南。

《明实录·世宗实录》卷五百二十五

癸卯，革云南巡抚、都御史敖宗庆职闲住……以户科都给事中何煃劾其昏庸不职故也。

嘉靖《贵州通志》卷六

敖宗庆，中戊戌科进士，任河南参议。

《类姓登科考》四豪

敖宗庆，贵州水德江长官司人，戊戌三甲，右副都御史、巡抚云南。

隆庆《临江府志》卷十

敖宗庆，新喻人……嘉靖十七年（1538）戊戌茅瓒榜。
敖宗庆，都御史。

万历《黔记》卷四十四

右副都御使敖宗庆

敖宗庆，字汝承，字应昌。思南府籍，江西新喻人。少读书中和山，同社龚冲霄，号松山；费恒，号竹溪；公号梅坡；称三友云。三人者皆人杰，后先登仕籍。嘉靖戊戌，公成进士，授行人。久之，擢缮部郎，分治铁冶。铁冶役夫殊困楚，公怜之。寒给之衣，病疗之药，全活甚多。遵化故无井泉，军士酷夏多病渴，公令多莳梨，至今赖之。草场利入故饶，公即以充匠役铸金灼瓦之费，而毫无所视。

陟蜀宪副，备兵松潘。松潘僻在西陲，而廪饷独倍，转输者辄干没其间。公为报藩司，得亲给便。又故事，赏番，岁计不下数万缗，出自公帑。公清松茶榷，亦不下数万缗，以充赏赀，公廉能类此。晋广西廉宪，会戍卒调备倭，当往来桂林。戍卒者咸虎而戟，为鸡犬害。当事辄以盗捕治之，公曰："戍卒未应募，先皆群丑耳。既为酋长招来之，所趋惟利。况酋长又半匿其饷而半给之，奈何不掠也。一旦卒事归，欲责以秋毫无犯，难庸讵尽死数百人者不报？"揭凡三上，台使竟不报，公乃作而言曰：“杀人媚人，吾不为也，吾宁以一官博数百人。”争之益力，竟出之。

癸亥，晋副都御使，巡抚云南。铁锁箐频年干橹，远近骚动。公乃一一指授石画，卒奏奇功。以病眩屡请归，弗予，竟以闲住放归。

玭衣生曰：予闻公为行人最久，恬于冷局，无少生得失。铜人陈大行珊嘲之曰：“裘敝苏郎，剑气担头长射斗。”公应声曰：“毡吞汉使，节旄海上日凌霜。”虽云谐噱，不忘节义，固宜其以功名令终欤。殁后，李湜之题其墓曰：“嘉隆间名臣都御使敖公之墓。”呜呼！称矣。

按：《本朝分省人物考》卷一百一十五内容与此同，唯未引玭衣生评论。

康熙《贵州通志》卷十八

敖宗庆，思南人，官巡抚副都御史。

敖宗庆，思南人，第五十名，戊戌进士。

康熙《贵州通志》卷十八

敖宗庆，字汝承，号梅坡，思南府籍，嘉靖戊戌进士，历官滇抚。天资殊绝，读书目数行下，扬历中外。经济弘多，常典铁冶，徒役多困毙，宗庆给布帛以御寒，有疾病命医药疗之，全活甚众。分守河南时，令民垦田，复凿河导水以灌溉，躬课耕耨，民得粒食，俗尚侈靡，以节俭风下，民户祝之。晋广西廉宪，争戍卒事，三上揭，台使不报，庆曰：“杀人媚人，吾不为也。”持之益力，卒出之。癸亥晋副都，巡抚云南。铁锁箐乱，指授方略，卒奏奇功。以闲住，归居林下，母董氏，年八十，朝夕奉侍，时为孺子状以娱之，乡人多所激劝焉。

乾隆《贵州通志》卷二十八

敖宗庆，字汝承，号梅坡，思南府籍。嘉靖戊戌进士，历官滇抚……晋广西按察使……癸亥，晋副都，巡抚云南……以闲住归。

《黔诗纪略》卷三

（敖）宗庆，字汝承，号梅坡，思南府人。嘉靖[①]十三年（1534）举人。十七年进士。初授行人，常典铁冶，徒役多困敝且死，给布帛医药以御寒疗疾，全活甚众。分守河南，教民垦田，凿溪导水以资灌溉，躬课耕耨，河南人乃知种稻利。俗尚侈靡，以节俭风下。其去也，民户祝之。晋广西按察使，争戍卒事三上揭，台使不报。梅坡曰：“杀人媚人，吾不为也。”持益力，卒出之。四十二年

---

① 《黔诗纪略》点校本作“清”，音近而误。

晋副都御史，巡抚云南。铁锁箐乱，指授方略，卒奏奇功。以闲住归。父元佑先没，母董年八十犹在，朝夕为孺子状以娱之，乡人多所激劝。梅坡天资殊绝，读书目数行下。与同野同岁乡举。同野以讲学著，而梅坡以文章经济与之齐名。所著《梅坡集》，惜不传。传录于梅坡下载《游赤壁诗》，《思南志》以《赤壁诗》为张国柱作，今从之。别搜得梅坡作一首。

道光《思南府续志》卷六

敖宗庆，水德司人，号梅坡，嘉靖戊戌科，登茅瓒榜，官行人，历官都察院右副都御史，巡抚云南。详乡贤。

2. 敖宗庆诗文

道光《思南府续志》卷九

长官李公盘死节传

西南彝曰镇溪筸子坪，邛僰裔也，尝弄铤锄。副长李公盘从师徂征，卒于师。曾孙湜之氏奉状属愚传，愚少时亦闻其概，而窃敬慕之矣！兹彝近复猖獗，流毒诸郡，勤兵已五逾年，尚未底绩，乃感慨今昔，按状而传曰：

公讳盘，袭副长官，其先京兆人。宣德间，镇、筸苗叛，命大将往伐之，贼隐匿山中，持久不出，人皆疑怯。公毅然率孤军深入，遇贼数百，公策马奋击，斩首数十余级，贼四集，援兵不至，遂被执。公素勇敢，贼畏而恶之，及执公，贼曰："汝铜仁李耶，思南李耶？"贼旧为铜仁辖，铜仁李善抚之，故云。从卒曰铜仁，贼欲释公，公厉声曰："予思南，何必绐之！"从弟、百户李邦政告急于德江副长官杨潮海，潮海，公姻戚，比二人至，公已遇害。邦政以石置树间记之，久而树合生，夹石。彝人夜过树下，闻空中有点兵声，彝人以为神，立祠树前祀公，号其地为"留石坡"。榇归，窆府治西北十里人同村，后世子孙称为留坡公。公所披铁甲铁片各有铜铃，所乘马高五尺，性啮人，人莫能近，公冠带乘之，则步骤如常度；披甲据鞍，铜铃齐鸣，则奋跃叫号如战阵之状。公虽武夫，乐与衣冠之徒游。御史申公祐，公之侄甥，忘年与之友，每论及时事，公大声曰："身蹈白刃之锋芒，血润原上之野革，然后不愧舍生取义之道。"申公曰："大丈夫当如此！"卒之，申公亦死义于北。人皆曰"二公素志"云。赞曰：士死事，大夫死疆圉，分也。时有职守疆圉者，居则食若毛，役若力，嚣然以为分所宜有，又从而敲朴之，鱼肉之。一遇有警，即惴惴首鼠，惟（唯）恐其将及己，甚或射利邀功，偾事殃民，皆不暇顾念，况望其服勤以死哉！噫！视公当为何如！《春秋》之法，大夫卒于师则书之，公可以卒书矣！若子孙世有疆圉职事之责，将无念尔祖耶？

《黔诗纪略》卷三

李节妇石氏铭诗

能以俭朴矫侈靡，始能以艰难立孤子。纺车彻宵，血泪盈眦。四十年中，穷迫九死。礼币之旌，乃动台史。山乡茕嫠，念不到此。冀全归于鲤鱼浩之阡，庶有面目以见君子。

（四）王炯

1. 王炯传记资料

《嘉靖十七年进士登科录》

王炯，贯贵州清平卫，官籍，浙江嵊县人。卫学生。治《春秋》。字幼明，行七，年二十四，九月初三日生。曾祖聚，都指挥佥事，赠镇国将军、都指挥同知。祖漳，知县，封监察御史。父木，按察司佥事。母孙氏，封孺人。重庆下。兄承祖，指挥使；学祖；念祖。弟燿、炼、烺。娶金氏。贵州乡试第五名，会试第二百六十三名。

《国朝历科题名碑录初集·明嘉靖十七年进士题名碑录》

王炯，贵州清平卫，官籍，浙江嵊县人。

《皇明进士登科考》卷十一

王炯，贵州清平卫籍，浙江嵊县人。

《皇明贡举考》卷七

王炯，贵州清平卫。

《类姓登科考》七阳

王教，河南祥符人，嘉靖癸未一甲榜眼……王健，浙江永嘉人，戊戌二甲……王炯，贵州清平卫人，三甲。

《明诗纪事》戊签卷二十

（王）炯字幼明，清平卫人。嘉靖戊戌进士，除南部知县，迁兴化同知。

嘉靖《贵州通志》卷六

王炯，中戊戌科进士。任福建兴化府同知。

万历《贵州通志》卷十三

王炯，官至府同知。

万历《黔记》卷二

十七年春三月，赐普安蒋宗鲁、思南敖宗庆、乌撒缪文龙、清平王炯进士。

万历《黔记》卷三十

王炯，清平卫戊戌进士。
王炯，兴化府同知。

康熙《贵州通志》卷十六

王炯，清平人，戊戌进士。

雍正《浙江通志》卷一百三十八

王炯，嵊人，以下贵州中式。

雍正《福建通志》卷二十三

王炯，贵州人。

万历《黔诗纪略》卷四

（王）炯，字幼明，号暗斋，清平卫人木子。幼敏惠，授书一过不忘，十岁能诗文。弱冠，举嘉靖十六年乡试；明年，成进士。授南部知县，以循良征迁兴化同知。未几，引疾归。家居二十年，卒年六十。郡丞强仕，投簪泊焉自适，继晴溪以风雅，为乡里倡。好平越卫山水幽胜，习静于高真观，兴国吴川楼、云南严直甫皆亟称之。孙淮海先生曰："暗斋清高正直，方劲廉节，负人世卓绝之行，含宇宙太冲之气，世俗不撄其心，万物不扰其虑。"可以想其为人矣。著有《暗斋诗稿》。……吴国伦诗三首：《王暗斋先生隐居高真庵属赠》："不睹遗荣赋，谁知好道心。巢云开石室，采露入青林。遂与世人绝，杳然仙路深。浮邱如可遇，吾意亦招寻。""握手看童面，无疑是玉光。别来醒寤寐，物外拟行藏。书罢青牛去，琴鸣赤鲤翔。古来得道者，栖息太清乡。"《夜过高真观，访暗斋不值》："为觅游仙侣，重过礼斗坛。松云开阒寂，萝月护高寒。叶落疑捐珮，泉鸣忆洗丹。盈庭霞似雪，益作剡溪看。"

孙淮海《寿暗斋丈》云："寿筵高傍菊花开，柱史家声学士才。六甲已周仍肇起，我今裁曲鹤飞来。才名掇锦看花晨，回首风流四十春。云雨交情蕉鹿梦，老来一笑见吾真。一命由来堪报主，弦歌蓬阆挹清芬。至今南部存遗爱，百里烟花说使君。交臂每怜时眼白，输心惟对故山青。年年下诏求贤佚，谁识西南处士星。抡才相马古今同，激羽流商调自工。犹有西江两御史，荐书曾达建章宫。礼斗坛西学闭关，小山招隐竟谁扳。婆娑松桂聊吟啸，销尽豪心是此间。少不封侯老即休，边乡风月若为酬。登高望远情何极，五岳三山一卧游。佐郡为郎岁月深，归家不道有余金。里闾尽爱轻裘者，蔬布谁知太古心。杨山耕稼结柴扉，杜德逃名愿不违。独有慈帏常在念，时时归觐舞莱衣。痛饮渊明是我师，闲情感赋见襟期。纷纷万事浮烟里，多少英雄不遇时。身到耆年经万态，劝君自酌自高歌。从今满历三千岁，独抱玄同养太和。灵骨仙风出世情，前身遮莫是方平。摩挲双眼乾坤老，海水沧田任浅清。”

2. 王炯诗文

《黔诗纪略》卷四

渔隐

收拾丝纶付钓竿，更谁豹隐与龙蟠。古今万态双篷卷，风月千层一艇寒。洗耳沧洲烟浪阔，洁身沤国酒杯宽。短蓑长笛吾生事，叹尽人间行路难。

樵隐

云间仄路何逶迤，伐木空林穿曲碕。某水某邱日孤往，畅歌畅舞心自知。江村卖薪行沽酒，石室投斧看弈棋。夷险阴晴不具论，山中生业常相期。

耕隐

学道无成学老农，村居一径野云封。招呼鸡犬尘寰隔，长养桑麻雨露重。刘毅不愁无儋石，陶潜惟喜有孤松。负锄植杖幽山去，知在烟霞第几峰。

牧隐

炊黍蒸藜林坞外，骑牛吹笛水田中。青青草长初过雨，脉脉泉鸣欲送风。十里烟郊春鸟乱，千重云壑夕阳空。红尘赤日何须问，白石南山意不穷。

嘉靖《贵州通志》卷四

贵州之山，峻高蔽日，幽晦多雨，层峦叠嶂，绵亘不绝。而中鲜平壤，故无广川巨浸。山峻多雨，故其水湍驶而易盈。其涧溪之大者，非戕戕弗克济；其小者，则桥之山水汹冲，弗故则易圮。徒杠舆梁之利，视他方为难焉。兴隆卫城之东十里，有溪，旧有石桥三梁，圮者余二纪矣。居人结竹石覆土以济，大水至，辄荡汩靡遗。贵人宦客之至于斯也，留滞陼涘，信宿而后达，无论行旅。

嘉靖甲辰，张指挥时举辈始议重建。卫之人闻之，佥谐庶怿，踊跃事事，以百户马远、韩勋董其役，揣高卑，计徒庸，虑财用，书糇粮。伐石于山，略址奠基，下洞上砥，恢增于旧七之四，积日累月，侵侵峙立。而费以募出，工自官佣，赢缩无章，督责疏阔。

己酉五月，巡按万安鹅山张公实莅兹土，省俗考政，谓萧指挥韶辈曰："是桥也，经费几何？"

曰："千二百金有赢乎？"

曰："匮矣。灰石足乎？"

曰："石在山者且多未至，灰不足，将焚石焉。"

曰："自始营之日也，迄今几何？"

曰："五稔而奇。"

公曰："是桥也，孔道也。宣上德，达民隐者，轺节日咸相望，而独使蕞尔区任之，财力就殚，奄引岁年，不几于道旁之舍耶？亟檄发帑金若干两，给灰之籍于官者若干万斤，申饬指挥韶辈运致他山之石。量期督作，仍怠则惩。"

卫之人闻之，胥忭胥劝，益踊跃事事。工需既裕，程令有严，越明年庚戌，绩用告成。高整巩坚，截然屹然，联虹饮波，长蚪跨濑，诚一时巨迹，而殊方之伟观也。

众又虑居人畜牧，阤落隅楯为患，稽故志，得洪武中征南颍国傅公所建玄庙观，在城中者，废，可复置，议徙于桥之南，集羽士居之，以时守视。请于公，曰可。

纪成事，例有碑，曰：征言于炯。炯乃言曰：

古者天根见，水潦涸，而川梁以成。盖有司者，岁一治之耳。而孟子以民不病涉为王政所存。子产之惠，议而弗尚，孰若兹桥历四时而恒由，后千百斯年而不泐。且当山峻水迅之乡，难为利涉，而其利之有永无斁如是者耶？

今御史奉天子命按治一方，惟（唯）大猷是经，丛目琐务，委而弗屑。公按我遐服，而贞度端轨，仁馁义振，群吏靖共，夷民怀慑。而大政之余，不委丛琐如兹桥者，为之规画（划）而励其成，则民隐有不毕达者乎？在昔，毕公弼亮四世克勤，小物施于有政，丛目琐务亦小物也，公之心，毕公之心欤？即他日晋而弼亮，则小物其有不克勤者乎？爰不可以不书，而后乃今由兹桥者，庶乎思公之功不衰云。若官耆艺匠，自指挥韶而下，或有综理之勤，或有资饷之助，或慎出纳，或效技能，于桥事咸有劳焉。俾第其名氏，勒之碑阴。

（五）蒋宗鲁

1. 蒋宗鲁传记资料

《嘉靖十七年进士登科录》

蒋宗鲁，贯贵州普安卫，军籍，应天府溧阳县人。普安州学增广生。治《易经》。字道父，行二，年二十二，十二月十三日生。曾祖铭。祖胜，义官。父廷璧，南京国子监学正。前母徐氏、王氏，母罗氏。具庆下。兄芹、宗周。弟宗曾。娶藩氏。贵州乡试第十五名，会试第二百八十名。

《国朝历科题名碑录初集·明嘉靖十七年进士题名碑录》

蒋宗鲁，贵州普安卫，军籍，应天府溧阳县人。

《皇明进士登科考》卷十一

蒋宗鲁，贵州普安卫籍，应天府溧阳县人。

《皇明贡举考》卷七

蒋宗鲁，贵州普安卫。

《明实录·世宗实录》卷四百八十八

升……河南右布政使蒋宗鲁俱右佥都御史，巡抚各地方……宗鲁云南。

《明实录·世宗实录》卷五百一十九

乙酉，吏科都给事中沈淳等以考察拾遗劾奏……原任云南巡抚佥都御史蒋宗鲁……宜罢……得旨……宗鲁……俱闲住。

《孟龙川文集》卷十五

嘉靖某年，普安进士蒋虹泉来尹于浚……蒋方为河南布政使，已而升云南都御史……

《类姓登科考》二十二养

蒋宗鲁，贵州普安卫人，三甲，右佥都御史、巡抚云南。

《明诗纪事》戊签卷十二

（蒋）宗鲁字道父，普安卫人。嘉靖戊戌进士，除浚县知县。征授户部主事，历郎中，出为成都知府。迁云南副使，历河南按察使，就迁布政使，以右副都御史巡抚云南。

嘉靖《普安州志》卷七

蒋宗鲁，任知县，历升郎中，按察使，右布政，云南巡抚、都御史。

嘉靖《贵州府志》卷六

蒋宗鲁，普安卫人，中戊戌进士，任云南兵备副使。

嘉靖《获鹿县志》卷八

蒋宗鲁，字道父，号虹泉。戊戌进士。贵州普安卫人。嘉靖三十六年（1557）任。

万历《黔记》卷四十四

蒋宗鲁，字道父，普安卫人。母罗梦虹饮井而生公，因号虹泉。嘉靖丁酉，云贵分试，公遂中式。发榜之辰，黄龙见霄汉间，其光如电，下彻于地。巡抚汪公曰："此科目之光，圣世之瑞也。诸士当有应者。"明年成进士，授浚令。

浚故畿辅剧邑，徭最难均。公乃夙戒白城隍神曰："审编民命攸系，鲁若私，神勿俾还家。里老吏书等若私，神勿俾保有妻子。"遂约法定则，盈缩高下一准于田产。有里长赵某者，户本上上，诬为上中。越数日，其妻抱二婴踵门泣曰："妾夫欺公，神暴亡之矣。夜闻铁索声，请乞如旧，保二孩及遗业。"邑人称神君焉。迁户部主事，监昌平储。题其座右曰："入毋重民膏民脂，出毋轻军衣军食。"比守成都，朔望誓于神曰："贪婪害民，天必谴之；忠君爱民，天必佑之。有利即兴，有弊即革，凡我僚属，相与勉之。"是时滇元江逆酋那鉴杀侄倡乱，诱方伯徐公樾杀之，士卒死者万计。天子震怒，简公备兵临元，至滇，喟然曰："酋本家难，而贻祸于国，业已戕我方面大臣，损我威重，而复穷于兵，祸难卒弭。"乃悉解诸军，若无意元者。而独遣指挥汪辅以署印往，密授略。卒不遗一矢，那鉴自杀，余党就缚，元遂以平。

历河南按察使，时伊府肆虐，人莫敢指。公首举其恶，竟置于法，而出两河民于水火。

滇东川土司诸部有阿堂弑主自立，患蔓三省。晋公右佥都御史抚滇，公曰："是犹那鉴也，兵不在多，贵谋耳。"未入境，乃阳掣各调兵，而阴以土兵败贼于野马川。贼气阻。以安万铨正兵临之，设奇置伏，于是阿堂授首，俘其子阿哲，不数月而平。公拊滇，持风裁，尚大体，与分宜忤，乃老。所著有《治浚款议》《齐梁监兑录》《吴关奏议》《牧政事宜》《抚台疏草》，并《诗文集》藏之家。

玭衣生曰：予不及事中丞，得交欢仲子观察君思孝。予观大宗伯政，观察为宗伯郎。比予守潮，观察守韶，逡逡一处，子不知其父，视其子然乎？中丞父璞山有政训，不独教家，凡初仕者禀为蓍蔡，蒋氏之教远矣。

康熙《贵州通志》卷十六

蒋宗鲁，普安人，官巡抚都御史。

蒋宗鲁，普安人，廷璧子，戊戌进士。

康熙《贵州通志》卷十八

蒋宗鲁，字道父，普安人。嘉靖丁酉云南分试，宗鲁得隽，放榜之辰，黄龙见霄汉间，光烛地。直指曰：“此科目之光，盛世之瑞也。诸生当有应者。”明年成进士，授浚令，准田均役，无所私纵。迁户部主政，备兵临沅，平那鉴之乱，转河南廉宪，纠伊府之虐，且置于法。晋云南巡抚，时有东川土目阿堂弑主自立，患蔓三省。宗鲁至，阳调各兵，而阴以土兵败贼于野马川，设奇用伏，阿堂授首，不数月而平。因与分宜忤，乃引归，著有《治浚款议》《齐梁监税录》《吴关奏议》《牧政事宜》，并《疏草》《诗文》若干卷。

乾隆《贵州通志》卷二十八

蒋宗鲁，字道父。廷璧子。嘉靖丁酉云贵分试，宗鲁得售……明年成进士，授浚令……转河南廉使……晋云南巡抚……乃引归。

乾隆《云南通志》卷十九

蒋宗鲁，字道父，贵州普安人。嘉靖间任巡抚，精明严毅，弭盗爱民。时东川土目阿堂弑主自立，患蔓三省。宗鲁至，阳调各兵而阴以土兵败贼于野马川，设奇用伏，阿堂授首。先任临安兵巡，平元江那鉴之乱，民赖以安。

咸丰《兴义府志》卷六十一

明蒋宗鲁，字道父，廷璧子，嘉靖丁酉举人。是年，云贵始分试，宗鲁得隽，放榜之辰，黄龙见霄汉间，光烛地。直指曰：“此科目之光，盛世之瑞也，诸生当有应者。”明年成进士，授浚县知县，准田均役，无所私纵，迁户部主事。备兵临沅，平那鉴之乱。转河南廉使，纠伊府之虐，具置之法。晋云南巡抚。时有东川土目阿堂杀其主自立，蔓延三省。宗鲁至，阳调各兵，而阴以土兵败贼于野马川，设奇用伏，不数月而平，阿堂授首。因与严嵩忤，乃引归。著有《治浚款议》《齐梁监税录》《吴关奏议》《牧政事宜》并《疏草》《诗文集》行世。

《黔诗纪略》卷四

蒋宗鲁，字道父，普安卫人。父廷璧，字文光，嘉靖元年（1522）举人。授青城教谕。立教严明，捐俸以赡寒士。迁国子监助教，出判沅江。引归。平生孝友、恭俭，寡言笑。所至人士多淑其化。

道父，嘉靖十六年（1537）举人，十七年进士。知浚县，准田均役，无所私纵，迁刑部主事。三十一年，出为云南临沅兵备副使。先是沅江府土舍那鉴弑其知府，那宪攻劫州县。二十九年，奉朝命会师，分五哨进剿，鉴伪请降，左布政使贵溪徐樾以督饷至军，不虞其诈，慨然请往受之，为所害，我兵连岁攻之不能克。至是，帝敕新抚臣鲍象贤鸠兵讨贼，明年调集土汉兵七万人，克期分哨进剿，道父率所部先入，诸路兵犹未集，那鉴惧，伏药死。道父愤樾之死，欲尽诛其党，象贤不可，仅禽（擒）斩首，斩土官及害樾者数人，余悉就抚。令鉴子恕还所占掠村寨、镇沅府印，补输逋[①]赋，纳八象，即贷其死。象贤疏闻，世宗厌兵，遂允之。时人语曰："可怜二品承宣使，只值元江象八条。"道父扼腕而已。升河南按察使，纠伊府之虐，且置之法，历右布政使。三十九年，晋副都御史、巡抚云南。

初，四川东川土目阿得革谋夺土知府禄位官，纵火焚府治，走武定，为土官所杀。其子阿堂，贿结乌撒土官入东川，囚位母安氏，夺其印。遂与贵州宣慰安万铨，沾益州土官安九鼎、罗雄土官者济更相仇杀。位、万铨等各上书讼堂罪，诏下云、贵、四川抚按官会勘[②]，堂听勘服罪，而据印仇杀如故。云南巡抚游居敬请致讨，帝允。部议，行川、贵抚按会勘具奏。居敬遽调土汉兵五万进剿，费用不赀，赋敛百出，远近骚动。巡按王大任劾居敬违旨[③]轻动，恐生外患。乃命逮居敬，而以道父代之。时阿堂闻大兵至，逃深箐不出。道父至，急下令尽撤诸路兵，而阴以土兵诱败之于野马川，又授计营长者阿易，诇得阿堂心腹母勒阿济等，啖结之。明年，母勒阿济伺间掩杀阿堂于戛来以石，其子阿哲亦就禽（擒）。自道父履任至事平，才数月。乃申有司纵盗茸贿之罚，严毅精察，吏治一清。大理太和点苍山产文石，可为屏玩，朝廷采取，大为民病，奏罢之。因忤严嵩，引归。

子思忠、思孝并四十年举人。思忠，官知县。思孝，四十四年进士，官至副使。孙明良，天启元年（1621）举人。

道父乡举之年，以巡按奉化王杏及田给事秋请，贵州始与云南分闱开科，揭榜之辰，黄龙见霄汉间，光烛地，在事官僚争额手相庆曰："此科目之光，盛世之瑞也，诸生当有应者。"自是得人果盛于前，是科即多以名德著，而道父文章经济尤冠一时。《省志》载道父著述有《治浚款议》《疏草》《诗文集》等各若干卷，又有《齐梁监税[④]录》《吴关奏议》《牧政事宜》三种，知于所历官尚不具载，无论行迹矣。

附《奏罢石屏疏》：臣准工部咨照依御用监题奉钦依事，理依式照数采取大理石五十块；见方七尺五块、六尺五块、五尺十块、四尺十五块、三尺十五块等因。案行金沧道分委大理卫、太和县督匠采取。据耆民段嘉琏等告称：嘉靖十八九年曾奉勘合取大屏石，崖险难寻，压伤人众，及至大路，行未百里，大半损

---

① 《黔诗纪略》点校本作"连"。
② 《黔诗纪略》点校本作"剿"。
③ 《黔诗纪略》点校本作"言"。
④ 《千顷堂书目》作"兑"。

缺。众复采补，沿途丢弃，所解石块，二年外方得到。至三十七年取石六块，见方三尺五寸，自本年六月至十一月，始运至普溯小孤山，因重丢弃在彼。且自大理至小孤山止有三百余里，以半年行三百里，未免有违钦限，徒劳无功，乞转达，奏请量减数目尺寸等因。又据石匠杨景时等告称：原降尺寸高大，石料难寻，且产于万丈悬崖，难以措手，纵使采获，势难扛运等因。俱批行布政司会议为照。云南地方僻在万里，舟楫不通，与中州平坦不相同。先年采取三尺石，自苍山至沙桥驿，陆运只五程，劳费逾四月，供给不前，所过骚扰，军民啼泣。今复取六七尺者，其难十倍。况值上年兵荒，民遭饥窘，流离困苦，实不堪命，应请量减尺寸，通详巡抚蒋宗鲁、巡按孙用会题议照锡贡方物，为臣子者，均当效忠。民瘼艰难，凡守土者尤宜审度。前项屏石，臣等奉命以来，催督该道，有司亲宿山场，遵式取进，匠作耆民人等俱称：采石处所，山洞坍塞，崖壁悬陡，三四尺者设法可获，其五六尺者体质高厚，势难采运，且道路距京万有余里，峻岭陡箐，石磴穿云，盘旋崎岖，百步九折，竖抬则石高而人低，横抬则路窄而石大，虽有良策，委无所施。今大理抵省仅十三程尚不能运，至何由得达于京师？是以官民忧惶，计无所出。议将采获三尺四尺者先行进用；五尺者，一面设法采取；六七尺者，或准停免，以苏民艰，实出于军民迫切之至情，万非得已，冒罪上闻。

《黔诗纪略补》卷中

（蒋）宗鲁，字道父，号虹泉，普安卫人。父廷璧，字文光，号璞山，嘉靖壬午举人，授青城教谕，立教严明，捐俸以赡寒士，迁国子监助教，出为沅江通判，引归。道父举嘉靖丁酉乡试，戊戌成进士，除浚县知县。莅浚三年，政成民和，有嘉禾共蒂、飞蝗出境之异。迁户部主事，历员外，□□，出为成都知府，累迁云南临沅兵备副使、□□参政、河南按察使，进布政使，以右佥都御史巡抚云南。寻经刑科给事中赵灼劾奏，章下吏部，覆：“颇悉夷情，不当遽罢。得旨调用。”省志云：“道父忤严嵩，引疾归。”今莫得详也。道父临沅后政绩，详莫氏《纪略》。子思忠、思孝并嘉靖辛酉举人。思忠官知县，思孝字少虹，乙丑进士，历韶州知府，累迁副使。

《本朝分省人物考》卷一百一十五

（蒋）宗鲁字道父，普安卫人。母罗梦虹饮井而生，因号虹泉。嘉靖丁酉，云、贵分试，遂中式，发榜之辰，黄龙见霄汉间，其光如电，下彻于地，巡抚汪公曰：“此科目之光，盛世之瑞也。诸士当有应者。”明年（1538 年）成进士，授浚令，浚故畿辅剧邑，徭最难均，乃夙戒，白城隍神，曰：“审编民命攸系，鲁若私，神勿俾还家里；老吏书等若私，神勿俾保有妻、子！”遂约法定则，盈缩高下，一准于田产。有里长赵某者，户本上上，诬为上中，越数日，其妻抱二婴踵门泣曰：“妾夫欺公，神暴亡之矣，夜闻铁索声，请乞如旧，保二孩及遗业。”邑人称神君焉。迁户部主事、监昌平储，题其座右曰：“入毋重民膏民脂，出毋轻军衣军食。”比守成都，朔望誓于神曰：“贪婪害民，天必谴之，忠君爱民，天必佑之。有利即兴，有弊即革，凡我僚属，相与勉之。”

民国《贵州通志》引《大伾[①]子集·嘉禾碑记》

普安虹泉蒋君，自进士出宰浚土，肃政厘弊，罔不用极。民心悦而致和，神道感而效灵。英华丰美，被于草木，西畴之禾乃有异实，共蒂者盈亩。璜作《嘉禾诗》，俾刻之石。诗曰：“河朔黎水，浚在其涘。汉辅周畿，雄据南鄙。岁屡大祲，民有道殣。恫于帝心，乃遴群俊。群俊之俊，普安虹泉。帝曰汝往，钦哉承宣。物鉴其情，虹泉之明。冠洁其缨，虹泉之清。泉水既准，高下斯别。泉波既扬，焚燎斯灭。虹泉之源，自璞山发。价重连城，节苦双刖。秋庭趋鲤，春野随鹿。和气致祥，有嘉其谷。厥茎虽一，厥穗维双。折此葳蕤，以比琳琅。琳琅曰珍，穑人弗宝。弗如嘉谷，乐岁终饱。爰会豳鼓，振于甫田。击壤协止，载歌有年。匪歌年有，实歌吏循。维吏之循，实天子仁。仁同天地，循若四时。育我民物，万代雍熙。”

民国《贵州通志》引《大伾子集·蒋虹泉三异褒旌序》

虹泉公宰浚逾三载，获嘉禾之瑞，有识者曰：“嘉祥之至，有开必先，其将有年乎？”逾年麦大熟，盖数十年所未有者。秋七月，邻邑蝗生，飞入浚境食秋禾，公乃躬诣田间祝曰：“令若有罪，殃加于令，百姓何辜，而害此稼耶？”祝毕，蝗为飞去，民乃有秋。冬十月不雨，至今年春三月不雨，麦尽槁，公忧之，修政刑，省阙失，索于鬼神，数日雨不应。有白公者曰，伾山龙穴，祷雨之处。公益致精禋，灌水于池而祷焉，穴中忽出一蛇，青质黄章，下于池，盘游以嬉，适有水鸡自东南来止池上，不惊若素驯者，移时始俱去。父老喧传曰：雨至矣！异日果雨。

《孟龙川文集》卷八

普安于河朔，地之相去万里而遥蒋公登第于弃繻生，年又相若。已乃授浚令，浚为畿邑，名赤若紧，途要而冲，昔以治为难，公治三年，则以循良闻，迁主户部政。浚人士安公之理化，已知公不我留也，而私情依依，又不欲公舍我去也，乃议集数十百千人走都下，将得如周、汉时进律增秩，加衣

---

① 民国《贵州通志》1948年铅印本作“胚”。

绣采，仍理郡县者。公因谕以时制异而国宪严也，止之。众犹不从，公则叱以去，去已复集，居少选则倾城塞巷矣。其耆艾者进曰："留不能也，民情奚以纾？公性不酒，居三年不酌饮也，愿小淹期，进微酒，以达民义。"然不知公盖善饮者，而以妨政止也。浚负郭有山，曰大伾，夏禹治水尝至焉，民则因山以酒，老稚迭进，互觞上寿，公为尽欢。道路观者，啧啧叹息，有古官民相爱风，淳如也。追暮以归，闻将早发，民有迩郭近疃者，则又夜以集，迫拥公衙。公又以文有期为谕，村之叟曰："卫水潺潺流城郭，我公勤恤三年，不暇水以嬉，请乐公以舟而酒，民心其少罄已。"乃具方舟设水戏，野翁溪子，屏去驿夫，自牵百丈沿溯下上，穷昼尽夜也。明，将发碇，又有郊牧林坰，咸走咸聚，怃怃惕惕，蓁蓁孽孽，返曳其舟不置。公见民心留恋之无已，亦且验己之有爱以遗也，因为之泊桃溪、维柳港、席棠阴、磬百里，民心为一欢。既而告以礼，抚以情，而泣以别也。佥曰：去矣，远矣，弗可瞻矣，请酹酒为公祝。祝曰："愿我公之二亲荣寿如我公，愿我公子孙荣显如我公，愿我公以爱浚之爱爱天下。"知者曰："循吏良民，不见于天下久矣！蒋爱浚民，非循吏乎？浚民爱蒋，非良民乎？是以绘之为图，以为有明之故事。"知者则又曰："送者礼也，别而留者情也，图者形也，情与礼不可见，见之乎形，因形以见情，因情以达礼，昭往示来，其义备矣。"

民国《贵州通志》引《履庵文集·示蒋氏二子说》

虹泉蒋君生于普安南服，其系实自金渊。金渊与吾邑阳羡接壤，蒋君昔以地曹游吴下，过金渊故里，余始识君之面。及余官黔阳，蒋君晋参闽藩，又过普安将母，余乃再会君于黔中。君俾其二子思忠、思孝谒余，问其年，一则弱冠，一则成童，视其礼貌而威仪整然，试其文章而文采灿然，苟就其所已能而成焉。其余贤良高等有闻于时，将可以谈笑掇拾，以黔阳而得此，即使出于民间，余方求之不暇，况出于文献大夫之族为余旧交者乎？虽然修威仪、工词章，足以取高等荣矣。余将进二生于道，则二生之所得未可安也。时俗之所好，常采其华，不探其实；君子之所存，每居其实，不居其华；故有得于己者，未必其有得于名；致誉于外者，未必不并伤其实。苟二生之志而务与时合，则就二生之所得而成焉足矣。如其不以是为安，则居其实不居其华可也。未有得焉，常遑遑以虚其志，一有得焉，不急急以闻于人，所谓居其实不居其华者，此也。古人以实胜为善，名胜为耻，为己为君子，为人为小人者，华与实之间而已。晋之陆机，唐之李贺，少以文藻著名，公卿咸为避舍，然卒不得为令器者，采其华，不探其实者也。以二生胜机、贺固不可，以机、贺望二生尤不可，二生素有义方之训，余爱其器之美也，为此说以助之，并验异日之所就，二生其无以我为迂也。

2. 蒋宗鲁诗文

万历《贵州通志》卷二十四

玉阳洞二首

云水南明万象天，奇踪异宇洞中玄。瑶坛翠柱虬龙见，华盖丹岩鵁鶄旋。涧道风泉开远巘，石门花复带平川。蓬瀛仙侣耽春胜，对酌沧洲思爽然。

玉阳重观枕山峣，积翠飞琼接紫霄。北阙远瞻云物近，西楼独对海天遥。洞仙鹤举遗丹灶，瀛女鸾回响碧箫。多病长卿何日起？半将身世混渔樵。

《黔诗纪略补》卷中

广午山居

家在深山里，苍苍尽绿苔。日长无客到，惟（唯）有鸟飞来。

万历《贵州通志》卷二十二

普安修路记

盖予观《夏禹书》“随山刊木，奠高山大川”，未尝不叹地险之赖于人力，历代富有四海者，由斯道也。故孟子称禹思天下之溺由己溺，今睹其功，盖万世永赖哉！乃云贵远在万里，禹所未迹，汉唐来仅羁縻之，曾无滇广之利者，道塞不通耳。我高皇帝廓清寰宇，滇贵始入版图，郡卫哨守，棋列星布，路既得而靡莫之属贡赋始通，两粤、三巴舍此何适？其险不啻秦栈蜀道之难，非一人所能尽述者。若云南坡在普安，《志》曰：西岭，天梯接壤。坊额曰：“滇南胜境”。贵之当道虽罕至，而滇必由之，盖六诏之襟喉，官庶之走集也。万岭攒天，长亘千丈，来往苦之，孰不有慨于中？缘石远水淖，费巨且厚，官民两匮，力难永图。

嘉靖庚申，予承乏抚滇，修自镇远至盘江第坡界，吾普谊当引嫌，乃不烦里旅，辟土诛茅，岭上建玄帝行宫，以镇以憩，风雨始有栖止。万历甲戌，今太司寇昆明严公来抚全贵，亦修盘江至吾普三元坡麓，甫及兹岭，会以内迁，岂江山之有待耶？万历己卯四月，少司马毅庵王公来自滇中，过而叹之，计费不赀，乃捐俸三百金，檄苏守备司出入而经理焉。复申之曰：“以五年餐素之余，济两省峻阪之厄。”谊所当然，情非矫饰，及列于三元阁，勤勤恳恳，托予阅工，欲为国家万世虑。计予弗能辞，谂众吁神曰：“是举也，彰君之赐，不贻厥孙谋，而济远人行役，恒情所难者，当惜如己财，视如家事焉！”乃偕前松潘副总兵刘君采间日稽视。董工务成则州吏目杨名学、镇抚百户沈天瑞，皆王公遴委者。鸠工受直则川匠十百有奇，各官笃谋，展力伐石，必求坚久。仍属予记之。

予惟（唯）天下大计，东南漕河，西北关塞，代有成策矣。云贵自国初来，站堡邮铺，永编无减，遍置诸驿，而选官驰之，著在令典，与他省异者，岂独柔远人哉？庙谟远虑，以驿道所出，开万世太平耳。然则地方之通塞，由于路者，岂浅鲜哉！故孟子称子产惠而未与其政者，以乘舆所济有限，徒杠所济无穷也。今观王公之举，财力不烦官民而周道至平，行旅悦于途，官民庶士颂于次。自今鲜马瘏仆痛之苦，仁人之利溥哉！可谓先国家之计，拓王政而扩子产之惠也。程子曰："一命之士，苟存心爱物，于人必有所济，况位充禄厚者乎？"此范文正之义田，至今称者，谓不独善其身也。后来者嗣而葺之，毋分官民，毋分秦越，以开边鄙之利，拯跋涉之艰，斯国家封疆永有攸赖矣，予岂为一时虑哉！公名凝，楚宜城人，登丙辰进士。

（六）缪文龙

1. 缪文龙传记资料

《嘉靖十七年进士登科录》

缪文龙，贯贵州乌撒卫，军籍，直隶华亭县人。国子生。治《书经》。字惟德，行三，年二十九，正月二十八日生。曾祖恺。祖仁。父良玉，知县。母解氏。具庆下。兄文献、文英。弟文明、文凤。娶钱氏。云贵乡试第三十八名，会试第二百二十二名。

《国朝历科题名碑录初集·明嘉靖十七年进士题名碑录》

缪文龙，贵州乌撒卫，军籍，直隶华亭县人。

《皇明进士登科考》卷十一

缪文龙，贵州乌撒卫籍，直隶华亭县人。

《皇明贡举考》卷七

缪文龙，贵州乌撒卫。

《兰台法鉴录》卷十六

缪文龙，字见甫。贵州乌撒卫人。嘉靖十四年（1535）进士。十七年，由南道御史，丁忧。复补浙江道，升四川参议，累升云南参政，卒。按：榜次误。

《类姓登科考》二十六宥

缪文龙，贵州乌撒卫人，嘉靖戊戌三甲。

《万姓统谱》卷一百一十

缪文龙，字见甫，贵州乌撒卫人，嘉靖戊戌进士。

《贵州通志》卷六

缪文龙，中戊戌进士，任四川清军监察御史。

万历《黔记》卷四十六

缪文龙，字见甫。乌撒卫缪良玉子。良玉举于乡，为营山知县，有循吏声。居乡怜贫济急，郡灾，公庐舍独存，人谓积善之报。成都修撰杨慎扁之曰“瑞堂”。教授生徒，多所造就，如孙公继鲁皆出其门。抚侄文明不啻己出，教子文龙登甲第，以文龙贵封御史。文龙，嘉靖戊戌成进士，授河南道御史，升云南副使。驭使夷酋，威严并济。历官参政，卒。万历十四年（1586）崇祀乡贤。

康熙《贵州通志》卷十六

缪文龙，第三十八名，良玉子，戊戌进士。

康熙《贵州通志》卷十八

缪文龙，字见甫，乌撒卫人，嘉靖戊戌进士。由御史迁云南副使，历官参政，驭抚彝酋，并著威惠。

雍正《湖广通志》卷四十四

缪文龙，乌撒卫进士。嘉靖庚子令石首……癸卯为南台御史。

乾隆《贵州通志》卷二十八

（缪）文龙，字见甫，良玉子，嘉靖戊戌进士。庚子任湖广石首令，癸卯政成，升南台御史。临行，出衣物以资贫窘士民，后迁云南副使，历官参政，驭抚夷酋，并著威惠。

乾隆《贵州通志》卷二十六

缪文龙，乌撒人，官参政。

《黔诗纪略》卷三

（缪）文龙，字见甫，一字阳泉。乌撒人，良玉子，性孝友，为事质任，不雕饰，不避艰阻。幼颖，强记能文，未成童补卫诸生。嘉靖十年（1531）举于乡，十七年成进士。观政户部，出使四川、陕西以持重名，还除石首知县，有能称。松滋人争墓地，四十年不决，调署其县，匝月尽得其纠葛状，数语剖之，两造皆心服而罢。旋还本任，筑江堤二百余里，擢南京河南道监察御史。时湖贵苗起，杀掠吏民，扰数州县，致讨未获其渠，两省大吏遽以捷闻，而苗又大出，朝臣莫敢言，见甫抗疏劾之，时目为真御史。湖广蜡尔山蛮叛，严嵩秉政起已斥同年生。万镗副都御史相机剿抚，镗纳土指挥田应朝策，诱致其酋，督兵破之。条上善后七事，帝咸报可。召镗还。未几，铜平酋龙子贤复叛，御史缪文龙言镗剿抚皆失，诏下抚按官勘覆，归罪于参将李经，事乃解。镗得为兵部侍郎。巡视江南，水盗敛迹、乞假省亲，父子瑄及其母解年皆八十余。欲遂请终养，子瑄、解皆不许，曰："汝已致身于君，可悉心从事，我二人养，自有汝弟文凤。"立促之还朝。

奉使清军四川，直巡抚、巡按以事去职，见甫总摄二台，批答若流，吏不容奸而民无屈。时清军御史与抚、按称三台，川人目为"三台神君"。疏罢贵州迤西堡铺之马，请加站铺丁夫粮，筑乌撒后所城，建沾益学。内外艰，服阕，起浙江道监察御史，擢四川左参议，分守重夔。督采木至播州，直吴昆、赵懋之变，计剿除之，论功升云南屯田副使。禁军职贪冒折色横征，清还军吏侵隐军田，以有司董输将，不假手军职，屯军以为便。武定土妇瞿氏与子妇索林争权，索林抱土官印奔云南会城，抚按遣见甫解谕，纳索林于武定。越二年，索林为凤继祖所攻，复奔会城，抚按议讨继祖，见甫谓武定密迩省会，声讨必屯兵聚粮，继祖闻必速来犯，恐兵未集，粮未聚，会城已受其困，不如姑抚之，且继祖凤氏所养，而索林欲杀之，致彼此相攻，曲不尽在继祖也。巡抚曹忭入其言，乃收索林，逮其左右郑竑系狱，令瞿氏暂领武定土府事，贷继祖罪，令自新，于是武定之乱少定。明年升左参政，寻卒官，年五十六。著有奏稿、诗文集、《武定或问》各若干卷，皆不传。

道光《大定府志》卷三十四

缪文龙，字见甫，一字阳泉。先世有张演者，遗文龙大父仁以鸡卵，卵上隐隐有龙文，仁宝而去之。时良玉已举于乡。及文龙生，其母解氏梦跨灶，仁谓其孙必胜良玉，因以卵瑞，命之为文龙。文龙禀性孝友，为事质任，不假雕饰，不避艰阻。幼时，以聪颖强记能文，补卫学生，正德十年（1515）举于乡，十七年成进士。观政户部，出使四川、陕西，以持重知名。使还，除石首知县，又以能著称。松滋有争坟之狱，历四十年未经辨晰，彼此纠葛不已，上官以文龙有干识，调署其县。文龙为之剖判，两家无怨言。旋还本任，为民筑江堤，长二百余里，至今赖之。擢南京河南道监察御史。时湖、贵苗起，杀掠吏民，横行州县，调兵讨之，未获渠魁，而二省总兵、督抚遽以捷闻。已而苗又大出，朝臣知之，莫敢复言。文龙具疏劾论，时以真御史目之。旋出巡视江南，水盗为之敛迹。事竣，乞假省亲。时良玉与解氏年皆八十余，每食，文龙必亲举箸进食。欲遂告终养，良玉与解氏咸不许，谓文龙曰："汝已致身于君，我二人之养，自有汝弟文凤在侧，朝夕无违，汝可悉心以从王事也。"假满，即促之行。入朝，又奉使清军四川，直巡抚、巡按咸以事去职，文龙总摄二台，批答若流，吏不容奸，民无负屈。时清军御史与抚、按称三台，川人称之为"三台神君"。又疏罢贵川迤西堡铺之马，请加站铺丁夫之粮，筑乌撒后所城，建沾益学。旋相继丁内外艰，服阕，改浙江道监察御史，擢四川左参议，分守重夔。以督采大木效绩，巡地至播州，直吴昆、赵懋之变，设计剿除之，以功升云南屯田副使。时云南屯政大坏，军职贪横，有折色及横征之弊，而屯田又多为军吏侵隐。文龙禁折色横征，清侵隐，劝屯军早输，董之以有司而不假手于军职，军职唯仰成收租人而已，屯军甚便之。武定土妇瞿氏与其子妇索林争权，索林抱土官印奔云南会城，抚按遣文龙往谕解之，复纳索林于武定。越二年，索林之为凤继祖所攻，复奔会城。抚按议讨继祖，文龙谓武定密迩云南，声讨则必征兵聚粮，彼知我征兵聚粮，必速来犯，恐兵不及集，粮不及运，而会城已受其困，不如姑抚之。且继祖为凤氏所养，而索林欲杀之，彼此相攻，其曲不尽在继祖也。巡抚曹忭入其言，乃收索林，逮其左右郑竑系狱，令瞿氏暂理武定土府事，贷继祖罪，令其自新，于是武定之乱少定。明年升左参政，已而卒于官，年五十六，无子。著有奏稿、诗文集、《武定或问》各若干卷。文凤，字兆泉，亦有行业，好成其兄之善。文龙尝购祭田，葺祠庙，辟路开渠，存恤孤贫于乡党，文凤皆赞之，且为经理其事，故乡人称焉。

2. 缪文龙诗

万历《贵州通志》卷二十四

七星关

悬里能阁[①]木，怪石惯栖云。鸟语惊禅寂，钟声送夕曛。山川真不老，鹿豕谩同群。野兴聊登赏，枫林叶正纷。

《黔诗纪略》卷三

星回节咏

戊申六月二十五，黄昏城市喧如鼓。主人抱病强出门，家家然火守环堵。惊心乱月烛天明，千炬万炬应无数。大者奔驰殊斗很，小儿追逐正狎侮。尺带缠腰布裹头，争先攘臂相为赌。主人大笑且大疑，胡尔纷纷徒太苦。街头老人相借问，为道夷风来自古。忆昔南诏营松明，五诏酣登遽焦土。独从铁钏识慈善，舍

① 万历《贵州通志》点校本作"闽"。

生不受狂童侮。故今尚结松花棚，斩牲切脍称祭祖。主人无语老人去，何处邀宾大歌舞。太守设壶信有神，将军击节果能武。德源城邈六诏荒，那复星回夸节序。不如试将此火照田禾，为埽虫蝗原膴膴。

（七）闻贤

闻贤传记资料

《嘉靖二十年进士登科录》

闻贤，贯贵州永宁卫，官籍。卫学增广生。治《诗经》。字国宾，行一，年三十九，九月二十三日生。曾祖祥。祖志连。父钺。前母周氏，母钱氏，继母赵氏、张氏、丁氏。永感下。弟质、实。娶蔡氏，继娶黄氏。贵州乡试第十名，会试第一百八十名。

《国朝历科题名碑录初集·明嘉靖二十年进士题名碑录》

闻贤，贵州永宁卫，官籍。

《皇明进士登科考》卷十一

闻贤，贵州永宁卫人。

《皇明贡举考》卷七

闻贤，贵州永宁卫。

《类姓登科考》十二文

闻贤，贵州永宁卫人，嘉靖辛丑三甲。

嘉靖《贵州通志》卷六

闻贤，中辛丑科进士，任湖广荆州府推官。

万历《黔记》卷二

二十年春三月，赐永宁闻贤进士。

万历《黔记》卷三十

闻贤，永宁卫辛丑进士。
闻贤，荆州府推官。

乾隆《贵州通志》卷二十六

闻贤，永宁人，官推官。

闻贤，永宁人，辛丑进士。

（八）钱嘉猷

钱嘉猷传记资料

《嘉靖二十三年进士登科录》

钱嘉猷，贯湖广镇远卫。官籍。贵州镇远府人。国子生。治《书经》。字敬承，行四，年四十五，十月二十八日生。曾祖安。祖宁，明威将军。父山，封怀远将军。母许氏，封淑人。严侍下。兄嘉庆、嘉言、嘉谋。娶周氏。贵州乡试第三名，会试第二百九十六名。

《国朝历科题名碑录初集·明嘉靖二十三年进士题名碑录》

钱嘉猷，湖广镇远卫，官籍。

《皇明进士登科考》卷十一

钱嘉猷，湖广镇远卫籍，贵州镇远府人。

《皇明贡举考》卷七

钱嘉猷，贵州镇远卫。

《类姓登科考》一先

钱同，广东东莞县人，嘉靖丙戌三甲……钱嘉猷，贵州镇远卫人，甲辰二甲。

嘉靖《贵州通志》卷六

钱嘉猷，镇远卫人，中甲辰科进士，任户部员外。

万历《贵州通志》卷十五

钱嘉猷[1]，官至知府。

万历《黔记》卷二

二十三年春三月，赐镇远钱嘉猷进士。

---

① 万历《贵州通志》点校本作“猷”。

万历《黔记》卷三十

钱嘉猷，镇远府甲辰进士。
钱嘉猷，户部员外郎。

万历《湖广总志存》卷三十一

钱嘉猷，镇远渐籍协州，镇远府人。

乾隆《贵州通志》卷二十六

钱嘉猷，镇远人，官户部员外。
钱嘉猷，镇远人，甲辰进士。

乾隆《山东通志》卷二十五

钱嘉猷，贵州镇远卫人。

（九）李佑

1. 李佑传记资料

《嘉靖丁未科进士序齿录》

李佑，字吉甫，号培竹。治《易经》。丁丑年九月十一日生，贵州清平卫，官籍，福建崇安县人。观兵部政。祖纯，教谕。父夔，南京刑部员外郎……娶白氏，继娶吕氏。庚子乡试六名，会试一百五十八名，廷试三甲一百十名。历南京大理寺评事、左右寺正，大理寺右寺正，工部郎中，江西副使、右参政，都察院右佥都御史、巡抚广西。

按："广西"当作"广东"。

《嘉靖二十六年进士登科录》

李佑，贯贵州清平卫，官籍，福建崇安县人。国子生。治《易经》。字吉甫，行二，年三十一，九月十一日生。曾祖宾。祖纯，教谕。父夔，南京刑部员外郎。母孙氏。具庆下。兄佐，知县。娶白氏。贵州乡试第六名，会试第一百五十八名。

《国朝历科题名碑录初集·明嘉靖二十六年进士题名碑录》

李佑，贵州清平卫，官籍。福建崇安县人。

《皇明进士登科考》卷十一

李佑，贵州清平卫籍，福建崇安县人。

《皇明贡举考》卷七

李佑，贵州清平卫。

《明实录·世宗实录》卷五百六十三

丙子，升……江西布政使司右参政李佑为都察院右佥都御史，巡抚广东兼赞理军务。

《明史》卷二百二十二

李佑，字吉甫，贵州清平卫人。嘉靖二十六年进士。历官江西副使，邀贼瑞金有功。……进江西右参政。……擢佥都御史，巡抚广东。……隆庆中，被劾罢归。

《类姓登科考》四纸

李凤翔，四川成都人，嘉靖癸未二甲……李春芳，南直兴化县人，丁未一甲状元……李祐，贵州清平卫人，右佥都御史、巡抚广东。按："祐"当作"佑"。

嘉靖《贵州通志》

李佑，中丁未科进士，任南京大理寺寺正。

万历《黔记》卷四十四

李佑，字吉甫，清平卫人。嘉靖丁未进士。授南大理评事，升寺正。丁巳春，三殿灾，改公缮部，往董川贵大木事。公深入岚瘴，不辞险阻，一时报发独多。公又不似他采木使理商，第令有司出纳。终其役，皭然无物议，巨工攸济。于是名愈崇重。

迁江西副使，备南赣兵事。南赣者，盗薮也。自阳明先生经略后，垂数十年，萌蘖滋长。岁辛酉，杀汪宪副，猖狂弥甚。公莅事仅浃辰，即单车入岑冈三巢，譬晓李文彪、谢允樟诸剧贼祸福。各敛束听命，立定南县，控制诸巢。

无几何，广东贼扇乱，廷议请复设抚臣。公以在南赣有大劳，遂开府其地，当百务创造，无所承袭。公综理周密，号令严明，省汰冗费。虽羽檄纷驰，馈饷络绎，未尝增岁额，外缮兵甲，造战舰，修城郭，练士卒，图靖奸宄。如海贼林道乾、山寇张韶南等，皆次第殄除，所向无不摧克。终岁间，捷书相继十余上，受金币之赐者十有三。赐玺书谕劳。公以病归，未几卒。所著有《南法寺驳稿》

六卷，《抚粤疏草》八卷，诗文四卷。

玭衣生曰：中丞长子，重庆君大晋，余同年友也。余筮仕建宁，李官重庆。君以原籍崇安执乡先礼甚恭。是时，中丞尚无恙。比予入黔，而中丞、重庆俱已谢世。抚今追昔，何能已已。

康熙《贵州通志》卷十六

李佑，清平人，官巡抚都御史。

李佑，清平人，夔子丁未进士。

康熙《贵州通志》卷十八

李佑，字吉甫，嘉靖丁未进士，授南大理评事，升寺正。改工部。往董川贵大木，深入岚瘴，不辞险阻，于商民无扰，而大工以济。迁副使，备兵南赣。时盗猖獗，杀汪副使，佑视事浃辰，单车入岑冈三巢譬晓，李文彪诸剧贼各敛束听命，立定南县，控制诸巢。未几，广东贼乱，复设巡抚，以佑南赣功超，佥都往抚其地，百务创造，无所承藉，佑综理精密，号令严明，海贼林道乾、山贼张韶南等次第就擒，一岁捷书十余上，屡赐金币、玺书慰劳，以病归。所著有《南法寺驳稿》《抚粤疏稿》及《诗文》等集。

雍正《江西通志》卷五十八

李佑，字吉甫，贵州清平卫人。嘉靖进士。历官江西副使……进江西右参政……擢佥都御史，巡抚广东。

乾隆《贵州通志》卷二十八

李佑，字吉甫，清平卫人。嘉靖丁未进士，授南大理评事……未几，广东贼乱，复设巡抚，以佑南赣功超佥都，往抚其地……以病归。

《本朝分省人物考》卷一百十五

李佑，字吉甫，清平卫人。嘉靖丁未进士，授南大理评事，升寺正。丁巳春三殿灾，改缮部，往董川贵大木，深入岚瘴，不辞险阻，一时报发独多，而又不似他采木使者侵掠商贾，第令有司出纳。终其役，皭然无滓，巨工攸济，于是名愈。重崇迁江西副使，备南赣兵事。南赣者，盗薮也。自阳明经略后垂数十年，萌蘖滋长。岁辛酉杀汪宪副，猖狂弥甚。佑莅事浃辰，即单车入岑冈三巢，譬晓李文彪、谢允樟诸剧贼祸福，各敛束听命，立定南县，控制诸巢。无几何，广东贼煽乱，廷议请复设抚臣，以佑在南赣有大劳，遂开府其地。当百务创造，无所承袭，综理周密，号令严明，省汰冗费。虽羽檄纷驰，馈饷络绎，未尝增岁额。外缮兵甲，造战舰，修城郭，练士卒，图靖奸宄，如海贼林道乾、山寇张韶南等，皆次第殄除，所向无不摧克。终岁间捷书相继十余上，受金币之赐者十有三，赐玺书谕劳，竟以病归。未几，卒。所著有《南法寺驳稿》六卷、《抚粤疏草》八卷、诗文四卷。

《黔诗纪略》卷四

（李）佑，字吉甫，号培竹，清平卫人。其先自福建崇安来籍。祖纯，岁贡。官保康、洪雅[①]教谕。以身立士范。既去，两县人祠之。家居抚孤、厚族，有古君子风。父夔，字竹泉。嘉靖七年（1528）举人。历官南刑部员外郎。吉甫嘉靖十九年（1540）举人。二十六年进士。官至广东巡抚。《明史》附见《谭纶传》。初授南大理评事，以折狱明允称，升寺正。三十六年三殿灾，擢工部郎中，充川贵采木使。深入岚瘴，为有司先，钜材无所隐，而商值出纳，一听有司。故终役，翛然无物议。部檄促运急，而民力匮竭。吉甫调停其间，民不困而大工以济。晋南赣兵备副使。南赣与闽、越、楚犬牙错处，故盗薮。自王文成经略后，草薙禽猕，稍有宁宇。近岁以来，渐复萌孽。三十八年杀副使汪□□。吉甫至，即单车入岑岗、三巢，谕李文标、谢允樟诸剧贼，各革面听命，立还所夺人民土田。广东程乡贼温鉴、梁道辉，挟上[②]杭贼余党及他贼吴志高等，肆劫江西州县，而江西下历巢贼赖清规等互起相应。吉甫首败之于上杭、瑞金、石城，以次追击之于曲江、洪田、长汀、漳平、永安、始兴、长乐、平远、连州、阳山、英德、信丰、下历，屡战皆捷。鉴、道辉等穷蹙逃窜。寻为广东佥事徐宰甫所获，清规等亦就擒。（赖清规之起，曾杀信丰簿李凤朝。凤朝贵州卫人。嘉靖三十七年（1558）以岁贡主县簿。清规等肆掠城下，凤朝屡督兵御，破之。四十二年二月，贼入青村谷，凤朝攻之，贼距山逆战，凤朝奋力先登，遂为所害。数日得其尸，颜色不变。县人哀之，呼其山为“主簿脑”。）后先上首功凡二万余级，俘获、招徕，称是，请立定南县，控诸巢，南赣境内悉平，进江西右参政。广东河源翁源贼李亚元等犹肆逆，偕总兵官俞大猷，分五哨进剿，捣其巢，生擒亚元。论功独多。是时广东沿海盗贼未息，时纠倭作乱。隆庆元年（1567），廷议复设广东巡抚，以吉甫前后功，特超拜佥都御史，充其任。诸务创造，总理精密，严号令，汰冗费，虽羽书转饷络绎，未尝增岁额，而甲兵、战舰、城郭，无不整缮，士卒无不劲练。二年四月，澄海大家井民乱，讨平之。先后剿平翁源叛贼张韶南，长乐纠倭贼黄允惠，湖贼梁有川、林道乾、林爵，归善贼林金、黎尚德，泷水贼黎希文……韶州贼吴子和、张子贤，程乡贼杨子亮、李春又、蓝[③]松山。一岁捷书十余上，

① 《黔诗纪略》点校本作“稚”。
② 《黔诗纪略》点校本作“下”。
③ 《黔诗纪略》点校本作“兰”。

先后凡受银币赐十有三。吉甫谋定后战，应变不穷，鼓舞将士，人人乐为用。即当盘错，迄有成功。穆宗登极，即下玺书褒劳。至是，广东贼以次殄除。四年议裁巡抚，而吉甫被劾。闲住久之，事白，当起用，已卒。

吉甫博识强记，为文章，浩荡自如，胸坦夷而操履不驰，居常俭素，手一卷，乐引后进，如不及。执亲丧，事伯兄，皆极情礼。抚幼弟俶，教爱笃至，子大晋，字伯康，少负奇伟，十岁通经史，能文章，中嘉靖四十年（1561）举人。隆庆五年（1571）进士。知宜宾县。父服阕，补临川，移判温州，再知随州，转重庆府同知，遂引归。尝曰：“吾历官无他长，惟不欺君，不虐民，成败利钝，听之天命，差自信耳。”自号大愚，在乡里不徇俗尚，而喜恤人。俶后举万历十六年（1588）乡试。历官晋宁知州，亦有声。吉甫著有《南法寺驳稿》六卷、《抚粤疏草》八卷、《诗文集》四卷，皆未见。

2. 李佑诗

《黔诗纪略》卷四

归来有怀前抚孔韶文侍郎

韶文老边陲，单骑扫岚瘴。蠢尔溪与刺，岂直一鞭向。我经高雷间，怀畏犹不忘。勋名郁江流，不在麒麟上。

经香炉山

炉山压千峰，雄奇冠黔服。上溯五十年，咫尺仍异域，邹公故长者，天兵乃生翼。放意著诗筇，敢忘翦除力。

（十）刘秉仁

1. 刘秉仁传记资料

《嘉靖丁未科进士序齿录》

刘秉仁，字子元，号虹江。治《易经》。癸未年七月二十日生，贵州贵州卫籍，湖广大冶县人。观通政司政。祖增，生员。父恒，知州、府同……娶汤氏。癸卯乡试十二名，会试五十八名，廷试三甲一百十七名。历德兴知县，工部主事、员外郎、郎中，光禄寺少卿，南京太仆寺少卿，顺天府丞，都察院右佥都御史、抚治郧阳。

《嘉靖二十六年进士登科录》

刘秉仁，贯贵州贵州卫，军籍，湖广大冶县人。国子生。治《易经》。字子元，行一，年二十五，七月二十日生。曾祖锦。祖增。父恒，知府。母郝氏。重庆下。弟秉义、秉礼。娶汤氏。贵州乡试第十二名，会试第五十八名。

《国朝历科题名碑录初集·明嘉靖二十六年进士题名碑录》

刘秉仁，贵州贵州卫，军籍，湖广大冶县人。

《皇明进士登科考》卷十一

刘秉仁，贵州卫籍，湖广大冶县人。

《皇明贡举考》卷七

刘秉仁，贵州贵州卫。

《明实录·世宗实录》卷五百五十六

壬子，升顺天府府丞刘秉仁为都察院右佥都御史，提督抚治郧阳。

《明实录·穆宗实录》卷十三

乙酉……命调……抚治郧阳右佥都御史刘秉仁于南京别衙门用……已而给事中吴时来等又言，秉仁前议裁革……其心无大臣节，不得概从轻贬。秉仁坐罢。

《类姓登科考》十一尤

刘汝锐，江西安福县人，嘉靖癸未二甲……刘芹，四川宜宾人，丁未二甲……刘秉仁，贵州贵州卫人，三甲，右佥都御史、巡抚郧阳。

嘉靖《贵州通志》卷六

刘秉仁，贵州卫人，中丁未进士，任工部主事。

嘉靖《贵州通志》卷八

进士坊在治城，为刘秉仁建。

万历《黔记》卷四十四

刘秉仁，字子元，贵阳人。父节斋为国子学录。而平湖陆翁者亦在六馆。公①随父游长安，与陆公子吏部尚书光祖皆总角。会林祭酒讲于堂，闻壁后似人②，则公与光祖俱立窃听③。祭酒召至试题，大惊赏，谓两公曰："二子并他

① 《本朝分省人物考》作"仁"。

② 《本朝分省人物考》"人"后有"声"字。

③ 此句《本朝分省人物考》写为"则仁与光祖在焉"。

日公辅器，其识之。”嘉靖丁未成进士，补江西德兴县知县。以廉平恺悌称。有反风灭火之异。升工部都水司主事，榷税杭州，秋毫靡淄[①]涅。会三殿灾，改营缮郎中。调度将作，议者谓宜括天下藩司帑金。公[②]以贵州镇筸之役时未底定，军兴交驰，力疏不可。诏贵州独毋以金进，民用少苏。大工竣，升光禄少卿，历官右佥都御史，抚治郧阳。公[③]疏曰：“郧阳孤悬万山，地连四省，先朝设都御史，止用抚治军民。耳目未一，趋向靡定，大盗窥伺，剿扑后期，卒至酿成大患。甚非除戎器，戒[④]不虞之意[⑤]。臣愿[⑥]假臣提督，给臣[⑦]旗牌，俾得专意军务。”上报可。郧阳之加提督军务自公[⑧]始。致仕归，别墅有翔云阁、涟漪亭，游息其中，绝意干进。抚按交章荐，凡二十上，竟不召。家食二十五年，与二弟愉、怡叠斑斓起舞，称寿二尊人，岁时欢甚。已，二尊人相继捐馆。公哭泣逾礼[⑨]，卒。

玭衣生曰：予同年萧中丞彦志、刘文岳卧苫块，偶困脾湿，两足蓬蓬起，然犹栉沐对客。报书缄封，送使者，复就几榻，微笑而逝。素冠栾栾，讫于哀毁。呜呼，公可谓死于孝矣。或曰：如不胜丧何？曰丧礼惟（唯）哀为主。人于其亲也，至死不穷。

康熙《贵州通志》卷十八

刘秉仁，字子元，贵阳人。父节斋为国子学录，随父之京师。时方总角，林祭酒一见即以公辅期之。嘉靖丁未成进士，授德兴，曾有反风灭火之异，迁工部郎，历官佥都御史，抚治郧阳。以终养归，优游泉石二十五年，议者惜其设施未竟云。

乾隆《贵州通志》卷二十八

刘秉仁，字子元，贵阳人。父恒，为国子学录，随父之京师。时方总角，林祭酒瀚一见即以公辅期之。嘉靖丁未成进士，授德兴令，有反风灭火之异，迁工部郎，历官佥都御史，抚治郧阳，以终养归。家居二十五年，与两弟奉事父母，极尽色养，居丧过哀，几以毁灭性。

---

① 《本朝分省人物考》无此字。
② 《本朝分省人物考》作“仁”。
③ 《本朝分省人物考》无此字。
④ 《本朝分省人物考》“戒”前有“以”字。
⑤ 《本朝分省人物考》“意”后有“愿”字。
⑥ 《本朝分省人物考》无“臣愿”两个字。
⑦ 《本朝分省人物考》“臣”作“以”字。
⑧ 《本朝分省人物考》作“秉仁”两个字。
⑨ 此句《本朝分省人物考》写作“亦以哭泣逾礼”。

道光《贵阳府志》卷七十三

刘秉仁，字子元，贵阳人，父恒。嘉靖四年（1525）举人，官至府同知，以母老乞归。屡为乡饮宾，后封如子官。秉仁幼有异操，恒官国子学录，时秉仁随恒在国子学，祭酒林浣有知人鉴，一见即以远到期之。稍长能文章，有声誉。嘉靖二十六年（1547）成进士，授德兴知县。县有火灾，风甚炽，秉仁默祷，谓百姓无罪，愿以己身代。祝未毕而风反火灭，人咸异之。久之，擢主事，屡迁至工部郎中，于工政多所厘正，出为参政，累官右佥都御史，抚治郧阳。俄以终养告归，家居二十五年，始卒。

弟，秉礼，嘉靖三十一年（1552）举人，官至府同知。秉仁昆弟三人，其一逸其名，咸有孝德，事父极尽色养。恒既陈情，后母卒服阕，即不赴选。家居者四十年，及秉仁为抚治亦不乐就养，故秉仁莅治无几，即乞归养，恒之卒也。秉仁兄弟居丧哀毁，几至灭性，时论称其至孝。恒居官有善政，其归也。部人留之弗获，立碑以识去思，旧记不言恒所官地。秉仁没，崇祀乡贤。秉仁之家居也，好交接宾客贤士大夫，喜与之宴聚。兴国吴国伦官于贵州，世所称七子者与秉仁游，今甔甀洞集中有元夕同诸大夫宴刘子元中丞宅观镫，即其事也。秉礼子世官，万历二十八年（1600）举人，官至知州。

论曰：“士昂以公方利物，时中以伉直触奸，使生上国，当入国史，照耀寰区，而方志辄以数语了之，乃至其章疏无一字流传，文献之缺略如是？可叹也已。”子元虽于当世无所著见，然其纯懿之行有大过人者。膺民社时，又能以至诚感神夫，岂易易哉！

《黔诗纪略补》卷上

秉仁，字子元，贵州宣慰司人，仕履具莫氏《纪略》。余检李觉斯《南滁会景编》，子元曾官南太仆少卿。《纪略》不载，可以补其缺。

2. 刘秉仁诗文

《黔诗纪略补》卷上

环山台对月鼓琴

吏隐滁山里，悠然物外心。抚松成古调，对月是知音。竹引双鸾下，池迴一鉴阴。夜深浑不寐，大雅细沉吟。

游龙蟠山寺有感

幽刹古来多胜迹，荒台今日不胜情。乌啼故苑春堪赏，芝落灵源草自生。仙洞云归龙已去，禅亭月在鹤空鸣。悠悠往事成虚幻，淡霭孤峰翠黛横。

《黔诗纪略》卷四

题并蒂梅图

比肩人去谢铅华，二十年中似断楂。直到泉台方一笑，墓门开遍并头花。

并头花绕岁寒枝，压断春光更不疑。从此贵山添韵事，越家坟上竞寻诗。

道光《贵阳府志·余编》卷六

武侯祠碑记

世传诸葛武侯略地黔中时殆抵牂牁，遍金筑云。又侯所过，辄有遗迹，付诸山灵。后人发得奇踪閟响，必谓侯所遗。盖谓非侯，其谁宜为也？今“贮甲”“铜鼓”两岩，皆谓侯遗迹。盖故老相传如是，然不可考矣。南庵故有祠祀侯，前挹郡城，下瞰渔矶烟水，飘（缥）渺翠微，亦称庙貌。

我龙洲王公开府兹土，瞻侯祠宇，想见侯扶汉三分事，慨然兴怀，低徊久之。乃手侯旧传，增损校雠再四，划之楔，贮之祠，以为荐绅典型，以慰甿庶遐思。

愚尝反复深维之，见公有远意，匪直寓仰止之勤已也。忠武在章武时，欲完蜀以瞰中原之变，志图恢复。故其所经略蜀地，务先詟服笮僰诸彝之心，要在夺之气以借其力，曰“思惟北征，宜先入南”是也。故彝俗习格斗知兵，侯故兵威困之；彝善匿燧燎原，侯故烈焰燔之；彝巧避毒箐幽岩，侯故穷搜之；彝信鬼幻惑，侯故奇踪閟响以震詟之。谓所过辄有遗迹付诸山灵者，盖侯詟彝之一端也。彝詟而无变，然后得借其力以瞰中原。此侯之远谟也。

阅千百祀来，我太祖高皇帝兼有区夏，削寨落而树以郡邑，彝箐洞而代以控弦戍守。自黔达滇、蜀，皆星络云屯，已倍蓰什佰于侯所措注矣。顾国家亦武侯意也。夫居今诸彝不靖，则黔、蜀、滇不完；黔、蜀、滇不完，则非所以重西南之屏翰矣。然欲靖诸彝，匪得侯之才量及侯之规划如侯其人者，未足以语此。今观龙洲公之注措则得之。

公自幼挺拔，沉浸群籍，驰骋今古[①]。历职方、卿寺，于边服形胜险易，经略事宜，罔不洞突要领。故抚临遐服，譬之熟辕游刃也。地之贵储，利则启，蠹则杜；途之梗塞，高则陂，涉则梁；兵之募畜，干则称，戈则比；酋之魁杰，驯则怀，叛则兵；士之习俗，游则警，惰则戒。行逾年，彝无鼓噪，民无欢哗，有苗来格，在在帖宁，不与侯之远谟旷世相孚耶？公所经略，匪直全黔以完滇，即

① 道光《贵阳府志》贵阳市地方志编纂委员会办公室校注本作“古今”。

三蜀亦借公以完，如侯之故志。侯之完蜀，虽未足窥中原；公所完黔、蜀、滇，则屹然为中原一大藩镇。衣裔曰边，器羡曰边，裔具而衣泽，器完而中好。他日舒国家南顾[1]忧者，公力也。公之意远矣。大都欲尚方于侯以经略，匪直寓仰止之勒已也。余于亟传侯者，而深维得之矣。试特以谂公，将谓余知言哉！故不揣荒谫，有皆记之。

（十一）孙裒

孙裒传记资料

《嘉靖丁未科进士序齿录》

孙裒，字益之，号虑吾。治《书经》。壬午年五月初五日生，贵州清平卫籍，直隶如皋县人。授翰林院庶吉士。祖瀚，府同知。父重，知县……娶王氏，继娶冯氏。癸卯乡试八名，会试二百八十七名，廷试三甲二百五名。改翰林庶吉士，历陕西道御史，定州判官，汝宁推官，常德同知，南京户部员外郎，湖广佥事。

《嘉靖二十六年进士登科录》

孙裒，贯贵州清平卫，官籍，直隶如皋县人。国子生。治《书经》。字益之，行七，年二十六，五月初五日生。曾祖铎。祖瀚，府同知，进阶中议大夫。父重，知县。母宋氏。重庆下。兄衣，知县；衮，监生；卞、雍、襄、褒，贡士。娶王氏。贵州乡试第八名，会试第二百八十八名。

按：会试名次与张冕同，误，当从《序齿录》。

《国朝历科题名碑录初集·明嘉靖二十六年进士题名碑录》

孙裒，贵州清平卫，官籍，直隶如皋县人。

《皇明进士登科考》卷十一

孙裒，贵州清平卫籍，直隶如皋县人。

《皇明贡举考》卷七

孙裒，贵州清平卫。

[1] 道光《贵阳府志》贵阳市地方志编纂委员会办公室校注本“顾”后有“之”。

《兰台法鉴录》卷十七

孙裒，字益之。贵州清平卫人。嘉靖二十六年（1547）进士。二十八年，由庶吉士授陕西道御史，清军两广，丁忧。复除本道，降定州判官，升推官，累升湖广佥事，免官。

《类姓登科考》十三元

孙裒，贵州清平卫人，三甲，庶吉士。

嘉靖《贵州通志》卷六

孙裒，中丁未科进士。翰林院庶吉士，任监察御史。

嘉靖《贵州通志》卷八

翰林坊在治城中，为翰林赵维垣、孙裒题。

嘉靖《重修如皋县志》卷八

孙裒，贵州军生，嘉靖丁未李春芳榜。庶吉士升御史。

康熙《贵州通志》卷十六

孙裒，清平人，官御史。

孙裒，清平人，丁[①]未进士。

乾隆《贵州通志》卷三十

孙裒，清平人，字益之。嘉靖丁未进士，选庶吉士，转御史。巡视南城，以风裁自持，中贵等悉受约束，请托不行。奉命清戎两粤，弹墨吏，惩猾胥。尝疏列贵阳敝政，如议永宁赴试之字号，清平马政之苦累，粮储定限之催征，皆切中情实。又疏劾云南巡抚[②]鲍某贪黩状，褫职。鲍素交通权贵，既斥，造飞语中伤，谪裒定州州判，旋擢汝宁司李，时伊藩坐违祖训，听勘，裒一一辩复之。历升湖广蕲黄江防佥事，蕲黄为水陆盗薮，裒至，严训练，缮城池，造战舰，一日而缚盗数十。凡守令勤惰廉污，分别劝惩，境内大治。会鲍再起，裒复为飞语所陷，回籍。

---

① 据乾隆《贵州通志》补。

② 乾隆《贵州通志》四库全书本“云南巡抚”作“云抚”两个字。

（十二）张守宗

张守宗传记资料

《嘉靖二十九年进士登科录》

张守宗，贯贵州思南府水德司，民籍，府学生。治《诗经》。字继先，行一，年二十五，四月初五日生。曾祖缙。祖益龄。父伟。母向氏。具庆下。娶熊氏。贵州乡试第六名，会试第七十二名。

《国朝历科题名碑录初集·明嘉靖二十九年进士题名碑录》

张守宗，贵州思南府水德司，民籍。

《皇明进士登科考》卷十二

张守宗，贵州人。

《皇明贡举考》卷七

张守宗，贵州思南府水德司。

《类姓登科考》七阳

张守宗，贵州思南府人，庚戌二甲。

嘉靖《贵州通志》卷六

（嘉靖）己酉科张守宗，中庚戌科进士。任户部主事。

道光《思南府续志》卷六

张守宗，水德司人，嘉靖庚戌科，登唐汝楫榜，历官户部山西司员外郎，改授辽府长史。详乡贤。

道光《思南府续志》卷七

张守宗，嘉靖己酉举人，庚戌进士，历官户部员外郎，莅事公正，不徇请托，以母老遂乞终养。

按：《铜仁地区文物志》收有夏德忠《张守宗墓》一文，《文物》1982 年第 8 期收有贵州省博物馆刘恩元《贵州思南明代张守宗夫妇墓清理简报》，可以参看，兹不尽录。

（十三）姚世熙

1. 姚世熙传记资料

《嘉靖二十九年进士登科录》

姚世熙，贯贵州新添卫，官籍，直隶舒城县人。国子生。治《易经》。字思载，行一，年二十八，十月十一日生。曾祖信。祖鉴，百户。父璋。母胡氏。具庆下。弟世泰、世和。娶潘氏。贵州乡试第四名，会试第一百四十九名。

《国朝历科题名碑录初集·明嘉靖二十九年进士题名碑录》

姚世熙，贵州新添卫，官籍，直隶舒城县人。

《皇明进士登科考》卷十二

姚世熙，贵州新添卫人。

《皇明贡举考》卷七

姚世熙，贵州新添卫。

《明实录·穆宗实录》卷四十四

丁未……升广东布政使司左参政姚世熙为湖广按察司按察使。

《明实录·穆宗实录》卷五十一

丙寅，升湖广按察司姚世熙为浙江布政司右布政使。

《明实录·穆宗实录》卷六十九

辛酉……升浙江布政司左布政使姚世熙为太仆寺卿。

《明实录·神宗实录》卷八

庚辰……勒原任浙江左布政使姚世熙闲住……世熙已升太仆寺卿……吏部以世熙奸贪无忌，速化有迹，降调未尽其辜，覆令冠带闲住。

《甔甀洞稿·续稿文部》卷七

太仆姚公思载，盖自嘉靖庚戌同予举进士……万历癸酉，予适奉命视黔中学，而公二子伯允迪、仲允升并试诸生高等……举明经科……闻仲子业已剖符为滇之路南守……姚氏其先舒城人……我高皇起淮右……授神武卫镇抚……占籍济州……已调贵州普安……依新添卫，守祖冢，家焉。

《类姓登科考》二萧

姚世熙，贵州新添卫人，三甲，太仆寺卿。

嘉靖《贵州通志》卷六

姚世熙，登庚戌科进士，任河南开封府推官。

康熙《贵州通志》卷十六

姚世熙，新添人，官太仆寺卿。
姚世熙，新添人，庚戌进士。

康熙《贵州通志》卷十八

姚世熙，新添人，进士。历官太仆寺卿，屡典藩臬。为政得大体，冰蘖之操，老而愈笃。祀浙江名宦。

乾隆《贵州通志》卷二十八

姚世熙，新添人，嘉靖庚戌进士。历官太仆寺卿，屡典藩臬，为政得大体，冰蘖之操，老而愈笃，祀浙江名宦。

道光《贵阳府志》卷七十四

姚世熙，新添人。嘉靖二十五年（1546）举人，二十九年进士，官至太仆寺卿。《贵州通志》称其“屡典藩臬，为政得大体，冰檗之操，老而愈笃。祀浙江名宦。”然不言历何布政使、何按察使，得大体、采冰檗者为何事，今亦无从补入。史有阙文，此类是也。

2. 姚世熙乡试文章

有君臣然后有上下有上下然后礼义有所错

考试官教谕誉批（首咸意正如此。）
考试官学正毛批（有发挥。）

天下之大纲，正则分定而化成矣。甚矣，君臣，天下之大纲也，一正之而分定矣，天下有不化成者哉？《序卦传》有之，昔者圣人之作《易》也，首咸以别经何？盖言夫妇之道，实托始乎人伦，而君臣之纲乃化成乎天下。是君臣也者，立人纪者也。自夫夫妇之肇始而有父子也，则有君以独运于上，而统天之道明；有臣以佐理于下，而承式之义著。圣人作而万物咸先于利见齐于后者，臣无敢于成也。元后出而万邦共惟（唯）乎帝，臣令于上者，下惟（唯）代以终也。是之谓有君臣矣。夫惟（唯）有君臣也，然后有上下矣。由是卑高陈于贵贱之位，而名分益以严；小大齐于上下之辨，而体统益以著。君一位也，卿一位也，大夫士一位也，率而下之，以及庶人，则等之所杀，而以上临下之则明。“建其牧也，陈其殷也，置其辅也，推而上之，以达天子”，则分之所昭，而“以卑承尊”之秩定。谓不有上下乎？夫惟（唯）其有上下也，礼义其可兴矣。由是分定则礼可达，朝廷尊于纪法之正，而文明之化可成；知分则义可陈，万邦贞于皇极之建而人文之止。用赍备之舆马以饰其制，等之服室以秩其分。参而伍之，而会通之典行矣。予之法制以防其逸，式之章程以维其情。错而综之，而和义之政举矣。谓礼义不有所错乎？夫上下之分定，而后礼义之风起；君臣之纲正，而后天下之分明。是君臣也者，诚万化之所从出焉者，而必造端乎夫妇。作《易》者首咸以别经，有以哉！古之品三纲者，置夫妇于父子君臣之间，盖取诸此也。天下之化，成之君臣，而君为臣纲，始诸父子。微夫妇，则人道或几乎息矣。故纲君臣，言分也；纲父子，言道也；纲夫妇，言功也。可以人合少之乎？是夫妇也者，分不逮乎君臣，而道则启诸父子。天下之治实基之，其功倍而道重，是故不可不慎也。故圣人重之。传《家人》曰：“天地之大义”。传《归妹》曰：“人之始终”。呜呼！观乎此，而圣人取重之义可识矣。

策问第五问

考试官教谕誉批（以《易》傅时务其言曲而中矣。）

考试官学正毛批（察于民之故者。）

阜民之道二：曰导之以利，以厚其生也；式之以度，以宽其力也。治民之道二：曰申之以令，以一其趋也；厉之以法，以防其流也。四者行而政无余术矣。夫导利非施惠之谓也；示民之宜，因地之利，如《易》所谓“美利以利天下”是也；式度非弛征之谓也。予之中制，立之常典，如《易》所谓“中正以通”是也；申令，多制之谓也。饬旧之文，明今之法，如《易》所谓“先庚三日”是也。厉法非示威之谓也。惩彼之奸，安我之善，如《易》所谓“禁民为非，曰义”是也。是故利导而民不困矣，度式而民不伤矣，令申而民不惑矣，法厉而民不越矣。有是四者，而又出之以断，行之以渐，守之以悠久，虽跻之泰和之盛可也，而又何荒瘠之虑，奸慝之虞也哉。愚闻之师矣。以为治在察俗，政贵因时，修其政而不附其俗则败，易其法而不权其敝则乖。此救敝之宜，因俗之政，诚不可不讲也。自所察于贵州言之，则执事所谓荒瘠仍昔、奸慝实繁者，固已熟察其敝矣，而又求所以为之谋者，则愚也，沉于大道也，暗于世故也，何足以知之？然尝闻之《易》矣。系之下《传》曰：“何以聚人曰财。”夫聚人而必以财者，生聚阜畜，非财不共也。《节》之《彖》曰：“节以制度，不伤财，不害民。”夫不伤不害而系之制度者，杜厘节缩，非法不备也。《巽》之《象》曰：“君子以申命行事。”夫行事而系之申命者，鼓民志，敕废典，莫重于令也。《噬嗑》之《象》

曰："君子以明罚敕法。"夫敕法而必以明罚者，申事守饬上下，莫严于罚也。是故观于《系》之义，则知导利之不可已矣；观于《节》之义，则知式度之不可已矣；观于《巽》之义，则知申令之不可已矣；观于《噬嗑》之义，则知厉法之不可已矣。慎此四者以治天下，有余理也，而况于贵州乎？故愚以谓救敝之宜，因俗之政，要在四者而已。夫贵州之民，生齿滋于承平，户业养于休息，固宜！其殷富如中土矣。然而闾阎巨姓，储鲜百金，仓廪盖藏，蓄无再岁，民之苦于荒瘠者可恤也。品式密于备防，威法详于积禁，固宜其安堵如中土矣。然而齵狂丑类，动辄弄兵，鼠窃纤凶，时或攫货，民之困于奸慝者可恤也。此执事之所谓大疾苦者也。求其敝之所由起，又非执事所谓"阜之有遗利，而治之有遗法"之谓乎？愚请得而备言之。古者斫木为耜，揉木为耒，耒耜之利，以教天下。今也刀耕火种之习，虽足以卒岁，而污莱遍野，游散盈市，非所以兴农殖之原也。古者日中为市，致天下之民，聚天下之货。今也村集贸易之制虽足以来商，而舟车弗通，货贿弗流，非所以明懋迁之义也。古者说以先民，民忘其劳。今也使轺之，往来役民以奉之者，无虚日矣。民之困于供亿，其能以滋生乎？古者损上益下，其说无疆。今也帅长之浚削，竭民以自封者，无完产矣。民之苦于诛求，其能以厚殖乎？如是，则阜之者信有遗利，而所以荒瘠仍昔者，固其所矣。重门击柝以待暴客，昔固有其法也。今也什伍之旧无存，堡戍之规荡废，边防渐略，是不可不加之意也。除戎器以戒不虞，昔固有其制也。今也将乏团练之方，士鲜循习之素，戎制渐衰，是不可不为之虑也。"何校灭耳"，所以惩奸宄也。今也扇乱之夫，或幸于苟免，非所以昭戢暴之威也；利用侵伐，所以威不轨也。今也不逞之夷，或务于姑息，非所以伸猾夏之义也。如是，则治之者信有遗利，而所以奸慝实繁者，固其所矣。夫荒瘠仍矣，奸慝繁矣，敝也。敝而察于俗以救之，所谓宜也，则吾之所谓四者之政是也。故为今之计，莫若使民尽辟其土，毋责其租入，而又则其壤地之宜，黍稷稻稑桑麻之属，各辨其性而树艺之。而后寻求水政，于凡水道可通者，凿障塞，筑堰坝，以时泄畜而宣之，舟楫既通，利源自阜。是之谓导利之政。而《易》之所谓"聚人曰财"者在是矣。严为品节，上需下赋，具有恒度，以示之民。凡官使之扰、帅吏之贪者皆为之劼制，非达节者汰之，达节而逾于度者汰之，倚征为市者罪之，非倚征而渔食者亦罪之，是之谓"式度之政"，而《易》之所谓"节以制度"者在是矣。坏城郭，固封疆，完要塞，谨关梁，塞蹊径，修堡哨，明戍守，各按于法，莫敢不臧。而又练军实，简士卒，选将帅，明赏罚，以修戎政。凡旧章之弛者，皆申饬之，以一观听。是之谓申令之政，而《易》之所谓申命行事者在是矣。简诸民之败群者绌之。凡酿乱召衅、乐讼幸灾者，皆迹而伏之法，其尤不逞者，斥诸境外。至于土酋之骄纵者，夷猡之舌纪者，悉以法治之。一不共则文告以让之，再不共则刑罚以威之；其卒不共者，则师旅以遏之，毋事姑息，以启邪心，是之谓厉法之政，而《易》之所谓明罚敕法者在是矣。四者信行，则所以阜聚蕃殖之者无遗利，而禁诘豫防之者无遗法矣。省方观民之政，其何以加诸此哉？或曰："贵州之域，地非沃壤，虽繁其法制不能使之富；俗袭夷风，虽详其章条不能使之靖。"噫！此非所以语政理也。夫王者不易民而化，君子不变俗而治，举其所偏，补其所弊，施之以阜殖，予之以禁戒，虽蛮貊之邦可行也，而况未至于是者乎？在《易》观之《象》曰："君子以省方观民设教。"言因俗而理也。兹愚之习观于贵州也，地虽薄瘠而力于务本，人虽鸷悍而恬于畏威。劳来安集，则生聚之泽易究；振厉警饬，"则震叠之威易宣，是在省方观民者加之意而已"。此愚于《观》之象，而益信四者之政之可行也。边隅之士，岂足以审于治民之方？顾以为察之于俗而闻之于师者若此。明问所及，敢僭告焉。盖习于闻见者，或不拂于时宜，而守其师说者，或不悖于大道，是亦省方者之所乐采也。

3. 姚世熙诗

万历《贵州通志》卷二十四

三月朔日雹

已是暮春朝，俄今雪雹饶。随风穿漏屋，带雨点新苗。顿觉春衣薄，翻疑朔气飘。农家愁绝处，生事转萧条。

（十四）陈治安

1. 陈治安传记资料

《嘉靖二十九年进士登科录》

陈治安，贯贵州宣慰司，军籍，直隶昆山县人。宣慰司学增广生。治《诗经》。字超谊，行一，年二十九，四月十一日生。曾祖晟。祖锐。父恕。母耿氏。具庆下。娶李氏。贵州乡试第十八名，会试第二百二十名。

《国朝历科题名碑录初集·明嘉靖二十九年进士题名碑录》

陈治安，贵州宣慰司，军籍，直隶昆山县人。

《皇明进士登科考》卷十二

陈治安，贵州宣慰司人。

《皇明贡举考》卷七

陈治安，贵州宣慰司。

《类姓登科考》十一真

陈治安，贵州宣慰司人，三甲。

嘉靖《贵州通志》卷六

陈治安，前卫人。中庚戌科进士，上虞县知县。

康熙《贵州通志》卷十六

陈治安，贵阳人，官主事。
陈治安，贵阳人，庚戌进士。

乾隆《贵州通志》卷二十六

陈治安，宣慰司人，官刑部主事。
陈治安，宣慰司人，庚戌进士。

《黔诗纪略》卷九

陈治安，字□□，贵州宣慰司人，嘉靖二十八年（1549）举人，明年成进士，官南京工部主事。《千顷堂书目》子部杂家有《陈治安贞言》六卷。

2. 陈治安诗

《黔诗纪略》卷九

送江长信中丞致政归歙

秉钺曾提百万师，归来松菊旧襟期。尊浮绿蚁餐金瀣，社结青山采紫芝。五亩久耽司马乐，一枰犹恋谢公棋。徜徉信有林泉在，恐负苍生社稷思。

（十五）孙应鳌

1. 孙应鳌传记资料

《嘉靖三十二年进士登科录》

孙应鳌，贯贵州清平卫，官籍，直隶扬州府泰州如皋县人。国子生。治《书经》。字山甫，行一，年二十七，八月十四日生。曾祖瀚，府同知，进阶中议大夫。祖重，知县。父衣，府同知。母司氏。重庆下。兄昂，正千户。弟应豸。娶李氏。贵州乡试第一名，会试第一百六十二名。

《国朝历科题名碑录初集·明嘉靖三十二年进士题名碑录》

孙应鳌，贵州清平卫，官籍，直隶扬州府泰州如皋县人。

《皇明贡举考》卷七

孙应鳌，贵州清平卫。

《明实录·世宗实录》卷五百六十四

丁酉……升四川按察使孙应鳌为湖广右布政使。

《明实录·穆宗实录》卷十三

甲午……升……湖广布政司右布政使孙应鳌为都察院右佥都御史，抚治郧阳。

《明实录·穆宗实录》卷二十九

乙未……抚治郧阳右佥都御史孙应鳌以病乞归，许之。

《明实录·神宗实录》卷十四

丁卯，起原任抚治郧阳都察院右佥都御史孙应鳌仍以原职抚治郧阳。

《明实录·神宗实录》卷二十九

壬辰……升巡抚郧阳佥都御史孙应鳌为大理寺卿。

《明实录·神宗实录》卷四十一

甲午……改户部右侍郎孙应鳌为礼部右侍郎，管国子监祭酒事。

《明实录·神宗实录》卷五十五

戊寅，礼部右侍郎管祭酒事孙应鳌以病乞休，许之。

《明实录·神宗实录》卷一百四十四

甲戌……起原任礼部右侍郎管国子监祭酒事孙应鳌为刑部右侍郎。

《明实录·神宗实录》卷一百四十七

癸卯……御史谭耀、张文耀参南京工部尚书孙应鳌……以应鳌起用迁延，明违前旨……勒致仕。

《明诗纪事》己签卷十一

（孙）应鳌字山甫，清平人。嘉靖癸丑进士，选庶吉士，改户科给事中。出为江西佥事，历陕西副使、四川参政……擢佥都御史抚治郧阳，罢归……入为大理卿……起刑部侍郎，进南工部尚书……谥文恭。

《国榷》卷七十一

予故南京工部尚书孙应鳌祭葬，谥文恭。应鳌字山甫，贵州清平卫人。嘉靖癸丑进士，选庶吉士，授户科给事中……累进今官。

《古欢堂集》卷三十

公姓孙氏，名应鳌，字山甫，别字淮海。先世扬州人，以流寓占籍清平。举嘉靖癸丑进士，累官南京工部尚书卒，其谥文恭……

《古欢堂集》卷三十九

公姓孙氏，讳应鳌，字山甫，扬州如皋县人，占籍清平卫。嘉靖己酉举乡试第一，癸丑成进士，选庶吉士，改户科给事中……都察院佥都御史，抚治郧阳。入为大理卿，迁户部右侍，改礼部，掌国子监祭酒事。隆庆改元……晋南京工部尚书，卒……谥文恭。

《类姓登科考》十三元

孙应鳌，贵州清平卫人，癸丑二甲，庶吉士，字山甫，南京工部尚书，赠太子太保，谥文恭。

《弇山堂别集》卷五十八

孙应鳌，贵州籍如皋人。由进士十一年推右，未任。

嘉靖《贵州通志》卷六

孙应鳌，中癸丑科进士，任翰林庶吉士。

嘉靖《重修如皋县志》卷八

孙应鳌，贵州军生，嘉靖癸丑陈谨榜。庶吉士，升给事中。

乾隆《贵州通志》卷二十八

孙应鳌，字山甫，清平人……弱冠登嘉靖丙午乡试第一，癸丑成进士，选庶常，授户科给事中……累迁郧阳巡抚……入为大理卿，升户部右侍郎，改礼部，掌国子监祭酒……再起南工部尚书，卒谥文恭。

康熙《贵州通志》卷十六

孙应鳌，清平人，裒侄，改庶吉士，官尚书。

孙应鳌，清平人，衣子，癸丑进士。

康熙《贵州通志》卷十八

孙应鳌，字山甫，清平人。幼颖异，日诵千言，弱冠登丙午乡试第一。癸丑成进士，改庶常，授户科给事中，出补江西佥事。御流寇有方略，九江三百人误坐贼党，一言出之。迁陕西督学，实意作人，身先为范，士服其教，屡迁郧阳巡抚。隆庆改元，上励政亲贤十事，并劾提督太和宫大珰贪欺状，上皆纳之。寻乞骸归。万历初，召起原任，首请恤录建文死事诸臣并复革除年号，奏虽留中，识者韪之。未几，入为大理卿，升户部右侍郎，改礼部，掌国子监祭酒事，请严监规、勤考课，命著为令。会驾幸学，进讲《虞书·无逸》章，命坐、赐茶。复以病予告。再起南工部尚书，卒。谥文恭，赐祭葬。著有《教秦绪言》《易谈》《春秋节要》《律吕分解》《四书近语》《学孔精舍汇稿》《续稿》等书。

《黔诗纪略》卷五

先生字山甫，号淮海。其先自南直如皋来，为清平卫官，遂世为清平人。举嘉靖二十五年（1546）乡试第一。三十二年进士。选庶吉士，改户科给事中，出为江西按察司佥事，迁陕西提学副使，晋四川右参政。隆庆改元，擢佥都御史，抚治郧阳，罢归。万历初，起故官，二年入为大理卿，明年晋户部右侍郎，改礼部，充经筵讲官，掌国子监祭酒事。逾二年，以病引告。十三年起刑部右侍郎。寻，晋南工部尚书。年五十卒。赐祭葬，赠太子太保，谥文恭。学者称淮海先生，淮海生之日，卫人馈六鲤于父郡丞衣，因以名。就塾，日诵数千言，正襟危坐，务解大义。年十九试儒士，督学贵溪徐樾大奇之，许必魁多士，放榜，果中第一人。佥事江西，流贼起，捍御有方，一道宴然。九江三百人误坐贼党，一言出之。提学陕西，实意作人，身先为范。尝与楚黄耿定力书云：世道理乱，关于人才，人才成就，系于师道。人人能言之，至师道之以称职名于时者，力勤较（校）阅、品评不爽已耳，猎名词华、驰誉经学已耳。某意不然。荀卿子曰：师术有四，传习不与焉，尊严而惮，可以为师；耆艾而信，可以为师；诵说而不陵不犯，可以为师；知微而论，可以为师。此荀氏大醇之言似矣，而未尽也。孔子曰："温故而知新，可以为师。"此则万世师道之极则也。"温故知新"，学者多以所闻所得为解。某妄意为故者，当如孟子言性则故之故；新者，当如《大传》日新盛德之新。凡天下万物之实体，灿然具陈，故也；其真机昭然不息，新也。二者虽有显微，其总括于人心，运行于人心，生生之妙，一也。能温，则实体之总括不晦；能知，则真机之运行不滞。不晦不滞，则天地万物合为一体则仁。仁则成己成物、位育参赞皆其能焉。成己成物者师道也，师职也。故子思作《中庸》，亦以温故知新承圣人发育峻极之大道。此孔氏家法也。故某妄以孔子温故知新之旨为孔子示人万世师道之极则者此也。在秦所取士，悉一时名硕。参政四川，土夷薛兆乾执参将贺麟以叛。都御史谷中虚问计曰：参将与天子孰轻？昔英宗北狩，于肃慤数语，国威益振，卒返英庙。今者，岂恤一参将耶？中虚从其议，擒兆乾，麟竟免于害。

初抚郧阳，以上方冲年，莅政伊始，防杜宜早，乃因境内灾疏请勤学励政、亲贤远奸等十事，上嘉纳之。太和提督巨珰为民蠹，疏劾其欺悖贪谬状，上为斥逐。有蜚语，遭言者诬陷，遽乞骸骨以去。比再抚郧阳，有诏录建文死事，诸臣至革除事，人皆讳言之，因推衍德意，上疏曰：褒扬人之子，必先其父，则子之心安，故褒扬人之臣，必先其君，则臣之心安。建文诸臣，委质致身，志节甚伟，陛下深为恤录，真厚幸矣。建文君未沾旷绝之典，恐诸臣有知且不能安受地下，亟复位号，量拟谥法，事有系空名而舆论悉归、人心愈固者，此类是也。孔子作《春秋》，每年必书，每时必书，见天道王政上下维属不可缺也。建文君在位凡四年，书以革除，举其事缀附洪武间，名实紊淆，轨迹惑贰，何以补国家信史之缺？疏奏留中，举朝目为昌言。掌祭酒，在监雅意持风化，作人才，仿吕柟遗意，疏言举人率多回籍自便，以入监卒业为耻，不知当其在籍，师儒之训弗及，宪臣之令弗加，闾党矜其资望，有司遇之隆重，身靡所检而易荡，及入官，材质已坏，莫可如何矣。宜征天下举人，悉入监。祖宗设太学，非举贡，非勋胄、恩荫不入。祭酒司业为朝廷作人于内，提学为朝廷作人于外，必在内树风教而后在外振纪纲。今提学所摈斥者，尽归之太学，倒置若此，则太学毋乃为生员不才者之逋逃薮与？甚且至愚不肖资货一入，咸厕其中，太学之污蔑极矣。疏上悉著为令。丙子八月驾幸太学，进讲《周书·无逸》章，上嘉纳，命坐赐茶。盖旷典云，先生自见知波石，即传其所受阳明心斋之学，终日抠趋与李同野、马心庵、蒋见岳同励圣轨，既又走桃冈，印证于道林，所造益实。通籍后，遍交罗念庵、胡庐山、邹颖泉、罗近溪、赵大洲、耿在伦、楚侗诸巨公，往复切劘，温故知新，浩然自得。其《与楚侗论师道书》盖自道也。提学为秦中师有《教秦绪言》。祭酒为天下士师，有《雍谕》。在乡里筑学孔精舍以居学子。抚郧时，有《幽心瑶草》之寄。乞身在告有《易谭》《四书近语》，今不能悉见。观其《近语》云："一部《论语》，圣人惟教人以求仁"，"学者学此而已"。又曰："明道先生谓学者先须识仁，识得此体，以诚敬存之，三言者《大学》之要领，格得此，身与天下、国家共是一物，而致其知，无一毫疑惑障蔽便是识仁体，由此着实下诚意功夫，以正心修身，便是以诚敬存之，便是大人之学。识仁则大，不识则小。"又曰："《中庸》首言天命之性，终言上天之载，始终以天，则中庸之道不过尽人合天而已。慎独者，尽人合天者也。高乎此者是佛老之空寂；卑乎此者是世俗之功利，以其外乎天不中不庸也。”盖先生之学，以求仁为宗，以尽人合天为求仁之始终，而其致功，扼要在诚意、慎独。平生难进易退，任事敢言，不以依违徇人，亦不以激烈取异物来顺应，沛然有余，海内群以名臣大儒推之。惜传业无人，当时行迹百不存一。本朝修《明史》遂不为立传，仅摭郭子章《黔书》《理学传》益所闻见述于篇。其著述见《明史志》者：《淮海易谭》四卷、《律吕分解发明》四卷、《论学会编》八卷、《庄义要删》十卷、《学孔精舍汇稿》十六卷。四库著录已少《论学》《庄义》二种。其见于《理学传》及毛在《遗稿序》、黄虞稷《千顷堂书目》者，复有《春秋节要》、《四书近语》、《左粹题评》、《教秦语录》（此种西安有手书石刻本，题作《谕陕西官师诸生檄》，即《理学传》之《教秦绪言》）、《雍谕》、《学孔精舍续稿》（《千顷目》于《教秦》一种下继之云：又《南雍汇稿》，又《续稿》。按：先生未官南雍，其“南雍”二字盖“雍谕”之误。又误以文集之《汇稿》《续稿》为在雍条教，皆未见本书，徒因他人总记笔之，而读未审也）、《道林先生粹言》（《千顷目》云：二卷盖约蒋信论学语），其见于温纯《恭毅集》者，又有《教秦总录》（《千顷目》云四卷）、《归来漫兴》。友芝访求数十年仅得《易谭》四卷、《四书近语》七卷、《左粹题评》十二卷、《教秦绪言》一卷、《幽心瑶草》一卷（或题作《寄学孔精舍诸会友琐言》）而已。（其《庄义要删》十卷，有方历庚辰滇中刊本，近曾见之吴中，盖依褚伯秀《义海》并宋以来“说庄家”删辑其要略，如焦竑《庄子翼》，藏者靳借录后遂不可复见。）

咸丰癸丑，麻哈艾嗣宗据其祖侍讲茂所录《学孔精舍诗稿》约九百篇录副相寄，乃得遍读先生之诗，仅略取其半，编为四卷。先生余事为诗，当弇洲、于鳞明卿诸子雄长坛坫时，使其拔帜并驰，正不知谁执牛耳！而先生不屑也。五言乐府，沉雄森秀，直逼魏晋而无何、李、王、李太似之嫌；七言及近体，舒和苍润，品亦在初盛唐间，尤讲学家所未有。先生以儒术经世，为贵州开省以来人物冠。即以词章论，亦未有媲于先生者也。……

南充任瀚《孙山甫诗集序》：嘉靖初，五星聚东壁，明德中兴，海内文章道术至是隆盛。阅四十年来，摛菁掞藻之家，朝野相望。孙淮海山甫以辞翰起家黔中，入史馆，迁谏议大夫，上命督关西学，善作士，与邃庵、渔石齐名。甲子春，移镇剑南。始按部访余江门钓台。余逃空谷久，见君娴雅蕴藉，栩栩若平生欢。明日，从事来赍所得南游以后诸体诗五百余篇相印可。余扫石披云一再读，叹曰：吴大帝之后散亡列国，若淮海者，其诗蔚然有江左风流，其隽永宏邈，自鲍、谢诸人不能过也。……今吾读山甫诗，如七十二君封泰山，望见沧海有无中，蜃气楼阁，盘薄烟霏，景光万状，便倏然起仙灵霞外之思。如君兹选，当与高子业、顾华玉格力相埒，诚足锉建安锋，劘六朝垒，惜二君已宿草，不及见也。吾闻龙嘘气成云，云之灵，龙冯之，然龙非云之能使为神物也。人嘘气成声，声之精者为诗，人岂诗所能使为圣君子者哉？语曰：明珠弹于飞肉，其得不复周鼎铸倕而龁其指，明大巧之不可常也。淮海固欲为圣贤君子者，其神明内蕴，思若悬河，吾惧其或尝试于大巧也，故以是节之。

《本朝分省人物考》卷一百一十五

孙应鳌，字山甫，清平卫人。生之日，适卫人馈六鲤，因以名。就塾受业，日诵数千言，正襟危坐，求解大义。年十九，以儒士应乡试，督学徐公樾一见大奇之，许必解额，发榜，果以礼经中第一人。癸丑成进士，选庶吉士，改户科给事中。出补江西佥事。流贼起，捍御有法，一道晏然。九江三百人误坐贼党，一言出之。

未几迁陕西提学副使，实意作人，身先为范，在秦所取士，悉一时名硕，迁四川右参政。土酋薛兆乾执参将贺麟以叛，都御史谷公问计，鳌曰："参将与天子孰轻？昔英宗北狩，于愍肃公数语，国威益振，卒返英庙。今者岂恤一参将邪？"谷从其议，擒兆乾，麟竟免于害。

隆庆改元，升佥都御史，巡抚郧阳。因境内灾，疏请勤学励政、亲贤远奸等十事。上嘉纳之。太和提督巨珰侮宪蠹民，乃劾其欺悖悍险贪谬状。上为斥逐。既恳疏乞骸骨归。万历初，诏起抚郧阳，首疏加衔提督军务。

建文死事诸臣，人皆讳，未敢言。鳌推衍诏书德意，慷慨言之。疏奏留中，举朝目为昌言。甲戌，入为大理卿。丁丑，升户部右侍郎，改礼部，掌国子监祭酒事。在监雅意持风化，造人才，仿吕公柟遗意，以举人率多回籍自便，以入监卒业为耻，不知当其在籍，师儒之训弗及，宪臣之令弗加。闾党矜其资望，有司遇之隆重。身靡所检而易荡，及入官，材质已坏，莫可如何矣。宜征天下举人悉入监，祖宗设太学，非举贡非勋胄恩荫不入。祭酒司业为朝廷作人于内，提学为朝廷作人于外，必在内树风教，而后在外振纪纲。今提学所摈斥者，尽归之太学，倒置若此，则太学毋乃为提学藏垢匿瑕之所，为生员不才者之逋逃薮与？甚且至愚不肖赀货一入，咸厕其中，太学之污蔑极矣。疏上，俱著为令。丙子八月，驾幸太学，鳌举《虞书》无教逸欲有邦进讲。上嘉纳，命坐赐茶，盖旷典云。以病予告。筑学孔精舍于西城之阳，起刑部右侍郎，寻升南工部尚书。卒，赐祭葬。万历壬寅赐谥文恭。所著有《易谈》《四书近语》《教秦语录》《雍谕》《汇稿》《续稿》《春秋节要》《律吕分解》等集传于世。

万历《黔记》卷四十五

孙应鳌，字山甫，清平卫人。生之日，适卫人馈六鲤，因以名。就塾受业，日诵数千言。正襟危坐，求解大义。年十九，以儒士应乡试，督学徐公樾一见大奇之，许必解额。放榜，果以礼经中第一人。癸丑成进士，选庶吉士，改户科给事中。

出补江西佥事。流贼起，公捍御得画，一道晏然。九江三百人误坐贼党，公一言出之。

未几，迁陕西提学副使。公实意作人，身先为范。尝与耿楚侗公书云："世道理乱，关于人才；人才成就，系于师道。人人能言之。至师道之以称职于时者，勤力较（校）阅，品评不爽已耳。猎名词华，驰誉经学已耳。某意不然。尝考诸荀子曰：'师术有四，博习不与焉。尊严而惮，可以为师；耆艾而信，可以为师；诵说而不陵不犯，可以为师：知微而论，可以为师。'此荀子大醇之言，似矣，而未尽也。孔子曰：'温故知新，可以为师。'此则万世师道之极则也。温故知新，学者多以所闻所得为解。某妄意谓故者，当如孟子言性则故之故。新者当如大传'日新盛德'之'新'。凡天地万物之实体，灿然具陈，故也；其真机昭然不息，新也。二词虽有显微不同，其总括于人心，运行于人心，生生之妙一也。能温，则实体之总括者不晦；能知，则真机之运行者不滞。不晦不滞，则天地万物合为一体，天地万物合为一体，则仁。仁则成己成物，位育参赞，皆其能事。成己成物者，师道也，师职也。故子思作《中庸》，亦以温故知新，专承圣人发育峻极之大道，此孔氏家法也。故某妄以孔子温故知新之旨，为孔子示人万世师道之极则者，此也。"公在秦，所取士悉一时名硕，迁四川右参政。土酋薛兆乾执参将贺麟以叛，都御史谷公中虚问计。公曰："参将与天子孰轻？昔英宗北狩、于肃愍公数语，国威益振，卒返英庙。今者岂恤一参将邪？"谷从公议、擒兆乾，麟竟免于害。

隆庆改元，升佥都御史，巡抚郧阳，以主上冲年，莅政伊始，防杜宜蚤。乃因境内灾，疏请勤学励政、亲贤远奸等十事。上嘉纳之。太和提督巨珰侮宪蠹民，公劾其欺悖悍险贪谬状。上为斥逐。既恳疏乞骸归。万历初，诏起抚郧阳，首疏加衔提督军务。

建文死事诸臣，人皆讳，未敢言。公推衍诏书德意，慷慨言曰："褒扬人之子，必先其父，则子之心安。故褒扬人之臣，必先其君，则臣之心安。建文诸臣，委质致身，志节甚伟。陛下深为恤录，真厚幸矣。但建文君未沾旷绝之典，亟复位号，量拟谥法，恐诸臣有知，更且不能安受地下。事有系空名而舆论悉归，人心愈固者，此类是也。孔子作《春秋》，每年必书，每时必书。见天道王政，上下维属，不可缺也。建文君在位凡四年，尽以革除。举其事缀附洪武，名实紊淆，轨迹惑贰，何以补国家信史之缺？"疏奏留中，举朝目为昌言。

甲戌，入为大理卿。丁丑，升户右侍郎，改礼部，掌国子监祭酒事。公在监，雅意持风化，造人才。仿吕公楠遗意，以举人率多回籍自便，以入监卒业为耻，不知当其在籍，师儒之训弗及，宪臣之命弗加。闾党矜其资望，有司遇之隆重。身靡所检而易荡。及入官，材质已坏，莫可如何矣。宜征天下举人悉入监。祖宗设太学，非举贡，非勋胄、恩荫不入。祭酒司业为朝廷作人于内，提学为朝廷作人于外。必在内树风教，而后在外振纪纲。今提学所摈斥者，尽归之太学。倒置若此，则太学毋乃为提学藏垢匿瑕之所，为生员不才者之逋逃薮与？甚且至愚不肖赀货一入，咸厕其中。太学之污蔑极矣。疏上，俱著为令。丙子八月，驾幸太学。公举《虞书》无教逸欲有邦进讲。上嘉纳，命坐，赐茶，盖旷典云。

寻以病予告，筑学孔精舍于西城之阳。

起刑部右侍郎，寻升南工部尚书。卒，赐祭葬。万历壬寅，赐公谥文恭。所著有《易谈》《四书近语》《教秦语录》《雍谕》《学孔精舍汇稿》《续稿》《春秋节要》《律吕分解》等集传于世。

玭衣生曰：予督学川中，川中故有大儒祠，祀周元公、二程子、张敬夫、魏了翁诸公。至明，止祀合州邹吏目，即司马长卿、扬子云不得与焉。盖慎之矣。予至，始祀公及赵大洲先生、予师胡庐山先生。赵故内江人，公与先师后先宦于蜀者，蜀人啧啧无异议云。予入黔，式先生之墓，问其嗣，斩焉弗续，为请谥于朝。呜呼，伯道亡儿，中郎有女，从古如兹，宁独先生。

雍正《陕西通志》卷五十二

孙应鳌，如皋人，进士，督学关中，以濂洛之学自任。莅政，举大体，不亲细务；教士，务实效，不为虚名，当时号称得士。

民国《湖北通志》卷一百一十九

孙应鳌字山甫，扬州人（一作清平卫人），嘉靖进士，隆庆时抚治郧阳，疏劾太和宫中珰贪欺状。寻告归。后复任以抚治，外为提督军务，而节制未假，征调不灵，请加实衔得以便宜从事。诏可。

嘉庆《郧阳志》卷五下

孙应鳌，旧志字山甫，清平人。隆庆戊辰任，感亲疾去。万历癸酉复任，初终一致。歼土寇巨魁，胁从听自首归农，又以抚治所领，名为提督军务，而节制未假，一有警，征调不前，请加实衔得便宜从事，诏可。抚治管军务自应鳌始。类编应鳌曾购书一百七十一部藏于使院，今不存。

《黔书》卷下

黔之人物，尹珍以①上无论已，明之以理学文章气节②著者，孙应鳌、李渭、陈尚象，以及王训、詹英、黄绂、秦颙③、蒋宗鲁、徐节、田秋、徐卿伯④、易楚

---

① 《广阳杂记》中华书局1957年点校本作“已”。

② 《广阳杂记》中华书局1957年点校本“气节”后有“行谊”两个字。

③ （清）《黔书》民国黔南丛书重排铅印本原作“禺”。

④ 《广阳杂记》中华书局1957年点校本“徐卿伯”后有“熊文灿”三个字。

诚、张孟[①]弼、许奇、申祐、吴淮、邱禾实、潘润民、王祚远、蒋劝善[②]，皆大雅复作，声闻特达者也，而文恭为之最。

《温恭毅集》卷十六

祭大司空淮海孙文恭先师文

呜呼哀哉！树伐需材，大道贵夷，津梁不作，孰指我迷？笃生先生，为世真儒，悟在象先，拓我广居。追惟（唯）筮仕，读书中秘；及拜夕郎，抗直当世。出按豫章，奸墨辟易；视学关中，文章赤帜。纯时弱冠，实侍绛帏。不谓散樗，国士被知。历迁蜀楚，保厘声施；岷峨颂德，云梦系思。南北藩臬，声称藉甚。遂拜中丞，抚治是任。两镇郧阳，如木斯荫。今上附髀，召还中禁。廷尉未几，晋陟南宫；侍讲经筵。教胄辟雍，时有启沃。上为敛容，乃恋亲帏。辞陛引躬，上念老成，典型攸寄。召起陪京，司空是畀。谓即登庸，翱翔鼎司；和羹盐梅，庶几无愧。天胡不慭？遽殒其生；讣闻之日，中外痛惜。闾里罢市，缙绅涕零。国有恤典，贤无师承。呜呼痛哉！世岂乏才，亦岂乏贤。其根不沃，光宁煜然。先生学孔，妙契言筌；默识慎独，体仁溯源。近世学派，先生要矣；圣人有作，或弗易矣。纯也饮醇，廿年于此。习气为累，毫无践履。念于先生，三沐芬芳；青衿岁除，日侍门墙。受约于郧，则部淯阳；受教于京，则官奉常。昔在一堂，犹多扞格。今业死别，安望聚乐？即把遗言，以求领略；恐蹑前踪，欲追复却。呜呼痛哉！梁木其坏兮乔岳其颓，斯文中堕兮图书陵夷。缅春风兮抱心孔悲，郁瞻南斗兮潸然涕洟。万里遣使兮生刍一束，地不能缩兮悲不能赎。含愁夜雨兮五内若劚，山川间隔兮爰诉我曲。

2. 孙应鳌科考文章

送往迎来嘉善而矜不能所以柔远人也

同考试官教谕梁批（起讲得章句由国以及天下之旨。）

考试官教谕訾批（发明柔远意是。）

考试官学正毛批（畅达。）

《中庸》详言仁宾旅之事，以著《九经》之一也。盖忘宾旅则仁匮，远人之所以不至也。《中庸》详言之以告时君，而王政之端见于是矣。《中庸》叙《九经》之事至此，若曰人君之道，治内之既修，则治外之术不可以不讲；能迩之既备，则柔远之政不可以不施。夫子庶民来百工，则内而迩者处之既有道矣，又进天下有所谓柔“远人”焉，其事果何如邪？盖远人之至于斯，有往者而亦有来

① 《广阳杂记》作“梦”。

② 《广阳杂记》中华书局1957年点校本“蒋劝善”后无“皆大雅复作声闻特达者”十个字。

者。于其往也，则授以路节，环人掌之，达其道路，野庐掌之，所以卫之者有道矣。于其来也，则郊里之委积以待宾客，野鄙之委积以待羁旅，所以养之者有道矣。是谓“送往迎来”，仁之事也。远人之至于国，有善者而亦有不能者。于其善者，则曰四方之良，吾之良也。器使之以尽其能，不以其地故弃之矣。于其不能者，则曰“人各有能有不能也，恕求之以适其愿，不以其所不能者病人矣”。是谓嘉善矜不能，厚之道也。若是者，何以为柔远人邪？盖宾旅无以仁之，非所以广施德于天下也。兹吾尽法制之详，而是致是附，惠此四方以处厚也，而怀柔之义于是乎备矣；极礼意之周，以绥以怀，毋忘宾旅以示惠也，而敦恤之意于是乎明矣。往者得以安于疆，来者得以安于国，宾至如归，而无宁灾害焉者，皆吾之各展其物者基之也。则治外之道得，而四方不自是而归乎，贤者有以尽其才，不肖者有以遂其志，宾旅荐至，莫不怀爱焉者，皆吾之各体其私者起之也。则柔远之事尽，而天下之旅不自是而悦乎。所谓柔远人者若此，而《九经》之事此其一端矣。是固文武之政所不废也，而况于鲁国乎？昔者陈侯送逆无节，而单子知其必亡；晋人用楚材，而声子谓其获逞。甚矣，柔远之道之不可已也。是故戎伐凡伯，《春秋》讥之，而秦下逐客之令，君子有遗论矣。迩叛远携，职此之故也。吾不能无感于《中庸》之训。

醴酒之用玄酒之尚割刀之用鸾刀之贵莞簟之安而稿鞂之设

同考试官教谕梁批（铺叙春容且得经旨。）

考试官教谕誉批（冲淡有味。）

考试官学正毛批（质而丰。）

记者论君子修古之事，惟（唯）质之为贵焉。甚矣，自然之质之近乎古也。观其所尚，而君子修古之事可征矣。记礼器者谓“夫君子之于礼也，以敦质者尚其本，以修古者尚其朴，吾于祭祀焉征之矣”。彼酒之为用，所以达芬芳之德，而交于鬼神者也。自夫人而言之，醴酒惟（唯）旨，斯可尚矣。而乃玄酒之尚，何哉？盖醴酒者，成于人者也；玄酒者，原于天者也。成于人者，虽可以致味，而适足以乱其真；原于天者，虽非以悦口，而实足以敦其素。是故玄酒之尚者，取其味之近乎古也。不然，则天下莫不用者，醴酒也，何舍之而不尚哉？刀之为用，割牺牷之牲而荐之神明者也。自夫人而言之，割刀为铦，斯可贵矣，而乃鸾刀之贵，何哉。盖割刀者。制之趋时者也。鸾刀者，制之存故者也。趋乎时者虽足以利用，而本然之真以漓。存乎故者则足以和声，而物用之体不失。是故鸾刀之贵者，取其制器之近乎古也。不然，则天下莫不用者，割刀也，何舍之而弗贵哉？至若几筵之设，所以为依神之具者，言有席也。自后世而观之，上莞下簟，莫此为安矣。而乃稿鞂之粗本始之攸寓也。精虽足以通天下之变，而浑朴之体已荡然而无遗，粗则足以存天下之实，而物则之原尚居然其可考。是故稿鞂之设，取其席之近乎古，而质之为可尚也。否则莞簟之用，天下皆是也，顾可舍之而弗尚邪？由是观之，本质之足尚，而古道不可不修也如此。然则典祀者，无亦敬信诚悫之尽，以求神明之享而已乎？虽然，《经礼》三百，《曲礼》“三千”，皆所以谨节文也。何玄酒、鸾刀、稿鞂之用，乃惟（唯）本质之尚邪？盖礼有本有文，均之不可偏废。而周末文胜则无本，不立之患尤记者之所深忧也。是故反本修古之论，其殆甚不得已之意与，否则礼贵得中，夫子亦既知之矣。何以又曰：“礼，与其奢也宁俭，丧，与其易也宁戚。”斯言也，亦记礼者之意也。

拟赐文华堂肄业编修张唯等白金弓矢鞍马谢表（洪武六年）

同考试官教谕梁批（措词典而雅，用事精而确，虽千金不能易一字也。）

考试官教谕誉批（观此表知群无留良矣。）

考试官学正毛批（穿杨之才。）

“洪武六年某月某日，臣唯等伏蒙圣恩，赐以白金弓矢鞍马”者。鱼服蜃珧，介以六厩之上驷；朱提宝铤，居然九牧之奇珍。方叨鼓铸之恩，遽沐便蕃之宠。中心所贶，同党咸休。臣等诚欢诚忭，稽首顿首。窃以唐宗物色英贤，以弘文而萃士；宋室陶镕隽乂，作三馆以储材。时称入彀之荣，史纪登瀛之盛。懿兹烈后，式广徽猷。当归马华山之初，用养士燕台之制。意殷求骏，曾何爱于千金；鉴极披沙，竟误回于一顾。借恩辉于骤进，扬侧陋以汇征。盖亦察其桑弧蓬矢之心，是以忘夫牝牡骊黄之质。故令驽蹇，亦与班资，始中选于泽宫，俄崇登乎金马。置之禁苑，联以师儒。俾悉发兰台之储，获恣观石渠之秘。承明止跸，凡文章词赋之咸见品题。尚食传餐，至储贰藩封之迭陪燕饮。既惠徼于殊遇，复贶予以多仪。锦障腾空，忽讶龙鬐之瑞。碧光耀日，竞夸麟趾之精。彤弓巧贯于夜号，紫干神输于海若。一时大赉，众美同归。望何止于识途，义爰资其作砺；教之臣鹄，观尔德容。昔文侯之四马六弓，以成显德；而魏征之黄金厩马，爰劝殊忠。讵期疏速之微踪，兼得古今之异数。兹惟（唯）昭旷，实佩宠灵。循迹奚堪，反身知愧。兹盖伏遇皇帝陛下，钦明启运，文武成功。一驰而歼群凶，再发而清四海。德法为衔勒，控驭群方；仁育若炉锤，范围万物。王道并精金之粹，睿图厉朽索之勤。方肇造乎寰区，爰弋致乎多士。收之型冶，以备驱驰；假晋接之华，为从臣之胜事；优匪颁之逮，起词苑之大观。臣等有事四方，无称千里。踵陈绎之步骤，势终谢于行空；窃孙绰之铿锵，声卒惭于掷地。遭逢既溢其素望，经营敢负其初心。愿言鞭策之私，式矢锱铢之报。念干旄之六马，何以畀之？诵《采蘩》之五章，乐不失也。臣等敢不守奔踶之累，以自致于功名；效百炼之精，用宏资其学问。射策占翟何之技，骋辞追班马之风，绝尘而奔，奋图晞骥，正己后发，冀免失鸿。伏愿银瓮征祥，朱髦协瑞，和弓垂矢，永珍匮府之藏；宛马荆金，世守职方之贡。臣等无任瞻天仰圣，欣跃感戴之至，谨奉表称谢以闻。

策问第二问

同考试官教谕梁批（议论甚精援引甚当。）

考试官教谕誉批（能为专门之学者。）

考试官学正毛批（知礼。）

君子之言礼也，协诸义而已矣。夫事异于古今，制睽于文质，此则义所当循，而执古以强世者谓之泥；度以久而弛，仪以沿而缺，此则义所当益，而因陋以就简者谓之“随”。二者皆不协于义之过也。《记》曰：“礼从宜”，言当循也。又曰：“礼者体也。体不备，君子谓之不成人。”言当益也。二者义之端也。是故君子之议礼也，苟可以从宜，不必于过作，以自取纷更之名；苟可以备体，则不嫌于易制，以坐观阙略之敝。以此议礼，而又安有泥与随之失也哉？故曰：“君子之言礼也，协诸义而已矣。”褒祀先师，盖《周官》祭于瞽宗之遗也。其祀夫子，则自汉安帝始也。历代相承，莫之敢替。敕有司行荐享者，魏文成也；上丁释奠者，隋高帝也。“舞六佾、设轩悬之乐”者，宋文帝也。“追王而谥之”者，唐玄宗也。虽褒崇之意至。而雅俗之道殊。有识之士不能无议焉。我皇上始酌古礼而厘正之。此其独断之明也、制作之密也、反古之道也、垂宪之仁也，真足以当作者之圣。而有以默契夫子之心矣。愚也其曷能扬历。而执事复以宋濂之四议俾斟酌损益之。愚也未闻性与天道。安敢与于议礼邪。尝闻濂之说矣。夫濂之说非止四议也。其最善者，则正名号、毁像设、祠启圣，此三者，皇上既行之矣。而其四议者，愚固未敢以为必可也。而其议之所未及者，愚亦未敢以为必无可者也。愚请陈其本末而缕疏之，且折以《礼经》焉，执事幸垂听之。夫释奠之礼，愚以为不容议者三，不必议者四，不得不议者一。夫名义正矣，规划善矣，循而行之，万世不易。所谓“有其举之莫敢废”也，若皇上所厘之三事是也。仪则纡曲，制或趋时，轻议则扰成，易置则骇众，所谓“有其废之莫敢举”也，若濂之四议是也。若夫讲画有所未精，因袭有所未替，士心未厌，物采未章，所谓协诸义而协可以义起者也。则愚窃谓乐舞之制，未达于天下者是也。何以言之？谨按《记》曰：“名者，人治之大也。”又曰：“谥以尊名，节以壹惠。”夫褒之王爵，非所以正名也；加之大成、文宣之号，非所以壹惠也。此开元咸平之失，而后世莫或改之者也。我皇上始厘正之，去前代之封谥，惟（唯）称曰“先师”，而后夫子之名号始正。此其不容议者一也。《记》曰：“至敬不坛，扫地而祭。”古者学官释奠，有乐而无尸，况像设乎？用夷教而抟之，非所以崇正也。废木主栖神之制，非所以尚古也。此开元之失，而后世莫或改之者也。我皇上始厘正之，令天下屏像置主，而抑邪崇正之义备。此其不容议者二也。《记》曰："夫祭见父子之伦焉。"今也跻（祭）颜回、曾参、孔伋之祀，非所谓不先父食之道也；废郰大夫之血食，非所谓反其所自始之义也。此前代之所未及，而莫或举之者也。我皇上始厘正之，祀叔梁于别室，而以颜无由诸贤配之，而后尊尊亲亲之义明，此其不容议者三也。按：古者春释奠于其先师，秋冬亦如之，言四时之有祭也。今以春秋释奠，疑若未足以极褒崇之意者。然观之《记》曰："祭不欲数，数则烦，烦则不敬。"夫借天下之郡邑而祀之以春秋，亦既足以报本反始矣，安在其必备哉？此其不必议者一也。古者宫室辟户于东南，而西南谓之奥，故祀神以西为上者，取诸幽之义也。今庙户已南辟矣，以为因今之制而迁神与？则失其所以为尊；以为复古之制而立庙与？则必尽天下之百神而改置之也。《记》曰："三王殊世，不相沿礼。"夫周之尚西，亦犹今之尚北也，安在其必复哉？此其不必议者二也。古者既奠焫萧，合膻芗，所以求神也。今易之以熏芗，虽非古制，然尚臭之义，则均未有不可以致敬于鬼神也。《记》曰："虞人尚气，殷人尚声。"夫周之不因夫殷，亦犹今之不因夫周也，安在其必同哉？此其不必议者三也。古者司烜共庭燎，以共祭享之事，所以备物也。今则以秉炬矣。夫炬虽近于陋也，而其所由来者旧矣。《记》曰："君子行礼，不求变俗。"苟有诚悫之心，则燎可也，炬可也。安在其必变哉？此其不必议者四也。至于愚所谓不得不议者，则又有说焉。谨按《记》曰："仲春之月，命乐正习舞释菜。仲丁，又命乐正入学习舞。"又曰："凡释奠者，必有合也。"今天下郡学则有乐矣，而州县则阙焉，盖沿之也。夫国初颁乐于府，曰以为度也，曰为度，则凡有祀必有乐者可知也。然而未有举之者，岂非袭陋循简之过乎？释奠岁举，则代之以俗乐矣，饰之以武乐矣，遂使庠序之士，老死不闻《韶》《籥》之音，是其敝也，非特习舞合乐之义有所未明，而于化士教和之道，亦所未备，此愚所以敢于议乐也。然吾所以议者，非欲以六佾施之通祀也，要在降杀有等而已。夫国朝之祀夫子也，尝以八佾矣，其后杀而六佾，所以别郊庙也，傧微明嫌之义也。然而天下之同以六佾也，愚则犹以为非也。何者？古者乐佾之数，诸侯六，大夫四，士二，其等为甚明也；祭用生者之爵，其义为甚辨也，此则所谓傧微明嫌之义也。今州县之祀，既以乐舞之不具为嫌，而郡国之微者又以器币之不共是患。二者胥失，其可无议乎。故愚以谓宜仿傧微明嫌之意，令天下释奠乐舞，各以其主祭者之爵为差，降杀以两。而州县之祀，亦设乐置器，列之学官，则庶乎礼乐明备而天地官矣，此则愚所谓可以义起而不得不议者也。谨按《周礼·大司徒》：以六乐防万民之情，而教之和。今天子建中和之极，制礼作乐，天地昭矣。而乐舞之制，未达之天下，其于移风易俗之道，阙而未章，甚非所以明教化之意也。此愚之所以惓惓于议也。执事者倘转闻以行焉，则移风易俗而举明主于三代之隆者，其在兹乎？其在兹乎！

3. 孙应鳌诗文

万历《贵州通志》卷二十四

扶摇阁新成

早罢荆门镇，言寻石户耕。风尘闲老眼，丘壑澹秋情。忽枉骚人札，深怀胜地盟。洞泉开僻壤，词赋振韶韺。一径层林入，千岩曲窦平。轩窗含宿润，箭括引新晴。云障罗青壁，霞标带赤城。龙蟠潭隐隐，猿啸谷铮铮。五尟俱旌美，千奇不辩名。鬼神留斧凿，造化见生成。日净沉朝彩，天澄起夜声。蔚兰盘岛屿，花鸟映空明。信矣遗尘世，悠然薄太清。念心思得象，阅世欲餐英。何日褰裳去？同居策杖行。钓玄舒雅况，发兴出高评。独往探斗牛，相知洽弟兄。斯游如可遂，岂羡接蓬瀛！

清平瑞竹

一本高抽八节奇，即从九节挺双枝。满林时引钧天奏，听到无声只自知。
翠葆联翩绀纛欑，从今日报竹平安。宁知劲节冰霜骨，也似芙蓉结合欢。
苍龙两两跃澄霄，赤日停轮黑雾飘。只尺莫愁风雨至，神灵同护最长条。
康济无能合退藏，顾怜菲薄愧嘉祥。竹生紫脱兼连理，自是君王泰道昌。

按：赵广升编校整理之《孙应鳌全集》（贵州民族出版社，2016 年版）为目前汇集孙应鳌作品最全，颇便翻阅。故兹处仅列一二作品为例。

（十六）陈珊

1. 陈珊传记资料

《嘉靖三十二年进士登科录》

陈珊，贯贵州铜仁府铜仁司，民籍，四川富顺县人。国子生。治《诗经》。字鸣仲，行一，年四十四，三月三十日生。曾祖中正。祖绮，仓副使。父时谟，县丞。母熊氏。具庆下。弟瑚，驿丞；珮、璋。娶孙氏。贵州乡试第二名，会试第三百四名。

《国朝历科题名碑录初集·明嘉靖三十二年进士题名碑录》

陈珊，贵州铜仁府铜仁司，民籍，四川富顺县人。

《皇明贡举考》卷七

陈珊，贵州铜仁司。

万历《兖州府志》卷三十五

陈珊，富顺人，进士，四十一年任。

《类姓登科考》十一真

陈儒，锦衣卫人，嘉靖癸未二甲，右都御史、总督漕运……陈谨，福建闽县人，字德言，癸丑一甲状元……陈珊，贵州铜仁司人，字鸣仲，三甲。

《明诗纪事》己签卷十一

（陈）珊，字鸣仲，一字近衡，铜仁人。嘉靖癸丑进士，授行人。出为襄城知县，迁兖州同知。

万历《铜仁府志》卷七

间一行之，养异数也。铜仁选贡实自陈珊始。

万历《铜仁府志》卷九

陈珊，字鸣仲，铜仁人，举嘉靖庚子乡试第二。神识开朗，孝友惇至。卒业成均，交游尽一时名士。癸丑成进士，授行人。业师王知州兰坐诬下狱，力为白之，监司有动色者，人为危之，曰："吾岂惜一行人而忍使吾师为怨鬼也？"赋性慷慨，临事直言，以是忤分宜旨，故终龃龉而官止郡丞。尝铭其座右曰："士大夫能以居乡之心居官，天下必无冤抑之民；能以居官之心居乡，天下必无请托之事。"人以为名言。工诗赋，善谭论，凡所吟咏，皆关世教。年七十余，卒。所著有《西征》等集，藏于家。大司空清平孙公应鳌铭其墓曰："厥赋伉隆，厥才显融。厥节龍嵸，以殢其躬。仕宦不逢，业传伍经。子梃八英，文撷群菁。以昌其声，芳华允明。折渚若流，环岫若救。密樾若怀，公丘式修。藏兹永休，青山何依。白云何霏，西冈何倾。公诗孔辉，信哉如归！"

子八人，各治一经。扬产，成进士，吴产、周产、荀产，举孝廉，楚产、淮产、岳产起明经，亦既称盛矣。

万历《铜仁府志》卷十二

兖州丞陈公近衡墓志铭

近衡陈公，余同年友也，讳珊，字鸣仲。其先庐陵人，洪武初有福寿者举孝廉，授汲县令，调四川富顺，卒于官，遂家焉。累传至绮，从椽贵藩。生时谟，仕景陵县县丞，再经铜仁，因附籍于铜。配熊氏，生公。公生而颖拔，十岁能为古诗文。嘉靖癸巳，诏选贡，诸生公裒然为举首。碧溪公署景陵，以豪民诬讦被逮，公驰赴督抚东桥顾公，上状数千百语。顾一览疑顿释，召碧溪公语曰："吾解尔冤，且奇尔子伟节，急还县。"旋举贵州庚子乡试第二。时铜平守备邵鉴为当道媒蘖，督抚石溪韩公问于公，公历言其贤，韩竟以此荐鉴。卒业南雍，执贽玉崖余公、松溪程公之门，一时名重金陵。魏公东园徐君愿假馆，公为书固辞，以平原信陵归徐，而自别于龙子侯生。于是，徐愈益倾重。

铜环匝苗夷，丙午丁未间，苗猖獗甚，朝议下巡抚大廓王公剿之。公上戎务十余事，谓总兵白铉可任。王忌公，诸施厝悉与公言左，夺白总兵权，委将军李宗佑以兵事。李虐下而不恤师，持久无功。有旨逮大廓，推净峰张公总督诸军。张公至，一一求谋书，公谓诸将军惟（唯）石参戎邦宪可倚以大事。及老健营败绩，巡按董近淮欲劾石，而公又力请曰："劾邦宪无补往败，顾坐失后效，非计之得。"董为寝其疏。无何，总兵沈希仪病免，公白于松溪程公，竟得石代总兵。而又草疏，托给谏游让溪闻于朝，令石得总督湖北，无挠事权，至今因之。道辰州，遇械校奸细十余人，询之知以避苗，故见逮，白督抚，立宥之。壬子，计偕京师，值杨椒山论分宜系狱，公与吴悟斋、陈蒲州欲申救，后疏草为友人夺，乃中止。皆公未释褐时所为，然英毅气已勃勃，盖一世矣！

举癸丑进士，授行人，往江西治建安王葬。巡抚陈五山、巡按吴初泉属公校序《欧阳义忠全集》。梓成，分宜览之曰："吾里人也，何物陈生而遽任此业？"已衔之。适公业师王兰为北胜知州致仕，武人诬其通夷，迎郡守吴交湖，意坐王氏阖门死刑，洎无辜军配流徙三十余人。公闻之大哭，列其诬上诸当路十余札。吴，丰城人，与分宜门下士鄢懋卿、万寀至戚，鄢、万同构公于分宜，而分宜恨之日深。万点文选，拟补行人司副，太宰古冲李公不可。未几，李下狱，公竟补户部主事。允运山东河南，丁父忧归。坐前垢，考察谪福建布政司照磨，量移襄城知县。襄受汝河害，数犯城隍。公力任河务，七十日浚三百五十丈。迁兖州同知，驻曹任河务，尽查革守铺堤夫戍，减冗费五千金，区置椿草大户，法简弊绝，所筑堤一百八十里，不捐寻尺。廉得兖郡诸州邑二十八冤狱，条上尽释之。锄抑曹豪猾十八九，期年令行禁止。而曹故有逆子凌嫡事败，公尽按治。逆子逃京师，散万金反复其事。会星变，诏检中外官，公遂以坐前诟，拾遗闲住。

公既家居，王兰家有地产，与公业界连（联）络，举以报公。公曰："吾申吾师冤，不惜一行人，反受一掌地耶？"笑却之。创同仁楼，延进郡诸俊秀，为择良师友。诲诸子，人业一经，诸子先后出身，或贡或举或成进士。公时时令读当代名臣录，曰："毋徒目前光彩，转瞬三十年，若无实物，此与水上浮沤何异？"海宁君迎养，公欣然命驾，取道宁远，尽采岣嵝之胜。自海宁西归，迟留姑苏、金陵、虎丘、牛首，访旧题诗，凡两月。闻孙孺人泊春元君讣，不胜哀痛。甫修宗祠，竣工妥灵，亦即以丁丑八月十八日不起矣。距其生正德庚午三月三十日，寿六十有八云云。

海宁君手状公行实，奉公遗命，求索志铭。初，余闻公讣，为位哭已，为文奠公。大略谓公之学，见善必亲，见恶必怒，就义若渴，去利若濯，由衷以言，任真以行。虽仕宦不达，交游同猜，动罹触忤，屡招谮忌，不自计也。庶几实录。而余又读公平日诸体诗，格律超佚，意兴所融，结类多天成，文章浩荡辨博，字于行草尤精绝。人但服公才艺之雄，而孰知惇伦常、重节概，遇事当为，不尽其心、不极其极不止。人但服竖立之高，而孰知鄙陋智谋，根着天理。自再见道林蒋先生讲诚意之旨，识见弥亲、发扩弥大。公尝与予言："学不充'乍见孺子入井、怵惕恻隐'一念，终属虚伪，终移质毁。"则公所最用力、所最得力。其书座右铭曰："士大夫能以居乡之心居官，天下必无冤抑之民；能以居官之心居乡，天下必无请托之事。"则余所最服膺者。嗟嗟！余深知公，公亡，非余铭公而谁铭？铭见本传。

万历《黔记》卷四十六

陈珊，字鸣仲。其先庐陵人，附籍铜仁。举嘉靖庚子贵州乡试第二，癸丑成进士，授行人。以忤分宜，故官龃龉不达，终兖州府同知。尝铭其座右曰："士大夫能以居乡之心居官，天下必无冤民。能以居官之心居乡，天下必无请托。"人以为名言。公卒，清平孙公应鳌铭其墓曰："厥赋伉隆，厥才显融。厥节巃嵸，以帡其躬。仕宦不逢，业传五经。子挺八英，文撷犀箐。以昌其声，芳华允明。折渚若流，环岫若救。密樾若怀，公丘式修。藏兹永休，青山何依。白云何霏，西岗何颀。公诗孔晖，信哉如归。"

子扬产、吴产、周产皆乡举，扬产举万历甲戌进士，黔中父子进士止公家与普安蒋氏、清平李氏、普定梅氏四家云。

乾隆《贵州通志》卷二十八

陈珊，字鸣仲，铜仁府人。嘉靖癸丑进士，授行人。以不附严嵩，官屡蹶，终兖州郡丞。尝铭其座右曰："士大夫能以居乡之心居官，天下必无冤民。能以居官之心居乡，天下必无请托。"人以为名言。

子扬产成进士，吴产、周产，孙如旦、麟瑞，曾孙佳士、佳应皆举于乡。

《本朝分省人物考》卷一百一十五

陈珊，字鸣仲，其先庐陵人，附籍铜仁。举嘉靖庚子贵州乡试第二，癸丑成进士，授行人，以忤分宜，故官龃龉不达，终兖州府同知。尝铭其座右曰："士大夫能以居乡之心居民，必无冤；民能以居官之心居乡，必无请托。"人以为名言。

子扬产、吴产、周产皆乡举，扬产举万历甲戌进士。黔中父子进士止珊与普安蒋氏、清平李氏、普定梅氏四家云。

注：《西园闻见录》卷九亦录此条。

民国《贵州通志·人物志》引康熙《贵州通志》

陈珊，字鸣仲，铜仁人，嘉靖癸丑进士，授行人，以不附严嵩，官屡蹶，终兖州郡丞。尝铭其座右曰："士大夫能以居乡之心居官，天下必无冤民；能以居官之心居乡，天下必无请托。"人以为名言。子扬产，成进士；吴产、周产，孙如旦、麟瑞，曾孙佳士、佳应皆举于乡。

珊，一字近衡，其谪官也，在真定题诗，有"忧时颇恨成名晚"之句。孙淮海先生见而伤之，赋诗云："朗诵《河舟赋》，怜君忧世心。成名良以晚，兴谤一何深！威凤摧长翮，宾鸿滞好音。冶田言笑在，怀想泪沾襟。"及卒，淮海铭其墓曰："厥赋伉隆，厥才显融。厥节巃嵸，以殢其躬。仕官不逢，业传五经。子挺八英，文擷犀菁。以昌以声，芳华允明。折渚若流，环岫若椒。密樾若囚，公品式修。藏兹允休，青山何依，白云何霏，西冈何颀。公诗孔晖，信哉如归。"

八英者，珊有八子：扬产，隆庆四年举人，万历二年（1574）进士，官知县；吴产，元年举人；周产，二十八年举人，官知州；荀产，三十一年举人，官知府；楚产、淮产、岳产、汉产，皆以明经贡；孙如旦、麟瑞，并崇祯十二年（1639）举人，如旦官推官；曾孙佳士，天启七年（1627）举人，佳胤（《铜仁府志》作"佳彻"，误），崇祯三年（1630）举人，并官知州。明时，贵州父子甲第，普安蒋氏宗鲁、思孝，清平李氏佑、大晋，普定梅氏月、惟和与珊四家而已。

《闲适剧谈》卷二

余在铜仁时，遇一乡官陈珊，号近衡。其人不楷，颇为士论所遗。尝语人必曰："大丈夫当干百年外事。"闻者狂之。然欲为大丈夫，道理自当如此。尝诵古诗云："回车驾言迈，悠悠涉长道。四顾何茫茫，东风摇百草。所遇无故物，焉得不速老？盛衰各有时，立身苦不早。人生非金石，岂能长寿考？奄忽随物化，荣名以为宝。"诗意盖谓身没后唯一虚名而已。又陶渊明《题田子春》诗："节义为士雄，斯人久已死，乡里习其风。生有高士名，既没传无穷。不学狂驰子，直在百年中。"观二诗之义，则于近衡言，不宜以人废之。

民国《贵州通志·人物志》引《雨芃杂记》

陈公珊，既成进士，因无子，请假回铜，买妾七人。有乩仙谓："公应得丈夫子八，当更取一妾。"适得姜氏。公复出，携诸妾之任，各生一子，因诸妾之姓与地以名之：姜子，即曰岳产；荀子，荀产；而扬产母，则扬州人是也。公致仕归，郡学诸生有"文昌阁人龙会"，会中诗文皆就正公，掇巍科者甚众。公诸子亦在会，相次登第，子孙蕃衍，思南、思州多其支派云。公寓西门公乐园，颇具林泉之胜，所谓冰山雪洞也，又曰，文笔洞亦陈公珊书室。

《黔诗纪略》卷四

（陈）珊，字鸣仲，一字近衡，其先自庐陵来籍铜仁府。以岁贡中嘉靖十九年（1540）举人。三十二年进士。授行人。以忤严嵩，官龃龉不达。终兖州府同知。尝铭其座右曰："士大夫能以居乡之心居官，天下必无冤民；能以居官之心居乡，天下必无请托。"人以为名言。近衡之谪官也，在真定题诗有"忧时颇恨成名晚"之句，孙淮海先生见而伤之赋诗云："朗诵河舟赋，怜君忧世心。成名良以晚，兴谤一何深。威凤摧长翮，宾鸿滞好音。冶田言笑在，怀想泪沾襟。"及卒，淮海铭其墓曰："厥赋伉隆，厥才显融。厥节巃嵸，以殚其躬。仕官不逢，业传五经。子挺八英，文撷犀菁。以昌以声，芳华允明。折渚若流，环岫若棣。密樾若囚，公品式修。藏兹允休。青山何依。白云何霏，西冈何颀。公诗孔晖，信哉如归。"八英者，鸣仲有八子。扬产，隆庆四年（1570）举人，万历二年（1574）进士，官知县。吴产，（万历）元年举人。周产，二十八年举人，官知州。荀产，三十一年举人，官知府。楚产、淮产、岳产、汉产皆以明经贡。孙如旦、麟瑞并崇祯十二年（1639）举人。如旦官推官。曾孙佳士，天启七年（1627）举人。佳允（此敬避字，以《省志》题名作"印"《传》又作"应"知之。今依史例改写。《铜仁志》作"彻"，则本字形误也。）崇祯三年（1630）举人，并官知州。明时贵州父子甲第：普安蒋氏宗鲁、思孝；清平李氏佑、大晋；普定梅氏月、惟和与鸣仲、扬产四家而已。

《黔诗纪略补》卷上

（陈）珊，字鸣仲，一字近衡，铜仁人。仕履具莫氏《纪略》。田按：万士和有《赠陈近衡户部诗》，是近衡曾官户部，可以补《纪略》之缺。又万诗注云"君弃官救师难"，惜今不知救者何人，因何事。乡邦文献缺如，可叹也。

万历《铜仁府志》卷二

同仁阁

在城北乡官陈珊宅后。本官建，群郡中俊髦与诸子肄业其中。层构嶙峋，最称雄杰。

《父子进士坊》

万历五年（1577），都御史何起鸣为乡官进士陈珊、陈扬产建。万历七年（1579）毁于火。

万历《铜仁府志》卷五

尊经阁五间，敬一亭旧址，郡人陈珊倡议建。万历九年（1581），参议秦舜翰、知府林烋、推官沈森等建。基址颇碍，郡民李栋捐址三丈益之，而陈珊等各捐赀助建。

2. 陈珊诗文

万历《铜仁府志》卷一

万历元年（1573）秋，乡官陈珊宅后同仁阁生灵芝，邻人徐宰以之惠珊，珊作短歌谢之：

西邻贤者得徐翁，齿近八秩颜如童。古心直道迥拔俗，厚德偏宜瑞物钟。舍南植桂仅逾岁，桂侧生芝人莫识。溆浦街前（原稿此后无字，疑有脱文）。

万历《铜仁府志》卷五

斯门之立也，岂徒崇高为贵、壮丽为尚、以快途人之睹视已哉？凡以资士人之出入，俾入者必得其门，而出者必由斯户，以不诡于道耳！夫人之所以为人，以其有是心也，而出入无时，莫知其乡，心之所以易放也。古昔圣人忧放心之难求也，于是乎聚之于学。庠序者，礼义之所自出也。路曰义，门曰礼，而非君子则不能由是路出入是门。斯固棂星门之所由建，而其义则根之乾坤，何叹言之天有棂星灿乎！三垣之南为天之门，故四柱表树，不屋不瓦，巍然擎天，挺然三极，又所以象地之维四焉。《管子》曰："礼义廉耻，国之四维。"合是而观，则其称名也大，而取象也久矣。铜之建学百六十年于兹，斯门岁久而圮。一崖刘公乃鸠工聚材而新之，诚欲多士之出入是门者，收敛此心，使反复入来寻向上去，以求至于圣人之道也。呜呼！苟有志于圣人之道，舍礼义廉耻，其将奚适哉？若夫云路龙门，固士人之所期，亦必由礼义廉耻以进，庶几不愧于君子之所获、贤士之所关。否则徒寄迹于芹宫、托名于桂阙，而云路非亨衢、龙门非大道矣。虽砥柱屹立于中流、文峰笔峙于汉表，铜之山川亦安所毓其灵哉？

万历《铜仁府志》卷九

祭龚珊文

豫章之英，江湖之杰；寄业岐黄，游心孔墨。侨寓铜江，纳交菲劣。倾盖以来，谊孚肝膈。惟（唯）公忠鲠，爱人以德。同游数子，过则面折。

道光《铜仁府志》卷十一

晚登东山

向晚东山寺，徘徊着意看。雨余城郭净，月上浦烟寒。胜友期相会，高谈兴未阑。一声清夜磬，身在碧云端。

《黔诗纪略补》引《明诗统》

入蜀冬兴次韵五首

下马孤城俯巨林，千秋陈迹势犹森。图荒八阵终炎祚，梦续高唐几夕阴。过客浪传神女赋，吞吴遗恨老臣心。登临感慨无今古，愁听寒流杂暮砧。

蚕丛簇簇万重山，岁晚行吟蜀道间。天意似怜羁旅客，雪花不点剑门关。百年楸陇频牵梦，何处郫筒一解颜？驷马归来惭昼锦，题桥先达果谁班？

鼎峙英雄竞霸功，皤然诸葛起隆中。伊周不忝称王佐，管乐应须拜下风。猿鸟万山江月白，舳舻千里阵云红。辛勤未就中兴业，一夕星沉惜此翁。

少陵当日瀼西头，襟抱唯将托素秋。灵武幸闻龙驭起，渔阳谁引羯胡愁？耻从浊世歌衰凤，故傍清江狎野鸥。落莫昔贤栖息地，徒令千载咏夔州。

瞿门关外路逶迤，万壑松声应浅陂。游子梦依萱草阁，骚人词寄木兰枝。萧萧霜叶遥空下，袅袅寒云远岫移。吊古思乡时倚马，诗成何意大名垂？

（十七）汪若泮

1. 汪若泮传记资料

《嘉靖三十八年进士登科录》

汪若泮，贯贵州贵州卫，军籍，应天府江浦县人。宣慰司学生。治《易经》。字文化，行一，年三十二，九月二十三日生。曾祖升。祖宪。父庆，知县。嫡母李氏，生母陈氏。具庆下。弟若四。娶曹氏。贵州乡试第三名，会试第一百七名。

《国朝历科题名碑录初集·明嘉靖三十八年进士题名碑录》

汪若泮，贵州贵州卫，军籍。应天府江浦县人。

《嘉靖三十八年会试录》

第一百七名汪若泮，贵州宣慰司学生。《易》。

《皇明贡举考》卷七

汪若泮，贵州贵州卫。

《类姓登科考》七阳

汪若津，贵州贵州卫人，（嘉靖）己未三甲。按：“津”当作“泮”。

《光绪明清两代进士题名录·明嘉靖三十八年进士题名碑录己未科》

汪若泮，贵州贵州卫，军籍，应天府江浦县人。

万历《贵州通志》卷四

汪若泮[①]，官至评事。

万历《江浦县志》卷三

汪若泮，贵州卫籍，推官。

万历《黔记》卷二

三十八年春三月，赐宣慰司汪若泮、普定梅惟和进士。

万历《黔记》卷三十

汪若泮，庆子，己未进士。
汪若泮，大理寺评事。

乾隆《贵州通志》卷二十六

汪若泮，宣慰司人，官大理寺评事。
汪若泮，贵阳人，庆子，己未进士。

《皇明进士登科考》卷十二

汪若泮，贵州宣慰司人。

2. 汪若泮乡试文章

君子之道，辟如行远必自迩，辟如登高必自卑

考试官教谕陈批（诸士讲君子之道处类多浮靡，子独约费隐章旨成文，非有养不能。）

考试官教谕陈批（认理明造词典可以式矣。）

《中庸》于君子之道，两即喻，以明进之有序焉。夫道有定体，循序者得之也。观行远登高之，自进道者可以躐等为哉？《中庸》惧人远人以为道而不知所循也，故言此以示之。若曰道在天下，极之固难会其全体，道之学进之则必以其渐。是何也？道也者，始诸夫妇之愚不肖，能知能行，至于天地圣人所不能尽，远则不御，而迩则静正者也。高不可及，而卑不可逾者也。夫是道

① “泮”点校本作“津”。

也，岂无进为之序哉？致广大以为务，固欲尽神而育万物矣。至诚之化，自不能外于致曲之功。极高明以从事，固欲尽性而参天地矣。上达之机，自不能外于下学之始。辟诸行远者乎？必自迩始也。盖远者，迩之积也。千里虽远，率由夫跬步以驯致，使忽近而举远，徒负遐遗之叹耳。辟诸登高者乎？必自卑始也。盖卑者，高之因也。九仞虽高，恒由夫平地以跂，及使厌卑而好高，徒廑仰止之思耳。夫道而曰卑近，则不若是小也。从入之门，见其卑近焉，全体之大，固自若也。道而曰高远，或不若是荒也，要其极致，见其高远焉。一贯之妙，彻上下也。即是则道之费隐，益可识矣。夫人岂可远人以为道耶？考诸书"升高陟遐"之喻，颜子"循循善诱"之旨，曾子忠恕之悟，皆是训也。子思子身道统之任，吃紧为人，示人以序，使自得门而入耳。自高远观之，则盈天地间，皆吾分内事，不可离也。自卑近观之，不下带而道存，求则得之，初无难事，此《中庸》明道之功，于是为大。

后以财成天地之道，辅相天地之宜，以左右民

考试官教谕陈批（《易》旨本未易言，"财成辅相"，又圣人适当一元文明之会，其茂对之功，尤难发挥也。此作得之，故录。）

考试官教谕陈批（深得圣人履泰之意）

圣人体《易》而尽有相之道焉。盖圣人以天地万物为一身也，则夫赞天地之化以宜民者，谓非以有相之道存乎我哉？昔吾夫子传《泰》之象，谓"夫天下之治，启之者造化也，成之者圣人也。天地交而万物通，造化之泰则然也"。人君履运观象于此，则何以耶？彼普万物而无心，天地之道也。理乘乎气，命之所以不已，不能无过也，于焉聪明以开其先。凡于穆之运，往来无穷者，咸裁制之以归于中。察天之时焉，经国之野焉，肇人之纪焉，非诬也。穷神以继其志，范围之当然也；鼓万物而不忧，天地之宜也；化泯其迹，机之若有所待，不能无不及也，于焉观察以得其理。凡俯仰之间象数可见者，悉拟议之以代乎终，为之授时焉，为之辨方焉，为之察则焉，非强也。知化以述其事，曲成之当尔也。夫若此者，圣人岂独为天地计哉？亦以泰运方开，《颛蒙》之俗未远，不有以翼之，孰从而行之？鼓之舞之，使斯民各遂其生也。文明初启，朴略之风犹存，不有以植之，孰从而立之？左之右之，俾斯民各得其所也？沉几创始，赞天地之化者，固所以前天下之用也。亹亹而不倦，道自我修矣，夫何过耶？备物致用，成天地之能者，固所以与百姓之能也。出入之咸宜，宜自我立矣，夫何不及耶？是知天地交泰，造化以启其运；财成辅相，圣人以成其能。天人相待而成，有如此夫！抑考天人之际，实相表里。粤自洪荒既辟，泰和之景象可想也。羲、黄、尧、舜垂其统，禹、稷、皋、夔弘其绪，所以赞化宜民者，无所不用其极，是以民到于今赖之。然则作《易》者，其亦有感于《泰》之时义而为是上嘉之意耶。

策问第一问

考试官教谕陈批［《道统》自尧、舜、周、孔以来，惟（唯）我皇祖及我皇上天纵渊识，得千载不传之秘，为万世开来学。此作独能揄扬，故录。］

考试官教谕陈批（忠爱之意蔼然深得颂体。）

圣人之弘道也，其心一；圣人之经世也，其道同。夫心一也。是故疏观造化之原，阐发性命之微，奋乎百世之上，以肇其统焉。所谓俟后圣而不惑者，其是之谓乎？夫道同也。是故懋建纲常之极，恢宏学问之功，奋乎百世之下，以绍其统焉。所谓考前王而不谬者，其是之谓乎？知此，则二帝三王之垂道统于古，我圣祖皇上之继道统于今。其心法之精。妙于授受经纶之迹。著于谟训者，盖有与天地之元气并运而不息。帝王之彝宪异世而同神，不可以仰窥其万一乎。请敬陈之。粤稽诸古圣人继天立极。得《道统》之传以示天下后世者，羲皇邈矣。嗣是如“允执厥中”“人心道心”者，尧舜之得统于天以帝也。“惟精惟一，制事制心，亦临亦保，敬胜义胜”，禹汤文武之得统于尧舜以王也。“敬以直内，义以方外”，周公之得统于文王以臣也。“克己复礼，博约一贯”，孔子之得统于周公以师也。此尧舜禹汤文武周公达而在上，斯道之统于是乎行矣。孔子穷而在下，斯道之统于是乎明矣。其原造化，达性命，以宣昭道术者，夫岂有二致哉。至于汉杂以霸，唐杂以夷，与夫宋之得国不正，则乖天常，斁人纪。大经大法，废斁甚矣。安可望之媲美帝王，光振道统哉。洪惟（唯）我太祖高皇帝以圣人之德，法天启运，作君作师。洗胡元之陋习，而为三纲五常之主。肆我皇上以圣人之德，统天御人，尽制尽伦，明礼乐之大典，以立百王不易之法。其道则准乎天，其传则自尧、舜、禹、汤、文、武。愚尝考之《资世通训》，于其严君臣上下之等见本仁敬之达焉，于其列士农工商之条见广忠恕之施焉。御制《文集》究天体七曜之循环，原法象之始也。咨天地二仪之高厚，阐运数之精也。此我皇祖以敕时几，以弘茂对，以明天道，以察民故，言而世为天下法。是虽为书不同，然要其指归，则兼古帝王经典而大备之。丕显哉！真圣人之谟也。其所以发明斯道者至矣。乃若汉高之歌风沛上，唐宗之锐情经术，宋太祖之洞开诸门，以喻我心者，本之既失，末复未究，奚可以拟议其万一也哉？恭惟（唯）皇上光绍皇祖，以自得之学而发传心之要也。又尝考之《敬一》，有箴曰：“匪敬弗聚，与郊则恭诚庙严孝趋，肃于明庭，慎于闲居者，主敬之功也。”可以见诚意之本焉。曰“匪一弗纯，与弗参以三，弗贰以二，行顾其言，终如其始”者，主一之功也。见纯心之学焉。《五箴》有注曰：“视听言动者，谓辨其是非，分其邪正，出言发令，必谨征伐，盘游是戒。”而程颐告君之旨益昭晰也。曰心箴者，谓吾心克正，则百体四肢听其使令，一毫不正，则声色物欲，动与理反。而范浚著《箴》之意益吃紧也。此我皇上以存其心，以养其性，以达讦谟，以章远猷，行而世为天下法。是虽为制不一，然举其纲要，则继我皇祖制作而缉熙之，丕承哉！真圣人之烈也。其所以缵承道统者大矣。较诸唐虞之典谟，夏商之训诰、畴范、誓铭，周孔之三篇《九经》，其心既一，其道攸同，不有以光昭于无穷也耶？猗欤盛哉！祖训皇猷，奎章宸翰，皆帝学之纯，王政之大，经世抚运，树坊制众，胥是焉出。其维系道统，非先圣后圣而一揆者乎？然愚窃以为弘帝王之道者，心而已；妙心法之精者，敬而已。道匪心则虚而无统，心匪敬则杂而不存，道统其曷借诸？是我圣祖所谓勤、皇上所谓敬者，又岂非千圣相传之秘，万世心学之要，而为圣子神孙亿祀绳武之休烈哉。敢以是为芹曝献。

（十八）梅惟和

1. 梅惟和传记资料

《嘉靖三十八年进士登科录》

梅惟和，贯贵州普定卫，军籍，陕西西安府三原县人。卫学生。治《诗经》。字元臣，行一，年三十一，六月三十日生。曾祖忠，镇抚。祖纪。父月，知府。前母沈氏，母詹氏。具庆下。弟惟用、惟调、惟时、惟诗、惟夔。娶张氏。贵州乡试第十五名，会试第一百三十五名。

《国朝历科题名碑录初集·明嘉靖三十八年进士题名碑录》

梅惟和，贵州普定卫，军籍，陕西西安府三原县人。

《嘉靖三十八年会试录》

梅惟和，贵州普定卫学生。《诗》。

《皇明贡举考》卷七

梅惟和，贵州普定卫。

《兰台法鉴录》卷十七

梅惟和，字□□。贵州普定卫籍，三原县人。嘉靖三十八年（1559）进士。四十二年，由行人选广东道御史。四十四年，巡视两关。四十五年，巡视光禄，告病。万历元年（1573），降汝州判官，升汝宁府推官，南京兵部主事，致仕。

《类姓登科考》十灰

梅月，贵州普定卫人，嘉靖丙戌三甲……梅惟和，贵州普定卫人，己未三甲。

康熙《贵州通志》卷十六

梅惟和，安顺人，月子，官参政。

梅惟和，普定人，月子，己未进士。

乾隆《贵州通志》卷二十六

梅惟和，安顺人，月子，官御史。

《黔诗纪略》卷九

（梅）惟和，月子[①]，其先自陕西三原来戍普定卫，籍焉。父月，将生时，其大母熊梦月堕厩侧，晨于其所拾鸡卵，赤色，食之而免，故名月，字双清，举正德十四年乡试，嘉靖五年进士。历官川南道副使，百姓歌之曰：‘操如梅明如月，双清那可得’。工诗古文，惟和能继之。惟和举嘉靖三十四年（1555）乡试，三十八年进士。历官御史，严毅有风力。巡按广东。（《梅氏谱》云：奉旨当册封琉球国王，以亲老辞。）又按山海关，境内一寺，僧三百人，多不法，欲捕之，无主名，阴遣干仆投寺落发，居久之，尽廉得其杀人夺财，开土室、匿妇人状。乃为僧帽数百，刻日令诸僧走院受施，至则尽闭院中，发寺神座下，白骨无数，出土室妇女百余人，访归其家，焚寺骈诛诸僧，远近称快焉。弟惟诗，子豸，并有文名。惟诗万历元年（1573）乡举，官知县。

咸丰《安顺府志》卷三十四

梅惟和，安顺人。月子，官御史。

咸丰《安顺府志》卷三十八

梅惟和，月子，官巡按广东监察御史，奉旨当册封琉球国王，以亲老辞。巡按山海关，严毅有风力，权贵敛迹。闻境内有一寺，僧有三百人，常匿妇女于土室中，乃命亲信仆佯入寺落发为僧。得其实，密以告，惟和乃具僧帽，人一顶，令僧至院受施，至则闭之院中，一一诛之。自神座后发其土室，得白骨及妇女百余人，皆访其家归之，遂焚其寺，远近称快。已而乞终养，归卒，祀乡贤。事见《梅氏谱》。

2. 梅惟和诗

《黔诗纪略》卷九

清坐

晴霞一曲照沙汀，回合林阴覆野亭。花气微微风里度，泉声汩汩雨余听。鸟伸时藉舒筋力，獭祭终嫌少性灵。万籁不闻清坐久，小窗内观亦惺惺。

---

① 《黔诗纪略》清同治十二年（1873）遵义唐氏梦研斋刻本“惟和”后作“字□□”。

（十九）邵元哲

1. 邵元哲传记资料

《嘉靖四十四年进士登科录》

邵元哲，贯贵州普安卫，军籍，应天府上元县人。普安州学生。治《礼记》。字晦之，行六，年三十六，二月二十八日生。曾祖璇。祖升，赠知县。父华谱，府同知。母金氏，封太孺人。慈侍下。兄元吉，贡士；元善，按察司佥事；元高，知县。娶董氏。贵州乡试第二名，会试第八十三名。

《嘉靖乙丑科进士同年乡籍》

邵元哲，普安卫籍，应天府上元人。庚寅二月二十八日生。字晦之，号古愚。治《礼记》。刑部观政，授户部主事，升郎中……淮安知府，山东副使，云南参政，调浙江，改副使，调用卒。乙卯乡试二名，会试八十三名，廷试二甲四十二名……父华谱，同知，赠知府。

《国朝历科题名碑录初集·明嘉靖四十四年进士题名碑录》

邵元哲，贵州普安卫，军籍。

《皇明贡举考》卷八

邵元哲，贵州普安卫。

《甂甄洞稿》卷三十六

参政公卒于家……从子以仁方仕为粤西临桂令……邵氏之先世居金陵，自我高皇帝定天下……置今普安州，诏徙江南卫士良家子戍焉……邵遂为普安右族矣。初中宪公仕为重庆府同知……生四子，并治儒家言……次元善，四川按察佥事……而公其季也，名元哲，字晦之，别号古愚……嘉靖乙卯举于乡，乙丑登进士科，推择为民部主事……迁淮安太守……万历戊寅迁山东按察副使……公于是有浙江之命。比过家，则病不支矣。卒之日为甲申六月廿三，距其生庚寅二月廿六，年仅五十有五。

嘉靖《普安州志》卷七

乙丑范应期榜邵元哲，户部主事。

《类姓登科考》十八啸

邵经济，浙江仁和县人，嘉靖戊戌三甲……邵元哲，贵州普安卫人，乙丑二甲。

乾隆《贵州通志》卷三十

邵元哲，普安人。嘉靖乙丑进士，万历间知淮安府。

康熙《贵州通志》卷十六

邵元哲，普安人，官参政。

邵元哲，普安人，华谱子，乙丑进士。

乾隆《大清一统志》卷六十五

邵元哲，贵阳人。万历初知淮安府，城东涧河通射阳湖入海，为输灌咽喉，久淤，元哲白部使者浚之人，筑城西长堤以防黄河下流之决。

乾隆《贵州通志》卷三十

邵元哲，普安人，嘉靖乙丑进士。万历间知淮安府，城东涧河通射阳湖入海，为输灌咽喉，久淤，白于上司，立疏浚之。增筑城西长堤，堵黄河下流之决。建闸坝以通漕艘，士民立像祀之。

乾隆《云南通志》卷十八

邵元哲，普安人，进士。

乾隆《江南通志》卷一百一十五

邵元哲，贵阳人。万历二年（1574）知淮安府，城东涧河通射阳湖入海，为输灌咽喉，请疏之，增筑城西长堤，防黄河下流之决。建闸坝以通漕艘，士民立像祀之。

2. 邵元哲乡试文章

《礼记》

自恒山至于南河，千里而近；自南河至于江，千里而近；自江至于衡山，千里而遥；自东河至于东海，千里而遥；自东河至于西河，千里而近；自西河至于流沙，千里而遥。西不尽流沙，南不尽衡山，东不尽东海，北不尽恒山。

同考试官教谕林批（内外详略先王经纶之迹，具见此篇用录以式。）

考试官教谕陈批（词约而意尽。）

考试官教谕陈批（该捷。）

先王分服之制，计地于内，而不尽地于外焉。盖中国四夷，固天之所以限内外也，则夫经理之异其宜者，固其所哉？且夫天下之不能强一者，天地自然之势也；而处之各有攸当者，先王经纶之法也。何言之？先王建万国以亲诸侯，道里弗别，则朝贡无度矣。“故自恒山以至南河，自南河以至江，又自江以至衡山，虽有远近之殊，而截长补短，大率皆千里焉”，是南北之相距固三千里也。自东河以至东海，自东河以至西河，又自西河以至流沙，不无遐迩之异，而裒多益寡，大较皆千里焉。是东西之相距亦三千里也。地之近者，其来数而不以为烦，地之远者，其来疏而不以为怠。盖其地既近，法不得以不详，治之以必治也，其怀诸侯者何如耶？先王莅中国而抚四夷，界限不制，则远略是勤矣。故西至流沙，南至衡山之外者乎？东至东海，北至恒山，非无不尽之土，而不必皆封殖焉，况东海恒山之外者乎？在我者敷其文德而已，舆图非所计也。在彼者，暨其声教而已，贡赋非所较也。盖其地既远，法不容于不略，治之以不治也，其安中国者何如耶？噫封疆极于四方而不为有余，朝贡止于五服而不为不足，先王所以均劳逸而严内外者如此夫。虽然，圣人以天地为心，以万物为体，谓之有外可乎？盖覆载极于无外者，圣人之仁；内中国而外夷狄者，圣人之义。仁，天德也；义，王道也，一以贯之也。《诗》曰：“式辟四方，彻我疆土。匪疚匪棘，王国来极。”是周宣命召虎以经营江汉，亦不欲尽之已。则圣人顺治乎内、威严乎外者，非所以心天地而体万物乎？

大哉圣人之道

同考试官教谕林批（圣道本于性分，子能究心下学事，其知希圣者。）

考试官教谕陈批（体裁冲邃非流众所及。）

考试官教谕陈批（辞达理明步骤自别。）

道之寄也有准，其入之也有方，然所以约其准与方者有要焉，尤不可以不知也。夫道至圣人而极，则夫人之有志于道者，舍圣人固无以为准，而方所以造乎道，乃学者之所共由而不容外焉者也。然循其准而或有所不符，据其方而或有所不入，岂其准犹有未端，而方犹有未善耶？亦学之者不达其要焉耳。盖知有准而不知有要，犹为不知准；知有方而不知有要，犹为不知方。不知准而循之，不知方而据之，其不符而不入也，又何怪焉？《子思子》曰：“大哉圣人之道”！夫道贯乎三才者也。故子思于《中庸》之道，有曰“天地之道”者矣，有曰“圣人之道”者矣，有曰“君子之道”者矣，而于圣人之道独赞其大而言之详，其有由也。盖天覆地载，人生其间，而人之中有圣人者出焉，全尽天地所赋受之理，而财成其道，辅相其宜，以赞其化育而与之参，是圣人之道未始不通于天地也。而同类之中，智者、贤者、愚不肖者，虽其赋受之理与圣人同，而或过焉，或不及焉，与圣人异。故尽己之性，以尽人物之性，非天下至诚有所不能，是圣人之道未始不通于人也。夫其通于天地而又通于人，是天人之道尽于圣人，而其为道固莫有加焉者矣。故圣人而上，天地之道，或以为远而难知；圣人而下，君子之道，或以为由而未尽。惟（唯）其以为远而难知，由而未尽，固虽欲揭以示人而使之由，而人将骇焉而不信，玩焉而不从。圣人之道，则同乎天地而非远，征诸人心而无不尽，从而揭其名以示天下后世，则天下后世之人莫不信而从之，曰：“是践形惟肖者也。”是人之至而道之准也。然准立矣，而方具焉。准也者，圣人所以示夫人之则；方也者，君子所以趋于准之途。方具而后准可得而符，准符而后道可得而至也。夫方亦纷纷矣，惟（唯）其纷纷也，而不得其要，是以其准虽陈，其方虽具，而学者支离决裂，日骛日远，卒之无益于身心，是非其准之不端，方之源善，亦其要之不知，而求之不得其当也。盖道一也，统于性命，著于人伦，而散于庶物，发育峻极，性命是也。礼仪三百，人伦是也。威仪三千，庶物是也。圣人之道，其该贯于庶物者，未始不通于人伦；其昭察于人伦者，未始不根于性命。语性命，而不极人伦庶物，则性命为空虚语，人伦庶物而不及性命，则人伦庶物为粗迹，故无一物之不体。发育峻极，非内也，无一事而非仁；礼仪威仪，非外也。故曰：“性之德也，合内外之道也。”故天地万物，若是乎其汗漫也，而独者实主之矣。鸢飞鱼跃，若是乎其显著也，而隐者世本之矣。洋溢中国，施及蛮貊，若是乎其广远也，而近者实基之矣；“达道达德”，《九经》若是乎其散殊也，而一者实行之矣。物而曰万，仪而曰“三千三百”，若是乎其浩繁也，而凝者实聚会之矣。是圣人之所以为圣，学者之所以为学，其要固在乎此，而不可以不知也。故尊德性而道问学，非二事也。尊德性必资于道问学，乃所以尊德性，是“尊德性”者其要也。盖吾德，天德也；吾性，天性也。发育峻极，即吾之所以位天地而育万物者也。所贵乎善学者，求之乎庶物，所以求尽乎人伦也；求之乎人伦，所以求尽乎性命也，无非有事于德性而已矣。今夫戒慎恐惧以修道，亦尊德性也；学问思辨笃行以明善诚身，亦道问学也。言戒惧，则学问在其中，言学问则戒惧在其中。然曰“修道”。曰明善诚身。则亦同归于尊德性而已。盖德性其根也。尊则树艺之者也。学问则培灌而删锄之者也。无非有事于根焉耳。是故独者养。而位育之效臻矣。隐者存而明著之业彰矣；近者笃而尊亲之化溥矣；一者具而达道达德、《九经》之事立矣；凝者成而经纶立本，知化之用行矣。是故以之居上，则为舜之用中，为武周之制作，操三重之权，极六善之备，而不骄者，此也。以之居下，则为孔子之祖述宪章，上律下袭，“不见知而不悔，而不倍”者，此也。至是则圣人之道之大，其洋洋者，其优优者，不在圣人而在我矣。后之学者，不明其要，知道问学，而不知以尊德性为主，彼固曰：“三千三百之仪，吾不可以不知也”。顾乃外德性而求之，溺意于载籍之繁，游心于器败之末，而拟议仿像于影响形迹之粗，以为问学之道固宜如此，而不知三千三百之仪，盖皆所以发挥乎天命人心之自然，而调习乎耳目手足之所加措。以治心而修身，非但为粉饰视听之虚文而已。学者不达乎此，而茫茫焉索诸其外，不知于德性何与焉。而圣人之道将终为虚器，而无可凝之日矣。孟子曰：“学问之道无他，求其放心而已矣。”盖学问为求放心而设者也。苟无事于求放心，则亦无事于学问矣。是故求放心者，尊德性之谓也；学问之道，道问学之谓也。知学问不外于求放心，则知道问学不外于尊德性矣。后世之学，禅者，吾知其为禅矣；俗者，吾知其为俗矣。若夫不禅不俗，而漫无主宰于其间者，犹为执一也。然则欲明子思之旨者，盍以《孟子》之言证之。

策问第五问

同考试官教谕林批（学校兵戎，贵州今日第一义也。此篇议处无不可见之行者，经济之才也。录之。）

考试官教谕陈批（就时论事悉中肯綮。）

考试官教谕陈批（待用之器理会自别。）

教化之道，渐与恒而已矣。制驭之术，恩与威而已矣。操渐恒之本者存乎诚，执恩威之要者存乎信。计功于旦夕，则迫遽而难久，非诚也。肆伐于殄灭，则反侧而难孚，非信也。有兴化御侮之任者，于诚信之道，岂可忽而不加之意耶，请敬陈之。夫贵州之地，征之舆图，盖西南之遐荒，而川湖之裔壤也。山岭环亘，风气颛蒙，至我国家统一寰宇，疆理封域，建藩列郡，民夷杂治，与中土相埒者二百年矣。圣德广被而文教覃敷，王灵丕振而武功奋扬，《菁莪》《棫朴》之化，洋溢于庠序；《江汉》《常武》之威，震慑乎蛮夷，若无事于更化而易政也。顾穷荒僻陋之区，经鲜师授，而诵习或有弗及，群籍罕得，而闻见或有未充，相观而化也。限于丽泽之寡俦，待人而兴也。格于表训之弗类，所谓“弦诵疏稀而人才阔绝”者，诚不敢尽谓其无也。溪峒山箐之间，践梼据岨而啸聚以逞，伺隙窥便而肆出以掠，鼠窃狐伏，诛之不足以烦军旅之兴，狼突鸱张，宽之恐或以酿痈疽之患。所谓劫掠窃发而居氓受害者，亦不敢尽谓其无也。执事疑于化导之无方，制驭之无法，似矣，然有遗论焉，何也？夫兴学校以育才，其最近者，非郡邑之官乎？谨期会于簿书而弗暇于教导，课殿最于趋承而弗及于人才。甚者官怠于因循，而乏永久之图，志沦于疏逖，而鲜振饬之政。欲其修学校之教，而申化导之方，何可得也？饬兵戎以制夷，其最切者，非土职之责乎？持首鼠于诈谋，而无任事之勇；扇犷悍于习俗，而无图报之忠。甚者功以诡成而献执非诛剿之获；贼以赂逸而迁延利饷犒之费。欲其严兵戎之备，而振制驭之威，何可得也？执事又曰：“古之人有治蜀而兴学，莅闽而造士，征交址（趾）而立条教，平南中而服其心，果何修而若是烈也”？愚尝读《史》而思其故矣。盖汉、唐重郡邑之治，故文翁、常衮得以行便宜之政；光武、昭烈重将帅之权，故马援、诸葛亮得以弘抚绥之略。昔者文翁之为蜀郡守也，以蜀俗僻陋，乃选吏开敏有材者，亲自饬厉，遣诣京师，受业博士。又修起学宫，广招学官弟子，除傜受事，诱令进学，吏民咸以为荣。常衮之观察福建也，以闽人未知学，为设乡校，使作为文章，亲加讲导，与为客主钧礼，观游宴飨与焉，由是俗为一变。二人者，其兴化也，行之有渐，持之有恒，材甄区别，俟其自化，真德实意，蔼然可挹，非诚而能如是乎？马援之平交址也，所过辄为郡县治城郭，穿渠灌溉，以利其民。条奏《汉越律》十余事，申明旧制，以约束之。自后奉行马将军故事。诸葛亮之征南中也，既擒孟获，遂平四郡，即其渠帅而用之，不留兵，不运饷，纪纲以立，夷汉以安。乃收其俊杰孟获等以为官属，出其财赀以助军用。终亮之世，羌不复反。是二将者，其制夷也，慑之有威，怀之有恩，灼几明决，为谋审固，忠肝义胆，巍然可仰，非信而能如是乎？今吏之在贵州者，既以沉沦而懈沮，而国之任吏也，复以疏逖而多抑之，孰肯奋然求古人之美政而修之耶？土职之在贵州者，既以骄惰而玩愒，而国之任土职也，复以羁縻而概宽之，孰肯恻然悯边氓之受毒而拯之耶？为今之计，亦曰重守令之选而严其黜陟，责土职之功而明其赏罚而已。宜选有才能而资格稍浅者，假以便宜之政，俟其久任而有成效，即加显擢，以示优厚，则人不苦于沉沦，而乐于职任矣。何化之不可兴哉？责节制大臣，以严督土职，俾知朝廷威德，修职卫民者必赏，玩寇遗患者必罚，则人不敢安于骄惰，而勇于立功矣。何外侮之不可御哉？草茅狂瞽之见，未知执事以为然否？

（二十）李良臣

李良臣传记资料

《嘉靖四十四年进士登科录》

李良臣，贯贵州普安卫，军籍，应天府江宁县人。普安州学生。治《易经》。字直甫，行二，年三十，十一月初二日生。曾祖豫。祖崇道。父时，教谕。母金氏。永感下。兄纯臣。弟明臣。娶戴氏。贵州乡试第八名，会试第二百名。

《嘉靖乙丑科进士同年乡籍》

李良臣，普安卫籍，应天府江宁人。丙申十一月初二日生。字直甫，号明谷。治《易》。工部观政，改庶吉士，授四川道御史……甘肃行太仆卿，云南参政，以驰驿，降云南佥事，卒。甲子乡试八名，会试二百名，廷试三甲一百二十名……父时，教谕。

《国朝历科题名碑录初集·明嘉靖四十四年进士题名碑录》

李良臣，贵州普安卫，军籍。

《皇明贡举考》卷八

李良臣，贵州普安卫。

《兰台法鉴录》卷十八

李良臣，字直甫。贵州普安卫籍，江宁县人。嘉靖四十四年（1565）进士。隆庆元年（1567），由庶吉士授四川道御史，巡察陕西。四年，巡按广西。六年，升陕西副使，累升云南参政，以驰驿，降陕西佥事，卒。

《类姓登科考》四纸

李良臣，贵州普安卫人，三甲，庶吉士。

嘉靖《普安州志》卷七

乙丑范应期榜李良臣，翰林院庶吉士。

万历《黔记》卷二

四十四年春二月，赐普安卫邵元哲、李良臣、蒋思孝进士。

乾隆《贵州通志》卷二十六

李良臣，普安人，官参政。
李良臣，普安人，乙丑进士。

《皇明进士登科考》卷十三

李良臣，贵州江宁县人。

《皇明贡举考》卷八

李良臣，贵州普安卫。

（二十一）蒋思孝

蒋思孝传记资料

《嘉靖四十四年进士登科录》

蒋思孝，贯贵州普安卫，军籍，应天府溧阳县人。国子生。治《诗经》。字移之，行三，年二十四，四月初一日生。曾祖胜，寿官。祖廷璧，国子监学正，封户部主事。父宗鲁，都察院右佥都御史。母潘氏，封安人。重庆下。兄思忠，贡士；思元。娶金氏。贵州乡试第二十六名，会试第三百四十三名。

《嘉靖乙丑科进士同年乡籍》

蒋思孝，普安卫籍，应天府溧阳人。甲辰四月初一日生。字移之，号绍虹。治《诗》。工部观政，行人……韶州知府，云南副使，卒。辛酉乡试二十六名，会试第三百四十三名，廷试三甲第一百七十四名。曾祖胜，寿官。祖廷璧，南国子学正。父宗鲁，右佥都御史。

《国朝历科题名碑录初集·明嘉靖四十四年进士题名碑录》

蒋思孝，贵州普安卫，军籍。

《皇明贡举考》卷八

蒋思孝，贵州普安卫。

《明实录·神宗实录》卷一百八十九

辛未，升……广东韶州府知府蒋思孝为云南副使，管屯田水利。

《类姓登科考》二十二养

蒋思孝，贵州普安卫人，三甲，宗鲁子。

嘉靖《普安州志》卷七

乙丑范应期榜蒋思孝，行人司行人。

《黔记》卷二

四十四年春二月，赐普安卫邵元哲、李良臣、蒋思孝进士。

《黔记》卷三十

蒋思孝，宗鲁子，知县。

雍正《广东通志》卷二十七

蒋思孝，贵州人，进士。十一年任。

乾隆《贵州通志》卷二十六

蒋思孝，普安人，宗鲁子，官副使。
蒋思孝，普安人，宗鲁子，乙丑进士。

《礼部志稿》卷四十二

蒋思孝，移之贵州普安卫籍，应天溧阳人。嘉靖己未进士，隆庆三年

（1569）由行人，升任历云南副使。

《礼部志稿》卷四十三

蒋思孝，移之贵州普安卫籍，应天溧阳县人。嘉靖四十四年（1565）进士，万历三年（1575）补任。

蒋思孝，移之贵州普安县籍，应天府溧阳县人。乙丑进士，万历八年（1580）由精膳司员外，任历云南副使。

《礼部志稿》卷四十四

蒋思孝，移之贵州普安籍，应天溧阳县人。乙丑进士由祠祭司，补任升主客司郎中，历仕副使。

八、明穆宗隆庆朝

（一）许一德

1. 许一德传记资料

《隆庆五年进士登科录》

许一德，贯贵州贵州卫，官籍，直隶泗州人。国子生。治《易经》。字子恒，行三，年三十二，九月十八日生。曾祖宣，指挥佥事。祖禄，指挥佥事。父奇，府同知。前母胡氏，母易氏。具庆下。兄修德，正千户；懋德。弟育德；崇德，贡士；裕德，贡士；厚德；成德。娶越氏。贵州乡试第一名，会试第三百十七名。

《隆庆五年辛未科进士履历便览》

许一德，吉庵。《易》四房。庚子九月十八日生。贵州卫籍，泗州人。乡试一名，会试第三百十五名，三甲六十六名……授□贡知县……丁丑选陕西道御史……甲申升云□副使致仕。

《国朝历科题名碑录初集·明隆庆五年进士题名碑录》

许一德，贵州贵州卫，官籍，直隶泗州人。

《皇明贡举考》卷八

许一德，贵州贵州卫。

《兰台法鉴录》卷十九

许一德，字子恒。贵州卫人。隆庆五年（1571）进士。万历五年（1577），由宜宾知县选陕西道御史。七年，督理屯马。八年，升浙江佥事，累升云南副使，致仕。

《明进士中宪大夫云南按察司副使前陕西道监察御史吉庵许公墓志铭》

公讳一德，字子□，别号吉庵。其先泗州人，七世祖得名，从高皇帝淮上有开国功，授冠带总旗，调守贵州……数传至公父封御史公，始以儒业起，中嘉靖辛卯乡试，历官四川顺庆府同知……丈夫子五，长为公……甫十三，携入蜀……丙辰归，以《易》补郡诸生……甲子，举省试第一。辛未，登进士。出令滇之呈贡……壬申，调公宜宾……戊寅，拜御史……庚辰，遂出公，补浙江佥宪……壬午，擢湖广少参……未几，擢公云南宪副……甲申，公既罢归……万历癸丑年十一月初三日寅时……而逝，距生嘉靖庚子年九月十八日戌时，享年七十有四。

《类姓登科考》六语

许一德，贵州贵州卫人，辛未三甲。

康熙《贵州通志》卷十六

许一德，贵阳人，官御史副使。

许一德，贵阳人，奇子，辛未进士。

康熙《贵州通志》卷十八

许一德，贵阳人，隆庆辛未进士。官御史，立朝多所建白，迁云南副使，乞休归。家居十余年，惇厚谦谨，人称长者。

雍正《浙江通志》卷一百一十九

许一德，贵州人。

乾隆《贵州通志》卷七

许一德墓，在府城东社坛坝。德，云南按察使。

乾隆《贵州通志》卷二十六

许一德，贵阳人，官御史、副使。

乾隆《贵州通志》卷二十八

许一德，贵阳人，隆庆辛未进士。官御史，立朝多所建白，迁云南副使。乞休归，家居十余年，惇厚谦谨，人称“长者”。

许奇，字文正，贵阳人。嘉靖辛卯举人，授巨津知州……生子一德，举进士，官御史。

乾隆《云南通志》卷十八

许一德，贵州人，进士。

《黔诗纪略》卷九

（许）一德，字子恒，号吉庵，贵州卫人（《省志》云宣慰司人。）嘉靖四十三年（1564）举乡试第一。隆庆五年（1571）进士。为御史，多所论建。出为湖广承天荆西佥事、云南副使。乞休，家居十余年。惇厚谦谨，有长者称。留意乡里文献。贵抚江东之招与都匀陈尚象见羲共撰《贵州通志》，今所称万历《丁酉志》者也。其先得名自直隶泗州，以武功为贵州卫指挥佥事。子孙世其职，遂著卫籍，四传至奇，子恒父也。

道光《贵阳府志》卷七十四

许一德，贵阳人。隆庆四年举人，明年成进士，官监察御史，多所建白，出为云南副使。乞归家居十余年始卒。一德性惇厚谦谨，人称长者。

光绪《明清两代进士题名录·明隆庆五年进士题名碑录辛未科》

许一德，贵州贵州卫，官籍，直隶泗州人。

2. 许一德诗

《黔诗纪略》卷九

送江长信中丞还歙

骊歌一曲祖筵开，万里南中拥盖回。黄海久怀高隐志，虹桥新有去思台。独便佳菊陶公径，更恋清尊毕氏杯。收得绕朝诗满箧，郡人休讶载珠来。

（二）李大晋

李大晋传记资料

《隆庆五年进士登科录》

李大晋，贯贵州清平卫，官籍，福建崇安县人。国子生。治《易经》。字伯康，行二，年三十三，六月初七日生。曾祖纯，教谕。祖夔，刑部员外郎，赠中宪大夫、都察院右佥都御史。父佑，中宪大夫、都察院右佥都御史。母白氏，赠恭人；继母吕氏，封恭人。具庆下。兄大植、大壮。弟大朋、大有、大鼎、大孚。娶孙氏。贵州乡试第十名，会试第二百七十八名。

《隆庆五年辛未科进士履历便览》

李大晋，太宇。《易》一房。己亥六月初七日生。清平卫籍，崇安县人。乡试十名，会试第二百七十八名，三甲一百十八名……授宜宾知县……丙戌升重庆府同知（下脱）。

《国朝历科题名碑录初集·明隆庆五年进士题名碑录》

李大晋，贵州清平卫，官籍，福建崇安县人。

《皇明贡举考》卷八

李大晋，贵州清平卫。

《类姓登科考》四纸

李大晋，贵州清平卫人，三甲。

康熙《贵州通志》卷十六

李大晋，清平人，佑子，官同知。
李大晋，清平人，佑子，辛未进士。

乾隆《贵州通志》卷二十六

李大晋，清平人，佑子，官同知。

民国《贵州通志·人物志四》

李大缙，清平人。苦志力学，蕴藉甚富，以不偶于时，隐居授徒终其身。

（三）宋儒

1. 宋儒传记资料

《隆庆五年进士登科录》

宋儒，贯贵州都匀府麻合州，官籍，直隶定州人。国子生。治《诗经》。字醇夫，行一，年三十五，四月二十七日生。曾祖钺，州同知。祖鼎，州同知。父珠，州同知。母萧氏。具庆下。弟仟、伯、佼、修、便、伊。娶金氏。贵州乡试第二十二名，会试第二百五十二名。按："麻合州"当作"麻哈州"，下同。

《隆庆五年辛未科进士履历便览》

宋儒，太中。《诗》二房。丙申四月二十七日生。定州籍，麻合州人。乡试二十二名，会试第二百五十二名。改翰林院庶吉士。癸酉授礼部主事，调山西布政司经历。乙亥致仕，卒。

《国朝历科题名碑录初集·明隆庆五年进士题名碑录》

宋儒，贵州都匀府麻合州，官籍，直隶真定府定州人。

《皇明贡举考》卷八

宋儒，贵州麻合州。

《万历野获编》卷十六

……至隆庆五年（1571），贵州麻哈州应袭土舍宋儒遂举进士，改庶常，不闻吏部厄之也。

《万历野获编》卷三十

土官入为京朝近吏者，隆庆辛未进士宋儒，为礼部主事……宋为麻哈州世袭土同知，冒北直隶定州籍登第，且选为庶常……谪布政司经历，坐大计归……

《谈氏笔乘·科牍·进士异任》

隆庆辛未科进士宋儒，以贵州土官子冒籍定州，选庶吉士，改礼部主事，坐免，袭麻哈州土同知。

《类姓登科考》二宋

宋儒，北直麻合州人，三甲。

《明诗纪事》庚签卷十

宋儒　儒字大中，麻哈州人。隆庆辛未进士，选庶吉士，改礼部主事。

嘉靖《贵州通志》卷六

己酉科：宋儒。

康熙《贵州通志》卷十六

宋儒，都匀人，改庶吉士，官礼部主事。
宋儒，都匀人，辛未进士。（乾隆《贵州通志》卷二十六同，四库全书本）

乾隆《贵州通志》卷二十六

宋儒，都匀人，官礼部主事。

《礼部志稿》卷四十四

宋儒，景濂，直隶定州籍，贵州麻哈州人。辛未进士，由庶吉士补任。

《黔诗纪略》卷九

（宋）儒，字大中，麻哈州人。其先自定州以征南功，元时为仡佬寨长官司。明洪武五年（1372），改置麻哈长官司，隶平越卫。弘治八年（1495），升麻哈为州，隶都匀府，改长官为土同知，皆宋氏世袭。嘉靖二十八年（1549），儒以土官支子举于乡。隆庆五年（1571）进士。选庶吉士，改礼部主事。开麻哈科第之先。而《省志》《乡会题名》皆注云“都匀人”。是时麻哈未设学，试籍皆附都匀也。礼部少在子衿，大有令誉。一通朝籍，遽负初心。万历初，与兵部主事熊敦朴不相能。时张居正秉国，遂诬敦朴欲劾居正属。尚书谭纶劾罢之。既而诬渐白，遂为兵科右给事中陈吾德所劾，亦谪之外。归，复恣横于乡里，竟以法死。

2. 宋儒诗

《黔诗纪略》卷九

送督学吴川楼先生

昨夜文星出夜郎，马头绣斧画飞霜。名成七子还称最，学冠三吴早擅场。南国衣冠瞻海岳，西征风雅壮黔牂。何堪一曲梅花调，吹送离情入楚湘。

答张鹤楼刑部分韵

忠言留谏草，文彩焕天葩。一入沧浪后，谁能念国家。

九、明神宗万历朝

（一）陈扬产

1. 陈扬产传记资料

《万历二年进士登科录》

陈扬产，贯贵州铜仁府，民籍，四川富顺县人。国子生。治《春秋》。字以清，行四，年二十四，三月十八日生。曾祖绮，仓副使。祖时谟，县丞。父珊，府同知。嫡母孙氏，生母何氏。具庆下。兄楚产，监生；淮产；吴产，贡士。弟黔产、鲁产、周产、荀产。娶张氏。贵州乡试第八名，会试第二百二十七名。

《国朝历科题名碑录初集·明万历二年进士题名碑录》

陈扬产，贵州铜仁府，民籍。四川富顺县人。

《皇明贡举考》卷八

陈扬产，贵州铜仁府。

《类姓登科考》十一真

陈扬产，贵州铜仁府人，三甲。

乾隆《贵州通志》卷二十六

陈扬产，铜仁人，珊子，官知县。

康熙《贵州通志》卷十六

陈扬产，铜仁人，珊子，甲戌进士。

2. 陈扬产乡试文章

齐人归我济西田宣公十年齐人来归郓、讙、龟阴田定公十年

同考试官教谕谢批（归田一也，而其情则殊。子能发之，足以立劝惩之准矣。）

考试官教谕陈批（得圣人书法之意。）

考试官教授吴批（词严义正。）

《春秋》两著归地者之情异，而褒贬之法立矣。夫齐人归地于鲁虽同，而归之之情则异也，《春秋》得不寓意以褒贬之哉？且济西，鲁田也，自鲁宣赂齐，而齐之有济西也久矣，兹曷为而归鲁耶？盖平州会而负逆于己，惧讨于人，斯宣公之志也。故婚好之结于齐，朝聘之勤于齐，所以顺而事之者至矣。齐则以其媚乎己者为可悦，而不以其悖乎伦者为可诛。始之取非其有，今之归不以道，刑恶之典不加，而怡然惠爱以相遗；司马之法不请，而欢然土地之授受。由是宣公得以安其位，鲁人无以议其恶。时大防溃矣，谓非济西之归有以成之耶？《春秋》书曰：归我，所以恶夫亲我者，而惠公之罪著矣。若郓、欢、龟阴，亦鲁田也。自鲁人失守，而齐之有三田也旧矣，兹曷为而归鲁耶？盖夹谷会而谋不行于犁弥，听不惑于景公，斯孔子之化也。故语以华夏之盟好，昭以神人之德义，所以导而谕之地切矣。齐则悟其夷俗之为陋，而翻然以古道为可行，数世所侵之地，返之坛坫之上，野享不设，既以率礼之正，而谢过以质，又有格心之孚。是盖晏子得以效其忠，景公有以成其美，而大化昭矣。谓非三田之归有以得之耶？《春秋》书曰：来归，所以见夫妇之诚，而景公之善彰矣。夫归地一也，有出于济恶而归之者，则其事为贬；有出于感化而归之者，则其事为褒。《春秋》之立义精矣，抑齐惠不足言也。景公以历阶数语，良心动而侵疆复，亦若可与有为矣，而女乐之馈，又何为者耶？卒使夫子之不究其用也，岂非天之未欲平治天下乎？吁，良可慨已！

（二）孙世祯

1. 孙世祯传记资料

《万历五年进士登科录》

孙世祯，贯贵州清平卫，官籍，直隶淮安府安东县人。国子生。治《易经》。字正甫，行十，年二十六，八月十九日生。曾祖洪，百户。祖斌，百户。父继武，知县。母欧氏。具庆下。兄世相，百户；世杨、世极、世裕。弟世爵、世祐。娶蒋氏。贵州乡试第二十四名，会试第二百七十八名。

《国朝历科题名碑录初集·明万历五年进士题名碑录》

孙世祯，贵州清平卫，官籍，直隶淮安府安东县人。

《皇明贡举考》卷八

孙世祯，贵州清平卫。

《南垣论世考》卷十三

孙世祯，号朐山。贵州清平卫籍，直隶安东县人。万历五年进士。除桂平知县。十二年，选任。十五年，升韶州府知府。十六年，丁忧。二十年，复除四川夔州府知府。

《类姓登科考》十三元

孙世祯，贵州清平卫人，三甲。

康熙《贵州通志》卷十六

孙世祯，清平人，官御史。
孙世祯，清平人，继武子，丁丑进士。

乾隆《贵州通志》卷三十

孙世祯（原作正，依《太学题名碑》改），字兴甫，清平人。自幼笃志立学，万历癸酉举于乡，丁丑成进士。授桂平县令，时傜僮啸聚为乱，世祯至即单车抚谕之，擒其渠魁，余党悉平。行取南工科给事中。万历初，阉寺多不法，世祯悉数其罪，词甚激切。政府报书曰："自巨珰冯保擅权内外，章奏不敢一字及中官者十有余年，大疏入，心甚忧之。昨得旨，使人释然"云。会上取翠屏甚急，屏料及雕镂甚细，出窑见风多碎难成，督厂内臣严刑催逼，毙棰楚者多，上疏极谏，得旨，报罢。出为韶州知府，居六月，丁父艰归，哀毁骨立，服阕补顺庆府。府旧有官店，太守征其租，悉捐之，以店舍为社学，以余租给贫士。升云南副使，备兵澜沧，纡道归里省母，相聚月余，无何母卒，哀痛过甚，寻亦卒。入仕籍近二十年，囊橐萧然，家徒四壁。

《黔诗纪略》卷十一

（孙）世祯（省、郡、县《志》并作"正"，依《太学题名碑》改），字兴甫，清平卫人。其先暹自南直淮安之安东县来，为贵州卫官。子贵袭百户，三世孙洪调清平卫，于是清平有如皋、安东两孙氏。洪裔继武，嘉靖丙午与如皋孙之淮海先生同乡举。由教谕知广东新会县，即兴甫父也。兴甫自幼从淮海游。万历元年（1573）举于乡，益扃户力学，每有心得辄录之就正淮海，久而成帙。五年成进士，授知广西桂平县。土傜啸聚为患，单车抵其巢，谕以威信，贼罗拜听命。两台交荐，行取南工科给事中。上疏悉数阉寺不法罪，词甚激切，政府报之书曰：自巨珰冯保擅权十余年，内外奏章，无敢一字及中官者，大疏入，心甚忧之，昨得旨始释然。会禁中促取翠屏屏料及雕缕（镂）甚细，出窑见风多碎难成，督厂内臣严治，厂工毙棰楚无算，言者辄得罪。兴甫上疏极谏，有旨报罢。出知韶州府。居六月以父忧去。服阕，补顺庆府。府旧有官店，守征其租，悉捐之，以店舍为社学，以余租给贫士。升云南按察副使，备兵澜沧，纡道归里省母，相聚月余。母卒，兴甫哀痛过甚，寻亦卒。生平谦退，即贵显，往返经里门，恂恂若处子。在官清约自为，县至郡领将二十年，囊橐萧然。西充刘启周令清平，尝曰："吾果城三巴名郡，守其土者，余润及数世。唯我朐山先生（朐山，盖兴甫别字。）不及其身而行资尚乏，得毋清廉而过者乎？"著有《就正诗稿》二卷，已逸，仅从旧《卫志》得一绝句。

《粤西文载》

孙世祯，清平人。万历初为桂平令，清操简默，治化熙然，内召工科给事中。

2. 孙世祯诗

《黔诗纪略》卷十一

雪中同友圣寿寺小集

十年裘马倦风尘，此日惊看故里春。漫忆旧游从载酒，只园飞雪亦亲人。

（三）沈存仁

1. 沈存仁传记资料

《万历五年进士登科录》

沈存仁，贯贵州普安卫，军籍，直隶扬州府高邮州人。湖广卢溪县学教谕。治《易经》。字爱甫，行一，年三十二，正月十六日生。曾祖永华，赠奉政大夫。祖尚纶。父洙。母陈氏。慈侍下。娶唐氏。贵州乡试第七名，会试第二百八十一名。

《国朝历科题名碑录初集·明万历五年进士题名碑录》

沈存仁，贵州普安卫，军籍，直隶扬州府高邮州人。

《皇明贡举考》卷八

沈存仁，贵州普安卫。

《类姓登科考》二十六寝

沈存仁，贵州普安卫人，三甲。

康熙《贵州通志》卷十六

沈存仁，普安人，丁丑进士。

乾隆《贵州通志》卷二十六

沈存仁，普安人，官知府。

乾隆《山东通志》卷二十五

沈存仁，贵州普安卫人。

光绪《普安直隶厅志》卷十五

万历五年丁丑科沈懋榜：沈存仁，官知府。

光绪《普安直隶厅志》卷十七

沈存仁，字乐山，举于乡。授江西泸溪县教谕，万历丁丑成进士。官户部主事，督理临清钞关，晋户部江西司郎中。督饷冀辽，擢江西袁州府知府。生平博极群书，喜吟咏，五七古直追踪少陵。著有《临清蓟榷储录》《南游诗集》行世。

2. 沈存仁乡试文章

言行，君子之所以动天地也，可不慎乎

考试官教谕陈批（天人感通之理发得明透可取。）

考试官教授吴批（君子言行之慎，其功在于慎独，此作得之。）

《大传》推言行感通之大，而示人以致谨之意焉。盖莫大于天地，而言行感通之，则言行之于人重矣，人其可以不致谨哉！《大传》释《中孚》九二至此，若曰天人有感应之机，孚诚为昭格之本，君子欲存诚而妙感也，亦致谨于言行而已矣。彼出身加民，言之荣辱，固征诸民矣。然言之理，即天地之理也。出之自我，而天地之所视听者在焉。发迩见远，行之荣辱，固征诸远矣。然行之理，亦天地之理也。所发在此，而天地之所孚契者存焉，故未言也，诚已格于上下。由是言之，则言为善言。天地虽无言，而于言之善者，未始不歆享而佐佑之也。使言不当，则天地违之矣。其未行也，心可质诸神明。由是行之，则行为德行。天地虽无为，而于行之善者，未始不陟降而保护之也。使行不当，则天地悖之矣。夫言行而关千里之选应也，虽欲忽之不可，况上帝临女，可以慢焉而不敬乎？言行而召一时之荣辱也，虽欲易之不可，况明命有赫，可以肆焉而无忌乎？故自《迩言》以上，必敬必戒，若有所忍而不发也。非有心于天地之我应，而道之在我，当如是矣。自细行以上，其难其慎，若有所习而未能也。非有徼于天地之我福。而学之在我。不可苟矣。噫九二之孚而妙于感通者。亦有得于是夫。虽然君子不求天地于天地。而求天地于吾心。故夙夜匪懈。修身以事天。一息不存。则天为有外矣。圣人论学，其要在于慎独。愚谓君子言行之慎，亦慎其独而已。学地尚于言行之外求之。

（四）邵以仁

1. 邵以仁传记资料

《万历八年进士登科录》

邵以仁，贯贵州普安卫，军籍，应天府上元县人。国子生。治《春秋》。字纯甫，行二，年三十二，九月初四日生。……贵州乡试第二十二名，会试第二百六十九名。

《万历八年庚辰科进士履历便览》

邵以仁，心谷。《春》二房。己酉九月初四日生。普安卫籍，上元县人。乡试二十二名，会试第二百六十九名，三甲九十名。户部政，授临桂知县……选广东道御史……升云南副使。

《国朝历科题名碑录初集·明万历八年进士题名碑录》

邵以仁，贵州普安卫。军籍。应天府上元县人。

《皇明贡举考》卷九

邵以仁，贵州普安卫。

《兰台法鉴录》卷二十

邵以仁，字子任。贵州普安卫籍，上元县人。万历八年（1580）进士。十七年，由临桂知县选广东道御史。十九年，巡视光禄，寻升山东佥事，参议，云南副使。

《甔甀洞稿》卷三十六

参政公卒于家……从子以仁方仕为粤西临桂令……邵氏之先世居金陵，自我高皇帝定天下……置今普安州，诏徙江南卫士良家子戍焉……邵遂为普安右族矣。初中宪公仕为重庆府同知……生四子，并治儒家言……次元善，四川按察佥事……而公其季也，名元哲，字晦之，别号古愚……嘉靖乙卯举于乡，乙丑登进士科，推择为民部主事……迁淮安太守……万历戊寅迁山东按察副使……公于是有浙江之命。比过家，则病不支矣。卒之日为甲申六月廿三，距其生庚寅二月廿六，年仅五十有五。

《甑甄洞稿·续稿·文部》卷三

奉政公卒葬其州陆官屯且四年，其伯子以仁始被命征入为陕西道御史……普安之有邵也，自其祖旺始……生四子，而公行三，名元高……与其兄贡士元吉、佥事元善，弟大参元哲，自相师友……嘉靖壬子举于乡……得吉之龙泉令……后伯子起家万历癸酉举乡试，庚辰登进士科，除粤西临桂令……子男二：长即御史以仁……

《类姓登科考》十八啸

邵以仁，贵州普安卫人，三甲。

乾隆《贵州通志》卷二十六

邵以仁，普安人，官副使。

康熙《贵州通志》卷十六

邵以仁，普安人，官副使。

邵以仁，普安人，元高子，庚辰进士。

乾隆《贵州通志》卷三十

邵以仁，普安州人，字子任。万历间，任云南兵备副使。宽简持大体，一时几于刑措，永昌立祠祀之。

光绪《普安直隶厅志》卷之第十五

邵以仁，官副使。

邵以仁，普安卫人，万历庚辰进士。任云南兵备副使，宽简持大体，一时几于刑措，永昌立祠祀之。

乾隆《云南通志》卷十九

邵以仁，字子任，贵州普安人。万历间，任兵备副使。宽简持大体，一时几于刑措，永昌立祠祀之。

2. 邵以仁文

万历《贵州通志》卷二十一

普安州题名记

不佞以仁尝考[1]《周官》以五等建邦，于时盖千一百二十五国，其地之广者不越百里。秦罢侯置守，而郡县所由起，后世因之，竟不能易，则势使之然也。我太祖高皇帝疆理域中，为府者百四十九，州二百一十八，县千一百有五。州地之广者数百余里，视公侯国且倍之，州之从事，即古诸侯之职也。夫诸侯以世及为礼，无所用名。故《春秋》无名，诸侯若郡县长贰，代如四时，运而不积，苟无所寄以自表，则凡功在社稷、利及生民者，亦将泯然无闻于后，是名之不可已也。

普安，古兴古地，国初置军民府，永乐中改州，始建。黔，其民夷，其俗朴，而卫之弟子员亦惟（唯）州约束。是守也，固军民之所共待命、待教者也。旧未有题名，是以诸大夫名氏泯泯焉。会今上轸念边计，可大中丞舒公、侍御毛公奏，迁治入卫城。而郡守刘大夫躬任劳费，多方经画，四阅月而告成，详在学宪吴公记中。继而大夫又曰，题名亦乌可终已也。乃勒石左介，而属不佞记其事。

不佞闻之：名者，实之宾也。彼其负不令以败名者，下也；违者以干亟人知而名者，耻也。孔子曰：斯民也，三代之直道而行者也。民心合则不誉而荣，民心离则不毁而辱，四境一守，佐守者二，幕守者一，昭然若揭，白日而陈于庭，固有目者所共睹，有手者所共指也。夫上之视下也，若处明也；下之视上也，若处暗也。处明者不见暗中一物，而处暗者能明见中区事。先王之畏民碞，皆是物耳。考之郡籍，询之父老，若陶梁之抚字，袁黄之清廉，徐之刚介，以至萧之镇静，苏之振作，赖之贞纯，固守之表表者。然要之名实合一，功在社稷，则自不佞有知，惟（唯）刘大夫一人而已。大夫居普三稔，百废具（俱）举。清粮饷则发数十年之隐弊，简卒伍则驱千百十之虚食，利无不兴，弊无不革，善政之在民者，更仆未易数也。而迁州一役，则尤其心之独苦而功之最高者。以是名于庭，然后人师表而兴斯治，固不朽哉！故书之以为记。

（五）陈尚象

1. 陈尚象传记资料

《万历八年进士登科录》

陈尚象，贯贵州都匀卫，官籍，直隶凤阳府定远县人。府学生。治《易

---

① 万历《贵州通志》点校本作“议”。

经》。字心易，行五，年二十八，十一月十八日生。……贵州乡试第六名，会试第二百八十二名。

《万历八年庚辰科进士履历便览》

陈尚象，见义。《易》二房。癸丑十一月十八日生。都匀卫籍，定远县人。乡试六名，会试第二百八十三名，三甲二百三十五名。户部政，授中书舍人……选户科给事中……升刑科右……壬辰建言为民。

《国朝历科题名碑录初集·明万历八年进士题名碑录》

陈尚象，贵州都匀卫，官籍，直隶凤阳府定远县人。

《皇明贡举考》卷九

陈尚象，贵州都匀卫。

《明史》卷二百三十三

李献可，字尧俞，同安人。……吏科右给事中陈尚象复争之，坐斥为民。……尚象、懋逊、之佳、初春、其休、嗣成皆万历八年进士。……赠光禄少卿。尚象， 都匀人。以中书舍人为给事中。天启中，赠官如弘绪。

《类姓登科考》十一真

陈九叙，福建漳平县人，万历甲戌二甲……陈榛，应天句容县人，庚辰二甲……陈尚象，贵州都匀卫人，三甲。

《明诗纪事》庚签卷十三

陈尚象　尚象字心易，都匀卫人。万历庚辰进士，授中书舍人。迁户科给事中，改刑科、吏科……斥为民。天启初，赠光禄少卿。

乾隆《大清一统志》卷三百九十四

陈尚象，字心易，都匀人。万历中进士，由中书舍人擢户科给事中。值河南饥，尚象请蠲逋粮七十余万石，诏可之。转刑科左给事中，疏陈建储事，廷杖削籍。旋复原官，以母老不拜，卒赠光禄寺卿。

《本朝分省人物考》卷一百一十五

陈尚象，字见羲，贵州都匀卫籍，登万历庚辰进士，癸未授中书舍人，戊子选户科给事中，屡弹白简，卓有风裁。给假送母，还丁王母丧。庚寅复除本科，辛卯主考四川，升刑科右。壬辰建言忤，上旨赐玦，卒于家。

《明史》卷二百三十三

二十年正月偕六科诸臣疏请豫教，言："元子年十有一矣，豫教之典当及首春举行。倘谓内庭足可诵读，近侍亦堪辅导，则禁闼幽闲，岂若外朝之清肃；内臣忠敬，何如师保之尊严。"疏入，帝大怒，摘疏中误书弘治年号，责以违旨侮君，贬一秩调外，余夺俸半岁。大学士王家屏封还御批，帝益不悦。吏科都给事中钟羽正言："献可之疏，臣实赞成之，请与同谪。"吏科给事中舒弘绪亦言"言官可罪，豫教必不可不行"。帝益怒，出弘绪南京，而羽正及献可并以杂职徙边方。大学士赵志皋论救，被旨谯让。吏科右给事中陈尚象复争之，坐斥为民。……

尚象都匀人。以中书舍人为给事中。尝劾罢尚书沈鲤，为士论所非。至是以直言去，国人始称焉。天启中，赠官如弘绪。

民国《贵州通志》引《明史·李献可传》

李献可迁礼科都给事中，万历二十年（1592）疏请预教元子，帝大怒，献可贬秩夺俸；吏科都给事中钟羽正救之，帝益怒，羽正及献可并以杂职徙边；吏科左给事中陈尚象复争之，坐斥为民。尚象，都匀人，以中书舍人为给事中，尝劾罢尚书沈鲤，为士论所非，至是以直言去，国人始称焉。天启初赠光禄寺卿。

康熙《贵州通志》卷十六

陈尚象，都匀人，官给事中。

陈尚象，都匀人，庚辰进士。

乾隆《贵州通志》卷二十八

陈尚象，字心易，都匀府人，幼师邹元标[①]。领万历己卯乡荐，庚辰成进士，由中书舍人迁授户科给事中。值河南饥，抗章请蠲带征逋粮七十三万有奇，诏可之。又请命潞藩之国，复疏浙运丁夫之苦，获免其半。巡京营宿弊一清。奏减光禄经费，劾锦衣诸不法事，金吾为之敛戢。尤好汲引人才。己丑分阅礼闱，辛丑典蜀乡试得士最多。转刑科左给事，因力言建储事，廷杖削籍归。庚子复原官，以母老归。又十三年卒，赠光禄卿。

《黔诗纪略》卷十一

（陈）尚象，字心易，号见羲，都匀卫人，万历七年（1579）举人。明年成进士。十一年授中书舍人。十四年分校武闱。十六年迁户科给事中。十七年分校

---

① 康熙《贵州通志》（凤凰出版社，2010年版）作"南皋"。

礼闱。十八年巡视京营及光禄。十九年典四川乡试。转刑科左给事中。复转吏科右给事中。（邹忠介《陈君墓铭》又题云：“刑科右给事中”，与《史》《志》异。）《明史》附见《李献可传》。见羲在户科，值河南饥，疏请蠲带征逋粮七十三万有奇，报可。又请命潞藩之国。复疏浙运丁夫之苦，获免其半。

司礼监张鲸在东厂兼掌内府供用库印，颇为时相所惮，及其党鸿胪序班邢尚智、锦衣都督刘守有招权受赇，相与为奸，专擅威福，见羲（即尚象号）极疏暴其罪状，御史何出光、崔景荣等，亦先后论列，鲸、守有、尚智切责削职，论死有差，视京营宿弊一清。奏减光禄经费，复劾锦衣诸不法事，金吾横暴骤为之敛。分校典试并得士称盛，转吏科之明年正月，偕礼科都给事中李献可，及六科诸臣疏言：“元子年十有一矣，豫教当及首春举行，请敕元子出外朝，亲师保。疏入，帝大怒，摘疏中误书弘治年号，责以违旨侮君，献可贬一秩调外，见羲诸人夺俸半岁。大学士王家屏封还御批，吏科都给事中钟羽正请与献可同谪，吏科给事中舒宏绪申言豫教出之南京，而羽正及献可并以杂职徙边方。大学士赵志皋论救，被旨诮让。见羲复抗疏争：豫教定储，系国本安危，且论救诸人，语尤切直。帝益怒，予廷杖，斥为民。户科左给事中孟养浩，御史邹德泳，户、兵、刑、工四科都给事中丁懋逊、张栋、吴之佳、杨其休，礼科左给事中叶初春各上疏救，亦杖，养浩除其名，德泳、懋逊等六人并贬一秩，出之外，献可、羽正、弘绪亦除名。当是时，帝一怒而斥谏官十一人，礼部员外郎董嗣成、御史贾名儒特疏争之，御史陈禹谟、吏科左给事中李周策亦偕其僚论谏，帝怒加甚，夺嗣成职，名儒谪边方，德泳、懋逊等咸削籍，禹谟等停俸有差。礼部尚书李长春等亦疏谏，帝复诘让，于是见羲等十三人遂长废。久之，吏部尚书蔡国珍、侍郎杨时乔，先后请收叙，咸报寝。天启初，录用先朝言事诸臣，十三人中，见羲等九人已先卒，皆赠官有差，见羲得赠光禄寺少卿。

见羲之先庆，南直凤阳府定远人，洪武四年（1371），调官都匀卫指挥，命世守焉。庆将卒，以子景幼弗任职，请传侄原。（原伟丰仪，有勇略，善谋能断，尤重文事。时居定远，奉调至，益增庆之政。建学缮城，赈饥抚苗，民夷率服。正统末，苗寇围城，原罄家财以飨士，城赖以全。子辅袭，晋级都司。辅子越。越生纯。纯生大宾。大宾业儒弗袭。见羲继厥志。此世系乃《扶纲陈给谏传》所述，惜不明画，岂辅子上脱“景”字？大宾即其父耶？疑莫能定。《省志》又载都匀卫指挥陈昱妻马恭人，年二十一，昱卒，闭门自经，诏表其门曰“贞烈”。昱于原，景以下辈行，未详。并附记俟考。）

见羲，景元孙也。年十二补诸生，神识通敏。吉水邹忠介元标言事谪戍都匀，一见许为伟器，即以仔肩正学相期勉。既经忠介指授，知行交进，骎骎不能自休。逮官中翰，而忠介起验封，既入掖垣，忠介亦再起家，所以淬厉见羲者愈至。见羲学益进，守益坚，毅然思以见诸行事。视去就、生死，泊如也。故在言路，知无不言，言无不尽，直声震朝野。曾受给同官陈与郊劾罢沈文端公鲤礼部尚书。疏入，始知与郊卖己，立与绝。而不习见羲者，颇持为议端，至论建储策蹇出都门，向之议者，亦罔不翕然称之。

见羲归，杜门扫轨，惟（唯）以兴起学术为事，悯文献阙略，后生无所依仿，曾抵书贵抚江东之长信，长信即礼延见羲及许副使一德，主纂《贵州通志》，时副使已老，纂述多出见羲。岁丁酉书成，故称《丁酉志》，为《黔书》善本。见羲一介不妄取，在志局，土酋安国亨夜持千金，欲有所关说，厉色麾之。晚岁笔耕疏食，有寒畯所不堪者，处之怡然，而恤乡里，急师友，罄其力无所吝。四十一年赋诗谈笑而卒。其弟尚晋学博乞邹忠介铭，深悼斯文之丧。呜呼！出处如见羲，可谓不负所学，不愧师门也已。惟（唯）《铭序》谓两台疏君贤，奉旨起用，又巧词尼之，史失其事实。《省志》则谓庚子复原官，以母老归。考见羲一时同谴诸臣，终神宗之世无起复者。熹宗立，乃予录叙十三人，惟（唯）懋逊、养浩、德泳、羽正四人在，以渐向用，是见羲并未复官。盖万历二十八年（1600），曾以台谏荐，奉旨起用，未行，寻即仲化当国，当路者恐触其忌，令以母老辞邪！

忠介天启初，起刑部右侍郎，所上《敬陈末议疏》中，曾一及见羲，光禄之赠，乃发自忠介也。著有《疏草》四卷，亦忠介为之序……诗文集若干卷。子时康，仍袭都匀卫指挥加守备。时扬、时宁、时行，孙朝仰、朝璧、朝荐，曾孙梁泽、世泽、天泽并诸生，能守其训。

民国《贵州通志》引《愿学集》

刑科右给事中见羲陈君墓志铭

往予入夜郎，诸生陈君首以文贽，朝夕谭经，莫予逆已。君成进士，予起家移司封郎则以官中翰从。庚寅再起家，则以官掖垣从，予调选郎，忽忌者中阻，奉旨调南，君祖我郊垧，泣数行下，予谓离别寻常，何得尔尔。既两人各归，鱼雁络绎，犹谓班荆有日，不谓一泪作千古别矣，嗟痛哉！君弟学博尚晋以状属铭，余安忍辞！君讳尚象，字心易，号见义。先世定远人，以祖庆官指挥使来匀，庆生景，景三传为君父，诸生某，赠中书舍人，母张氏封孺人。君将生，张母梦天门划开，紫衣人从云霄下始生。幼甚敏，十二岁补诸生而孤，十五岁饩于庠，己卯举乡试高等，庚辰成进士，癸未拜中书舍人，丙戌入武闱代阅卷，得干城若干人，戊子选户科给事中，诸落时趋者，拾人残沛，伺重臣颐指，塞责明得意。而君一意摅胸中所欲吐，如喉中有物，必尽乃止，大都纠官邪、扶国是、培君德、恤茕独，具奏副中。庚寅巡视光禄及京营，辛卯典蜀闱试，皆殚厥心力，海宇人颂之。转刑科右给事中。睹皇储十龄，预教册立未定，即阁臣宗伯争之不得，举国皇皇。君奋然曰："是余毕命报主之秋，草疏以争。"客有危者曰："如白发何？”君谢客曰：“有家弟晋在，臣子不得复顾其私。”已奉旨：罢为民。束图书，乘蹇驴，出都门，都门人共诧曰：今黔竹亦有逐客耶？君归，杜门扫轨，廉靖孝友，修长者行。江中丞长信礼修《省志》，安酋夜持千金有所关说，君麾不省。播州兵起，斗米千钱，人闭户，或死或徙，不逞者思为乱。君私计以身倡之捐，子幼给银三十助饷，而景从者纷至。黔蜀交争，都门有问策者，君曰：黔苦兵久矣。庙堂听君言，黔不得再苦兵。冯大参戍匀客死，后先护持如手足然，业师尹之训亟归，贫甚，弃篑捐地以葬，而诸空乏者、无告者，借君以为外府甚众多，然君又空甚，囊时罄，不著一钱，以故没之日，不足以具棺敛，此可观君矣。邹子曰：陈君崛起黔中也难哉，天实生材为国家使，岂日夕可得一人，君论国本浸商丘也，一时悟主精意，既知其贤，复荐之，阱人者如是乎？两台疏君贤，奉旨起用，正可开孤臣一线路，又巧词尼之，不阶不媒，朝无援者，坐受人扼不之白，君奈何不死？然君生平表表伟伟，能扼君进，不能扼君品。君亦可以死，窃常伟君于贫贱去就间无大挂碍，乃临终赋诗而逝，于死生之际亦甚倏然，世岂得窥君际哉？铭曰：嗟哉谏议，祖我都门，有泪浪浪。不谓兹别，竟成千载，胡不摧伤！孤不损志，贫不堕行，维德之行。凤池青琐，振振其羽，将翱将翔。一言忤主，角巾私第，廿载徜徉。帝有召命，辄复咨且，道岂终藏？年不配德，位不竟才，乘云帝乡！我铭君墓，匪君之厄，斯文之丧。圣主恩深，行有特恩，永贲泉壤。

与陈见义给谏柬

士有都将相洋洋归梓里，其人多龌龊取高位，市廛虽怜，至以身为乡里后日指名，君子鄙之。足下今虽布衣归，然荣于三公多矣。海内归田者不少，又皆凭其意之所欲为，或凌烁有司，或鱼肉乡里，为人所传笑者，与前人等，君子惜之。善乎先正云，鹤鸣九皋，声闻于天；又曰，无易由言，耳属于垣。盖言诚不可掩，独不可忽也。足下无忘愚言。西北苦虏，又苦倭，主上犹然高拱，政本深计，贾生所谓直须寺者良足悼惋。然黔国在万山中，二者之患俱无一及，足下素心王室，一剑酬主，能无南望涕零耶！不佞拟仲秋疏乞身，会少司寇沈镵老荐举自代，疏以不佞身滥其间，似又稽延我行，喜邓大司成至，又朱鉴师至，名贤辐辏，如兰斯馨，饮醇沐芳，每念足下独宿远方，则令人罢谈麈矣！足下幸自爱，泰阶朗跃，赐召在旦夕间矣。

2. 陈尚象诗文

《黔诗纪略》卷十一

结交行

古交冬松青，今交青花团。一世竞新好，谁为寻古欢。古欢淡若忘，新好浓不解。安知天地间，大有岁寒在。

便河诗并序

云故有便河，实始于正德间，兵宪李公麟鉴往事，妨来患以贻千百年之安者也。岁久迹湮，居民多鞠为蔬圃，年来内侵之患，往往而有。顷，播贼猖獗，大中丞郭公颁有城书，维时所司，佥议及此。会征兵运饷，力不暇及，识者殊以为忧。今宪使袁公甫下车，既平播、平黎，内安外攘，威德懋著，一时野有宁宇，颂声翕然交作。而公所长虑，却顾未已也。一日谈[①]及便河，周巡次慨然曰：兹绸缪之至计也，可废不举乎？遂属司理杨君应第与视卫篆者图新之，捐俸斥镪，计徒采石简材，官有心计者董其役，自小河口筑长堤若干丈，引水灌于故道，历两西门而南与东山左掖诸水会流，以达于龙潭。民不告劳瘁，工不易岁时，而长河如练，与金城相表里，真可谓贤于胜兵十万矣！余闻诸父老言，建城之初，高皇命有司绘图以进，恐诸苗凭高俯窥，遂以御笔指点于东山之颠，嗣是虽间有凭陵，绝无敢有从东门入者，独西北一带，地形稍下，故远如正统之变，围城至十阅月，近如壬癸之际，军民士大夫咸不得帖枕席，则兹河所系，良非鲜矣。昔蜀大夫李冰凿离堆，辟沫水为民除害，蜀人至今祠之，云固僻在一隅，无他扰，独其害在苗耳。公修举永赖之，利于百十年。废壤之余，体中丞公如保之心以慰高庙奠，安南服之，至意功德于吾云者，讵有涯哉。余乌得无纪，乃为诗曰：

高城荡荡，跨于东山。高庙所经，既雄既坚。西北迤逦，漫无坡陀。以带以砺，实为便河。上酾江流，达于龙潭。金堤屹屹，而北而南。便河未开，士不帖枕。便河既开，贼至安寝。维袁宪使，绍迹李公。彻彼旧湮，以护崇墉。役不瘁民，成不易岁。我为铭诗，以诏后世。

万历《贵州通志》卷二十二

麻哈州新建惠民桥记

州南五里许曰摆坨河。河受众流，两旁依山阻险，中齿齿多怪石，旧浮土桥，以通往来。然旋修旋圮，每遇水泛石与水两相激，桥益圮坏。

万历乙未，黄君琏以新添卫学教授署事于兹，毅然引为己任，请于台司，欲建石桥。既报可，遂捐俸为士民倡；已，又请之方伯杨公，守巡詹公、梁公，得公帑若干金益之；而太府王公、司理李公，与先后守戎邵君国华、陈君尚策咸各捐赀俸，给夫力，共襄乃事。未几，州守晋宁苏君九河继至，益殚[②]心力，以善厥[③]终。桥用告成，可垂永久。远而望之，若长虹倒影，素练横江，山光水色，交映如画；近而履之，即结驷连骑，充然有余。又不但行旅悦于途已也，倘所谓江山相待而有成者，非与？

---

① 《黔诗纪略》清同治十二年（1873）遵义唐氏梦研斋刻本原作“谭”。

② 万历《贵州通志》点校本作“惮”。

③ 万历《贵州通志》点校本作“其”。

野史陈尚象曰：自敬事后食之义微，以不佞耳目所睹记，世之绾符民上者，即职分内事犹[①]诡避不一，婴心念者众矣。黄君以学博，视篆此中，惠政种种，昭[②]然可纪。犹虑斯桥之为民患也，其言于上曰：屡修则病居者，屡坏则病行者，遂不惮经营拮据之烦，为一劳永逸之计。且其精神意念，孚于上下，贯于遐迩，故自台司以及郡邑，与乡先生、武胄、里耆、士庶，罔不欢然协力成之，即一桥，而诸所设施可概睹矣。非其力量知识有大过人者，曷克臻此？昔秦昭王使其大夫李冰为蜀守，凿离堆，辟沫水之害，蜀人世世祠之。如学博君举前[③]人久旷之典，昭万世永赖之利，不知百世后宜何所食报也。余嘉学博君之伟绩，而又嘉州守公之善厥终，皆心乎为民，足以为有官君子劝也。因名其桥曰“惠民”，而为之记；若诸有事于此者，姓名法得载之碑阴。

创置备赈公田记

《周礼》荒政一书，姬公所以夹辅王室，兴致太平。盖与惠鲜怀保之政相为表里，维时宇内太和，蒸黎沦洽，开苍姬八百之历，绵万世有道之长，非偶而已。自井田之法废，豪强者兼并，贪暴者多取，始有无田之民，长人者甚至视民生之休戚，若越人视秦人之肥瘠然者。独移民移粟，一见于梁王，猥云“小[④]惠”，吾犹有取尔也。嗣后有宋大儒新安朱元晦氏立为社仓，丰则敛之官，歉则[⑤]散之民。总之，祖《周礼》之遗，以为救灾恤祲之计，其美意良法故亦有足镜者，第未若置田以垂永久者为足尚也。

贵虽名为会城，其实汉夷杂处，土田强半为诸夷所有，军户自屯田，官赋外所余无几，且生齿日烦，食指日众。市井小民，家无越宿之储，惟（唯）俟夷民负粟入城，易升合以糊朝夕。此在乐岁且不能终身饱，安向离年！当事者有忧之，岁发镪金为乞籴计，曰：有备如是，亦足以赈吾民矣。年复一年，承委者遂因缘为奸，故利之在窭人者才十一，而害之在殷实者已什九，剜肉以补疮，假公以营私，闾阎之困，究且富与贫等耳！大中丞念所江公，为元晦乡人，得其渊源。甫下车，首询民疾苦，得发籴之弊于乡缙绅陈先生舜源，慨然思易其弦辙。乃谋之藩臬诸大夫暨刘贵阳，曰：“噫嘻！发籴为苛政至此，是以救之之道[⑥]害之也！其为我易负郭田，岁收其租入，俾异日者，谷有盈余，田可永在，以康吾民，可乎？”诸大夫曰：“然。”公乃出俸薪若干，饩余若干，不足，又以公帑益之。于是买生员刘世达、民人王朋等地，名小龙潭田一所；乡官王廷爵地，名蔡

① 万历《贵州通志》点校本作“旧”。
② 万历《贵州通志》点校本脱“昭”字。
③ 万历《贵州通志》点校本作“府”。
④ 万历《贵州通志》点校本作“不”。
⑤ 万历《贵州通志》点校本作“者”。
⑥ 万历《贵州通志》点校本作“首”。

家关田一所。以价计，总用银一千六百五十三两。以粟计，总得花一千四百四十二秤。盖自[①]有会城来，嗷嗷待哺之民，至是始乐有赈田矣。且郊原平衍，水清土沃，美哉！洋洋乎万世之利也。

中丞公乃立石阡陌之间，而为之铭。已又以善后之策谋之刘贵阳，余览贵阳所条上五事，大旨在议经管，议收贮，议佃民，禁骚扰，皆凿凿可见之行者。而至云时和年丰，则变价以为增置之计，又以摆陀堡新起之科粮抵二庄之旧[②]额，计虑深远。真足以佐中丞公子惠元元之意，而非徒以一切权宜之术为补救目前已也。天下事其相须以有成固如此。抑余闻之，仁者以天地万物为一体，故自昔大儒辅世，必相其君以行王道，使民嗥嗥，而世熙熙，无一夫之不获，然后为足，以满其分量。公拥节旄，开府兹土，时值苗民作梗，阑入城郭，流毒商旅，公毅然兴师荡平之，然后朝食。一时畏公威严凛若神明，第公所为拊循噢咻吾民，则又举赤子而汪秽之。与由饥之，视纳沟之耻何以异？乃知约己以肥民，公所以扩如保之恩也，仁也。而除稂莠以安嘉禾，公所以奋除残之义也，亦仁也。指日公且进而宅端揆之位，裁成辅相，令成周太和再见宇宙间，奚止夜郎之民沐公之深仁厚泽已哉！不佞象目[③]睹公嘉惠小民甚笃，而又以万世之功，当为万世之桑梓识之也，乃不敢以不文辞，遂述其大略镌于石。

（六）郑国柱

1. 郑国柱传记资料

《万历八年进士登科录》

郑国柱，贯贵州镇远府镇远县，民籍，江西抚州府金溪县人。国子生。治《诗经》，字荩臣，行五。年二十五，十一月初七日生。……贵州乡试第九名，会试第二百名。

《万历八年庚辰科进士履历便览》

郑国柱，念塘。《诗》一房。丙辰十一月初七日生。镇远县籍，金溪县人。乡试九名，会试第二百名，三甲二百四十二名。户部政，授户部主事……复除兵部……升员外。壬辰升郎中，养病卒。

按：“镇宁县”当作“镇远县”。

① 万历《贵州通志》点校本脱“自”字。
② 万历《贵州通志》点校本作“归”。
③ 万历《贵州通志》点校本讹为“日”。

《国朝历科题名碑录初集·明万历八年进士题名碑录》

郑国柱，贵州镇远府镇远县，民籍，江西抚州府金溪县人。

《皇明贡举考》卷九

郑国柱，贵州镇远县。

《类姓登科考》二十四敬

郑国柱，贵州镇远县人，庚辰三甲。

万历《黔记》卷二

八年春三月，赐镇远郑国柱、普安邵以仁、都匀陈尚象进士。

雍正《江西通志》卷五十五

郑国柱，金溪人，贵州中式。

乾隆《贵州通志》卷二十六

郑国柱，镇远人，官兵部郎中。

同治《临川县志》卷三十六

郑国柱，临川人，万历八年（1580）庚辰科张懋修榜进士。贵州中式，乡榜不载。

同治《金溪县志》卷十七

郑国柱，万历八年（1580）庚辰科张懋修榜进士，工部员外郎。

2. 郑国柱乡试文章

策问第四问

考试官教谕陈批（将材兵法，发明详尽。）

考试官教授顾批（条答将，将将兵之要有根据有识见，苏洵驾驭之方，孙武战陈之法，子盖深其说而有得者。）

执事以兵法将材试诸生，盖以天下乂安，不可忘武备，而被服儒术，亦有识军旅者也。生非其人也，敢掇所闻以对。尝读《易》之师卦，而知圣人安民禁暴、保大定功之道矣。夫举一国之命脉，而动之于征伐，则所以鼓其气而不使之慑，联其心而不使之涣，必有一定之纪律也。初爻之词曰：师出以律，盖言有制之兵乎？举三军之司命而寄之一人，则所以使之爱而不忍离，使之畏而不敢乱，惟（唯）在主将之得人也。五爻之词曰：长子帅师，盖言有能之将乎？使君非以道而择将，则将虽能不为用；使将非以律而制兵，则兵虽众不足恃。安能握百胜之算，而坐收万全之绩哉？是故以将言之，晋文作三军，而谋帅在于德义；悼公简司马，而官长爵不逾德。将材之重，固如此也。乃苏洵则谓：卫、霍、赵充国辈，贤将也，御贤将之术以信；韩信、黥布辈，才将也，御才将之术以智。夫韩信连众百万，战胜攻取，固人杰也，然下齐而请假王，非效忠报国之节，此所以仅许其才欤？观韩信，则薛万彻辈可知矣。卫、霍深入伐虏，捕斩过当，固国器也。然出境不敢擅诛，以昭惟（唯）辟作威之谊，此所以乐嘉其贤欤？观卫、霍，则李靖辈亦可知矣。虽然贤才之伏无尽，而知人之哲难施。韩信出自亡命之中，非有素行之孚，乃汉高择日筑坛，既已灼知而不惑，解衣推食，又已深信而不疑者，良以萧何荐其国士无双，张良称其可当一面也。若汉高者，真豁达大度，而夫将将者矣，岂徒以智驾驭之哉？以兵言之，鄢陵之役，分良击其左右，大卤之战，两伍偏角相离，奇正之法固如此也。乃齐阳谷之会，或谓诸侯之师同次于陉为正，江人、黄人各守其地为奇。唐淮西之诛，或谓李光颜驻郾城，严陈对垒为正，李愬自唐邓雪夜入蔡为奇。夫以阳谷之会为奇正者，自其犄（掎）角之势言之也。厥后苏秦说六国以却秦，或出锐师以救之，或各守境而绝其后，固以兵法而部勒诸国矣。以淮西之师为奇正者，自出其不意言之也。先是太宗破宋老生于霍邑，因右军之小却，遂诱之以取胜，夫固握奇而因敌制变矣。虽然奇正相生之无穷，犹鬼神相禅于莫测，人皆知我胜之之形，而莫知我所以制胜之形，其致人而不致于人也，即正为奇，即奇为正焉，其深间莫窥也，有正视为奇，奇视为正焉。故曹公旁击为奇，李靖以合战后出辨之；吴起贱勇前击，李靖以正合奇胜明之。若卫公者，真得循环无穷而善乎将兵者矣。夫岂泥于形格势禁哉？是知贤也，才也。人君以此察知其臣之所堪，而托之以九伐之权者也。荀况之论将，则又有六术五权三至焉。夫岂有出于才贤之外耶？盖将而知权术，则才略迥出，固为干城之选；将而知三至，则识操允笃，尤为社稷之卫。故语卫霍之得也，号令明，身先士卒者，信无愧于名将；灭匈奴志不顾家者，益取重于人主。语卫、霍之失也，欲报私恩而故徙前军之部车，弃粱肉而不省战士之饥，则所谓可杀而不可使处不完，可杀而不可使击不胜，可杀而不可使欺百姓者，不如是也。卫、霍果能当贤将之称哉。正也，奇也。人臣以此妙运于戎行之间，而以答大君三锡之宠者也。魏相之论兵，则又有义兵、应兵、骄兵等目焉。夫岂故忽于奇正之法耶。盖仗钺临戎，则制胜之法，固以奋扬威武。庙议出师，则扶义之举，尤以培植国脉。故圣人之兵，皆出于不得已。其出也，百姓有徯后之思，其胜也远迩庆时雨之望，后世用兵皆得已而不已，其出也内外骚动，或以起不测之忧，其胜也得不偿失，终以致水旱之报，则所谓善为国者不师，善师者不陈，善陈者不战，非谬悠也。附民者何必为穷兵之尚哉？是故武王之顺天也，鹰扬之烈属之维师之尚父；宣王之中兴也，啴焞之猷属之显允之方叔。此真得易象之师贞丈人吉，而师律之臧、长子之任其义不亦兼举而无遗哉！虽然荀况三至之言岂特为选将言哉？观其以武卒锐士不可以当桓文之节制，桓文之节制不可以敌汤武之仁义，则所以制天下治邻敌者具是矣。善乎其答临武君也，曰：仁者爱人，故恶人之害之也；义者循理，故恶人之乱之也。呜呼！以仁义而用兵，此王者之兵也，非但白起之坑降卒者不足为，即汶篁之移植亦非所贵也。善乎三略之说治要也，曰：道者人之所蹈，德者人之所得，仁者人之所亲，义者人之所宜。呜呼！以仁义而为将，王者之将也，非但赵括之读父书者不足学，即桓景之方略亦非所尚也。史迁云：形势虽强，要之以仁义为本。愚敢以此而补穰苴、吴起之所未备云。谨对。

（七）唐一鹏

1. 唐一鹏传记资料

《万历十一年进士登科录》

唐一鹏，贯贵州平溪卫，官籍，湖广蕲州人。卫学生。治《诗经》。字九万，行二，年二十六，四月初一日生。曾祖辅。祖世臣，千户。父宗尧，教谕。母洪氏，继母袁氏。具庆下。兄一龙，千户。弟一麟、一鲸、一魁。娶田氏。贵州乡试第十三名，会试第三百二十八名。

《万历十一年癸未科进士同年序齿便览》

唐一鹏，翀宇。《诗》四房。戊子四月初一日生。平溪籍，蕲州人……三甲十名……授行人……选广东道御史……养病，卒。

《国朝历科题名碑录初集·明万历十一年进士题名碑录》

唐一鹏，贵州平溪卫，官籍，湖广蕲州人。

《皇明贡举考》卷九

唐一鹏，贵州平溪卫。

《类姓登科考》七阳

唐伯元，广东澄海人，万历甲戌三甲……唐一鹏，贵州平溪卫人，癸未三甲。

康熙《平溪卫志书》

唐一鹏，任御史时，劾李如松。疏载明记。

康熙《贵州通志》卷十六

唐一鹏，平溪人，官御史。

唐一鹏，平溪人，癸未进士。

乾隆《贵州通志》卷二十六

唐一鹏，平溪人，官御史。

民国《贵州通志·人物志》引乾隆《贵州通志》卷二十八

唐一鹏，平溪人。万历乙酉举人，癸未进士，由行人考选广东道御史，巡按漕河、浙江、陕西三处，廉直有声。升太仆寺卿，有疏劾李如松。事详明纪。

乾隆《玉屏县志》卷八

唐一鹏，字九万，万历癸未进士，由行人考选任广东道御史，疏止倭酋平秀吉封贡，劾李如松妄开边衅，丰裁凛然，巡按漕河、浙江、陕西三处，廉直有声。终太仆寺卿。明御赐匾额曰："盛世良臣"。

民国《贵州通志·人物志》引光绪《玉屏县志》

唐一鹏，字九万……广东道御史，疏止倭酋平秀吉封贡，劾李如松妄开边衅……终太仆寺卿，御赐额曰："盛世良臣"

乾隆《玉屏县志》卷七

唐一鹏，由行人司升授广东道御史，巡按漕河、浙江、陕西三处。终太仆寺卿。

2. 唐一鹏诗文

乾隆《玉屏县志》卷十

郑龙山父母阻矿去思碑记

碑记去思，蕲父老为郑侯立也。父老阅事为久，论政为确，而汇所见闻，曾未有如郑侯之惠民者，碑可无记哉！惜乎尊亲有讳，势不能命一辞也，比于群首作隐语焉。

夫蕲有贫窘，惟（唯）侯赈之；蕲有逋赋，惟（唯）侯理之；蕲有疑狱，惟

（唯）侯割之；蕲有旱蝗，惟（唯）侯祷雨以润之；蕲有额外之蜀饷，惟（唯）侯调停以佐之。此名为卓异，实前所常载者。含沙射工，投壶飞电，九泉暴骨，万室成墟，此名为巨劫，前史所未闻者。

侯以丹心正气，抚百万而衽席之。庶几曰："侯实生我！"即从此而长世，获保髫髦，民且耕凿咏焉。而诏出昆明，靖抚邛僰，侯以臬省之重，谢案牍为图史，蕲乃为失怙之邦，如河洛之为彝，林多巢燕。如睢阳之绝援，爨必析骸。此去后之黍离，可以旦夕计者。侯以一生为中原之山斗，而以一去为汉东之虚戾，思何极哉！

思皇穹之悔祸也，有舆入洛之轮，以问时政，则蕲之存者什伍，思楚相之留偈也，有新尹之告以遗旧政，则蕲之存者什三；南阳之竹，还镇遗黍也，有招抚之条，舟集流徙，则蕲之存者什有一二。盖以陨渊坠谷之心，而思甘露庆云之庇，此碑中意乎？

昆岗烈焰而玉石焚，砥柱不存而狂澜倒。人生当此，寄命于仁人之轨辙、裴晋公一莅蔡城而民有生。人之乐壶觞相庆，此侯任蕲之景象也。郭汾阳方离河朔，而贼骑纵横；晋琅琊一渡江淮，而衣冠扫地。此侯去蕲之左券也。流连去就之间，以枯鱼而望西江之水，以精卫而勤填海之思，此父老寄思之景象，笔楮之所不能竟也。

鲛珠以泪而成，栏碧以血而就。蕲碑以思而结，记者以众诽而兴，读者可以言外索之乎！

按《蕲州志》载，郑梦祯，福建人。万历中知蕲州时，太监陈奉开采银矿，梦祯极言不便。奉劾梦桢，降调。后武昌民变，盗大起，侵扰蕲境，人思其刚正不阿云，碑记当作于此时。第字句间有讹错，无可较（校）对者。因一鹏著作湮失，仅存有此，故录之。

（八）沈权

1. 沈权传记资料

《万历十一年进士登科录》

沈权，贯贵州永宁卫，官籍，河南开封府祥符县人。国子生。治《诗经》。字中行，行五，年三十一，二月十七日生。曾祖瑄，百户。祖淮，千户。父鲤，指挥佥事，封怀远将军。母赵氏，赠淑人；继母石氏。慈侍下。兄梅，兵部员外郎；桐；桂，训导；桥，工部司务。娶罗氏。贵州乡试第二名，会试第一百十六名。

《国朝历科题名碑录初集·明万历十一年进士题名碑录》

沈权，贵州永宁卫，官籍，河南开封府祥符县人。

《皇明贡举考》卷九

沈权，贵州永宁卫。

《类姓登科考》二十六寝

沈权，贵州永宁卫人，三甲。

《黔记》卷二

十一年春三月，赐普安何汝岱、永宁沈权、平溪唐一鹏进士。

秋八月召邹元标为吏科给事中；沈权改庶吉士。

雍正《四川通志》卷二十九

沈权墓，在永宁县西三里。

康熙《贵州通志》卷十六

沈权，永宁人，改庶吉士，官御史。

乾隆《贵州通志》卷二十六

沈权，永宁人，官御史。

沈权，永宁人。梅桥弟，癸未进士。

2. 沈权乡试文章

天之所覆，地之所载，日月所照，霜露所队，凡有血气者，莫不尊亲

考试官教谕陈批（词气浑融，笔力精健。）

考试官教授顾批（此题极言圣德所及之广，子能根极造化，圣化合一之妙，且词气宏雅，可以式多士矣。）

《中庸》极言圣德之所被，而爱敬尽乎人焉。甚矣。圣人德盛而化自神也，则夫尊亲之在人，宁不极于天下之大哉！是章明天道也。意曰惟（唯）天下之至圣，德固妙于感人矣，曷自其化之所极言之，彼宇宙至大，舟车所不至有矣，其孰能出于天地所覆所载之外乎？人力所不通有矣，其孰能遗于日月霜露所照所队之区乎？极覆载之所及，而圣人易简生成之德，亦与之相为无穷也；极照队之所届，而圣人照临正育之德，亦与之同一无际也。故于其间，苟非人类，斯已矣。但有血气而为人者，莫不仰大君之首出而颙然兴元后之戴，幸圣人之在上，而油然起父母之怀。分之所临，本有同尊焉，而况通以皇建之极则，凡则君以自治者，敬仰之忱，益会归而不敢违也。情之所属，本有同亲焉，而复联以孔迩之感，则凡待君以为命者，怙恃之爱，愈依附而不可解也。是盖惟（唯）德之充积于中者，能与天渊而同其盛，故化之当可于外者，自极天地而尽其广，所谓“敬之、信之、悦之”者，岂但声施于中国蛮貊已哉！此所以为配天之盛，而天道无余蕴矣。抑论三才一理，圣人感人心而天下尊亲，亦惟（唯）通之此心之理耳。故以尧舜至圣，不徒求之时雍风动之化，而必本之克让允塞之神，语其治功之极。至于日月顺轨，雨旸时叙，肖翘动植之类，无不各驯其性。天地且感格焉，况于人乎？有志至圣之治，必先慎所以感之者。

昼尔于茅，宵尔索绹，亟其乘屋，其始播百谷

考试官教谕陈批（理明而确，词婉而庄。）

考试官教授顾批（模写豳人勤农重本之意，典雅垦到，诗义之佳者，宜冠多士。）

豳民勤趋乎治室之务者，将虑乎农事之兴也，甚矣。民事不可缓也，若待时之已迫，则不暇为治室之谋矣，其可以不亟哉？周公陈豳俗以训王也。至此，若谓国家以农事为本，非特君之所当重，亦民之恒自急也，不观之豳民乎？彼时未至于十月，禾稼未同，则宫功未可执也。兹焉时既可矣，以覆室者取诸茅，昼而往焉，皇皇其无怠朝也。以葺茅者资乎绹，夜而绞焉，孜孜其无怠夕也。于是亟乘其屋而治之，上栋下宇之制，不必求备，而以蔽风雨，恒于斯矣；陶复陶穴之陋，此其少新，而以宁妇子，恒于斯矣。夫勤动于终岁，而犹不敢少休于务闲之候；胼胝于三时，而犹不忍暂即乎一时之佚。若此者，岂好劳哉？盖以献岁发春，又将示以东作之期，而天运人从，复始事于百谷之播。纳之也未几，而播之也随至。苟于农隙之际而缓图焉，则继此耰锄之务，服田之所有事也矣。暇及于治室乎？获之也甫毕，而殖之也嗣兴。苟于可役之时而爱力焉，则自兹耕耨之事，力本之当自尽也，尚能为居室计乎？此我所以汲汲而不能自逸也。吁！时方为冬，而遽虑于春，事虽怀居，而实为乎食，豳人始终忧勤，不外乎农之一事，君人者可不念哉？抑此何莫非豳公之化以倡之也。盖其时去唐虞茅茨兢业之风未远，上之教诏，惟（唯）农桑居食数者，其民亦日习不见异物而迁焉。故曰：“民劳则思，则善心生，周安得不兴？”降此则奇淫雕刻，伤农事者也，而“彻墙污莱”之咏刺矣，《七月》所以告也。彼有欲绘为图以示其君者，噫！大臣之用心类如此。

人主以天下为度

考试官教谕陈批（铺序有体，迥异诸作。）

考试官教授顾批（圣君为天地民物之王，天下皆在并包之中，赏罚奸恶，一皆至公至仁之施。子独能发挥详备，佳士也。）

圣君大其心以仁天下，而举世咸归其仁者，岂有他哉？亦唯纯于天而已矣。盖天者，群物之祖，而斯道之原也。圣君代天而理物，法天而立道，并包一世而甄陶之，使无一夫不获其所，无一物不遂其生者。天地万物，皆吾度内而无外之仁如是也，然其道曷尝不求端于天乎？是故天之覆帱无外，而圣人民胞物与之量，亦至大而无外。天之生成无私，而圣人所以仁育义正于一世者，亦至公而不私。使有私焉，则理窒而不通，量窄而不广，非所以语于一体之仁矣。公者，正也，正所以成其大也。圣王以纯王之心，行纯王之政，而德业与天地同流，夫岂私意小智之所能及哉？人主当以天下为度，胡氏其知言矣，请得而论之。今夫天下之广，兆民之众，广谷大川，谣俗若是其不同，华夏蛮貊，族类若是其不一。而圣人者，固亦人类中之一人耳。乃独膺宠绥之寄，上而为天地之宗子，下而为亿兆之元后，总一海内，宰制六合，威命灵爽，侔乎造化，岂特以崇高之势而慑服之哉？实以大公之度，联属于天下，而与天为一耳。何也？天地之大德曰"生"，而其道则包含偏覆而无所择，阴阳寒暑之迭运，震曜惨舒之异施，要其归使品物保合于太和而已矣。圣人之大德曰"仁"，而其道亦溥爱容保而无所偏，教养政治之兼举，庆赏刑威之并行，要其归使万民允升于大猷而已矣。是故昊天之尽物者，以其普万物而无心也。圣人之尽民者，以其顺万事而无情也。知天地则知圣人矣。盖闻善言天者，莫辩于《易》，故于"复"见天地之心，于正大见天地之情，而于遏恶扬善则以为顺天休命焉，于此见天之未始不为人也。善言人者，莫辩于《(尚)书·洪范》之皇极，"无作好而遵道，无作恶而遵路"，而庶征之应，乃与天地流通焉，于此见人之未始不为天也。董仲舒则谓："王者承天意以从事，故任德而不任刑。"呜呼！刑固不可任，而亦不可废也，曷不自天道圣人之全者观之乎？是故阳居春夏，以养育而生乎物也。王者继天而为之子则有赏，赏以劝善，非私喜而作好也。善人，天地之纪，天之所福也。五服五章，顺天而命有德耳；阴居秋冬，以肃杀而成乎物也。王者继天而为之子则有刑。刑以惩恶，非私怒而作恶也。恶人弃天之性，天之所祸也。五刑五用，顺天而讨有罪耳。夫圣人治天下也，本之心德，施之化导，委之常秩，树之表仪，非区区于赏刑之加，而赏刑其枢要也。是赏刑也，原之为喜怒之情，顺之为中和之理，制之为诏爵诏禄莫食之恩，黜远梏拲斩戮之典，达之为爵人而与众共，刑人而与众弃，皆因人而施，随施而当。人主如鉴空衡平，而一己之私无与焉。此其心诚有视我惟（唯）天地万物而内忘乎己，视天地万物惟（唯）我而外忘乎物。体正大之情，得其所以生物之心，而合天下以为度者也。存之无偏无党，有以立王道之体焉；发之无反无侧，有以著王道之用焉；感之会极归极，有以溥王道之化焉。是故以是而正之朝廷，则"济济弼谐"之风行矣。而巧言者为之化而忠也，邪辟者为之化而廉也，而臣于是乎无比德矣。以是而正之万民，则兴仁兴让之风行矣，而暴慢者为之化而恭也，狡猾者为之化而顺也，而民于是乎无淫行矣。以是而施及蛮貊，则声教四讫，凡有血气，莫不尊亲矣，而猾夏者为之革心也；逆命者为之来格也，而方外于是乎无干纪矣。由是而上格于天，则“三光顺，风雨时，庆云翔，甘露降”，和之至也。由是而下蟠于地，则“嘉禾兴，朱草生，山不童，泽不涸”，和之极也。此无他，天地万物本吾一体，王者中和之功既致，则吾之心正而天地之心亦正，吾之气顺，而天地之气亦顺。大顺大化，何莫非吾之度内也哉？考之唐虞，帝德广运，而时雍风动之化成焉，则以举十六相去四凶，而奉天聪明也。考之三代，王化四达，而允殖永清之化隆焉，则以殖有礼覆昏暴而钦崇天道也。古之明王所以体信达顺者，由此其选也。自汉以后，不知赏罚之出于天，而任情喜怒，快己自是，则偏私拘系其量，既不能纳八荒于我闼，而远遁传播，窥见其私，即情意阂隔而不服。间有知不赏私劳，不罚私怨，赏必当功，罚必当罪者，然或勉强而不能终，或偏驳而不能粹，以是卒归粉饰之私，而不能语于王道之大也。然则有志于二帝三王之化者，不可不求诸道；有志于二帝三王之道者，不可不求诸心。养心之要，唯于精一者而致力焉，“则静虚而明，明则通；动直而公，公则溥”。天下为度者，运之吾心而有余矣。谨论。

策问第三问

考试官教谕陈批（考究精详，敷陈明确。）

考试官教授顾批（尚论古人忠孝之实，而又能折衷以归于全德，其亦知所向往矣。）

君亲一原也，忠孝一道也。士君子处于家以事亲，则深爱笃行，将使贯金石而通神明；立于朝以事君，则精忠劲节，将使弥乾坤而扶宇宙。未有尽孝而不能尽忠，亦未有孝而或妨于忠者。故曰“孝者所以事君也”。未有尽忠而不能尽孝，亦未有忠而或妨于孝者。故曰：“事君不忠，非孝也”。时值其常，有从容自尽之职焉；势遭其变，有周旋委曲之图焉。底豫之风行，而协帝之谟随效；负扆之功著，而成先之业攸彰，胼胝之勋用锡玄圭矣。而迈迹以盖前愆；牧野之师，动称文考矣，而顺天以清四海；商亡而微箕就封，全先祀也；三恪不臣，曷更姓之为耻乎？周兴而夷、齐抗节，伸大义也；中子嗣立，曷忘亲之为憾乎？盖古之圣贤，斟酌于轻重之宜，剖析于心迹之辨，而因以善处于经权之间，此忠孝之节所以树于一时而垂于万世，耿耿于天地，而炳炳于人心也。古今异世，而忠臣孝子，代不乏人，其载在史册者，至今览之，犹足以扶君臣父子之分，而振颓风靡俗之衰，宜无容喙矣。而要其迹之所可疑，心之有未白者，又安可以无定论哉？豫让漆身吞炭，以报智伯国士之知，君子曰：“可以愧人臣之怀二心者矣”。然臣者，君之辅也，得其言则留，不得其言则去，让也。从事于晋阳之役而乏智果蚤见之明，沦胥以亡，岂其未闻三谏之礼乎？忠矣。而未尽也。颍考叔临食舍肉，以开庄公誓母之惑。君子曰："可以语孝子之锡尔类者矣"。然身者，亲之枝也，亏其体则辱其亲。叔也争车于伐许之役，而竟殪于子都之射，忘身及亲，岂其不胜一朝之忿乎？孝矣，而未纯也。楚平淫虐而奢尚见夷，伍员念念复仇之秋也，志切枕戈而功成雪耻，孝矣。然入郢淫怒以逞而不忌，非怼君乎？不知人臣之义，无以有己，其幸而得君欤，臣之愿也；其不幸而不得君欤，臣之命也。若之何其仇之？一时父子之情，孰与万世君臣之义？而况累世食君之禄，尤人臣之所当绎思者，员之孝，孝而过者矣。晋室倾颓，而怀、愍蒙辱，温峤皇皇，急君之日也；志切匡扶，而功成翼戴，忠矣。然绝裾去母而不顾，非忍亲乎？不知人子之义，无以有己。其幸而道隆欤，则以禄养可也；其不幸而道污欤，则以善养亦可也。若之何？其舍之分之无所于逃，孰与心之无所于解？而况继此无得见之期，尤人子之所宜痛心者。峤忠，忠而过者矣。荡阴之难，以身蔽主，庶几其能臣乎？然秘书之拜，隐怂于山涛消息之语，虽一本之恩弗念也。彼诵《蓼莪》之诗，惕然中感，终身坐不西向者，果何人哉？绍也有愧伟元多矣。溅衣之烈，曷若攀柏之悲乎？卧冰之举，委身奉养，幸哉，其有子乎！然大保之仕，从容于魏、晋禅受之余，虽二姓之耻弗嫌也。彼《归去来辞》之赋，超然物外，竟为一代全人者，果何人哉？祥也有愧元亮多矣。三公之贵，曷若五柳之清乎？乘九折之险者，奉身而退，王阳一举足而不敢忘亲也。然王尊之刺益州，犹阳也，顾叱驭而驱，何哉？"王臣蹇蹇"，匪躬之故，则君尔忘身可也，何畏道之足言乎？阳得矣，而尊亦未为失也。闻母氏之难者，方寸已乱，徐庶一举念而敢忘亲也？然王陵母之所遭犹庶也，顾弃而不往，何哉？天亲之爱，不可人为，则辞刘赴项可也，何忍母之伏剑乎？庶得矣，而陵则失之也。此数君子者，或以忠名，或以孝著，其于立身之大节，可谓无亏矣，而犹不能无遗议者，良以其或出于性资之偶合，或激于意气之慷慨，要之，孝而未纯，犹可言也。孝而妨忠，则将有率天下而至于后君者。忠而未纯，犹可言也；忠而妨孝，则将有率天下而至于遣亲者。《孟子》舆氏曰：未有仁而遗其亲者也，未有义而后其君者也。仁义一性也，仁者见之谓之仁，义者见之谓之义，而君子之道鲜矣。是恶足以语忠孝之全哉？然则如之何其可也？心迹之间有权存酌轻重之宜，而因以善处乎经权之际。古之人有行之者，见诸史册，班班可睹也。士君子立身宇宙间，迩之事父，远之事君，安可不以古圣贤自期待哉？虽然，忠孝一原，而孝其本也。尝闻之经矣："身体发肤，受之父母，不敢毁伤，孝之始也；立身行道，扬名于后世，以显父母，孝之终也"。是孝可以移于君，而忠即所以成夫孝。未有服劳奉养之节，不能自尽于家；而夙夜匪懈之忱，乃能自效于国者。《周官》以六行教胄子，汉世以孝廉举贤才，其庶乎知所本者欤？传曰："求忠臣必于孝子之门"。信斯言也。愚生可以自励，执事亦可以观人矣。惟（唯）进而教之，幸甚。

（九）何汝岱

何汝岱传记资料

《万历十一年进士登科录》

何汝岱，贯贵州普安卫，军籍，直隶太平府当涂县人。普安州学增广生。治《易经》。字宗卿，行四，年二十八，二月初六日生。曾祖方，寿官。祖裕，赠文林郎、知县。父清，知州。嫡母万氏，赠孺人；生母杨氏。慈侍下。兄汝尚、汝岳、汝嵩。娶胡氏。贵州乡试第十一名，会试第二百八十七名。

《国朝历科题名碑录初集·明万历十一年进士题名碑录》

何汝岱，贵州普安卫，军籍，直隶太平府当涂县人。

《皇明贡举考》卷九

何汝岱，贵州普安卫。

《类姓登科考》五歌

何汝岱，贵州普安卫人，三甲。

《黔记》卷二

十一年春三月，赐普安何汝岱、永宁沈权、平溪唐一鹏进士。

乾隆《贵州通志》卷二十六

何汝岱，普安人，官郎中。
何汝岱，普安人，清子，癸未进士。

光绪《归安县志》卷二十九

何汝岱，贵州籍南直当涂人，进士。万历二十年（1592）任升南刑部主事。

（十）萧重望

1. 萧重望传记资料

《万历丙戌科进士同年总录》

萧重望，贯贵州思南府籍。江西南昌府丰城县人。学生。字仰卿，号剑斗。治《诗》。行一。甲寅年十一月二十一日生。乙酉乡试一名，会试第二百三十七名，廷试三甲一百八十二名。刑部观政。

《国朝历科题名碑录初集·明万历十四年进士题名碑录》

萧重望，贵州思南府，民籍，江西南昌府丰城县人。

《明实录·神宗实录》卷四百九十五

壬寅……降……原任御史萧重望为湖广靖州判官。

《兰台法鉴录》卷二十

萧重望，字仰卿。贵州思南府人。万历十四年进士。二十年，由祥符知县选云南道御史，告病。二十五年，复除云南道。二十六年，巡按宣大。三十年，差巡按广东，请告。三十三年，京察。

《类姓登科考》二萧

萧重望，贵州思南府人，三甲。

万历《新修南昌府志》卷十七

万历十三年（1585）乙酉乡试萧重望中贵州解元，丰城人。

万历十四年（1586）丙戌榜进士萧重望，知县，丰城人。

雍正《河南通志》卷三十三

萧重望，贵州思南人，进士，万历十六年（1588）任。

雍正《江西通志》卷五十五

萧重望，丰城人，思南籍，御史。

乾隆《贵州通志》卷二十六

萧重望，思南人，官御史。

乾隆《贵州通志》卷二十八

萧重望，思南人。万历乙酉乡试第一，丙戌进士……擢御史……嗣召补都察院佥都御史，卒于官。

乾隆《大清一统志》卷三百九十六

萧重望，思南人，万历中进士，擢御史，凡四为巡按，多所建白。请设偏沅巡抚、云贵总督、思南同知及安化县事，辄报可，历官至佥都御史卒。

《皇明三元考》卷十三

萧重望，思南府籍，江西丰城人，字仰卿，号剑斗。治《诗》，年三十二，丙戌进士，任御史。

《皇明三元考》卷十三

解元中式：陆大成（应天）、闵文卿（江西）、王图（陕西）、洪敷诰、唐世尧（广西）、萧重望（贵州）

《明史》卷七十九

初，天下府库各有存积，边饷不借支于内，京师不收括于外。成化时，巡盐御史杨澄始请发各盐运提举司赃罚银入京库。弘治时，给事中曾昂请以诸布政司公帑积贮征徭羡银，尽输太仓。尚书周经力争之，以为用不足者，以织造、赏赉、斋醮、土木之故，必欲尽括天下财，非藏富于民意也。至刘瑾用事，遂令各省库藏尽输京师。世宗时，闽、广进羡余，户部请责他省巡按，岁一奏献如例。又以太仓库匮，运南户部库银八十万两实之。而户部条上理财事宜，临、德二仓积银二十万两，录以归太仓。隆庆初，遣四御史分行天下，搜括库银。神宗时，御史萧重望请核府县岁额银进部，未报上。千户何其贤乞敕内官与己督之，帝竟从其请，由是外储日就耗。至天启中，用操江巡抚范济世策，下敕督岁进，收括靡有遗矣。南京内库颇藏金银珍宝，魏忠贤矫旨取进，盗窃一空。内外匮竭，遂至于亡。

民国《贵州通志·人物志四》引康熙《贵州通志》

萧重望，思南人，万历乙酉乡试第一，丙戌进士。端方严正，筮仕历有异政。擢御史，凡四奉代巡，多所条奏。告养归，仍疏安边五事：请设偏沅巡抚、云贵总督、思南同知、设安化县、建印江县学，辄报可。嗣召补都察院佥都御史，卒于官。御赐棺殓，驰驿归葬，至今都门有西台四杰坊。

民国《贵州通志·人物志》引《黔诗纪略》

（萧）重望父亮自江西丰城来，寓府之水德司，遂著籍。举万历十三年乡试第一。十四年进士。授知河南阌乡县，调祥符，行取拜云南道监察御史，晋都察院佥都御史。卒官，赐棺敛，驰驿归葬。重望及同野先生之门，与先生仲子廷谦同年乡举，操性严正，学有根柢，令河南，多异政。擢御史。凡四奉代巡，条奏数十上，弹纠、陈请皆国是之要。告养归，仍疏安边五事：请置偏沅巡抚、复云贵总督、设思南府同知、建印江县学、增置安化县，辄报可。先是水德江正长官张镕死，无子，族人争袭，讼十余年不决。至是，知府阴镕议改县，佥以为便，重望为疏请。三十四年赐名安化县，置令尉，革张氏世袭，改副长官杨龙为土主簿。其后张氏复袭土县丞者，则以张讲征水西督运功，贵州巡抚王三善题请也。服除起官，进佥都，不竟其用，遽卒，时论惜之。著有《奏草》，今失传。

道光《思南府续志》卷六

萧重望，水德司人，号剑斗，万历丙戌科，登唐文献榜，官河南府陕州阌乡县，调开封府祥符县知县，行取云南道监察御史，升左佥都御史。详乡贤。

民国《德江县志》卷二

萧重望，字仰卿，丰城石滩人，贵州思南府籍。万历十四年（1586）唐文献榜进士。历云南道监察御史。仕有异政。四奉代巡，多所条奏，请设偏院巡抚云南总督，思南同知，设安化、印江学，辄报可。补都察院佥都御史，卒于官。御赐棺殓，驰驿归葬。

2. 萧重望诗文

道光《思南府续志》卷九

修安化县治碑记

安化县，思南附郭，故水德江长官司也。沿革载在《府乘》《省通志》《黔记》。先是正长官张镕无子，族人争袭，积讼十余年莫决。前太守阴公进郡中父老子弟问经久事宜，佥曰："改县"。便飞章上请，青螺公复与道府诸公熟虑可否，乃特疏以请上。报可以"安化"名县。盖万历丙午年也。会播事甫平，疮痍未起，革故鼎新，谈何容易。阴公议以张氏故司治，易蛮彝长官宅为安化县治，在府城南门外咫尺，稍折而西，地虽宽平，然甚卑下湫陋。宫室草创规制，未备掾吏，诸人往往嗟无宁宇。堪舆家谓风水尚未叶吉，理或然也。因陋就简，日玩月愒。新令朱君，历官滇楚州县，有循声，以谗迁吾邑。初下车，览地卑而居隘，慨然兴一劳永逸之计。守巡陈、倪两公，郡丞行太守事陈公、司理鲁公，皆亲履其地，审度形势，谓朱公之举，果不可以已也。于是改作之事，一以委君。人捐助若干，君更茹苦食澹，而以己俸给诸费。木石土工，鳞集麕至。瓦甓豫章，辐辏山积。畚锸既戒，方虔斯举。舆土以崇其基，测景以正其向。沃壤四塞，关城九扃；北枕洪岩，南襟德水；云间万圣，天外三台。鲇峡汇两江之流，鹭洲俨百川之障。尔乃升堂皇于高阜，留门屏于广原。邑宰之私居，既从北而右迁。县尉之垣牖，亦自西而东徙。分峙于琴堂之两旁者，诸曹局也。附设于门内之西南者，土地祠也。而宅之西，偏立门以杜飞鸟。稍南隙地，穿池以供委蛇。圜土以防奸，仓廪以积贮。旌善、申明两亭以劝沮。重门相袭，阛阓冀张。辟街衢以利往来，列廛肆以兴贸易。经始于庚戌之秋。落成于辛亥之春。仅五阅月，而县治改观，百废具（俱）举。工饩不取诸里甲，版筑不扰于丁夫。贻新邑万祀之安，增黔南千里之胜。自非经纶妙手，节爱真心，孰能肩此者乎。庙堂锡安化之名，以风示有司：若曰治岩邑若烹鲜然，安之为亟；

若曰抚疲民若理绳然，化之为亟，往钦哉于乎！宁民集事如朱君者，可谓不负天子，不负所学矣。后之令斯邑者，其向顾邑名而思义，睹前修而观型。唯是二三编氓，其永有覆露哉。朱君，讳凌霄，字宏惠，广东南海人。

道光《思南府续志》卷九

题奏缺漏申待御土木堡忠臣庙名位疏

奏为：立阐幽忠，乞恳天恩，俯从舆论，敕赐入祠，表扬忠孝，以鼓天下贤豪人心。以励万世地方风俗事。臣代巡宣、大等处地方，密访风俗舆论，首及忠臣、孝子、义夫、节妇、贞烈诸辈贤良等。臣拔擢其一，以为国家巡方得人庆幸。臣遍查屡访，无一可得。忠愤之怀，时勤诸念。转思荐扬举核之典。

朝廷总以风励人心，人才难得，自古记之。顷者巡历土木堡，见忠臣庙，忠愤之念，勃勃欲发。竭诚诣祠展拜。亲目牌位姓名系正统时死难诸臣。独未见申侍御忠臣牌位。目击心伤，寸肠碎裂万断已，何也？申侍御，黔人也，名祐，原任巡按四川监察御史。其死节实迹，臣亦黔人，稔知最详，即他无所论。叨蒙景帝敕命一道，旌忠真为的据，其节有三，臣请为陛下言之：祐在童时居乡，随父之田，虎忽爪父去，执杖击虎，脱父命于虎口。事亲之难，其一；及乡试入胄，监国学祭酒李时勉以言事忤旨，枷示国子监门。祐倡六馆诸生石大用等挝鼓，愿以身代师难，上霁天威得释。事师之难，其二；追至土木堡之役，王振惑帝亲征，两军对垒，危亡旦夕。上命群臣中，选有与朕貌相合者不妨代朕乘舆，庶脱朕难。众推申侍御与君貌若相似，即命以身代天躬乘銮远驭，保帝驾以全归。事君之难，其三。嗟嗟銮舆，反正宗社宁谧，圣子神孙所以晏安，坐享太平全盛之业者，伊谁之力也哉？奈何天顺改元登极，竟忘代驾之命，《通纪》不挂一字，谥与荫典不及一言，而土木堡忠臣庙渺焉无闻。公道淹没之后，人臣亦何乐于以忠自见者？景皇帝即位，尚悯孤忠之死难，深怜塞草之凄怆。宠赐祐以敕命，连荫二子申琏、申瓒恩荣，第缘兵荒未袭，迄今终属缺典。正统时，同死事诸臣，百千其人，但无亲识在朝子弟在职。当国步多艰之际，倥偬丧乱之秋，谁能启聪牖明，代为悉晰也者。申祐远在天末，非景帝赐以没后龙章，即臣抱愤缕悉代诉，终为虚旷。虽然，忠贞湮没，士类隐迹，塞外幽魂，含沙饮恨，野史庙食，笔削罔闻。

臣谓：此臣功难堪已。如申祐者，宜载《皇明通纪》英国公讳辅、尚书邝野等十四位以上，不惟（唯）今人中少此子臣弟友之完人，即三代前克敦在三者，亦罕见此臣。

随据会试举人申承文呈称：先祖故宦申祐有功英庙，抱恨沙漠，良以焦头烂额为上客意也。臣行牌委怀隆兵备道孙布政，并土木堡操守王懋德，及儒学陈所学暨诸生乡耆等，有传闻识记者，确查回报覆案。屡访细查，与臣里闬纪（记）载者，吻合无差。再阅礼部尚书程敏政议草《为申侍御代驾死难苦忠扼腕不平疏稿》。可见公道恒在人心，天理不容泯灭，伏乞陛下敕宣圣旨，将申忠臣补入庙祀，请加谥号，以光幽穸。荫及子孙，以隆恩典。我皇上培八百年有道之长，享千万世无疆之福，在此盛举也，谨疏。

奉圣旨：忠臣申祐代驾死节，忠孝名臣，实迹有据，本当优恤，速令入祠享祀。谥荫着礼部酌议来说。

《黔诗纪略》卷十一

同野先生祠下作

我读先生录，为儒始有程。治规悬典则，王道在诚明。天日光常满，风云态自更。滔滔德江水，终古见征清。

帅机《阳秋馆集》卷十

桂华十月重开于学宫，且时方修学事为益奇，杨学博偕弟子李廷谦、萧重望等请余纪其盛赋之

朱宫奕奕气相鲜，玉蕊冬初故黯然。不逐桃华随日艳，自除荆棘犯霜妍。天香浥郁招摇并，圣阙崇高雨露偏。应有郄诜符瑞应，敢云讼理得连翩。

注：本书卷十七亦收此诗，文字略有不同。诗题为“桂华十月车开于学宫，奇也，且时方修学应期协事，不益奇乎？学博杨君偕弟子李廷谦、萧重望等请余诗纪其盛，为赋一首”。正文如下：

朱宫奕奕新轮奂，玉蕊冬初故黯然。不逐桃华随日艳，自除荆棘犯霜妍。天香馥郁招摇并，圣阙崇高雨露偏。应有郄诜符瑞应，敢云讼理得连翩。

《温恭毅集》卷五

台臣久缺恳乞圣明蚤俞考选以肃朝纲以振风纪疏

顷据管河南道、山西道御史徐兆魁等呈称：各道御史员缺日久，侍班乏人，乞准经历司务等官暂轮同御史侍班。又据巡按苏松御史刘曰梧、巡按福建御史何熊祥、巡按两淮御史冯从聘、巡按宣大御史萧重望等各呈称：差满乞差御史更替。又据带管巡城御史方大美、原差京通二仓兼带中西北三城，出巡在迩，乞另差委御史管城等因，各到院臣等窃惟（唯）御史侍班为纠失仪，自来未有以经历、司务各官代之者。缘侍班万不容已，姑令各官暂同二三掌道御史轮侍，然于国体朝纲，亦总宪不肃矣。其在外巡按巡盐之久候者，非他官可代。而数月以来，郊关之外抢夺成群，恐更聚为大盗，欲令都城内外肃清以弭盗，衅定当自重巡城始。今巡五城止二御史，又各有印马、巡仓正差，见应出京城务何属，无怪数年以来兵马等官得乘隙多肆闾阎，冤抑竟覆盆莫伸。即今无赖恶少出而抢夺远近，为行旅大害也。盖六科与南京科道均称缺人，而臣等衙门各差尤关系甚重，窃恐将来误事酿盗之罪，臣等亦不能辞。幸值取到推

官、知县与在内中书行人待选之时，屡经吏部请定选期，俱未奉旨，仰见圣心慎重，无非为言路择人计。臣等亦窃谓今日此选为国体民瘼，非为诸臣也。况今应选诸臣，积资累劳有至八九年者，世味备尝，诸艰历试，意其人类多正直忠厚，练达老成，当无浮薄喜事辈参于其间。且当考选之日，臣等仍欲观其言貌，试其章疏，矢公矢慎，务核真实，酌议上请，必不使耳目之司授非其人，万万无足烦圣虑者。臣等甚苦今日侍班巡城之难，其人又期早得诸臣而约束之，以需中差、大差为。及今蓄艾以医久病计，实不徒以待选者仰望之殷，候代者淹留之苦已也。伏乞敕下该部，会同臣等择日查照旧例，一并考选，庶差委有人，而臣等亦可免于旷官之罪矣。

《市南子》卷三

工部营缮清吏司署郎中事主事萧重望制曰：士抱幽贞，如介石焉。不移其性，而国荣世宠，追隆洊锡，亦如湛露，而未有已时。金玉之质，不与草木同腐，有从来矣。尔赠某官，某乃某官某之父。典学遁思，被文砥节。一经函丈，公桃植名世之英；大行为标，我粒赈蒸民之急。正直远通乎冥造，精醇毕萃于令嗣。豸烈丕扬，雉工逾懋，期非岁阅，宠与时偕。兹特赠尔为某官，闵怀材而未试，嘉式谷以无疆。

嘉庆《直隶太仓州志》卷二十六

从曾孙在，字君明，万历二年（1574）进士，授建昌府推官司，禁暴戢奸，豪猾屏迹。丁父艰，服阕，补金华课最，擢云南道御史，出按贵州。平牙寨苗、瓮赏等之乱，请广解额，建县治以怀远人。思南诸生萧重望为继母诬，系狱论死，在覆讯得实，出之，命赋《鹳巢古木诗》，奇其才，令赴乡试。时已届八月，以飞骑赠之，乃得试，及榜发，首荐，明年登第。

（十一）蒋杰

1. 蒋杰传记资料

《国朝历科题名碑录初集·明万历十七年进士题名碑录》

蒋杰，贵州普安卫，官籍，直隶苏州府吴江县人。

《类姓登科考》二十二养

蒋三近，四川成都卫人，万历甲戌二甲……蒋杰，贵州普安卫人，字美若，己丑二甲。

雍正《江西通志》卷九十五

蒋杰，字美居，其先普安人，数传至杰。登万历己丑进士，授户部主事……擢知南雄府……升粤西宪副，以内艰归……崇祯间，子克显任上高令，解组，为奉亲避地之计，遂徙居豊城……年八十四卒。

雍正《湖广通志》卷七十三

蒋杰，字美若，贵州人。万历己丑进士，官太守。侨居江陵之沙市。

康熙《贵州通志》卷十六

蒋杰，普安人，官知府。

蒋杰，普安人，己丑进士。

康熙《贵州通志》卷十八

蒋杰，字美若，普安州人。万历己丑进士，以比部郎出守南雄。风流文雅，誉重当时。后罢归，流寓荆州，放情山水，娱志琴书，虽屡空，晏如也。诗文清丽，书法效颜真卿体，与黄董米称四大家。

乾隆《贵州通志》卷三十

蒋杰，字美若，普安州人。万历己丑进士，以比部郎出守南雄……后罢归，流寓荆州……书法效颜真卿体，与黄、董、米称四大家。

《黔诗纪略》卷十一

（蒋）杰字美若，号象岩，普安卫人。其先自苏州吴江来为卫官。美若举万历十六年（1588）乡试。十七年成进士。《省志》云：美若以比部郎出守南雄，文采风流，雅有时誉。罢归，流寓荆州，放情山水，以琴书自娱，虽屡空，晏如也。诗文清丽，书法效颜真卿，与黄、董、米称四大家。钱养廉国维《序王禹声遵考〈白社诗草〉》云，辛卯需次铨人，与姑苏王遵考、天台蔡稺含、新安洪平叔、黔中蒋美若、荆溪张以登五君子，以臭味相征逐，为清言社。采芳撷胜，击筑飞觞，六合内外，靡所不谈，亦靡所不乐。诸君子即景赋情，悠尔徐于，余心赏之，恨才短不能属和。无何，各领一职以去，升沉聚散，不能如曩时欢，可想见一时风致。华亭董其昌寄诗，有“贵竹几年无解甲”语，盖以安氏乱，避地荆州也。惜自《旧闻录》一诗外，单词片楮皆不可见，当于荆渚间更访求之。著有《十七史摘要》《普安续志》无卷数，见《千顷堂书目》并注云：“广东副使”。

国朝王士祯《皇华纪闻》云："予在京师士夫斋壁见蒋杰书，笔力奇矫。杰字美若，普安人，万历已[1]丑进士，以副使罢归家居。喜临池，晚年，笔法益苍劲。喜游，足迹几半天下，所历辄有诗。喜琴、喜歌、喜禅、喜奕，多与高僧游处，崇祯间自楚归，卒于家。"据此，则美若在广东已晋官副使，而方志遗之也。董华亭又以参知称之，附以俟考。

董其昌《寄寿参知蒋象岩年文》（时避地荆州）：帝都花下佛名经，独旅荆南汉客星。贵竹几年无解甲，辽城何日拟还丁？寓公且赋非吾上，太史仍书旧御屏。当宁即今勤宪老，四朝人物剩仪型。

《黔诗纪略补》卷上

蒋杰，字美若，号象岩，普安卫人，仕履具莫氏《纪略》。田按：美若为华亭冯时可督学所取士。时可《元成选集》有云：往余督学黔中，行部普安，骇其岩洞岝崿，雕镂万象，如天孙云锦，胡雏献宝，窃叹以为洪蒙无赖，胡乃挞怪鞭灵，尽走西南裔耶已？课士得今南雄守蒋君美若，其文瑰玮雄特，与山争长不相下，泂心久之。归对客，每自夸：非万里游，安能目此二奇？其赏异若此。美若避安氏乱，晚寓荆州。其《自荆州寄题峨眉山》一诗，余从《山志》得之，每叹吾黔志乘阙如，一鳞片爪，乃从殊方纪载得以流传。美若伯兄棐，字赐植，亦冯时可所拔士。赐植为静海校官，有《向若吟》一编，时可序云："赐植之所处，冗散卑栖，苜蓿之为饱而青毡之为席，几侘傺无聊哉？乃其诗沛然而不琐，温然而不伤刿，骤而鞭风驭霆，敛而归云游飔，高卑无所见于色，菀枯无所动于衷，其所谓本诸性情而得于中和礼乐者耶？"赐植诗今不传，附见其名于此。

2. 蒋杰诗

《黔诗纪略补》卷上

寄题峨山

素心未许宦途迷，拉伴三峨绝顶跻。二世到来猿献果，一僧跨得虎过溪。圣灯昔照无明尽，佛现还从顶礼齐。愧我老无济胜具，空将逸少尺书题。

《黔诗纪略》卷十一

平播行

蜺妖毁王度，恣凶若乳虎。播人亦何艰，蹂躏遗黎脯。逆旗指綦江，血肉膏草土。氛祲蚀东隅，千里闻桴鼓。妖凶竟不悛，天王赫斯怒。穆清轸灵

---

① 《黔诗纪略》清同治十二年（1873）遵义唐氏梦研斋刻本原作"巳"。

略，慷慨奋神武。树牙选车徒，文武今吉甫。分道引旌麾，连营罗练组。六师矫犹龙，戈矛集如雨。前旗蔽白日，流飚捷飞羽。鼓行破危关，席卷平田浒。狼奔恃险囤，兀若鱼游釜。虎臣翕以奋，批吭捣其坞。贼徒坏前戈，狂羯伏锧斧。顽梗如转烛，荡灭同摧腐。献捷归朝廷，扬威耀边圉。天子画麒麟，功臣锡圭组。从今横吹声，增入铙歌谱。堪嗟螳臂微，安足污强弩。珍重封疆臣，慎勿生跋扈。

（十二）龙起雷

1. 龙起雷传记资料

《国朝历科题名碑录初集·明万历十七年进士题名碑录》

龙起雷，湖广都司五开卫，军籍，靖州绥宁县人。

《明实录·神宗实录》卷二百七十九

庚子，三辅臣以南评事龙起雷论及，合词求退，并慰留。

《类姓登科考》二冬

龙膺，湖广武陵人，琰孙，万历庚辰三甲，南京太常寺卿……龙文明，江西永新人，字君见，己丑三甲。龙起雷，贵州黎平府人，字时奋，三甲。

康熙《贵州通志》卷十六

龙起雷，黎平人，官大理寺评事。

康熙《贵州通志》卷十八

龙起雷，郡人，进士。任大理寺评事，告归，澹泊自甘，无所请嘱。

乾隆《贵州通志》卷二十六

龙起雷，黎平人，官大理寺评事。

乾隆《贵州通志》卷二十八

龙起雷，黎平人。万历己丑进士，任大理寺评事，告归。

乾隆《开泰县志》夏部

龙起雷，万历十六年（1588）戊子科第四名，己丑进士，中所人，初任江西临江府清江县，行取授大理寺评事，转少卿。

乾隆《开泰县志》春部

明洪武十八年（1385）初立五开卫，设内外十六所，隶湖广。国朝雍正三年（1725）来属，改卫设开泰县，隶府。按：五开卫本属湖广，入清改开泰县，隶属于贵州黎平府。

光绪《黎平府志》卷七上

龙起雷，黎平府人，起春、起渊弟，中式第四名。

龙起雷，见举人。官大理寺评事，入乡贤祠。

《黔诗纪略》卷十一

（龙）起雷字时声，五开卫人，其先自靖州绥宁移戍著[①]籍（《省志》云黎平人）。举万历十六年（1588）乡试，明年成进士。知江西清江县，行取授南京大理寺评事[②]。《明史·赵志皋传》：志皋为首辅，年七十余，耄矣，柔而懦，为朝士所轻，诟谇四起，值西华门灾，御史论之，吏部顾宪成等空司而逐，南京评事龙起雷等相继披诋。又《李戴传》：戴，万历二十六年（1598）为吏部尚书。明年京察，南京评事龙起雷等尝以言事忤当路，咸置之察中。时声[③]颇不直戴，据此则时声[④]以劾志皋为戴掌铨所黜，其风节颇见推于清议。其守官之劲正不阿，必非一二端可尽者，省郡志但谓其官评事告归，淡泊自甘，无所请属，并忤当路被察之，铮铮者而没之，何哉！

陈文政《龙廷尉梅铨部合传》谓时声治狱多才，累官大理少卿。识同里朱万年于儿时，谓必为忠烈臣。其告归也，闻抗章建储，撄神宗怒，刑政纷纠[⑤]，将酿东林之祸，急流勇退云云。按史载，立东宫[⑥]在其被察[⑦]后三年，其论及与否不[⑧]可知，至东林之祸，后此时二十余年，尔时正人决[⑨]无有避祸鸣高者，矧评事方继顾泾阳论时相者乎？文政此传作于乾隆时，其进理卿怵祸勇退之说，诬矣！

---

① 《黔诗纪略》清同治十二年（1873）遵义唐氏梦研斋刻本原作“箸”。

② 《黔诗纪略》清同治十二年（1873）遵义唐氏梦研斋刻本原作“南大理评事”。

③ 光绪《黎平府志》作“议”。

④ 光绪《黎平府志》也作“时声”。

⑤ 光绪《黎平府志》作“纷纠”。

⑥ 光绪《黎平府志》作“立储”。

⑦ 光绪《黎平府志》作“劾”。

⑧ 光绪《黎平府志》作“未”。

⑨ 光绪《黎平府志》作“断”。

时声与兄起春、起渊、文行并有声，时称为三龙[①]。时声又黎平进士之始，尤足以式乡里云。

2. 龙起雷诗

《黔诗纪略》卷十一

徐知府墓

徐公死事实堪悲，竟以英灵詟远夷。可惜不留名字在，斜阳衰草卧残碑。

王少伯墓

龙标天远接龙溪，黯黯青山月欲低。千载羁魂应不怨，诗荒开遍夜郎西。

（十三）马文卿

1. 马文卿传记资料

《国朝历科题名碑录初集·明万历二十年进士题名碑录》

马文卿，贵州都司贵州卫，官籍，直隶扬州府仪真县人。

《兰台法鉴录》卷二十

马文卿，字□□。贵州卫籍仪真人。万历二十年进士。二十二年，由庶吉士授山西道御史。二十三年，巡视两关。二十四年，巡按广东。二十七年，京察。

《类姓登科考》二十一马

马慥，陕西同洲（州）人，自强子，万历甲戌二甲……马维驷，山西阳曲县，壬辰二甲……马文卿，贵州贵州卫人，三甲。

万历《贵州通志》卷三

马文卿，改庶吉士，补御史。

万历《黔记》卷二

三月大风雹；赐贵阳马文卿进士，寻改庶吉士。

康熙《贵州通志》卷十八

马文卿，字瑞符，贵阳人。万历壬辰进士，改庶吉士，授御史，按东

---

① 《黔诗纪略》清同治十二年（1873）遵义唐氏梦研斋刻本原作“三雷”，据文义当为“三龙”。

粤。以戆直忤时辈被谪，遂不赴铨补。居乡数十年，杜门却扫，绝迹公庭，年八十三卒[①]。

雍正《广东通志》卷二十七

马文卿，贵州人，进士。

乾隆《贵州通志》卷七

马文卿父墓，在府城南观风台侧。

乾隆《贵州通志》卷二十六

马文卿，贵阳人，官御史。

马文卿，贵阳人，壬辰进士。

乾隆《贵州通志》卷二十八

马文卿，字瑞符，贵阳人。万历壬辰进士，选庶吉士，授御史……被谪，遂不赴铨补……年八十三卒。

道光《重修仪征县志》卷二十七

马文卿，三甲，贵州籍。

道光《贵阳府志》卷七十三

（马）文卿，字瑞符，万历十三年（1585）举人，二十年成进士，选庶吉士，授监察御史，巡按广东。以戆直忤当道，因之被谪降官，遂弃不赴选。家居数十年，杜门不出，年八十三卒。

《黔诗纪略补》卷中

（马）文卿，字瑞符，贵州卫人，万历乙酉举人，壬辰进士，选庶吉士，改御史，巡按广东。以憨直忤时谪官，不赴选，杜门却扫，绝迹公庭，年八十有三卒。有《马侍御稿》。

2. 马文卿诗文

《黔诗纪略补》卷中

石屋看花

山间奇石讶凌空，恰好栖迟一亩宫。
何待编茅劳野客，春来桃杏遍山红。

---

① 乾隆《贵州通志》四库全书本卷二十八在“卒”后还有“子羲，告康熙甲子举人，官知县”数字。

（十四）喻政

1. 喻政传记资料

《万历乙未科进士同年序齿录》

喻政，字从父，号章澜。行三，庚午十月十四日生。治《易经》。贵州铜仁府籍，江西南昌县人……兄言兴，壬辰进士，兵部车驾司主事……娶邹氏……会试第二百五十八名，廷试三甲第一百六名……授湖广龙阳县知县。

《国朝历科题名碑录初集·明万历二十三年进士题名碑录》

喻政，贵州铜仁府，民籍，江西南昌府南昌县人。

《万历野获编》卷三十

按：万历乙未进士喻政，贵州铜仁长官司人，登第后……

《类姓登科考》六御

喻言兴，江西南昌县人，万历壬辰三甲。喻政，贵州铜仁府人，乙未三甲。

万历《铜仁府志》卷七

喻政，平头人，万历二十三年（1595）登状元朱之蕃榜进士，历官福州知府。

万历《铜仁府志》卷七

喻政，解元。

万历《铜仁府志》卷七

喻成，平头人，以子政贵，封南京兵部主事。

乾隆《贵州通志》卷二十六

喻政，铜仁人，官知府。

乾隆《贵州通志》卷二十八

喻政，铜仁府人，字漳澜。万历乙未进士，自部郎出守福州府……寻乞养归里。

民国《贵州通志·选举志》

万历二十二年（1594）贵州乡试解元。

《明清进士题名碑录索引》《明清历科进士题名碑录》

江西南昌人，贵州铜仁府，民籍，万历二十三年（1595）三甲第一百零六名。

《贵州通志·人物志》引康熙《贵州通志》

喻政，字漳澜，铜仁府人，万历乙未进士。自部郎出守福州府，清修自励，爱民如子，称治才第一。寻乞养归里，谦和坦易，乡人化之。

《贵州通志·人物志》引光绪《铜仁府志》

喻政，字漳澜，万历甲午解元，乙未联捷进士。除湖广龙阳县知县，入为南京工部都水司主事，迁南京兵部职方司郎中，出为福建福州府知府。政少时读史，尝曰："士大夫出身加民，当持己以廉，然廉易流于刻，又当持之以平，平则非矫廉而不至于刻矣。"时人以为循吏之言。及守福州，为福建首郡，前守谒两台，参三司，自旦至暮，恒奔走无休，夜分始得视事，以是陈案山积，狱讼日滋。政至，未五鼓即起，灯下阅案牍，黎明参谒台司，日中归署，判决如流，甫一月而历年积案俱结。暇日辄见士子，谆谆勉励，其笃行而实学者有加礼焉。适所属有水灾，某邑匿，某邑浮，报台司会议，将严刻浮报之县令，而匿报之县令仅拟簿议。政坚执不可曰：浮报亏朝廷之库帑，匿报害朝廷之生灵，况浮报赃未入己，匿报殃及于民，孰轻孰重，判若天渊，议改议。台司以其言得大体从之。在任清操自励，爱民如子，时称治行第一。旋以乞养归里居乡，谦和坦易，乡人化之。寿至九十余，卒祀乡贤。

光绪《铜仁府志》卷十八

余昔在曾节相幕中，晤南丰吴子序，为言铜仁喻子鲁翘，奇士也。长于诗歌，喜谈兵，有陈同父风。同治丙寅，余奉命入黔剿贼，明年喻子自章门以母丧旋梓，与余相见，欢然把臂，遂执贽为弟子，居久，因悉其尊人文学君生平甚详。未几，喻子治其先墓，乞余言以表诸道。

谨授：文学喻君，读秀棠，字郇南，可亭其别号也。先世为江西南昌人，明初有讳槐者，游于铜，遂家焉。数传至漳南公，讳政，举万历甲午贵州乡试第一，为兵部职方司郎中，出守福建福州府，有惠政。归林后，慈和坦易，乡人化之，寿至九十余始卒。自是以读书世其家。文学父讳瀚，多隐德，晚年生文学，爱若拱璧，十五岁尚未出就外傅，适延师课诸孙，始令相随入塾。文学性绝慧，目下数行，不三年诸经已毕。十九应郡县试列前茅，未及院试，相继丁外内艰，服阕，补府学生，年已廿六矣。有同怀兄三，连遭殒折，家方素封，文学不善理财且生性挥霍，戚友以急难告者，千金济之不稍吝。喜丝竹，工吟咏，居恒选韵徽歌，朋侪宴集无虚日，蓄名伶一部，每酒酣，自谱丽词，付梨园为新声。胜概豪情，大率类此。无何犹子辈请析□文学止之不得，乃以向为戚友累者归之，已悉取膏腴分□诸侄，曰此不分，明昔何啻慷他人慨耶？部署既定，遂迁于乡，而自橐笔东下，慕江南之盛，薄游金陵成《秦淮杂咏》数十首，柳意花情刻画殆尽，为一时所艳称。初沈令和斋□文学有姻谊，赴任宿松，无力治装，文学常赍之，令闻其至遣使来迎。他日沈令移合服，文学偕柱佐之，沈有神明颂亦得文学为将伯助也，浮沉十余年沈令殁，而文学乃归。舟次洞庭，夜不能眠，闻惊涛声，回忆目击宦海风波，云翻雨覆，不转瞬而黄粱一梦有若轻尘，顿悟无生之旨。既抵里，掩关谢客，日惟（唯）焚香诵心经数周，余则闭目静坐而已。始文学出游时，三子皆幼，及还，长子焘即鲁翘已食饩矣，仲子熙、季子勋复同时为郡县学生，入皆为文学贺，而文学顾澹然。文学元配沈孺人有贤行，三子次第成名，以行谊文章著于时，孺人教也。孺人知文学厌世事，家政悉不关白，惟（唯）乡邻贫乏有不举火与丧娶无赀者，恒请命文学周恤之，所以存旧日之真也。文学卒时，五十有八，孺人少一岁，后十二年而座人。以子焘贵，文学赠朝议大夫，孺人赠恭人，合葬于鸦鹊坡之新阡。余忝通家之谊，为次所闻□诸碣以表于其墓。

2. 喻政诗文

光绪《铜仁府志》卷十九

登梵净山

回溯昆仑是本根，辟支复起小昆仑。但看上界三垣近，肯信中华五岳尊。古殿灯燃长白昼，危楼钟动欲黄昏。到来却悟无生旨，贝叶何须细讨论。

（十五）董绍舒

董绍舒传记资料

《万历二十六年进士登科录》

董绍舒，贯贵州普安卫，军籍，浙江绍兴府山阴县人。曾安州学生，治《易》。字三园，行一，年二十八，二月初十日生。……父承爵，教授……会试第二百九十二名。

《国朝历科题名碑录初集·明万历二十六年进士题名碑录》

董绍舒，贵州普安卫，军籍，浙江绍兴府山阴县人。

《兰台法鉴录》卷二十

董绍舒，字三园。贵州普安卫籍，浙江山阴县人。万历二十六年（1598）进士。三十二年，由江夏知县授户部主事。三十六年，改四川道御史。本年，巡按淮扬。

《类姓登科考》一董

董继祖，河南洛阳人，万历甲戌三甲……董应举，福建闽县人，戊戌三甲……董绍舒，贵州普安卫人，三甲。

康熙《贵州通志》卷十六

董绍舒，普安人，官御史。

康熙《贵州通志》卷十八

董绍舒，普安①人②，万历戊戌进士。为③御史，立朝侃侃，务敦大体，持斧多所激扬。

乾隆《贵州通志》卷二十八

董绍舒，普安州人。万历戊戌进士，为御史。

（十六）丘禾实

1. 丘禾实传记资料

《万历二十六年进士登科录》

丘禾实，贯贵州新添卫，官籍，山东莱州府即墨县人。国子生，治《诗》。字有秋，行一，年二十七，八月十二日生。曾祖润，都指挥佥事……父东昌，知州……会试第二百七十七名。

《国朝历科题名碑录初集·明万历二十六年进士题名碑录》

丘禾实，贵州新添卫，官籍，山东莱州府即墨县人。

---

① 乾隆《贵州通志》四库全书本“安”后有“州”字。

② 光绪《普安直隶厅志》无“普安人”三个字。

③ 光绪《普安直隶厅志》作“累官”。

《明实录·神宗实录》卷五百一十四

辛西……以弘丘禾实为左春坊左庶子兼翰林院侍读。

《类姓登科考》十一尤

丘禾实，贵州新添卫人，三甲。

《明诗纪事》庚签卷十九

（丘）禾实，字登之，新添卫人。万历戊戌进士，改庶吉士，授检讨。历赞善、谕德，迁庶子。

康熙《贵州通志》卷十六

丘禾实，新添人，改庶吉士[①]，官右庶子。

丘禾实，新添人，东昌子，戊戌进士。

康熙《贵州通志》卷十八

丘禾实，新添人，进士。官至翰林庶子，才高学博，著有《经筵进讲》《循陔园》等集行于世。二子懋朴、懋素皆登乡荐。

乾隆《贵州通志》卷七

丘禾实墓，在贵定城东北，实春坊庶子。

乾隆《贵州通志》卷二十六

丘禾实，新添人，官右庶子。

乾隆《贵州通志》卷三十

邱禾实，新添人。万历戊戌进士，官翰林院编修。按："邱"为"丘"避讳改字。

道光《贵阳府志》卷七十三

邱禾实，字登之，新添卫人。父东昌，字明甫，隆庆元年（1567）举人，官某府同知，廉洁有操守，以事乞归家居，杜门著述，足迹不至公廷。禾实才思赅赡，能文章，为诸生时已有善誉。万历十九年（1591）以第一人举于乡，二十六年登赵秉忠榜，选庶吉士，二十八年散馆，官检讨。贵州之有编检自禾实始。阅十年迁左庶子，旋告归家居而卒。禾实文章详雅，贵州有大政须记载者多出其手，郭子章修《黔记》及贵定建县新添改马政，禾实

---

① 乾隆《贵州通志》无"改庶吉士"四个字。

皆为之序、记，序、记具录艺文《文征》中。所著又有《经筵进讲录》《循陔园集》，今咸佚。

子懋朴、懋素皆别有传。

《黔诗纪略》卷十一

（邱）禾实，字登之，新添卫人，泸州守东昌子也。文思颖赡，为诸生已有善誉，举万历十九年乡试第一，万历[①]二十六年进士，改庶吉士散馆，授检讨，阅十年，迁左庶子，旋告归家居，卒。著有《循陔园文集》八卷，诗集四卷，载《明史・艺文志》，又有《经筵进讲录》，今咸佚。子懋朴、懋素，并能文章，继父业，而弟禾嘉致身方面，为有明捍东圉亦有名，别见。懋朴累官湖广按察司佥事，分巡上荆南道。懋素累官南阳知府。崇祯末，并殉寇难，一门双忠，尤足以张世泽，详在《懋朴传》。

附：庶子《新添卫马政记》：观察王公莅新镇之二年，百废俱兴。已察民疾，苦无如马馆。而马馆困累无如编佥，乃下令许民自陈利害，于是清平、兴隆、龙里、平越以及吾新皆同时告困，愿易编佥为召募。公曰：编佥、召募岂有说乎？于是民推三老诣堂廉对，其略曰：今天[②]下之所以供上者，有编审以定户，有条编以定租，未有不问其户与租，止就人丁差次责以重役者。上之所以责下者，有征解以入，有支领以出，未有不征不支第额赋偿之不问其逋不逋者，而编佥实兼之。编佥者，三年一编佥，第曰某户某人应役，某人某岁应输。主者徇耳目于人，役者听喜怒于上，出入在乎苞苴公行。但今日入案，明日即赴邮，一乘后期，琅珰随至。至于岁额钱粮，又第曰某所应于某司取价，某人应于某户追赔。应役在前，追赔在后，势已不堪而富户善操奇赢，努豪不轻出纳，得少为足，几如久旱逢霖，十谒空回，大类沿门持钵。自是民入编者，除一二积猾外，虽中人之家势必荡废；其贫者则有鬻妻子，逃蓬篰，歌行野而怨，乐郊不暇返顾耳！以此知编佥不但误百姓，亦复误邮。乃若召募者赋额犹是也，而官为征应役犹是也。而听其赴，积金在帑，则膻存而蝇必趋；刻期以颁，则汲先而鲋不涸。所望以积年之逋，烦有司数日之劳，庶可以不费之仁，纾小民剥肤之祸，以此知召募便。

对竟，观察公怃然者久之，乃叹曰：嗟乎！国家力役之征，使民出其力；粟米之征，使民出其财，未有明征其力，阴尽其财如尔黔之编佥者！夫救焚者不择水而扬，振溺者不择水而提，况召募者古之免役法也。今天下多仿此，何黔独不然！于是削牍奏记，中丞胡公徐召郡大夫及诸卫所弁师，谕以力行召募，令悉心具列所为收支之状。其在吾新则额马二十二匹，额赋，

---

① 《黔诗纪略》原作“成”字。

② 《黔诗纪略》清同治十二年（1873）遵义唐氏梦研斋刻本原作“夫”。

新添大平伐、小平伐。把平的贡额数，每马匹银八十四两。公悉令均田，则赋无隐无滥，一以征责成所在有司以时支放。有不足者，悉从民请，听其便，而赢缩之语，具本府马公条议中。部署既定，于是诸部民无不鼓舞，愿应募。明年，其曾鬻妻子逃蓬荜者咸归，筑百堵愿缓须臾死更为太平之民。史官邱禾实曰：吾闻之长老，编佥非古也。黔自国初甫入版图，其土民如在缨之鹿，一惟（唯）吾所，驱马馆，其故役也。因一再军兴，羽书旁午，士人苦之，因诡言左袵、侏离不任役则皆走，不知所往，于是军舍代役。诗曰：有兔爰爰，雉罹于罗。代役之谓也。代役久，乃有编佥。自有编佥以来，诉者接踵，而当事者以为非常之原不在弦辙。嘉靖中，卫人段秀、黄金全者赴阙下，得勘如本省而亦报罢。盖利倍变法，其难犹如此。余尝读陈御史邦敷《养马谣》、孙文恭先生《荒城谣》，毕竟以为戴盆不可望天矣！乃观察公不询左右，不籍文移，不凭甲乙之口，第延访三老于呼吁之间，而逐为民捐百世之害。且夫所谓免役法者，非子瞻与君实争之政事堂者乎？夫差役者法穷于两尽；免役者事藉于通融，所从来矣！乃公行之，则又有治人而后有治法者。为记其概，因附舆论，以俟后之君子考焉。

《黔诗纪略补》卷上

丘庶子《循陔园集》，为黔人某所获，秘惜不肯示人，此集不得补录，又以见通怀好事之难。

乾隆《山东通志》卷十五

丘禾实，即墨人，贵州籍侍郎。

2. 丘禾实诗文

《黔诗纪略》卷十一

雨中望淮海先生墓

郁郁松楸树，云是尚书墓。碑苔字尚新，龙剑知何处？我来望松楸，满目云霞流。云霞凝作雨，咫尺迷荒丘，欲往从之路无由。时方事袯襫，三农占有秋。疑是先生灵。沛为零雨匀桑畴。先生有德开堂燕，身后立孤身不见，先生有望为国耆，今日易名知不知？遗文藏石室，赐额挂山郿。谷鸟鸣高处，林猿泣夜时。凄风来陇早，明月下山迟。感此何异山阳地，对此难禁旷世思。愿言矢私淑，不忍问遗规。神理如绵绵，斯文应在兹。

登阳宝山僧舍二首

晚宿芙蓉第一峰，起来寒色动尘容。天门早射扶桑影，虚谷犹传子夜钟。自有野猿能献果，携将筇竹恐成龙。前生知否浮丘是，已觉□□分外浓。

缥缈危峰碧落齐，攀跻竟日有招提四。云生户外诸天近，月挂松梢万象低。元岳何年归玉笈，清谈中夜共阇黎。一声唤醒浮生梦，不是灵鸡不敢啼。

西华山中山

一任双轮似转邮，山癯终是癖林丘。借花解梦僧微笑，烧竹长歌女莫愁。热若因人还畏夏，清如拔俗岂悲秋。丈夫射雉成何事，后圃锄兰且自休。

道光《贵阳府志·余编》卷七

建设贵定县碑记

贵定何以始城？曰：新县也。贵定何以始县？曰：改土也。然则，改土便乎？曰：道有升降，政由俗革，标枝野鹿，化而冠裳，卉服鸟言，化而弦诵；枭獍之民，日控弦鸣镝，嗜斗如饴，一旦化而卖刀买犊。由此言之，吾安知旧贯之非因循，而更张之非善治也。

惟（唯）是时诎举赢，以区区枵腹待哺之黔，而动有草昧经纶之计。业已郡县其地，势不得其治；有治，势不得无城；有城，势不得不与役动众。而帑藏一空，时道旁之议，委而去之。当此之时，难于得财乎，得人乎？

贵定故龙、新之间，属夷地也。当万历中，两平尚间，实为萑苻之泽。往往御人国门，一岁就数见告，而又黠夷飞诡，贼不就微者。抚郭公青螺有忧之。于是，上疏请县四司，始平伐而贵定名焉。自是，民稍戢。穷谷之老，有叹生平始见汉威仪者。然于城郭、宫室、礼乐、教化，谦让未遑也。

凡五年，而今督抚胡公瑞芝来，日檄所司城贵定。时藩帑如洗，司会不充，先令者且以拮据鞅掌毙于是，人益侧目新封，视为嵁岩。而黠夷益乘是登山啸梁以相恫喝，县中夜数惊。胡公闻之，曰："是不难，难于人耳。"于是，檄所司遴属吏有胆智者往，而所司同声一词曰："无如独山万守。"是尝别驾肇庆，治兵钦州，有能吏声者。于是，公乃上书，请移万守于独山，城贵定。

当是时，人犹言万公即智略胆勇，能役神使鬼俾天雨粟耶？乃不期年，崇墉言言，公报贵定城成矣。先是，议城约费二千缗，犹虞不给。公至，拓地鸠工，因民情而盈缩焉。百工咸悦，民亦子来，量田助工，乐输恐夜，才请千四百缗而城工讫。成城四门，每相距百余丈，楼橹称之，濠堑又称之。自是，县治巍如，象魏秩如，比屋翼如。人之视贵定，又不啻视通都大邑也。

《易》曰："天造草昧，宜建侯而不宁。"公其所建之人也，督抚胡公，其建之者耶？从此，蚩蚩之民，心志日易，习俗日移，周公、孔子之道，差可渐被。盖礼乐教化之务，与城郭宫室之制，若相待而然者，独书城成而已哉？墉言言，公报贵定城成矣。先是，议城约费二千缗，犹虞不给。公至，拓地鸠工，因民情而盈缩焉。百工咸悦，民亦子来，量田助工，乐输恐夜，才请千四百缗而城工讫。成城四门，每相距百余丈，楼橹称之，壕堑又称之。自是，县治巍如，象魏秩如，比屋翼如。人之视贵定，又不啻视通都大邑也。

《易》曰："天造草昧，宜建侯而不宁。"公其所建之人也，督抚胡公，其建之者耶？从此，蚩蚩之民，心志日易，习俗日移，周公、孔子之道，差可渐被。盖礼乐教化之务，与城郭宫室之制，若相待而然者，独书城成而已哉？

当是时，余在京师，目睹两观之毁，工用不兴。问何以故，或曰"少府之金不给也"，或曰"中珰之估计太滥也"，或曰"奚斯之委用无人也"。呜呼！以蕞尔之黔，举一城而有余，以国家全盛，举一雉门而不足。由前之黔，百相委也，而城之难；由后之黔，且招提且舆梁也，而城之易，是在人。

（十七）万士英

1. 万士英传记资料

《万历二十六年进士登科录》

万士英，贯贵州铜仁府，民籍，四川成都府内江县人。铜仁府学附学生，治《礼记》。字元实，行一，年二十六，二月十三日生。曾祖裕，州判官……会试第二百九十三名。

《国朝历科题名碑录初集·明万历二十六年进士题名碑录》

万士英，贵州铜仁府，民籍，四川成都府内江县人。

《类姓登科考》十四颜

万士英，贵州铜仁府人，三甲。

乾隆《贵州通志》卷二十六

万士英，铜仁人，官知县。

万历《铜仁府志》卷一

万士英，铜仁人，万历二十六年（1598）登状元赵秉忠榜进士，历官知县。

2. 万士英诗文

万历《铜仁府志》卷一

文笔春云

何年卓笔此江皋，描写春云意态豪。苔藓叠成蝌蚪篆，蒙茸分得凤凰毛。如椽谁试经纶手，生彩徒夸供奉曹。千顷汪洋堪吮墨，不妨挥洒助时髦。

中山楼阁

公余命驾此观风，徙倚中山东复东。四望翠微横雪练，千家落照映霜枫。参差雉堞烟将暝，隐见渔村火半红。好会无云但游衍，筹边端在笑谈中。

铜崖砥柱

铜人之江水沄沄，砥柱惊看仰插云。俯槛欲窥蛟蜃室，飞觞已醉鹳鹅群。千山暮霭仍葱蒨，万壑朝烟自郁芬。夜静偶闻环佩响，令人慷慨忆湘君。

石笏朝天

虞廷分瑞锡功臣，留得桓圭镇水滨。春晓望云朝紫极，秋宵带露拱枫宸。曾呼万岁随嵩岳，惯睹封仪侍丈人。何必满床称足贵，嵬然方岳誓盟新。

两江春色

二水中分一屿奇，三春游客满江。

（原书后两句缺）

六洞岚光

谁将玉斧劈鸿蒙，幽敞虚明一径通。云适去来如阖辟，草无冬夏自菁葱。璚芝玉醴烟霞外，坐啸行歌化国中。应有广成堪问道，更从何处觅崆峒。

渔梁夜月

渔父矶头月正晴，澄江如练晚潮生。怪来蛟室鱼龙泪，独往何人欸乃声。渭水敢烦明主梦，铜江不著逋臣名。垂纶若有求鱼意，何处沧浪无月明。

南岳飞泉

千山曙色动晴晖，十里平田白鹭飞。古洞恰从山径转，药苗恒傍石龛肥。疏雨晓张神女幕，轻云时结列仙衣。揭来不觉神清爽，遮莫盘桓未肯归。

碧溪古渡

碧溪渡头千顷碧，染出铜崖万古青。春草和烟含混沌，秋波漾渌接沧溟。归樵晚唱三更月，旅客宵披几点星。我固溪头垂钓者，直钩端不羡侯鲭。

木桶营

边城古戍几经秋，落日靡芜草正柔。营垒犹传当日阵，将军谁是昔人流。豺狼过处腥风恶，狐鼠游时毒气稠。勤恤时艰严守卫，山人徒抱杞之忧。

万历《铜仁府志》卷六

沁园春

汉室陵夷，奸臣窃据，谁植纲常。笑瑜也臣权，彧兮事操；一时豪杰，高卧南阳。三顾殷勤，欢同鱼水，炎刘遗祚又重光。恁后来，跨荆并益，拓土开疆。

流芳尽悴，一心坚似铁，出师二表凛于霜。论拒吴讨魏，寄命托孤；精忠峻节，百炼之刚。三代遗才，儒者气象，留得声名万古扬。叹当时，小儿修魏史，漫自雌黄。

石都督祠

将军声价重天南，扫净蛮烟百战酣。苗寨闻名犹缩舌，词人吊古尚停骖。只今蜂虿盈原野，何日甘霖洗瘴岚。瞻对不胜重怅恨，怀人愈觉思耽耽。

木桶观音阁

岧峣高阁倚云端，削壁嶙峋路几盘。古木四时行客荫，奔涛六月逼人寒。诸天兰若传清梵，午夜潮音动紫坛。金磬声中龙象立，一般清绝总奇观。

崇仙宫

东山百仞枕江濆，石磴参差接五云。宝刹拟从天上建，梵音如在斗间开。雨梳石发春苔静，霞绣龙鳞古树纹。欲赋愧无惊俗句，挥毫徒忆鲍参军。

回龙庵

丛林高枕大江湄，宝笈琅函列四垂。说法老僧居首座，参禅游客礼闻维。龙视钵底云衣湿，虎踞关前露骨奇。今日重来期印证，莲花更漏共支持。

崇庆寺

万叠云山衬马蹄，忽惊眼底得抬提。禅房昼掩僧归定，茶灶宵闲鹤罗啼。树里人家迷远近，望中陇亩失町畦。解刀何曰牵耕犊，梦想华胥恨未齐。

万历《铜仁府志》卷十

四川酉平邑石四土司改隶议

酉、平、邑、石四司在四川之裔境，思、铜之比邻。自各司至川省二千里而遥，至重庆千里而近；其西走思南，南入铜仁，远不过三百里、近仅百里耳。在川省以四司为赘疣，既有鞭长不及之叹；在思、铜以四司为隐祸，又有异属难问之嫌。何也？昔年大征之役，红苗几无噍类矣，而四司土酋，恐各苗平而议改土也，夹带窝藏，认为粮民，日益滋蔓，实繁有徒。劫掠虔刘，毒流三省，即各土酋自贻伊戚，穷源探本，罪不容诛。使近属思、铜，即狼子野心，难以理谕，何至悍然不顾，贻毒滋稔耶？此当改属者一。

酉阳自冉维屏之死，诸子争立，仇杀纷纭，喋血闺门，推刃同气，根连枝蔓，冤杀无辜者若干人。昔播酋之变，亦以妻妾叔侄，谗妒谋杀始也。向令去川稍近，随发随制，杜其萌芽，何至费官家数百万之帑金、杀三省十余万之赤子哉？由此言之，则四司分隶思、铜，即有恶萌，朝发夕制，纵彼桀骜，安敢抗朝廷三尺哉？《诗》云："殷鉴不远"；语云："前车之覆。"鉴播酋之已事，割四司于黔中，川省亦晏然无东顾忧，此当改属者二。

思石守巡、铜仁守备，率奉简书兼制四司，诚以调发接应，指臂相使，为地方虑，至深远也。乃四土司，悍骜莫驯，冥然罔觉，视监司若秦越、以守备为玩弄，不受节制、不听调遣，川省在远，即莫悉其恶状，黔省虽近，又莫能以谁何。向使悉割以予黔，则名分相维，血脉相贯，监司守备之令行，土司酋长之气慑，凡所颐指，谁不为用哉？此当改属者三。

国初，于各土司不易其官者，以逼近苗夷，力能制御也。承平日久，玩愒丛生，方各苗之衰也，以彼为逋逃之渊，及各苗之盛也，以彼供馆谷之役。且私仇私反，托为报复，或争地以战而谬结腹心，或杀人以逞而假资羽翼，饲虎养寇，为害实多。倘若隶黔，则监司治以惠文，太守绳以矩矱，岂敢仍蹈故辙、自捍文网乎？此当改属者四。

夫隶蜀之害如彼，隶黔之便如此，蜀中大吏，何不撤彼己之藩篱、杜将萌之祸蘖，慨然以之归黔，俾就我槽枥、便于控御哉？《诗》云："普天之下，莫非王土。"是在庙堂之上主持之耳。

万历《铜仁府志》卷十二

大木丹砂辨

客问于予曰："铜虽僻壤，而天地清淑，钟而为人，泄而为物，济济彬彬、纷纷郁郁。人无暇论，试以物评。高山峻岭，生巨木焉，饱烟霞、饫雨露，干青霄、蔽白日，匠石者过而奇之，取以贡天府、充梁栋，岂不诚美材哉？况万山之阴产丹砂如箭簇，可以供耳目之清玩，资仙家之服食，固刘安之所需而葛洪所欲得者也。夫西蜀多巨材，勾漏产丹砂，未有若铜之兼有者也。"

予曰："唯唯！否否！若子所言，是以耳食而声吠者也。铜旧多山，山故有木，苗实据之，与民无预也。况庚戌之役，各苗狼狈，潜伏崖壑，我兵追捕，无高不登，无远不入，始之斧斤，继之烈焰，其有存者，百不一二。况不通水路，山径崎岖，即拱把之材，尚难转徙，矧度以十寻、絜以百围者，能自致于水滨哉？人徒见嘉靖之末、万历之初，两经取木而铜俱勉焉竣事，遂以木为铜产也。岂知上竭公帑、下悉膏脂，转买川湖，以希结局。民剥肤以应役，官茧足以骏奔，上下俱疲，不但民亦劳止而已。昔少司空方塘潘公、司空郎三河方公，洞瞩情实，具疏请蠲。今案牍具在，仁人君子倘翻阅而请行之，其有造于铜，奚直浮屠七级也？然此人犹易见也。至于丹砂，则又有不忍言者。穴石为坑，蛇行以入，远者十余里，近者数百步。捶凿烟焰，时有倾压之虞、熏灼之苦。商十九罄，百入一生。轻性命于鸿毛，得锱铢为至宝。然身未出洞而收买之使入门矣，砂未进宅而追呼之胥叩户矣。获之甚艰，售之甚易，得不偿失，计不谋身。需者如求珠合浦，采者如捕蛇永州，以为甘敲朴之苦，犹甚流离，薄所售之值，得完租税耳！近者地利已竭，砂脉难寻，终岁经年，不获颗粒。真者既不可得，而伪者丛兴，守土有司甚至以此获咎者。夫天地生财以利民用，而今且为民疠。吾民方病郡之有此苦也，而吾子顾艳谭之。贡于上方，无当玉帛之用；藏之阛阓，只充玩好之供。吾子之计左而言失也，亦已甚矣！恐有道君子所不欲闻也。”

客矍然起，谢曰：“郡城苦此二物，而不佞所闻诚谬也，敢不敬谢！”

感时四首

百里铜江路未平，豺狼无日不纵横。江声夜夜传征铎，山霭朝朝拥战旌。输挽空索公帑粟，灾畬尽废小民耕。九阍见说天如远，谁籍龙图试甲兵。

好还天道竟云何，忍令苗民久弄戈。处处桑麻成草莽，村村篱落尽烟萝。虔刘白骨周遭是，系累苍头岁月多。颙望皇灵张挞伐，将军谁复是廉颇。

民非土著地非饶，况复朝朝避有苗。耒耨未施禾已典，疮疡初瘥骨仍销。欲行是处皆荆棘，安土何时绝獍枭。回首廿年华胥梦，绿郊春水任渔樵。

投闲拟作山中隐，耐可山中隐亦难。豺虎宵啼人却步，兵戈昼接鸟垂翰。三箭谁能平颉利，尺缨那得系呼韩。忧天更有人如杞，一夜焦思两鬓潘。

（十八）梅友月

1. 梅友月传记资料

《万历二十九年进士登科录》

梅友月，贯湖广五开卫，军籍，直隶徽州府婺源县人。贵州黎平府学生，治《书经》。字如恒，行一，年三十二，三月初五日生。曾祖英，祖元，父孟春。母粟氏。慈侍下。兄：友鹤、友兰。娶王氏。贵州乡试第十一名，会试第二百九十六名。

《万历二十九年辛丑科进士履历便览》

梅友月，望舒。《书》二房。庚午三月初五日生。（贵州）黎平籍，直隶婺源县人。辛卯乡试十一名，会试第二百九十六名，三甲十六名。刑部政，授重庆府推官……调文选司员外……升稽勋司郎中……起广东右参政……养病。

按：五开卫入清改隶贵州黎平府，见万历十七年榜“龙起雷”条。

《国朝历科题名碑录初集·明万历二十九年进士题名碑录》

梅友月，湖广五开卫，军籍。直隶徽州府婺源县人。

《类姓登科考》十灰

梅国祯，湖广麻城县人，万历癸未三甲……梅友月，贵州黎平府人，辛丑三甲。

乾隆《贵州通志》卷二十六

梅友月，黎平人，官吏部员外。

乾隆《贵州通志》卷二十八

梅友月，黎平人。万历辛丑进士……历官吏部郎中，乞终养。

康熙《贵州通志》卷十六

梅友月，黎平人，官吏部员外郎。

梅友月，黎平人，辛丑进士。

康熙《贵州通志》卷十八

梅友月，郡人，进士，性谦和，与人接物如光风霁月。历官吏部郎中，乞终养，囊无长物。

光绪《黎平府志》卷七上

梅友月，黎平府人，中式第十二名。

梅孟春，《旧志》郡城人，吏部郎中梅友月之父，笃于孝友，人间无言。张赞台撰《重修成德桥记略》，郡之西一里许，名福禄，江黎人士必经之道。古栈以木，水屡冲决，咸病之。梅先生讳孟春，游憩其间喟然曰：“士君子有怀利济，不必平津叠石。”洛阳营桥而后见，普渡之功靡已也。即山溪绝涧，有所裨益，以免望洋之叹。兹非桥以济之不可，余不敏，愿首事为之。然功费浩繁，非巨力不能有成，以俟之异日者。有子讳友月，万历辛卯举于乡，辛丑捷南宫，晋吏部稽勋司。曰：“父志未遂，子道之亏。”乃捐俸鸠工甃为桥，因置其名曰“成德桥。”

《黔诗纪略》卷十一

友月，字望舒，黎平府人，万历十九年（1591）举人，二十九年进士，官四川重庆府推官（或云“通判”），擢吏部稽勋司主事，历员外郎、郎中、通政司副使。明季夫役浩繁，五开、铜鼓挽运荆、郧军粮，冱寒酷暑，死者枕藉。望舒为曹郎，力以征徭艰苦状白当路，得豁免，乡人德之。郡西一里福禄江，栈木为梁，屡有倾坏。其父孟春欲营石桥，未就，望舒乃以俸余成之。黔抚王三善为之记，命曰“成德”。

光绪《黎平府志》卷七上

梅友月，《贵州通志》郡城人，万历辛丑科进士。性谦和，与人接物如光风霁月。历官吏部郎中，通政司参议。乞终养，归于西门外，建成德桥，殆以成父之德云。陈文政撰《明梅铨部、龙廷尉合传赞》：黎城西，带水环流，士女有蹇裳之苦。明末夫役浩繁，靖、五开、铜鼓军粮挽运荆、郧，冱寒酷暑，死者枕藉。里人梅公友月，成进士，任四川重庆别驾，转部曹，怃然曰：“桥非先君子所欲为乎？”捐俸独建。黔抚军王三善为之撰记，嘉其成先德也。征徭艰苦状，得其向当路力争泣下，卒请豁免，民患以纾，至今称颂弗衰。同里龙公起雷，善属文，先梅公游桃浪，开黎城进士科。由江右清江令行取大理寺评事，累官大理寺少卿，以清白著。朱太常为儿时，一见即器识之，谓将来必为忠烈臣。

此邦称文行者，咸以两公冠首。余谓蜉蝣宇宙，百年一宿，几时糟粕经纶，众口嚼蜡无味，士非猷为节守，足表千古，岂易使人不忘？当朱季秕政孔棘，明明流毒苍生，全身保富贵者，每避嫌缩舌。梅公独毅然为之，此所谓同室有斗者，披发缨冠而往救之也。人知西桥落成，缵成先志；不知泽在斯民，愈扬亲德，并知俎豆乡贤，乃所谓大孝。

龙公事业，邑史不少，概见《通志》，称其“林下澹泊自甘，无所请属”，其为人可知。且其墨绶清江，有惠政；擢大理寺评事，治狱多才，简拔少卿。人生不幸作刑官，得正直者为之，民自以不冤。然则，告归奈何？闻抗章建储，撄神宗怒，刑政纠纷，将酿东林之祸，急流勇退，可谓高矣。

成父之志。民怀其德，梅公有焉；见几而作，遁世无闷，龙公以之。古所谓乡先生殁而可祭于社者，舍两公其谁与归，故取而合传之。赞曰：息民肩于道路兮，跨飞虹于涧滨。君子有道则见兮，忧违宁抱璞而归真。一事志伊尹之志兮，退处得伯夷之清。奈何大海茫茫兮杳无声，空山寂寂兮欲断魂。嗟余小子兮不及，见犹龙兮莫测，望梅公兮生津。锦屏高高兮，曲水深深。低徊而不忍去兮，福禄江亭。梅友月，字望舒，黎平府城人。万历十九年辛卯科举人，辛丑科进士，官四川重庆府推官，转吏部稽勋司主事，历员外郎中，升通政司副使。

2. 梅友月诗

《黔诗纪略》卷十一

寓居杂咏

暖意浃堤沙，春痕动柳芽。朝回看苑雪，门静掩庭花。薄宦情非学，流年客是家。凤城光景异，留滞老京华。

（十九）徐穆

1. 徐穆传记资料

《万历二十九年进士登科录》

徐穆，贯贵州铜仁府铜仁县，民籍，江西抚州府临川县人。国子生，治《易经》。字钦之，行二，年二十九，五月二十三日生。曾祖杰，祖宰，父鹤年。母陈氏，继母傅氏。具庆下。娶廖氏。贵州乡试第二十一名，会试第二百十四名。

《万历二十九年辛丑科进士履历便览》

徐穆，钟汝。《易》三房。辛未五月二十八日生。铜仁府籍，江西临川县人。甲午乡试二十一名，会试第二百十四名，三甲一百二十六名。户部政，授崇德知县……升兴化知府……戊午升云南副使……升按察使，本年卒。

《国朝历科题名碑录初集·明万历二十九年进士题名碑录》

徐穆，贵州铜仁府铜仁县，民籍，江西抚州府临川县人。

《明实录·神宗实录》卷五百七十二

戊子……升兴化知府徐穆为云南副使。

《明实录·熹宗实录》卷十五

庚午……升……云南按察司副使徐穆本省布政使司参政，备兵澜沧。

《类姓登科考》六鱼

徐穆，贵州铜仁府人，三甲。

乾隆《贵州通志》卷二十六

徐穆，铜仁人，官按察使。

乾隆《贵州通志》卷二十八

徐穆，铜仁府人。万历辛丑进士……自兴化守历河南参政、云南副使。

《明嘉议大夫云南按察司按察使钟汝徐公墓志铭》

篆额：

明嘉议大夫云南按察司按察使钟汝徐公墓志铭

铭文：

明嘉议大夫，云南按察司按察使钟汝徐公墓志铭。

赐进士第、朝列大夫、南京国子监祭酒林尧俞书丹；

赐进士第、嘉议大夫、湖广布政司右参政颜欲章篆额；

赐进士第，中宪大夫，前兵、工二部职方都水司郎中，知福建福州府事喻政撰文。

予与钦之徐君为中表翼弟[①]，钦之少予一岁，自童子时，契洽无比。执经诚斋戴先生之门，论文入龙社，行比肩，居比席，风雨连床三十年如一日也。继而同登贤书，又同出闽人郑广文帘[②]下士。先后捷南宫，为令，为郎，为守。最奇者，予守三山，钦之亦绾兴化郡符，五马褰帷，同辖一路。甲寅春，予寝告终养，钦之随晋宪副，扬历滇藩，不相见者几八年。甲子春，钦之以大参赍贺，便道归里，两人相对谈说畴昔，不觉二毛之叹。未几，钦之抱病，遂不起。

今年冬，钦之诸郎经营窀穸[③]，手状泣而前曰："先大夫弃不肖兄弟三春秋矣，越在浅土，未及归窆[④]，不肖兄弟日凛凛不安。幸天牖孤衷，赐以佳阡，卜吉有日。惟（唯）是先大夫生平懿行，溢于乡评；居官最绩，在舆人之口，诚未易更。仆数不肖，兄弟暗稚，不克蠡测万分，一以扬先泽，石中之言，敢烦伯父，俾不肖兄弟借手以不朽先大夫。"呜嗟！呜嗟！予与钦之为生死莫逆，知钦之最深。钦之居，恒谦退不伐，所历宦绩，绝口不谈。即不能胪列其详，忍使矫矫大节与岁月俱湮也，请举其凡：

君讳穆，先世为洪都临汝人，因号钟汝居士，钦之其字也。徐于临汝为望族，高祖以上详徐氏谱中。曾祖杰公生北楼公宰，为予外大父。长耳丰颐，耆年尚有婴儿色。少富于学，尤长诗联、经史、星命书，罔不精谙。自负知人之鉴，于诸甥中，独钟爱予，及予伯兄敏，每见辄试以对。尝谓予母曰："二子

---

① 翼弟："翼"同"昆"，即兄；表翼弟，即为表兄弟。

② 郑虔（692—764），字若齐，郑州荥阳人。唐代著名的书画家、文学家和诗人。天宝初，为协律郎，后任广文馆博士，迁著作郎。以陷安禄山，贬台州司户参军。能诗，擅书画，尤工山水。因其诗、书、画并妙，被唐玄宗誉为"郑虔三绝"。还长于地理，著有《天宝军防录》，记述各地山川险要方物，诸儒称服，时号"郑广文"。

③ 窀穸：即墓穴。

④ 归窆：埋藏。

国器，他日必大汝门，汝善视之！”公生封中宪。思楼公鹤年，性刚直，寡言笑。元配陈□（恭）人，生二子，长和，次即钦之。继傅恭人，生子三，为科、为稷、为稔，奕奕云仍，徐遂为铜巨阀。方钦之初生也，悬弧[①]之辰，□（灵）芝产于浚邻近衡陈公[②]同仁阁。北楼公谦不自居，归之于陈，然识者以此为徐氏昌炽之祥。

钦之聪慧不凡，笃志举子业，耽于诵读，不知马之几足。万历甲午举乡试，乙未不第归，感奋下帷，至忘寝食，以故业益精。辛丑成进士，初令浙江崇德（今嘉兴）。崇于嘉禾以膻腻闻，钦之酌泉自砥，不能善事上官，调河南原武（今原阳县）令。戊申擢南比部[③]，留署多暇，日以读书赋诗自娱。壬子由望郎出为兴化太守六载，民安之，勒石纪其政，争先借寇[④]，有旷古仅见之循良等语，盖纪实也。戊午陟宪副，治兵沧澜，未几，参知本省，滇父老子弟皆稽首颂德，无异闽人。

夫吏治之弊也久矣，今之守若令，类习脂韦，以结上官。上官亦昵就[⑤]之若家子弟，使闾左小民盼盼焉，视为豺虎，为仇雠。乃钦之所至见德，所去见思，甘棠之咏，异地同声，忠信可格豚鱼[⑥]，良不诬也。大抵钦之为人，心则渊澄，器则岳峙，为玉韫不为丸跳，而淡泊无欲之衷终始不渝。

初至哀牢[⑦]卫，弁方聚宿，献瓶醪以尝所好，钦之不逆其诈，久之启瓶，皆精金也。钦之立抵以法，归其物于学宫。曩观察使移檄[⑧]修理城堡，镪钱[⑨]之发，半充私囊，守卒夏尽忠领饷百余金，密缄以入，钦之惊讶，暴其事而罪之。里人范齐富充金齿哨总，所积月饷五十余金，一旦物故，为彼中黠者所干没。钦之廉其状，如数追出，邮至齐富家，磬悬四壁，赖以存济。盖钦之精心内典，为出世计，举人世一切腴润浮丽之物，如瓦砾土壤，漠然不足以动其念，非仅仅四知四畏[⑩]已也。

易箦[⑪]之际，神色不乱，脱身万里戎马之郊，使诸郎咸得称觞[⑫]上寿，从容

① 悬弧：弧即弓；悬弧：古代习俗，生男孩，就在门的左首悬挂一张弓。指男子生日。

② 陈珊：字鸣仲，一字近衡。嘉靖三十二年（1553）癸丑科进士，三甲一百六十四名。官至山东兖州同知。子扬产等八人，或进士或举人，被孙应鳌誉为“八英”。

③ 南比部：明朝自朱棣迁都北京后，在南京皇宫依照北京皇宫设置相同官署。比部是刑部司官一般称谓，南比部即南京皇宫比部。

④ 借寇：据《后汉书·寇恂传》载，恂曾为颍川太守，颇著政绩，后离任。建武七年（31）光武帝南征隗嚣，恂从行至颍川，百姓遮道谓光武曰：“愿从陛下复借寇君一年。”后因以“借寇”为地方上挽留好官吏的典故。

⑤ 昵就：亲近，亲昵之意。

⑥ 豚鱼：多比喻微贱之特。《易·中孚》：“豚鱼，吉，信及豚鱼也。”王弼注：“鱼者，虫之隐微者也；豚者，兽之微贱者也。争竞之道不兴，中信之德淳著，则虽隐微之物，信皆及之。”

⑦ 哀牢：古代指云南、缅甸北部西南夷濮人所居之地，其中心区域是今云南保山哀牢山一带。

⑧ 移檄：发布文告晓示。

⑨ 镪钱：镪，即钱贯，穿钱的绳子；镪钱引申为成钱串，指工资。

⑩ 四知四畏：四知，指“天知，神知，我知，子知”；四畏，指畏四知。这里指廉洁自持、不受贿赂之意。

⑪ 易箦：箦，竹席。易箦，指病人垂危将死之时。

⑫ 称觞：举杯祝酒。

示疾以终。傥所称至人不死耶？钦之殁于天启甲子年六月十四。讵（距）其生嘉靖乙丑五月二十三日，享春秋六十。娶廖氏，临川处士廖顺嫡女。与钦之鸡鸣交儆，累绩诰封淑人。

丈夫子三，以进娶李氏，四川龙安府二守，若生李公女；次以遇，先娶杨氏，继汪氏，湖广监利令，仁宇汪公女；三以逵，娶万氏，河南祥符令，钟岷万公妇。俱郡庠生，有父风。

女一，适郡庠生杨烶。

孙柏尚幼，以逵出。女四，长字郡庠杨火节，子名甲；余幼未字，俱以进出。

卜天启丁卯春（王）正月二十三日藏魄真室。墓在城北马路阳，负亥面巳，兼乾巽三分，堪舆家吉阡也。铭曰：

汝水浚流，出自灵谷。
苞异孕后，哲人是育。
生此哲人，为甫为申。
邦之□（曰）直，国之□（曰）臣。
璞奇则玉，物祥则麟。
辚辚宦辙，有脚阳春[①]。
阳春所怙，载歌载舞。
如渡得楫，如旱得雨。
凶年之谷，饥儿之乳。
乐只君子，为民之父。
其生也浮，其死也休。
佳城葱郁，人鬼叶谋。
天相有德，畀此一丘。
螽斯衍庆，百亿千秋！

天启七年（1627）岁在丁卯孟春廿三日之吉。孝男徐以进、遇、逵，孙徐柏泣□（血）立石。

按：因就原文分段标点，用现代文字写出，对缺字及剥蚀不清字用□表示，尽可能据上下文之义，补于括号内，并于天干地支年份后加公历年份，以供参考。

《贵州通志·人物志》引康熙《贵州通志》

徐穆，铜仁人，万历辛丑进士。持己端悫，居官廉静，自兴化守历河南参政，云南宪使，皆有惠泽，士民怀慕。

---

① 有脚阳春：古代用以称誉贤明之官吏。据王仁裕《开元天宝遗事·有脚阳春》载："宋璟爱民恤物，朝野归美，时人咸谓璟为有脚阳春，言所至之处，如阳春煦物也。"

民国《贵州通志·人物志》

（徐）穆知兴化府，洁己爱民，清静不扰，属岁旱，自携盐脯，乘款段，遍林落赈恤灾伤，修陂梁，议蠲贷，无不焦蒿为民请命。

《贵州通志·人物志》引《徐氏谱》

徐穆行略

徐穆，字钟汝，生而颖异，入塾读书，即过目成诵，中万历庚子举人，辛丑成进士。除浙江崇德县知县，以卓循，行取礼部主客司主事，迁员外郎，出知福建兴化府。时方苦旱，祈祷皆穷，穆甫至，即步祷于郊，炎风卷地，火云蔽空，肃衣冠行烈日中，属吏请入城休息，穆曰："我以祷出，不雨不入也！"已而小雨，仍不息。属吏以既雨请，穆曰："我以祷雨来，雨不足不归也。"移时遂大雨，入土三尺，郡人呼为下车雨。穆为政务宽大，简而不扰，部内晏然。秋满擢云南按察使司副使。入觐，上语以"闽俗犷悍，抚取为难"。穆对曰："臣未官闽前，闻亦若此，及守兴化，治国易也。"上复问吏治甚详，奏皆称旨。莅任云南，清操自励，惠泽尤多，时庆云见，抚按将以上闻商于穆，穆答以大理苦旱，澂江苦水，困未成灾皆不以闻，今以难知之天象为瑞，而遽闻于朝，无乃不可，遂止。寻转河南布政使司参政，滨河郡县居民，岁输束苇以供筑堤塞坝之需，有司借名勒索，久为民害，穆森革之。迁云南按察使，历官中外二十余年，所至民怀吏畏，治行卓著。有闽游、滇游诗草二卷，卒祀乡贤。

《黔诗纪略》卷十一

（徐）穆，字钟汝，铜仁人，鹤年子，举万历二十二年（1594）乡试。二十九年进士。授吏部主客司主事，出知福建兴化府。历河南、云南参政、云南副使按察使，所至廉静有惠泽。诗文集经燹毁，唯存诗一篇及《万印山表》一篇。

《黔诗纪略补》卷中

（徐）穆，字钟汝，铜仁人，鹤年子，万历甲午举人，辛丑进士。除崇德知县，征授礼部主客司主事，历员外，出为兴化知府，迁云南按察副使，历河南参政，进云南按察使。钟汝持己端悫，居官廉静，所至有惠泽。有《闽游滇游诗草》二卷。

2. 徐穆诗文

光绪《铜仁府志》卷十九

偕喻漳澜登东山

登眺知何处，东山第一楼。万峰窗外列，全郡眼中收。诗酒君疏放，关河我倦游。此间成小集，重话海天秋。（与漳澜话闽海旧游）

《黔诗纪略》卷十一

寄万元实

河上神明宰，频年乏寄书。惠人知有政，报效近何如。好慰高堂意，应殚抚字劬。中州轰治最，孚理若璠玙。

《黔诗纪略补》转引《铜仁徐氏十二世诗集》

堂之东谋为小筑，数日而成，吾友大瓢山人实始之，
樽炉几兀略备，诗纪其事

海堧卑湿不可居，腥云郁郁蒸蛟鱼。我来承乏适春暮，已苦酷热眉难舒。郡署东边容隙地，纵横瓦石埋泥淤。墙荫邻家数竿竹，微凉时复来吹嘘。方思逃暑斯其所，安得覆松即吾庐。大瓢山人已先我，手操畚锸勤蠲除。我率奴子随其后，胼胝草创含清虚。案牍多闲涉成趣，宾主脱略开襟裾。窗外诸峰列画幛，窗前翠竹摇扶疏。客来烹茗消长昼，况许瓻借探奇书。是何关关声数种，已有好鸟来贺余。山人挥毫记岁月，问吾苦暍今何如？

（二十）杨师孔

1. 杨师孔传记资料

《万历二十九年进士登科录》

杨师孔，贯贵州贵州卫，官籍，江西吉安府庐陵县人。国子生，治《诗经》。字原之，行一，年二十五，十月十五日生。曾祖准，都指挥使。祖均，都指挥佥事。父云衢。母胡氏，继母王氏。具庆下。弟：师时、师颐。娶丁氏，继娶越氏。贵州乡试第二十七名，会试第七十八名。

《万历二十九年辛丑科进士履历便览》

杨师孔，鲁源。《诗》一房。丙子十月十五日生。贵州卫人。丁酉乡试二十七名，会试第七十八名，三甲一百七名。户部政，授南直山阳知县……升云南副使。戊辰升浙江参政。

《国朝历科题名碑录初集·明万历二十九年进士题名碑录》

杨师孔，贵州贵州卫，官籍，江西吉安府庐陵县人。

《谈氏笔乘·逸典·陈尧言》

故浙江布政司□参政贵阳杨师孔，万历辛丑进士，宰山阳。庚戌降教授顺

天，迁翰林待诏，侍福恭王。至是，师孔子文骢，马士英甥婿也。追录旧僚，赠师孔礼部右侍郎。

《荣木堂合集·文集》卷八

癸未初春……与京兆尹杨龙友别……明年国变，不复相闻，久之，乃知为江抚死……公讳文骢，以字行。先世吉州徙贵阳。尊人某，万历辛丑进士，历官云南督学，晋观察使……

《类姓登科考》七阳

杨师孔，贵州贵州卫人，三甲。

《明诗纪事》庚签卷二十

（杨）师孔，字愿之，一字冷然，贵州卫人。万历辛丑进士，除山阴知县。迁户部主事，改顺天教授，降昌平学正。迁国子学正，进工部主事，历员外、郎中，出为云南佥事。进参议，迁浙江参政。

康熙《贵州通志》卷十六

杨师孔，贵阳人，官云南提学至参政。

杨师孔，贵阳人，辛丑进士。

康熙《贵州通志》卷十八

杨师孔，字冷然，贵阳人，万历辛丑进士。性格孤高，丰仪峻整。官云南提学，范士以严，人皆敬惮。迁浙江左参政，卒。夙工诗文，尤善真草大书，凡所题额，至今宝之。

乾隆《贵州通志》卷二十六

杨师孔，贵阳人，官参政。

乾隆《贵州通志》卷二十八

杨师孔，字冷然，贵阳人。万历辛丑进士……迁浙江左参政卒。

道光《贵阳府志》卷七十四

杨师孔，字冷然，贵阳人。万历二十五年（1597）举人，二十九年进士，累官云南提学副使。范士以严，人皆畏惮，迁浙江左参政，卒于官。师孔性峻整，工诗文，善楷隶章草，能为方丈大字，所至有留题，人皆弄藏。子文骢，自有传。

《黔诗纪略补》卷上

（杨）师孔，字愿之，一字冷然，贵州卫人。其先籍隶德安，洪武时以武功授千户，征蜀，改戍黔，遂为黔人。愿之举万历丁酉乡试，辛丑成进士，除山阳知县，县属淮安，矿税中使陈增、鲁保窟于是横甚。愿之初政，不以严峻立威，淮俗好讼，不任胥吏拘摄，惟（唯）令讼者自拘所讼至庭，好语解释之，往往罢讼去。

闾里大猾附阉肆虐，以令无能为。一夕，捕大猾为奸利者数十人，悉得其罪名，置之法，一县大惊，令何前文弱而后武健也，以是得卓异入觐。增、保瞰令远出，恣为不法，愿之还，将捕不法者，增等惧且忿，购逆党乘丁祭刺令，幸不死，擢户部主事。御史某，以请求不得，疏劾愿之，当补外调，简乞补学职，得顺天教官，旋改翰林院检讨，充福王讲官，以忧去职。服阕补昌平学正，历国子学正，迁工部主事，监修皇极门等工，节省金钱以数万计。出榷浙关，先是浙抚急军兴，请关皆加派，愿之不立新条，但悉核故额，以羡余充数。不加赋而用足，菜佣可宽，吞舟不漏，商民感戴，立石颂德焉。擢屯田郎中，以裁减中人帽价，几罹不测。出为云南提学佥事，迁临沅道参议。逆酋普名声上谒，愿之一见，知其有反志，曰：祸滇者，普也。卒如所料，进浙江参政，以入贺，道卒。

生平工诗文，好游览，善擘窠书，交游甚广，当世名人多结缟纻焉。所著有《远游漫纪》《秀野堂集》。

民国《贵州通志·人物志》引《董文敏遗墨》

董其昌撰《明故亚中大夫浙江布政使司右参政鲁源杨公墓志铭》：忆昔甲子之岁，不佞昌与杨公同在辇下，未相闻也。既归山中，公官括苍，以诗投赠，意气论交，则公子孝廉文骢为先导焉！甲戌，孝廉官吾郡，为多士师，而以公墓中之石请，予何能辞！

按状，公讳师孔，字冷然，号鲁源，遥遥华胄，尽载史册。惟（唯）一派分入德安，高皇帝以功授千户，征蜀著功，调守黔，黔之杨自此始，世以武功升都指挥使，数传生淮，淮生均，均生庠，庠生云衢，后以子贵，屡封参议，娶屡赠恭人胡生公。公生而英敏，幼年丧母，百罹备尝。性嗜书，闻有藏书，必假抄录，过目成诵，取材既博，藻思横生，食饩于庠，试冠曹耦。台使者郭公、杨公有人伦鉴，奇公才，引重之，不以为诸生数。既丧丁恭人，义不再娶，郡守刘公曰，此奇节，非孝子所安也。为缔姻于越公女，荆布相庄，劝读益力，万历丁酉举于乡，又三年辛丑成进士，筮仕为山阳令。山阳属淮郡，东南一都会也，部院开幕府其中。时有矿税中使陈增、鲁保怙宠同城，横甚，大中丞李道甫欲以法裁之，而有司摄于齿马不能应。公为政但以洁己爱民为要领，淮民好讼，公以讼止讼，凡蛮触之争，不令游徼操句摄之权，第使讼者自拘其所讼，即解仇不复赴谳，亦听之，即拟罪而求末减亦听之，要使无所利于终讼，则讼心自微，鹰化鸠、雀化蛤为是耶？公盖宽然长者，似无击断。忽一日捕□阉诸大猾，格杀百数十人，郡中大快。识者曰：公盖神勇不怒者，借令公当日先见锋颖，渠魁能无佚罚乃尔！于是抚臣能公，条上山阳治行最江南北。而二阉为公催角距，则大怨，欲迹其瑕中伤之，赖公伐葵清操无可点，而一切故常，奇羡豪末不得入，足关二阉口。至省防河之费，均践更之役，善政在舆诵者甚众，无所置议端。但敕有举动，勿使令闻耳！外邑有令，取币于市不酬金者五十，当事有授意公发觉之者，公曰：事关一家哭，翘人过以阿上官，吾不忍也，曲为之补，令以得全，闻者皆服之。

甲辰春，公入觐，举最，父母得封典。丙午分较南闱，得名士九人。丁未再觐考功第，公天下卓异第一，归任俟新命。初，公北上，增瞰公远，恣其横，公还闻，将访横党人置之法，党贿逆民丘，因乘公丁祭昧爽行刺，虽刺客非触槐者流，而裴晋公赖冠毡之力得无恙。公叹曰：怨深矣！不去，阉人将钳我于市。力求去，抚臣下檄固留，民哭拥县门者万众，公不得去。而擢公户部主事，命下，公乃去。去之日，攀留亦万余人，车轵不得发。巡方黄侍御有望于公，公不副，憾之，劾公当补外调简僻，公乞补学职，得顺天教官，庚戌，加翰林院检讨，充福王讲官。闻继母王恭人讣，读礼归。而前劾公者适拜京兆，修旧怨并下石，例服阕外调，公无意出山，恋封公膝下，欢奉养，甚乐也。封公捐馆，抢地呼天，绝而复苏者数数，几死孝焉。徒跣登山，经营宅兆且三载。丁巳冬，补昌平州学正，已升国子学正，已升工部都水司主事。时则知公者淮抚，扼公者侍御辈，皆已物故，半生恩怨，转眼成虚，官路升沉，阅来几遍。公怀益旷，公智益炼，际此夷涂，思重展经国之略，而大司空为会稽王公，有道君子，雅重公，凡将作之役，如皇极门工等皆托重公，公亦不避劳怨，节省金钱以数万计。明年，奉命榷浙南关，先是浙抚急军兴，得请两关皆加派。公不立新条，但悉核故额以羡余充数，不加赋而用足。昔闻其语，处脂膏而不润，今见其人，又为祛寒陋之习，定悃载之期，日计不足，月计有余，菜佣可宽，吞舟不漏，商民均感，立石颂德焉。癸亥，事竟报命，量移屯田司郎中，拮据陵工，功力不浅。其后以裁减中涓帽价触逆珰贤，公不自安，遂有去志。会滇省学缺，当事以属公，滇于公为归途，过家上冢，买臣荣际而安酋为梗，须从蜀道，公间关叱驭，得官兵五千护行，脱于豺虎，险远极矣。滇士于公残膏剩馥，沾溉有年，而公之抽秘谈经，故其长技，爰宣诏旨，更定章程。伏波马式，潜通制举之科，王子鸡神，转作得贤之颂，质一变至于文，文一变至于道，蒸蒸雅化焉！

乙丑，叙陵工加参议衔，督抚闵檄公兼摄备兵事，公自官昌平学正，以课士余闲，从大将军较猎、较射边庭要害，习□□门兼一当戎机，及是动中庙算，阴使人间道徼曲靖之师，夹攻安酋，安遂夜遁。逆珰令天下富民入粟助工，予之子袷，公不许，捐学田子粒银二千两为工助而寝其令，两台韪之。丁卯，实升临沅道参议，逆酋普名声上谒，公一见即知其有反志，谓长公孝廉曰：祸滇者非安也，普也！卒如所料。在滇三载，俸薪赎锾学租凡若干。公三分之：以其一助饷；以其一锓经史古文助多士诵读；以其一采形家言，于大理、楚雄建书院，筑浮屠，助多士科名，盖父母之邦，洗橐为德，不尽不止，即留犊不啻也。戊辰升浙江参政，分守温、处，驻括苍，海防倭，山防矿，公文武具宜，政成游刃，绰有余裕。会当入贺，次于南徐，末病委顿，从孝廉谏，将请急矣。忽报虏骑薄都城，亟投袂起，扶疾就道，至于德州，喟然叹，呼侄文骅曰：死无他恨，恨不能戮力灭虏，以贼遗君父耳！目遂瞑。呜呼！宋史称元兵入吉州，丞相杨万死之，公于祖武何愧哉！

公游道甚广，而不以言色假当涂之人，宅心甚厚，而不以是非供流俗之口，居身甚俭，而不以纤啬废缓急之义。平生无声色便嬖之好，有山水鼎彝之癖。至其孝友天植，内行纯备，俨然陈仲弓王彦方之流。而功名之际在通塞间，董仲舒士不遇赋所为作也，可悲也已！所著有《秀野堂全集》《远游漫纪》行于世，是宜铭。铭曰：

高辛之裔，奕奕弘农。白环黄鸟，四代五公。支分贵竹，骏发人龙。神则幼清，腹为经笥。铜墨循良，干将犀利。驱翦城狐，风行雷厉。用我锋棱，不烦投畀。玄虽尚白，赤亦夺朱。名高忌起，实繁有徒。回翔皋比，宦拙道孤。剑岂移沉，玉过三刖。蠖屈之伸，豸冠执法。文衡月旦，滇海穷发。以范以模，是衮是钺。祝庖兼应，韬钤亦攻。料敌决胜，其道犹龙。爰参方岳，炼鼎之封。既新旌旆，遂歇歌钟。

呜呼！国萎桢干，士丧师资。神昧于仁，何可度思。玄宇深邃，龙光透迤。德音孔昭，视我丰碑。

赐进士出身，光禄大夫、太子太保、礼部尚书兼翰林院学士掌詹事府，事实录馆副总裁、经筵讲官、通家侍生董其昌撰并书。

《安雅堂稿》卷十五

陈子龙撰《明故亚中大夫浙江布政使司右参政鲁源杨公墓碑》：今上皇帝之二载，浙江布政使司右参政杨公奉表入贺，至南徐疾作，且请急矣，闻虏寇畿辅，公曰：是不可退，力疾至德州，卒焉！又九年，公子孝廉文骢葬公于金陵之陶吴进士墩，而以隧道之碑属其友陈子龙。谨按公讳师孔，字冷然，号鲁源[1]。其先自吉州，元末有官云梦者，遇乱因家焉。事陈氏，高皇帝征汉，以城降，授千户，从征蜀有功，调守黔，黔阳遂有杨氏也。其后世以武功显，升

① 《安雅堂稿》明崇祯刻本作“元”，与其上下文校之，“元”误。

都指挥使，数传生淮，淮生均，均生封参议云衢，娶赠恭人胡实生公。万历辛丑公举进士，授山阳县知县，再举卓异，丁未擢户部主事。黄侍御者有所望不获，劾奏公当外补，公乞补学职，得顺天府教授，庚戌加翰林院检[①]讨，充福王讲官，丁继母忧，继丁封公忧，公甫归，而前劾公者适拜京兆，复劾奏公当补外，丁巳补昌平州学正，已升国子学正，已升工部都水司主事。奉命榷浙南关，升屯田司郎中。已升云南提学副使，乙丑加参议，安酋犯滇，公摄兵备事，丁卯迁镇[②]于临沅。崇祯戊辰升浙江右参政，分守温、处，至明年冬卒，寿六十有二。

公之令山阳也，淮俗浇[③]好讼，公遇讼者弗勾摄，使自拘[④]其所，令悔悟；或有解纷者即不复谳决；已议罪而求末减者亦听之，使无所利于讼，其俗少息。当是时天下咸苦矿税，而中使[⑤]陈增者在两淮横甚，鲁保者其亚也，府诸豪猾为奸利薮，根株不可问。公为治宽大，诸奸民讫二阉以为不我害也。而公则阴疏诸豪猾名，一日悉捕之，格杀数十人，一郡大快。而二阉则恚甚，欲迹公瑕中之，公守廉弗得也，亦稍稍避令强项矣。其后增瞰公入朝京师，则益恣横，闻公以卓异还任，俟新命，将访横党置之法，即募刺客刺公，不中，获贼焉！公叹曰：怨深矣，可以行矣！力求去，幕府下檄固留，民拥哭者万余，公不得去。会有户曹之命，乃行。去之日吏民空巷攀送，车轵不得发，而黄御史者，以巡方望公遂露章焉。公既再绌忌者，连遭大丧，意不欲出。久之始典学昌平，则以其暇日，从大将军晨驰射猎，遨游诸陵间，熟历居庸、黄花诸扼塞，慨然有功名之志矣。在水部时，治皇极门，在屯部时监作庆陵，省工役皆以数万计，榷关时，属军兴，有所加税，公曰：加新重困商也，核故其有余者不中饱乎，岁课以足，又为申立科条，宽严中法，商贾立石颂德焉。公既受命督滇学政，属安氏阻命黔中，公将兵五千由蜀道以往。滇在万里外，声教眇焉，而黔其邻境也，滇士既素熟公名，公至则宣德意，定章程，多士蒸蒸向化，比于中州。时魏阉擅政，令天下富民入粟补博士弟子员，公不可，捐学租数千金助工而寝其令。会幕府檄公摄兵事，则使人徽曲靖之师夹攻安酋败之，即滇士人皆以公为知兵矣，而公亦雅自负。及在临沅，土舍普名声上谒，既去，公目送之曰：是有反相，祸滇者必此人也[⑥]！其后果然。在括苍时，山海之寇方弗靖，公截芽剪蔓，东境以肃。支运尽瘁，至遂不起。呜呼！公可谓清标绝俗，遇事敢为者矣！公孝友醇至，年既五六十，言及先父母，犹孺子慕也。性宽取而好施，士多得其缓急者。生平无姬姜音乐之好，

---

① 《安雅堂稿》明崇祯刻本原作“简”，简误。
② 《安雅堂稿》明崇祯刻本原作“真”。
③ 《安雅堂稿》明崇祯刻本原作“浇”。
④ 《安雅堂稿》明崇祯刻本原作“祠”。
⑤ 《安雅堂稿》明崇祯刻本原作“中使而”之序。
⑥ 《安雅堂稿》明崇祯刻本原作“必此人也祸滇者”之序。

特嗜书史，旁及山水鼎彝，幼在僻壤鲜典籍，公旁搜默识，蔚然可观。治滇时，悉捐赎锾取经史百家之书置阁庋之，又梓板焉。南土文献之盛，自公始也，是宜铭。其辞曰：

有明受命，江汉来王。义士自拔，用截我疆。显功并[①]络，移镇炎方。远条数叶，伟人凤翔。作令淮阴，德音孔昭。解泽和惠，市人不嚣。阉角既折，名豪日消。神护名德，匪贼所徼。官厌其耿，民攀其轺。昌平奉陵，厥称近边。公驰大羽，以佐化弦。即拜将作，夙夜平平。翼翼皋门，惟公落之。郁郁庆园，惟公度之。公之在关，商旅娱乐。公之典学，誉髦斯作。罗施告沴，逆气交讧。投笔誓众，手驱丰隆。安师夜遁，荒服用通。羯啸东门，夷甫以惊。曲江屈智，范阳弄兵。普虽小丑，机鉴同明。括苍之政，海峤永清。舆疾趋难，气掩欃枪。由来许国，实显忠贞。外恢可饰，内淳非取。既宪其文，亦宣其武。令子国器，再弘芳矩。爰勒鸿碑，永诏南土。

民国《贵州通志·人物志》引《云南按察司临沅道副使杨师孔制》[②]

朕：新抚方夏，永念荒徼，矧临沅为要害之区，而锁钥兼军民之寄，汉夷杂沓，绥辑为艰，朕恫然虑威德之不克究，非借良翰弹压而抚循之，南顾未易释忧也。尔云南按察司、分巡临沅道副使杨师孔，器范弘阔，才识沈深，方蜚誉于草元，寻绝尘于杏苑。循良制锦，早腾恺悌之声；农父持筹，益著核综之绩。屡司文铎，分职水衡，鸠工而轮奂聿新；功高宸极，榷算而关门临福。泽满钱江，遂晋臬藩。出高坛席，伯乐执辔则追电之足皆收；匠石挥斤，则干霄之材自出。爰咨伟略，分宪遐方，雨洗蛮部之烟，三军壮色；日生旸谷之晓，六诏蒙安。式懋乃功，矧与庆会，是用授尔阶中宪大夫，锡之诰命。於戏！西夷文教之开，肇自司马；牂牁威武之立，首赖武侯。比者，衰文竟渐返于雅醇，而伏莽亦潜消其箐瘴。伊谁之力也？尔尚其益景前哲，弥恢新猷，永固圉于金汤，即遥临夫节钺，钦哉！

《频罗庵遗集》卷十一

董文敏书《杨鲁源墓志铭墨迹跋》：杨冷然先生，善擘窠书，每榜书辄署吉州某，不知为杨龙友文骢父也。父子异籍，阅此卷始了然，此古人所以重碑版文字也。志铭凡二千余言，文敏书时，年已耄耋，故前后大小行楷不伦，阅者往往以此少之。不知古人作书，惟无名心故能成大家。看其精神到底不懈，其性情自在流露处，岂复他人所能仿拟。予留之几案间年余，录其副而后卷还之，备之其善藏焉！弗为墨猪算子辈所惑也。

---

① 《安雅堂稿》明崇祯刻本原作“井”。

② 民国《贵州通志》原作“孔真运运撰《南按察使司临沅道副使杨师孔制》”，今据他本改之。

《明诗纪事》庚签卷二十

（杨）师孔，字愿之，一字冷然，贵州卫人，万历辛丑进士，除山阴知县，迁户部主事，改顺天教授、昌平学正，迁国子学正，进工部事，历员外郎中，出为云南佥事，进参议，迁浙江参政，有《秀野堂集》。

2. 杨师孔诗

《黔诗纪略》卷十一

登罗汉寺歌

谁鞭太古一片石，缥缈下浸昆明坼。巑岏突兀古宿尊，袈裟静染天云碧。云自鸿蒙入定来，日月跳波双眼开。等闲一坐三千劫，风轮石火无纤埃。携将托钵置天涯，一滴醍醐万顷霞。浩浩惊涛翻不定，毒龙静制深无哗。化城兰若逗空见，鬼斧劈云开素练。绀殿璇宫青壁巢，觉路天开争一线。俯眴虚无只见水，白毫隐映空明里。钟声远激海鸥心，峰阴倒幻莲花蕊。振衣卓锡搏空起，跨鹤飞来一万里。旋采松花醉紫霞，指餐石窍青泥髓。悟来且证酒中禅，芥子须弥未剖前。无缝法门何用地，到来彼岸不须船。个中消息向谁求，海月初生水倒流。共君细话三生石，罗汉峰高亦点头。

解围志喜

朔风凛凛正重围，倏报王师指义旗。将略从天乘胜下，蛮营卷地望尘归。城头残垒闻嘶马，委巷尫羸笑启扉。自是天威雄绝徼，新标铜柱答垂衣。

寄怀江耽翁中丞分得龙井秋阴

何年贵竹开藩省，帝遣龙来奠此邦。木阁峰前通石罅，贯城溪畔泻璚浆。居民昏夜争余沥，古木萧疏透夕阳。神物岂能岩窦久，五花高举镇中央。

《黔诗纪略补》卷上

由长陵至西山

一官能有暇，数日踏花行。对酒写山意，逢僧问寺名。风惊松鹤梦，潮静木鱼声。为避游人迹，双柑独听莺。

马底过秦处百里作

客程愁马底，风磴许猿知。路仄溪流折，峰高日上迟。崩云飞化石，倒树寄生枝。犹有秦时鸟，传声故自奇。

感怀

傍水依岩小结楹，归家拟办郭西耕。多培高柳留莺语，曲驾危桥放鹤行。腹不厌书仙亦俗，身能住岳病还清。于今渐得山中味，鸥鹭翩翩却有情。

（二十一）王尊德

1. 王尊德传记资料

《万历三十二年进士登科录》

王尊德，贯贵州贵州前卫，官籍，直隶凤阳府泗州人。宣德司学生。治《春秋》。字与为，行一，年三十三，四月初十日生。……祖敬，知县……娶姜氏。贵州乡试第三十二名，会试第一百七十六名。

《万历三十二年甲辰科进士履历便览》

王尊德，存思。《春秋》。丙子四月初十日生。贵州前卫，官籍，泗州人。□□乡三十二名，会一百□十六名……授行人……授云南道御史……升右佥都御史、巡抚广西……加兵部右侍郎……刑部右侍郎，总督两广。庚午卒。

《国朝历科题名碑录初集·明万历三十二年进士题名碑录》

王尊德，贵州贵州前卫，官籍，直隶凤阳府泗州人。

《兰台法鉴录》卷二十一

王尊德，字性甫。贵州前卫人。万历三十二年（1604）进士。四十二年，由行人选云南道御史、广东巡按。天启三年，管大工。四年，升太仆寺少卿。五年，升右佥都御史、巡抚广西。七年，加兵部右侍郎，照旧。崇祯元年（1628），升刑部右侍郎。本年，实升兵部右侍郎兼右佥都御史、总督两广。

《类姓登科考》七阳

王尊德，贵州前卫人，三甲，兵部右侍郎兼副都御史、总督两广，赠尚书。

康熙《贵州通志》卷十六

王尊德，贵阳人，官兵部侍郎赠尚书。

王尊德，贵阳人，甲辰进士。

康熙《贵州通志》卷十八

王尊德，贵阳人，甲辰进士。初授行人，典试云南，授御史，按东粤，吏治肃清。天启间，安邦彦围贵阳十月，屡疏请援，围得解。迁太仆少卿，巡抚广西，总督两粤，有绥靖功，卒于官。居恒布衣蔬食，无异寒素。卒之日，囊无余赀。赠兵部尚书，赐祭葬。孙，承祯，解元；承佑、承祥，进士，咸居清要。

雍正《广西通志》卷五十三

王尊德，泗州人，崇祯元年任刑部侍郎。

王尊德，天启五年以刑部右侍郎任。

雍正《广西通志》卷八十九

唐氏，临桂人，王尊德妾也。尊德之妻悍，而妒不能同居处，乃挈舍于平乐之昭潭。驿时，尊德年八十矣，病已剧。邻舍火，氏负之，再终不能动，火且至，尊德曰："吾老矣，死不足惜，汝急避之。"氏曰："君死妾岂敢独存。"遂以身翼蔽之，立焚死。尊德复呻吟一昼夜乃死，惟（唯）云："我负此人。"道路闻之莫不陨涕。

雍正《广东通志》卷二十七

王尊德，贵州贵阳人，进士。四十五年任。

王尊德，贵州人，进士。四十五年任。

乾隆《贵州通志》卷七

王尊德墓，在府城南门外，德两广总督尚书。

乾隆《贵州通志》卷二十六

王尊德，贵阳人，官兵部侍郎。

乾隆《贵州通志》卷二十八

王尊德，贵阳人。万历甲辰进士，初授行人。典试云南，授御史，按东粤吏治肃清。壬戌，安邦彦围贵阳十月，屡疏请援，围得解。迁太仆少卿，巡抚广西，总督两粤。有绥靖功，卒于官。居恒布衣疏食，无异寒素。卒之日，囊无余资，赠兵部尚书，赐祭葬。孙承正解元，承佑、承祥进士，咸居清要。

道光《贵阳府志》卷七十三

王尊德，字存思，先世泗州人，有曰德、曰万一者兄弟皆从军有功，德为贵州卫职，万一为普安卫职，子孙世袭遂居焉。德数传至敬，嘉靖二十二年（1543）举人，官知县。敬生元佐，尊德元佐子也，万历三十二年（1604）进士，授行人，主考云南，号得人。改中书舍人，擢监察御史，出按广东，举劾无所顾忌，吏治为之肃清。

天启二年（1622），安邦彦围贵阳，屡疏请援，词甚激切，朝廷始命巡抚王三善、总理鲁钦出师。三善入贵州迁延，尊德与徐卿伯又上疏趣之，顷之，贵阳围解，乡党咸德之。累迁太仆寺少卿、副都御史，巡抚广西。崇祯元年（1628）

入为刑部侍郎，寻改兵部侍郎，总督两广。

尊德刚方有志操，风裁峻整。熹宗之世，客魏乱政，士大夫从之，而靡者不一，尊德挺然孤立，绝不与通声息；又不为忠贤立生祠，时论翕然称之。故庄烈帝立未几，即自广西召还。然尊德在广西日久，绥靖苗徭大著劳绩，故旋有两广之命。后以劳卒于官，赠兵部尚书，赐祭葬。

尊德性俭素，居恒布衣疏食，无异寒儒；亦不事积聚贻子孙，卒之日，家无余财，人以此称之。

弟命德，万历四十三年（1615）举人，官至治中。子孙齐、孙章，孙承祯、承祜、承祥，咸以文章清节世其家。承祯，康熙二年（1663）贵州解元，未仕卒；承祥，康熙九年（1670）进士，授知县，行取吏部主事，迁福建参议，分守兴泉道，改广西提学副使，孙齐、承祜别有传，孙章事具承祜传中。

《清史稿》卷五百

王尊德妾唐氏，临桂人。尊德年八十，病剧，邻家火，唐欲负以避，力不胜。火迫，尊德挥使出，唐身翼蔽尊德，皆死。

嘉庆《大清一统志》卷五百

王尊德，贵阳人。万历中进士，初授行人。擢御史，按广东吏治肃清。天启间，安邦彦围贵阳，屡疏请援，围得解。历官广西巡抚，总督两粤。有绥靖功，卒于官。囊无余赀，赠兵部尚书。

《粤闽巡视纪略》卷二

七日后，日夜分为两潮，水长一二尺，是又不可解。明世于此设武山陆营与虎门水寨相应。天启三年（1623），总督王尊德筑城为驻兵之所，今不复设。

《黔诗纪略》卷十一

（王）尊德，字存思，其先居南直凤阳之泗州。有德[①]、万一兄弟，皆以军功得官贵州前卫。万一官普安卫职，世袭，德子孙遂居贵前卫。数传至敬，嘉靖二十二年（1543）举人，官知县。敬生元佐，元佐生存思，举万历二十二年（1594）乡试，三十二年进士，授行人典试云南，改中书舍人，擢监察御史。与左光斗交章击方从哲依阿欺诳，他举劾亦无慑忌。出按广东，吏治为之肃清。天启二年（1622）安邦彦围贵阳城，屡疏请援，朝廷始命巡抚王三善、总理鲁钦出师。三善入贵州迁延，存思与徐卿伯又疏趣之，贵阳围乃解。迁太仆少卿，擢副都御史，巡抚广西。崇祯元年（1628），入为刑部侍郎，寻改兵部侍郎，总督两广。存思刚方

① “德”原作“得”。

有志操，风裁峻整，客魏乱政，不与通声息，又不为忠贤立生祠，时论翕然称之。故庄烈帝未几，即自广西召还。然在广西久，绥靖苗徭，劳绩最著，故旋有两广之命。后以劳卒于官，赠兵部尚书，赐祭葬。存思性俭素，扬历方面，而布衣蔬食，无异寒儒，卒之日，家无余财云。所著《疏草》惜不传，仅从《瑞阳阿集》附录中拾得一篇。

2. 王尊德诗

《黔诗纪略》卷十一

立夏

惊心寻胜事，转眼易佳辰。人喜初来夏，花留不尽春。临池翻帖始，改火瀹茶新。高枕西窗下，绿阴何负人。

移菊有赠

迎霜竞秀出篱英，月下移来瘦影横。初到官家应匿笑，乍离故土似含情。门无杂客犹堪傲，架有奇书可伴清。盛则护持衰则弃，岂因荣落遽寒盟。

（二十二）杨如皋

1. 杨如皋传记资料

《万历三十二年进士登科录》

杨如皋，贯贵州铜仁府铜仁县，民籍。府学生。治《诗经》。字淑问，行十，年二十，十一月十四日生。……祖秀冕，知县。娶曾氏。贵州乡试第三名，会试第二百八十六名。

《万历三十二年甲辰科进士履历便览》

杨如皋，师虞。《诗》五房。乙酉十一月十四日生。铜仁县籍，蒲州人。癸卯乡三名，会一百八十六名，三甲一百二十名……授玉田□□……考选……授云南道……甲寅长芦巡盐，卒。

《国朝历科题名碑录初集·明万历三十二年进士题名碑录》

杨如皋，贵州铜仁府铜仁县，民籍。

《兰台法鉴录》卷二十

杨如皋，字淑问，贵州铜仁县籍，山西蒲州人。万历三十二年（1604）进士，四十年，由玉田知县选云南道御史。

《类姓登科考》七阳

杨如皋，贵州铜仁县人，三甲。

雍正《山西通志》卷六十九

杨如皋，蒲州人，御史。

乾隆《贵州通志》卷二十六

杨如皋，铜仁人，官御史。

乾隆《贵州通志》卷二十八

杨如皋，铜仁府人，字师虞。万历甲辰进士，授玉田令，以循卓擢监察御史。

民国《贵州通志·人物志》引康熙《贵州通志》

杨如皋，字师虞，铜仁府人。万历甲辰进士，授玉田令，以循卓擢监察御史，持论得大体，不以矫激为名，绣斧所至，政尚简静，吏畏而民怀之。

民国《贵州通志·人物志》

如皋任玉田，调停养马之法，最有方略，地方称便。奴酋入贡，经其邑，需索不赀，从中多所斡旋，邑民恃以无恐。

民国《贵州通志·人物志》引光绪《铜仁府志》

杨如皋，字师虞，万历癸卯举人，四川南溪县知县。秀冕孙，幼颖异，长励志读书，言动不苟，祖冕指谓诸子曰：是儿不凡，以器局仪表卜之，异日必居清要为台省中人，吾家其兴乎！已而果于万历癸卯领乡荐，甲辰联捷成进士，除顺天府玉田县知县。有老吏精于刑名，历任皆置幕中优待之，事无巨细咸起决焉，由是淆乱是非，颇为地方害。尝夺某生田，生诉于县，前令回护，不置于狱，县生具白生冤不允。如皋莅任，话得情实，置诬告于法，并惩老吏，为生详复，阖县以为雪一奇冤，锄一巨蠹，莫不称快。县中盐商货盐，向用十四两秤，每盐一斤，泥水居半，小民苦之，讼于官，令尉吏胥俱受贿不问。如皋至，悉屏旧日陋规，禁杂泥水，定用十六两秤，违者惩不贷。商初谓新官出示，具文而已，仍不悛，民赴县诉之，如皋取首违令者荷校以徇，咸为悚然，积弊立除。以循卓内升云南道监察御史，正色立朝，论事持大体，不屑以矫激为名。

巡按河南，荐循良，纠贪墨，政尚简静，一如作县令时。著有《课农琐记》，卒祀乡贤。

《本朝分省人物考》卷一百一十五

杨如皋，号师虞，贵州铜仁人，弱冠登万历甲辰进士，授玉田县令，调停养马之法最有方略，地方称便，奴酋入贡经其邑，需索不赀，从中多所斡旋，邑民恃以无恐。选入云南道御史，中立不倚，论列悉关大计，一时正人君子，借以为重，未究所施而卒。卒之日仅三十岁耳。

《黔诗纪略补》卷中

（杨）如皋，字师虞，铜仁人，万历癸卯举人，甲辰进士，除玉田知县，征授御史，巡按河南。绣斧所至，政简刑清。

2. 杨如皋诗文

《黔诗纪略补》转引《黔诗萃》

春日京居书怀

杨如皋

宦游人已倦，客久倍思归。
腊雪梅应吐，春山蕨正肥。
知交今落落，乡梦旧依依。
晚景须珍重，园林驻夕晖。

（二十三）熊文灿

1. 熊文灿传记资料

《万历三十五年进士登科录》

熊文灿，贯贵州永宁卫，军籍，四川泸州人。永宁卫学生，治《诗经》。字太蒙，行一，年二十八，三月二十五日生。……贵州乡试第二名，会试第一百八名。

《万历三十五年丁未科进士履历便览》

熊文灿，心闻。《诗》二房。庚辰三月二十五日生。泸州人。丙午乡试二名，会试第一百八名，三甲七十四名……授黄州府推官……升山东右布政……起福建右布政，升福建巡抚右佥都。

《国朝历科题名碑录初集·明万历三十五年进士题名碑录》

熊文灿，贵州永宁卫，军籍，四川泸州人。

《类姓登科考》一东

熊梦兆，河南鹿邑人，万历甲戌三……熊鸣岐，江西丰城人，丁未二甲，鸣夏弟。熊文灿，贵州人，三甲，兵部尚书兼副都御史，督剿流寇。

乾隆《贵州通志》卷二十六

熊文灿，永宁人，官总督、兵部尚书。

乾隆《贵州通志》卷二十六

熊文灿，永宁人，官总督兵部尚书。

熊文灿，永宁人，丁未进士。

万历《黔记》卷二

辛巳赐贵阳潘润民、永宁熊文灿、普定娄九德、镇远张应吾进士。

万历《黔记》卷三十

熊文灿，永宁司，丁未进士。

《礼部志稿》卷四十二

熊文灿，大蒙，贵州永宁卫籍，四川泸州人。万历丁未进士，四十七年由精膳司主事，升任。

《礼部志稿》卷四十三

熊文灿，大蒙，贵州永宁卫籍，四川泸州人，丁未进士。泰昌元年由仪制司员外郎，未任。

《礼部志稿》卷四十四

熊文灿，大蒙，贵州永宁卫籍四川泸州人[①]。丁未进士，由湖广、贵州府推官，行取。

《明季北略》卷二十四

九月，熊文灿次于襄阳，遣将击贼于双沟，大破之。

---

① 关于其籍贯，嘉庆《四川通志》卷一百二十四亦言："熊文灿，贵州永宁卫籍泸州人。"吴廷燮撰《明督抚年表》卷四"熊文灿，万历丁未进士题名""贵州永宁卫，军籍，四川泸州人"。

《类姓登科考》卷二

熊文灿，贵州人，三甲。兵部尚书兼御史，督剿流寇。

道光《肇庆府志》卷十二

熊文灿，贵州永宁人，进士。五年由福建巡抚升任。

《明季北略》卷十五

杨嗣昌代熊文灿

初，熊文灿与大学士杨嗣昌深相结纳，嗣昌冀文灿成功，以结上知。文灿既败，嗣昌内不自安，请督师南讨，上甚慰劳之。八月十七日壬戌，命嗣昌督师讨贼，赐尚方剑，并督师辅臣银印，给帑金四万，赏功牌千五百，蟒纻绯绢各五百。九月初五日丁卯，嗣昌陛辞，上宴于平台后殿，手觞嗣昌三爵，赐以诗，勒于文庙，亲赋《铙歌》二首赠行。命会兵十万，给本折色银二万两，出师之隆，莫盛于此。御史张肯堂请著为令，"有创为抚说者，议出编氓行伍，以奸细论；议出道将绅衿，以通贼论；议出督府镇帅，以误国论。"疏入，嗣昌弗善也。嗣昌首倡聚敛一议，加剿饷三百万两，又加练饷七百三十余万两，合旧派每年加二千三百万，以致民穷盗起。至是，力以灭贼自任。冬十月，嗣昌至襄阳，入熊文灿军，诏逮文灿入京，论死，弃西市。丙子，拜左良玉平贼将军。良玉所部多降将，嗣昌谓可倚以办贼，为请于上，故有是命。贼初闻嗣昌出，颇心怖。及嗣昌抵任，踵袭文灿招抚故智，谋以郧事委郧抚袁继咸，楚事委楚抚宋一鹤。一鹤贪懦巧谄，以嗣昌父名鹤，投揭自署其名曰"一鸟"，楚人争传笑之。嗣昌对守年余，一筹莫展。自撤白虎之险，纵贼入川，贼势益张，不可收拾。嗣昌妄听杨卓然之说，谓"献贱难图、革、左易抚"，辄思舍难就易，檄左良玉趋皖，驾言"川中零贼，不足复烦大兵"，军中咸知失计。良玉探识其奸，率兵竟去，连发十九檄追之，不返。贼复出，无当关者矣。且贼由西北陆走襄阳，而嗣昌由西南水走夷陵，岐（歧）路相避，犹饰称鞭长不及。甚至地方失事，匿不上闻，而又虚设捷级，动云寇不足虑。泸州知州苏琼等死于贼，嗣昌复砍其头，充级报功，群贼愈无所惮。当是时，楚抚代罢不常。戊寅十一年六月，逮楚抚余应桂，以方孔炤代之。至十三年正月，逮孔炤，命宋一鹤代之。十二年己卯四月朔戊子，郧阳抚治戴东旻免，以王鳌永代之。至十三年，罢鳌永，以袁继咸代之。代易纷纷，迄无成功，只为猾贼笑耳。

嗣昌抵任以下，兼十三年事在内，因上文而并及之耳，阅楚抚一行可知。

《明史》卷二百七十

熊文灿，十年三月击擒大盗郭三海，十一年九月大破。

《明史》卷二百六十

熊文灿，贵州永宁卫人。万历三十五年（1607）进士。授黄州推官，迁礼部主事，历郎中。出封琉球，还，擢山东左参政，山西按察使，山东右布政使。忧归，自是徙家蕲水。

崇祯元年（1628）起福建左布政使。三月就拜右佥都御史，巡抚其地。海上故多剧盗，袁进、李忠既降，杨六、杨七及郑芝龙继起。总兵官俞咨皋招六七降，芝龙猖獗如故。然芝龙常败都司洪先春，释[①]不追；获一游击，不杀；咨皋战败，纵之走。当事知其可抚，遣使谕降之。文灿至，善遇芝龙，使为己用。其党李魁奇再降，再叛去，芝龙击擒之。海警渐息，而钟斌又起。斌初亦就抚，后复叛，寇福州。文灿诱斌往泉州，令芝龙击败之。既而蹙之大洋，斌投海死。闽中屡平巨寇，皆芝龙力，文灿亦叙功增秩焉。

五年二月，擢文灿兵部右侍郎兼右佥都御史，总督两广军务，兼巡抚广东。先是，海寇钟凌[②]秀既降复叛，为芝龙所擒，其党溃入长汀，转掠江西属邑，文灿檄芝龙屡败贼。而福建有红夷之患，海盗刘香乘之，连犯闽、广沿海邑，帝以责文灿。文灿不能讨，乃议招抚，贼佯许之。参政洪云蒸，长沙人，初官广西参政，尝搜凌秀余党，斩三十余级，尽毁其巢。文灿乃令云蒸与副使康承祖，参将夏之本、张一杰入贼舟宣谕，俱被执。文灿惧罪，奏诸臣信贼自陷。给事中朱国栋劾之，诏贬秩，戴罪自效。八年，芝龙合广东兵击香于田尾远洋。香胁云蒸止兵，云蒸大呼曰："我矢死报国，急击勿失。"遂遇害。香势蹙，自焚溺死，承祖等脱还。贼党千余人诣浙江归款，海盗尽平。

文灿官闽、广久，积赀无算，厚以珍宝结中外权要，谋久镇岭南。会帝疑刘香未死，且不识文灿为人，遣中使假广西采办名，往觇之。既至，文灿盛有所赠遗，留饮十日。中使喜，语及中原寇乱。文灿方中酒，击案骂曰："诸臣误国耳。若文灿往，讵令鼠辈至是哉！"中使起立曰："吾非往广西采办也，衔上命觇公。公信有当世才，非公不足办此贼。"文灿出不意，悔失言，随言有五难四不可。中使曰："吾见上自请之，若上无所吝，即公[③]不得辞矣。"文灿辞穷，应曰"诺。"中使还朝，果言之帝。初，文灿徙蕲水，与邑人姚明恭为姻娅，明恭官詹事，又与杨嗣昌善。嗣昌握兵柄，承帝眷，以帝急平贼，冀得一人自助。明恭因荐文灿，且曰："此有内援可引也。"嗣昌喜，遂荐之。

十年四月拜文灿兵部尚书兼右副都御史，代王家祯总理南畿、河南、山西、陕西、湖广、四川军务。文灿拜命，即请左良玉所将六千人为己军，而大募粤人及乌蛮精火器者一二千人以自护，弓刀甲胄甚整。次庐山，谒所善僧空隐。僧迎

① 《明季烈臣传》"释"后有"之"字。
② 《明季烈臣传》作"灵"。
③ "即公"《明季烈臣传》作"公即"之序。

谓曰："公误矣。"文灿屏人问故，僧曰："公自度所将兵足制贼死命乎？"曰："不能。"曰："诸将有可属大事、当一面、不烦指挥而定者乎？"曰："未知何如也。"曰："二者既不能当贼，上特以名使公，厚责望，一不效，诛矣。"文灿却立良久，曰："抚之何如？"僧曰："吾料公必抚。然流寇非海寇比，公其慎之。"文灿去，抵安庆。帝所遣中官刘元斌、卢九德监勇卫[①]营军者亦至。良玉宿将桀骜，不受文吏节制，会其下与粤军不和，大诟。文灿不得已，遣还南兵，然良玉军实不为用。嗣昌言于帝，乃以边将冯举、苗有才兵五千人隶焉。有才败于真阳。而京营将黄得功连破贼兵，威甚振。

当是时，嗣昌建"四正六隅"之策，增兵饷大半，期灭贼，贼颇惧。及文灿至，京军屡捷，益惧。文灿顾决计招降。初抵安庆，即遣人招张献忠、刘国能，二人听命。乃益刊招降檄，布通都。又请尽迁民与粟闭城中，贼无所掠，当自退。帝怒，谯让文灿。嗣昌亦心非之，既已任之，则曲为文灿解。因其请，畀以畿辅、山西兵各三千。明年，国能果降，而献忠袭据谷城。会得功又大破贼舞阳，马士秀、杜应金夜半降，信阳城下。献忠为左良玉所创，几被擒，其下饥困多散去。献忠穷蹙，亦因陈洪范以降。于是嗣昌议功罪，绌洪承畴、曹变蛟等，而称文灿功焉。

已而京军解遂平围，斩获三千有奇。时文灿在裕州，马进忠、罗汝才十三家贼聚南阳。文灿下令，杀贼者偿死[②]。贼不肯从，则赍金帛酒牢犒之，名曰"求贼"。帝诇得状，曰："文灿大言无实。"文灿恐。孙传庭出关击贼，文灿不救，而嗣昌已入政府掌中枢矣。九月，文灿次襄阳，贼分踞郧、襄诸险。诸将请战，文灿议分兵。卢九德曰："兵分则力弱，一失利，全军摇矣。莫若厚集其力而合击之。"众曰："善。"乃以佥事张大经监大将左良玉、陈洪范军，以通判孔贞会监副将龙在田军，战于双沟，大破之，斩首二千余级。罗汝才、惠登相率九营走均州，李万庆率三营走光、固。

十一月，京师戒严，召洪承畴、孙传庭入卫。汝才等以为讨已也，惧[③]而叩太和山提督中官，求抚于文灿，许之。处汝才及一丈青、小秦王、一[④]条龙[⑤]四营于郧县，处登相及王国宁、常德安、杨友贤、王光恩[⑥]五营于均州。上言："臣于李万庆、贺一龙、马光玉及顺天王主剿，他皆主抚。请赦汝才等罪，授之官。"可之。时京军、良玉军皆以入卫行，马士秀、杜应金遂叛于许州。初，士秀等降，良玉以其众处许之郊外。许，大州也，良玉诸将寄孥与贿焉。良玉久征

---

① 《明季烈臣传》作"威"。
② 《明季烈臣传》作"命"。
③ 《明季烈臣传》"惧"后有"之"字。
④ 《明季烈臣传》作"二"。
⑤ 《明季烈臣传》"龙"后有"等"字。
⑥ 《明季烈臣传》"恩"后有"等"字。

不归，士秀、应金在文灿军中，伪请急，假良玉军号入城。夜半，兵从府第出，烧城南楼，劫库，杀官吏，挈其赀投万庆。万庆者，贼魁射塌天也。

十二年三月，良玉还，破降马进忠，使刘国能击降万庆，士秀、应金亦再降。顺天王已前死，其党顺义王为其下所杀。文灿遂上言："臣兵威震慑，降者接踵。十三家之贼，惟革、左及马光玉a三部尚稽天诛，可岁月平也。"帝优诏报之。

初，张献忠之降也，拥兵万人踞谷城，索十万人饷。文灿及中外要人曰与之。为请官，请地，请关防矣，献忠列军状曰请备遣。既而三檄其兵不应，朝野知献忠必叛也。其后，汝[2]才降，不肯释甲。及进忠、万庆等并降，文灿以为得策，谓天下且无贼也。五月，献忠遂反于谷城，劫汝才于房县，于是九营俱反。初，均州五营惧见讨，自疑，相与歃血拒献忠，无何亦叛去。帝闻变，大惊，削文灿官，戴罪视事。七月，良玉击献忠罗英山，败绩。帝大怒，命嗣昌来代。嗣昌已至军，即遣使逮文灿下狱，坐大辟，所亲姚明恭柄国而不能救也。十三年十月，文灿竟弃市。

《明人传记资料索引》

熊文灿，贵州永宁人。万历三十五年（1607）进士，崇祯初累官右佥都御史，巡抚福建，时海盗猖獗，文灿抚郑芝龙为己用，闽盗遂平。擢督两广，仍以芝龙力平海盗刘香，时以为知兵。中原寇乱，杨嗣昌荐之，拜兵部尚书，总理军务，文灿一意主抚，张献忠遂诈降，拥万人踞穀城，索十万人饷，文灿与之。已而复反，事遂不可为，文灿坐弃市。

2. 熊文灿文

《叙永文史资料选辑·叙永文钞》

建蓬莱桥碑记

桥之津筏于永也，旧矣。肇自国初，架木为梁，上覆以楼，颜曰"据胜"。沿至肃皇帝六年，水涨漂没。当事者修仍其旧。迨万历丙午岁，夜雨如倾，两泓奔激，桥木漂尽，民皆病涉。呜呼！何为当此末季而有斯必不得已之役也！慨自播恶震荡，阖郡勤王，财力殚罄。何敢以疮痍肩土木巨任？顾是役不举，设有噫矢者，惧末路之懈弛，予深有虑焉。

数年，予寓迹燕邸，甲寅冬，衔命如闽，便道旋里，见桥成以石。履其上者，俨若跨长虹而渡弱水。予会诸父老而叩之曰：桥之成也，意者帑金助欤？宪

① 《明季烈臣传》作"裕"。
② 《明季烈臣传》"汝"前有"罗"字。

帅临欤？邻封恤欤？工自勤欤？讵知不然。

郡守周公世匡，始自壬子秋，采石于定水之滨，川河效灵，伐木于远屯之薮，山林助顺。木石中选，若储之千百年之前，以俟今日之急需者。则是桥之建也，不知几经劳瘁，几经筹划，乃克告成于三年之内，有如是之神且速也！

父老曰："惟速乃怨，惟怨乃成。君子宁冒怨以图成，不邀誉以惰功，周公有焉"诸父老以直指潘公题曰"蓬莱"，盖祝多士尽为瀛州仙客，而欲我官民共跻春台云尔。

（二十四）娄九德

娄九德传记资料

《万历三十五年进士登科录》

娄九德，贯贵州普定□□，浙江嘉兴县人。普定卫学生，治《诗经》。字仰舜，行二，年三十，十一月十九日生。……贵州乡试第二十八名，会试第二百八十九名。

《万历三十五年丁未科进士履历便览》

娄九德，虞庭。《诗》一房。壬甲十一月十九日生。普定卫人。癸卯乡试二十八名，会试第二百八十九名，三甲一日八名……授洛阳知县……升莱州知府……升云南右布政。丁卯升左布政。

《国朝历科题名碑录初集·明万历三十五年进士题名碑录》

娄九德，贵州普定卫，官籍，浙江嘉兴县人。

《明实录·熹宗实录》卷五十六

乙巳……升……四川布政使司右参政娄九德为广西按察使。

《类姓登科考》十一尤

娄九德，贵州普定人，丁未三甲。

乾隆《大清一统志》卷三百九十二

娄九德，字虞廷，郡人。万历中进士，以工部郎出为莱州知府，值岁大饥，多方赈救，全活甚众，迁广西副使，历云南布政，俱以清操闻。

康熙《贵州通志》卷十六

娄九德，安顺人，官左布政。
娄九德，普定人，丁未进士。

康熙《贵州通志》卷十八

娄九德，字虞廷，郡人。万历丁未进士，以工部郎出知莱州府，岁大饥，多方赈救，全活者众。迁广西副使，历云南左布政，清操素节，始终不渝，年七十二卒。

雍正《广西通志》卷十八

娄九德，安顺人，进士。

雍正《广西通志》卷五十三

娄九德，字虞廷，安顺人，进士。天启间任。

乾隆《贵州通志》卷七

娄九德墓，在府城西，德布政使。

乾隆《贵州通志》卷二十六

娄九德，安顺人，官左布政使。
娄九德，普定人，丁未进士。

乾隆《贵州通志》卷二十八

娄九德，字虞廷，郡人，万历丁未进士。以工部郎出知莱州府，岁大饥，多方赈救，全活者众。迁广西副使，历云南左布政。清操素节始终不渝，年七十二卒。

咸丰《安顺府志》卷三十四

娄九德，普定人，官至布政使。

（二十五）潘润民

1. 潘润民传记资料

《万历三十五年进士登科录》

潘润民，贯贵州前卫，军籍，湖广武陵县人。贵州宣慰司学生，治《书经》。字传霖，行一，年二十八，七月二十一日生。……贵州乡试第一名，会试第二百八十名。

《万历三十五年丁未科进士履历便览》

潘润民，淮原。《书》二房。丁丑七月二十一日生。贵州安顺府前卫人。癸卯乡试一名，会试第二百八十名，三甲一百十一名……改翰林院庶吉士……升礼部仪制司主事……升广东按察使……升云南右布政……升左布政。庚午致仕。

《国朝历科题名碑录初集·明万历三十五年进士题名碑录》

潘润民，贵州前卫，军籍，湖广武陵县人。

清盛子邺《类姓登科考》十四寒

潘润民，贵州前卫人，三甲。

《明诗纪事》庚签卷二十二

（潘）润民，字用霖，贵州前卫人。万历丁未进士，改庶吉士，授礼部主事。历员外、郎中，出为广东副使。历四川、河南参政、广东按察使、云南布政使，病归。起云南副使，就迁布政使。

康熙《贵州通志》卷十六

潘润民，贵阳人，改庶士，官左布政。

潘润民，贵阳人，维岳孙，丁未进士。

康熙《贵州通志》卷十八

潘润民，字用霖，贵阳人。举万历癸卯第一，丁未成进士，读中秘书，历藩、臬，以清节著，所至有恩惠，士民爱戴，每迁擢去，辄痛哭挽留不忍舍。天启壬戌安邦彦围贵阳，时在告家居，与当事誓死坚守，复捐千金以饷士，城赖以全。围解，疏荐起用，官至云南左布政。生平孝友端悫，一言一动皆有法则，真先辈典型，著有《味澹轩集》。

康熙《云南府志》卷十一

潘润民，贵州贵阳人。天启间任云南右布政使，晋左布政，有德于民，竟卒于仕。

乾隆《贵州通志》卷二十六

潘润民，贵阳人，官左布政使。

乾隆《贵州通志》卷二十八

潘润民，字用霖，贵阳人。举万历癸卯第一，丁未成进士，读中秘书。历藩臬……官至云南左布政。

道光《贵阳府志》卷七十三

潘润民，字用霖，其先武陵人。有曰兴国者始徙贵州，及贵阳置府，遂为贵阳人。六世至松，松生昆阳知州维岳，维岳生武定府司狱思聪。维岳、思聪皆有传在循吏篇。思聪生润民。

润民生而端凝，幼不好嬉，七岁丧母，哀毁如成人，十四能为诗古文词。万历三十一年以第一人举于乡，三十五年成进士，改庶吉士，散馆授礼部主事。四十年奉使肃王府，就进本部员外郎郎中，在礼部凡六年，多所厘饬。四十三年出为广东按察司副使，督粮道。广东夙号财赋之区，经制无簿籍，猾胥豪右得因以为奸，细民病之。润民朝夕稽求，始有条理。顷之，布政使去职，润民摄事，即以所稽求者勒入《赋役全书》，垂为永制，广东之民咸赖焉。

明年，用廉卓擢四川布政司，参政建昌兵备道。建昌为川南边地，夷猓数为患，润民至，则严简练，裕储侍，谨烽堠，信赏罚，军政一新，夷猓不敢再复扰。既而告归，未半载，安邦彦反，将围贵阳，润民以银千两助饷，又预修北城以待贼，士大夫感其义，咸出私赀军饷，城工赖以具。及贼至，润民率诸生日夜巡城督视，守者无少暇，为当事筹贼，深中事机。围十月，城卒全，润民之力居多。贼之初至也，润民积藁与火药于所居楼下，誓城陷自焚。及围解，当事上其功，天启四年（1624）起河南参政，分守河南道。初履任至洛阳，见供张甚盛，悉却之。旬日擢广东按察使，宪纲大举，墨吏望而解职。有母诉其子不孝者，润民谕之曰：“吾不难置若子于典，恐若后以无子悔耳，姑徐之可乎？”翌日，母遂息诉，携其子而归。其为政严吏宽民，先教后刑，类如此。

时安邦彦未平，云南与贵州邻近，群盗咸起，议者以润民熟悉军政，且有守城功，进云南右布政使，管分巡安普副使。至官，安普大旱，润民祷于城隍神，以身为民请命，顷之甘雨大澍。又二年进左布政使，管曲靖兵备副使。朝议四川、云南、贵州三路进兵剿贼，云南兵由乌撒趋瓦甸、黑章，会于毕节，以润民监军。时云南派民运粮，责有身家者任之，而挽卒、米户故昂其直，米一石约费银数两，稍有身家者困不支。润民以云南帑藏有余，下令改派运为募运，民安而运亦集。润民单骑先至乌撒以待师，师至，润民见贼势方盛，檄诸军暂屯守，俟二省兵集，声势相应援，然后至毕节。巡按自省城屡寓书促之，润民持重不肯进。沾益、乌撒之间有土目曰鸡世昌，阴怀去就之志，议者欲以兵攻执之，润民谓世昌反形未露，姑羁縻。俟邦彦既馘，然后执之未晚，大敌未克，万一遁去，是一敌未除又添一敌也，亦不肯。巡抚即使人代润民监军，润民因告病归。其后，二省兵不得至毕节，世昌亦觉而逸去为患，卒如润民言。

贵阳人之裔安氏使者也，总督朱燮元为之杀千户胡朝栋，巡按苏琰更起大狱，株连士类，润民不平其事，乃去之武陵旧籍而家焉，久之乃还贵阳。

崇祯十二年（1639），起云南金沧道副使，逾月超擢云南左布政使。云南旧额岁贡黄金二千两，而其时云南已不产金，遂派敛白金于民，市以充贡，民力不支，积逋贡金六千两。先是，云南铸钱议行，始事者迫欲见绩，岁报息可值银二万两。后钱日轻而银日重，不足偿，已停铸，而岁息仍旧额不改。主者以其虚息饷兵，兵饷不可缺，官每每偿之。久之，官亦不能偿，积而逋欠者又白金四万两。往时，督臣咸匿不敢以上闻，润民以告于巡抚曰："明主可以忠言，吾将以实告，万一天威不测，愿以一官徇之。"巡抚不许。云南兵饷经奸胥侵蚀有压欠，压欠者谓以乙年之入补甲年之逋，又以丙年之入补乙年之逋也。以此，饷不时给，兵亦虚冒。润民亦欲核实，巡抚亦不许。润民大以为忧，又积劳瘁，十四年三月遂以疾卒于官，年七十。

著有《味淡轩集》，味淡居士，其自号也，又号朗陵云。子驯、骧皆有传。

《礼部志稿》卷四十二

潘润民，汝霖，贵州前卫人。万历丁未进士，三十八年由庶吉士改授。

《礼部志稿》卷四十三

潘润民，博霖，贵州前卫人。丁未进士，万历四十年由仪制司主事，升任。

潘润民，傅霖，贵州前卫人。丁未进士，万历四十一年由仪制司员外，升任。

民国《贵州通志》引乾隆《云南通志》

潘润民天启间累迁至云南右布政使，寻转左。值岁大旱，乃为文祷于神以身请命，次日雨降，远近沾足。水西兵役为监军，军行纪律严整，旋克复乌撒城，以当事掣肘，师行不能专，遂致政归。己卯再起原官，仍惠逮小民，民困复苏。时滇有二患：不产金而贡金，鼓铸之息过重。请于大府，以格于功令，皆报罢。不能行其志者，事非一端，日每仰屋太息，至废寝食，请告弗许。崇祯辛巳卒于官。性忠孝，立心制行，必求无愧圣贤，临大事不少震惊，有古大臣风。著有《味澹轩诗文集》行世。长子驯，崇祯己卯举人，授蒙自县令，凡子孙仕于滇者，咸著政绩焉。

《黔诗纪略》卷十二

潘润民，字用霖，号朗陵，贵州前卫人（《省志》云贵阳人），万历三十一年（1603）举乡试第一。三十五年成进士。改庶吉士，散馆，授礼部主事。四十年，进本部员外郎郎中。四十三年，出为广东督粮副使，摄布政使事。明年，擢四川布政司参政，备兵建昌。寻告归。天启四年（1624）秋，召起河南参政，分守河南道。旬日擢广东按察使。寻进云南右布政使，管分巡安普道。越二年进左兼备兵曲靖。后以病请告。崇祯十二年（1639），起金沧道副使。逾月[①]擢云南左布政使。十四年三月卒官。年七十。事迹具其子驯行状者，不具述。述其未详者。

朗陵之自四川参政告归也，未半岁而水西土目安邦彦之乱作。邦彦水西宣慰使，安尧臣族子。尧臣死，子位幼，邦彦遂专其兵权，怀异志，阴与永宁土酋奢崇明合。崇明既反，天启二年（1622）二月或传其陷成都，邦彦遂挟位叛为声援，自称罗甸大王。首袭毕节，陷之。诸部头目且蜂起为助，乃分兵西破安顺、沾益，东下瓮安、偏桥，而邦彦自统水西军渡六广河，直趋贵阳。当是时，贵阳城中藩臬守令皆入觐，巡抚李枟将受代，闻变，乃与巡按御史史永安招郎陵等在告官亟议守城。枟、永安与提学佥事刘锡元等分门当冲要。郎陵首以千金倡助饷，率乡官杨师孔、周思稷等与学官周良翰（镇远人，字拙存，以是年任教授）励诸生率民兵分陴拒守。贼攻不能克，则沿岩置栅断城中出入。镇将张永芳率兵二万赴援。隔龙里不得进。诸将马一龙、白自强皆战没，外援遂绝。贼攻城益急。郎隆庶母程惧辱，仰药死。城中粮尽，食糠核草木，败革亦尽，遂食死人，以渐食生人。郎陵至杀十岁女。周思稷亦有所杀，并以飨士。故士[②]益奋死守不遗余力。贼尽攻击之术，夜已登陴，天明忽自退；明日又梯而登。守城止饿卒六人，荷戈强起杀贼一人。贼复惊退，堕梯死者无算，以为城中尚有精兵数万也。十二月新抚王三善始分兵三道进夺龙里城，击杀别贼目安邦俊，邦彦骇走。乘胜抵贵阳城下，先以五骑传呼曰："新抚至矣！"举城欢呼更生。时被围十余月[③]，城中户十余万，至是仅存数百人，而孤城卒全。大吏则枟、永安、锡元功；乡官则郎陵功最多。事详《明史》枟本传。（枟，字长孺，鄞人，万历辛丑进士。）郎陵之自备兵曲靖病归也，总督朱燮元以贵阳人忿脔安贼，使者恐坏其抚议，执千户胡朝栋并无辜数人，戮之以谢于贼，且以变上，株连缙绅。朝栋，字杞楠，世袭贵州卫百户，性戆直，敢言。自安氏之乱，围陷郡卫，省城十万户，死丧略尽。城外冢墓悉为所发。贵阳人衔次骨。督抚数易，抚剿互用而未有当。崇祯三年（1630），安位遣其把目周世儒来议抚。世儒，安邦彦谋主也。巡抚王三善之败，实世儒陷之。黔人士恶其反复阴险，群言于总督朱燮元，请诛之。朝栋言尤激切不许，于是举国大噪，蜂拥军辕，立取周

① 《黔诗纪略》点校本作"日"。
② 《黔诗纪略》点校本作"土"。
③ 《黔诗纪略》点校本作"日"。

世儒裔食之。巡按苏刿嗾燮元，以变疏闻，斩朝栋等四人以谢，余俱重杖。朝栋临刑惟（唯）极言督抚之失，引颈就刃，无惧色，时三月廿三日也。晴日忽风沙晦冥①，远近震骇，为罢市。刿复嗾燮元疏劾黔绅之在事者，株连甚众。而犹匿杀朝栋等状，不以闻。后燮元将没于任，时时见朝栋，乃使人鸣钲遍白于贵阳城，谓为苏刿所误云。吴中蕃、郎陵子驯，并为之传。郎陵遂移家武陵。久之乃还。

郎陵童年能古文词，在庠序，声名藉甚。巡抚泰和郭子章、提学佥事会稽胡琳，并自负知人鉴。琳初试黔东诸郡还，子章问已得元否。曰："铜仁饶生楷可元也。"逮毕省试，见子章，则又曰："元已属潘生润民矣。"子章以为然。比撤棘楷获隽，而郎陵果元。著有《味澹轩诗集》若干卷，毁于安贼之乱。其子驯掇所记忆，合以被兵后作，才九十余首。今汰存三之二。《围城》诸篇，慨慷悲壮。读之，使人忠义奋发，想见其人。

附：阆陵族孙淳《味澹轩诗跋》：右诗若干首，吾族曾祖郎陵公所作也。公当前明万历癸卯以第一人举于乡。丁未成进士。由庶常仕至云南方伯。《传》曰："太上立德，其次立功，其次立言。"是三者轻重悬殊而世人不察，肆力以求工于文章，谓得其一亦可以不朽。呜呼！何慎也？德者，本也；功者，德之推也；言则必载功德而后可以行远。否则，夸诞而已矣。忆幼时尝闻先王②父言，郎陵公端悫刚大，忠孝之性，轮囷勃郁，立心制行，必求无愧于古圣贤，诚《传》所谓立德者矣。生平宦辙所至，无久暂皆令人爱慕，如桐乡之于朱邑。然捐金运筹以全贵阳城，视为分所当然，无沽誉心，非本德性以为事功者耶？今读《味澹轩诗》，不事浮华，独根至性。《诀命》诸作，孤忠浩气，薄日月而挟风霆，公之言即公之德也，功也。其足以行远，夫复何疑？或以篇什太少为公惜，予谓唐睢阳旷代伟男子，学尤该洽，而所传诗篇寥寥，不闻以是病睢阳者；颜鲁公书法，有唐岂无颉颃之人？独鲁公偶一起草，而后世珍同球璧；蔡京书侪苏、黄，以其奸回，当③世黜京而进蔡襄；元佑党籍一碑，只留供后人唾骂！士无功德之可称而区区以文艺猎名，读《味澹轩诗》，可以憬然悟矣。乾隆戊午季秋。

华亭王奕仁《味澹轩诗序》：诗以人传不在多也。黔中前辈不乏能诗，然非有政迹彪炳人间、能为桑梓捍大患、救大灾、树不可一世之功，则其人不传，其诗亦不久澌灭，求一二垂之后世，使后之人捧读而俎豆之不可得也。贵阳潘郎陵先生，前辈之能诗者也，由解元成进士，读书中秘，前后历官由观察进方伯，所至多善政，没而以名宦祀滇粤，以乡贤祀贵阳，政迹载入告章，炳如也。中间请告家居时，会安酋窃发，围贵阳，先生则出千金助饷，为荐绅倡，豫求杀人药

① 《黔诗纪略》点校本作"暝"。
② 《黔诗纪略》点校本作"主"。
③ 《黔诗纪略》点校本作"对"。

草，誓城破啮之以死。复为当事借箸。一切战守机宜，深中窾要，而城赖以全。呜呼！何其志之烈而功之伟也？然则，先生自有足传者，诗其余事矣！矧是集也，仅解围后所作，于先生片羽一斑耳！何足为先生重！顾吾思先生年十四即能诗古文词，著作盈箧，设使当日城不围，著作必不焚，则诗虽多而全城之功不显，其于传不传犹未可知。今则集中所载，不满百篇，读其《围城诀命》及《答史侍御》诸作，悲壮激烈，发乎至性，即他酬赠登临之什，无非抒其忠君忧世之思，非俗士倡和标榜留连光景之词可比，是则先生之诗必传于后无疑。此数十篇者，直可作数百篇读也，又奚以多为？乾隆己未仲秋。郎陵之先，明初自武陵徙贵州，遂世著贵州前卫军籍，七传至维岳，字伯瞻，号抑庵，嘉靖十六年举人。知永平县。历沾益、昆阳知州，所至廉介有惠政。

维岳子思聪，字予忍，即郎陵父也。万历中为武定府司狱。部民乐[1]应举为仇家诬陷，知府者欲立毙之。思聪教其家控于台，使事得白。乐氏世世祠祀焉。事详吴中蕃所为传（传载《省志》）。

郎陵子驯、骧，孙德征，曾孙奕快，元孙文芮、文苞，来孙晓，昆孙以澄、以溶，仍孙桐、枬，传七世十二人，皆有集藏于家。驯诗尤名隽。枬子元炳、元炜会编为《潘氏八世诗集》若干卷，二百年风雅不坠，固郎陵有以植之，亦昆阳武定之遗泽远矣。

潘驯《朗陵行状》：先府君讳润民，字用霖，别号朗陵。先世武陵人，始祖讳兴，国初用内地实边法徙黔。六传至先高祖古泉公讳松，隐居不仕，富而好义，尝输镪若干，佐县官之急，事闻，锡冠服。先曾祖抑庵公讳维岳，登嘉靖丁酉贤书，自永平令历沾益、昆阳州守，所至清惠，居乡尤谨厚，屡祀名宦、乡贤。先祖中宪公讳思聪，幼警敏，识度过人，从事例仕武定府幕，活濒死而非辜者若而人，以是忤上官意，竟拂衣归。从来冗僚非罢黜不去，官无致政者，致政自中宪公始。事继母张宜人视志，爱诸异母弟甚于宜人。析箸之日，田取其污莱者，臧获取其老羸者，宅一区无可曲行其让，悉推与诸弟，又不欲远违晨昏，而倍值市邻宅以奉宜人欢。宜人往来诸弟所，一日必数造定省，不就寝不归也。一味之甘，必驰奉，不举箸不敢尝也，其笃孝如此。先是，河阳令省庵余公有女相攸，不轻字，得中宪公归之，是为先祖母。先祖母既归中宪公，能以中宪公所以事母者事姑，内外无闲言，咸曰："潘氏之后将大矣！"以府君两考绩，累赠中宪大夫、太恭人。中宪公四子：长府君；次仲朗公济民，汉州刺史；次柏源公泽民；次季朗公滋民。府君及柏源公太恭人出，仲、季侧室程孺人出，而继祖母周孺人，则均有抚育之恩也。府君生而凝重，不与群儿嬉戏，七岁就外傅，旋遭太恭人丧，哀毁如成人，十三通制举义，十四能为诗、古文词，十七补郡诸

---

① 《黔诗纪略》点校本作"东"。

生，试辄冠曹偶。受知于太守文炳谢公，督学思充沈公、璞完胡公。大中丞青螺，郭公夙负人伦鉴，知府君尤深，而卵翼倍笃焉。庚寅中宪公即世，府君毕力襄事，不以遗两弟，先产一无取，笔耕自给，先恭人早夜操作以佐之。迨庚子仲朗公裒然上第，而府君仅录副，或以吊。府君曰："自亡祖，先君没，潘氏中微，不绝如线，今也吾弟幸侥一第，人力不及此，天也，其敢贪天乎？"癸卯，府君举乡试第一，或以贺，府君第举邹石城先生马上口占答之。甲辰，公车不售，次武陵，道病且革，梦无数璎珞幡幢，导至一所类王居，衮冕上座，朱衣峨冠侍，俄呼府[①]君前曰："汝三世纯孝，已注冥籍，福禄未艾，何缘至此？趣出！"府君惊寤，霍然良已，惧涉不经，秘不传，既曰，是亦可以教孝，诏驯、骧识焉。往，孝廉公车毕，辄放情于杯酒，平康之乐，鲜衣怒马，曹相征逐，府君独下帷如诸生时。丁未成进士，改翰林院庶吉士，读书中秘，慨然以气节自持，尝曰："世人行己，须于服官之始，脚根（跟）立定，一或失足，即后来建树，终难补盖。"以故，清刚为忌者所轧。庚戌散馆，仅授仪部主事，同列不能平。府君曰："前年一措大耳，郎署不为薄，必欲辞枯集菀，恐非古人抱关击柝之旨。"壬子，奉使肃藩，转祠部员外郎，再转客部郎中，主春曹政凡六年，多所厘饬。乙卯，迁广东督粮道副使，粤固财赋之区，经制无籍，猾胥豪右，相穿贯为奸，民病焉，府君摄藩篆，朝夕讨求，勒成《赋役全书》垂为制，至今赖之，有"潘副使润民不润己"之谣，以某御史属对焉。明年代方伯，入计，用廉卓最，擢四川参政，备兵建昌。建昌为蜀极边，古称不毛地，夷猓数跳梁为患，或难其行。府君捧檄，五月渡泸，逾九折坂叱驭去，至则严简练，裕储偫、核虚冒、谨烽堠、信赏罚，军纪一新。诸夷闻风喙息，边境以安。未几，忽倦游，予告归。未半载而安酋之难作，府君闻变，首输饷千金为诸绅倡，贼围既合，积药草楼下曰："吾虽非守土，世受国恩，旦夕城陷，有自焚耳，不可辱贼刃也。"一切兵食战守，每为当事借箸，深中事机，而一段贞诚慨烈之气，尤足以廉顽立懦，当事时倚为重。三百日孤城，斗米百金，析骸易子，卒保无虞者，府君勚居多。围解，当事上血守功，评曰："忠心可格日天，真品独高月旦。"又曰："忠忱自许，意气特抒。"皆实录也。府君痛黔人无噍类，为之赋《大招》，对客辄泣数行下，实不忍以功著。

甲子秋，召起河南参政，分守河南道。入洛，见供张甚盛，叹曰："一官如此，民何以堪？"悉屏去。浃旬，拜东粤廉宪。府君曰："宪府与诸司不同，总其大纲而已，无俟毛举也。"下车首严贪污之禁，墨吏多望风解绶去。若民有疾苦皆得进于廷而噢咻之，无情之辞必折以理、势，喻以利害，武健之俗少衰。有母诉其子不孝者，府君曰："吾不难置若于典，恐汝后日无子耳，姑徐之，明日

① 《黔诗纪略》点校本作"财"。

来。”诉者大悔悟，遂为母子如初。府君先教化，而后刑威多此类。会黔难孔棘，滇实辅车，主爵者往往执同仇之谊，用邻省人为规便者地，乃晋府君右布政使，分巡安普道。疑于左迁，粤绅在辇毂者，昌言借寇事，虽格不行，然天下想望丰采矣。于时滇途尚梗，仕者裹足，府君单车就道。盖滇，府君旧游地，抑庵公、中宪公之余泽在焉，彼中父老犹能言抑庵公、中宪公遗爱事，而中宪公所活濒死而非辜犹有存者。闻府君来，咸额手曰：“此仁人之后也，必能保我子孙矣。”府君治滇，一准蜀与粤。偶岁大旱，有司遍走，群望雨不即得，府君为文祷于城隍神，顷之，甘澍大霈，远近沾足，人以为诚感。再逾年晋左布政使，备兵曲靖。寻有水西之役，廷议三方并举，制府檄滇师由乌撒趋瓦甸、黑章而会于毕节，以府君护军。师既集，苦无粮，初派民运，责之稍有身家者，而担夫贩竖反得操其力以相难，米一石约费数金，计且浮于值矣，民遂困不支。府君恻然，觇滇帑自大中丞太涵谢公节啬之后，稍有赢余，饷兵外，可以佐民力之不及，乃下令改派运为募运，民争趋之。部署稍定，单骑往，先复乌撒城以壮军声。时黔师与贼相持久，府君檄诸将暂屯守俟进止，议者恐蜀师先至毕节而滇无功，疑府君过持重，直指手书督促数四，府君曰：“孤军深入，兵法所忌，滇之去毕节也，视黔蜀虽近，实险。必黔蜀相闻，然后间出奇兵，一鼓而扼其吭，庶几得当，不然未易轻言毕节也。”土夷鸡世昌近在沾乌间，中虽叵测而阳受我戎索，议者谓当兵之以示威，诸将志在掳（虏）获，跃跃欲往。府君曰：“世昌一营长耳，破之譬千金之弩溃痈，何足为威？设令他逸，是大敌未除，又添一敌也。且彼巢穴逼我肘腋下，讵保他日不为边患乎？宜姑示羁縻（縻），俟水西既平，观其向背，贰而执之，服而舍之，不劳余力矣。”当事者阳诺，内实相龃龉，府君郁郁不得行其志？痰症间作，遂决意初服。府君去，即以前议者代护军，黔蜀两师卒不至毕节，滇师亦中止再举，加世昌兵为所觉遁去，仅获老弱数辈，厥后世昌无所归，屡出没为滇患，始服府君见事之早。

府君既得请，将营菟裘为终焉计，适西事议抚，酋遣诸夷目辈金入黔，招摇道路，士民愤甚，群噪于督府之庭。督府为戮数人以慰酋意，御史某，更属意绅衿株连蔓引无虚日。府君曰：“无故而杀士，可以去矣！”遂策蹇东下武陵卜居焉。然松楸在念，未尝一日忘故乡也。居无何，复买棹还，日唯葛巾野服，散步里门，暇则读史，兼课驯、骧两儿。里人文酒之会，间一赴而已。每见时事纷纭，忧形于词色，甚于身之负疴，而家政之不齐者，或以为不必然之虑。府君曰：“朝廷多事，而谓山泽能安枕乎？”先后直指台，稔府君忠猷未竟，不宜久家食，章数上。己卯秋，不孝驯叨中乡试，而金沧之命至。府君曰：“圣恩浩荡，迟暮之年，奈何碌碌作夜行不休乎？”拟控辞，属上方以先君父后身家之义责天下士大夫，不得已一出，与亲朋别，多不祥语。至金沧，逾月又拜总藩之命，进诸有司告之曰：“悉索敝赋，民脂竭矣。澄源塞窦，敢不唯力，是视寓抚定于催科，宽一分，民受一分之赐，愿诸君勉之。”诸有司或不尽躬行，而无敢以苞苴通悃疑者。滇有二大患，岁额贡金二千两，实不产金，加派闾左，市以入贡，加派穷而逋欠者六千金。先事鼓铸议行，始事者迫欲见绩，岁报息二万两，比钱值日轻，子不偿母，遂议停铸，而二万之息无所出，反缩之兵饷以充数，饷诎而逋欠者又四万金。府君议曰：“骩骳而忘国恤，罪人也；民隐壅于上闻，亦罪人也。明主可与忠言，请据实入告，万一天威不测，愿以一官徇之。”当事怵于公令，旋报罢。全滇兵饷，不知何故缺额，至有压欠经年者，以乙年之入补甲年之逋，复以丙年之入补乙年之逋，丁年戊年亦然，究竟饷不时给而日以无饷见告，庚癸之喧嚣，尺籍之虚冒，不可问也。府君议曰：“饷固恒诎，兵亦恒虚，犹之无兵，犹之糜饷，不若月核其虚籍而渐汰之，兵渐汰则饷渐足，饷既足则兵可按籍而求，庶几缓急足恃耳，万一众怒不可犯，愿以一身徇之。”当事牵于物论，亦报寝。府君无日不仰屋而叹，至废寝食，积忧熏心，其征为怔忡，为麻木，犹手不停批，夜分始罢，不孝驯屡跽请节劳，府君曰：“吾所职者，上关国脉，下系民命，讵敢忽诸！”是日早犹召驯指画数事，午衙退云：“稍倦。”旋就寝，鼾声如雷，不殊平昔，不孝驯犹不知异，质明遂抱终天之惨矣。不孝驯哀茕迷离，扶榇东旋。滇人士思府君者，谋祀于泽宫，既抵黔，黔人士思府君者亦如滇，主者皆从舆论而允焉。

谨按府君生平端悫直谅，无机械，无城府，孝友出于天性，能承中宪公之志而得其欢心。既通籍，痛禄养未逮，遇讳日必疏食惨怛，行之终身。待弟仁且恕，同寝食、共田宅、代婚嫁，自髫及艾，无纤介之嫌。与人交至诚无伪，颦笑不轻，初见以为凛凛难亲，久而知其坦然温然也。莅政简而不扰，廉而不刿，不妄取一介，不轻挞一人，虽期月之治，而百姓恋慕如慈母不忍舍，有甚于藏鞭截镫者。居恒食不重味，衣不御帛，衣不敝不更，不迩声伎，不蓄玩好，不规膏腴，不营亭榭。所得俸给，悉以赡族人亲旧之贫者。围城中，惠泽尤多。乡里有争讼质于府君，片言而释，若非义所当然者，不敢令府君知。人比陈太丘、王彦方。独耻干谒，从不以片牍溷诸有司，非公事不履公庭一步。尝署座右曰：“活截恶龙角，生撩猛虎须，若将两事较，还比干人易。”请托[1]者望门而返。孜孜好学，老而弥笃，书文恒自抄写，点画不苟，即一刺亦自手出，虽贵，无佐书也。若夫临大事、决大疑、当大难，不震、不惊，确乎不可拔，俨然古大臣之风矣。诗文追正始，抑华丽，著《味澹轩集》若干卷。味澹轩者，府君晚年茹蔬，自号味澹居士，谓于功名富贵，声色货利，无所深嗜，故曰“味澹”云。府君生于隆庆壬申年七月二十一日，卒于崇祯辛巳三月二十三日，享年七十。先嫡母齐氏，封安人，赠恭人，文学一庵齐公女，年十六归府君。不及事太恭人，事中宪公、周儒人、程孺人，有顺无拂也，事府君有规无拂也，睦姻婉而闲家肃，从府

① 《黔诗纪略》点校本作“记”。

君于艰难，有内助功，享年四十三岁，先府君二十六年卒。生母杨氏，生男二。长不孝驯，己卯举人，娶杨氏，郧阳知府杨公起鳌女。次不孝骧，选贡生，娶杭州府同知刘公元翰女。女一，适岳州通判许公善所子，己酉举人世康。孙二：长德征，驯出；次德荫，骧出。女一，骧出。今将其某年月某日奉府君厝于先茔中宪公墓之北，谨泣诠次如左。

2. 潘润民诗

《黔诗纪略》卷十二

岳阳楼

地擅东南胜，楼凭霄汉间。杯棬七泽水，襟带九疑（嶷）山。
柳色含离思，花光映醉颜。喜悲随所寄，阴霁有何关！

别东粤父老

一枝栖未稳，万里觐神京。彩鹢乘风驶，朱旜映日明。
疮痍方起色，调剂最关情。回首珠崖远，骊歌百感生。

七星岩

鬼斧何年劈，崭岩北斗齐。攀萝穿曲磴，倚仗蹑危梯。
天半疏钟度，云中好鸟啼。振衣千仞上，四望众山低。

赠别友人

素交零落尽，独尔结心知。真契芬兰茝，清言重鼎彝。
十年肝胆共，千里梦魂随。不忍临歧路，悠悠云树思。

赠白岩李隐君

风尘能摆脱，畎亩独逍遥。爱客频投辖，逃名懒折腰。
清芬流涧谷，高谊薄云霄。余亦倦游者，逢君慰寂寥。

乡愁

痛定还思痛，惊魂忆昔时。亲朋半宿草，弟妹尚分歧。
狐兔凭三径，鹪鹩借一枝。刀环空有约，未敢卜归期。

赠释真如

迹与支公并，心同惠远俱。烟霞生逸韵，水月湛灵珠。
挂锡双凫隐，参禅一鹤癯。无劳分半芋，知我是凡夫。

悼王彭伯大中丞

虎穴惊深入，龙韬竟不回。巢空逋贼狡，星殒重臣摧。

碧血埋荒徼，丹心耿夜台。悬知英爽在，叱咤馘渠魁。

寄讯仲朗弟病

吾弟病维摩，惊闻愁鬓皤。少无分寝食，老苦隔关河。
药杂医难试，心安气自和。寸怀悬万里，书尺莫蹉跎。

送汭源弟参幕西粤

露缀枫初冷，清秋客路长。通纶除百粤，鼓棹泛三湘。
幕次需先后，边猷籍赞襄。君恩难报塞，慎勿易遐荒。

罗婺道中

小邑千家聚，孤城百雉开。平畴禾黍秀，中泽雁鸿来。
傲吏仍兼隐，清时愧不才。停骖原上望，感旧首重回。

吊王清川大参知

不谓余来日，君先与化齐。云荒栽菊圃，月冷钓鱼溪。
事业千秋在，图书几卷遗。巫阳不可问，挂剑意凄迷。

送驯骧两儿之武林

快风乘彩鹢，计日到杭州。泛酒明湖月，裁诗观海楼。
老夫空积兴，儿辈早能收。好倩丹青手，携归我卧游。

赠江伯通

世业兼文藻，箕裘付一身。词华珠错落，标格玉嶙峋。
才巨堪张楚，学成宜入秦。秋空霜羽健，会见出风尘。

（二十六）张应吾

张应吾传记资料

《万历三十五年进士登科录》

张应吾，贯贵州镇远府，民籍，江西金溪县人。四川荣昌县教谕，治《书经》。字以寿，行三，年二十五，正月二十日生。……贵州乡试第一名，会试第二百四十名。

《万历三十五年丁未科进士履历便览》

张应吾，心岩。《书》一房。癸未正月二十一日生。贵州镇远府人。丁酉乡试一名，会试第二百四十名，三甲二百三十八名……授山东青县知县……升兵部主事……升宁前副使。

《国朝历科题名碑录初集·明万历三十五年进士题名碑录》

张应吾，贵州镇远府，民籍，江西金溪县人。

《明实录·熹宗实录》卷九

丙子……以兵部职方司主事张应吾为山东按察司副使，补宁前道缺。

《市南子》卷十三

张母戴氏，兵部武库郎应吾之母也，以武库为章丘令满岁封太孺人。张氏世家金溪，武库由镇远起，举贵州万历丁酉第一，赐丁未进士，贵而乃复其里……

《市南子》卷十三

万历戊午十有一月，同岁进士同门友武库郎心岩张君……孺人姓熊氏，为武库元配，封以武库考章丘令满。父讳廷政，金溪处士也。

《类姓登科考》七阳

张振先，浙江临安人，万历甲戌三甲……张瑞图，福建晋江人，丁未一甲探花……张应吾，贵州镇远府人，三甲。

乾隆《贵州通志》卷二十六

张应吾，镇远人，官副使。

张应吾，镇远人，丁未进士。

乾隆《贵州通志》卷二十八

张应吾，镇远府人。万历丁酉榜首，丁未成进士，任兵部郎，以边才擢宁前道副使，因建议不合投，劾而去。

（二十七）刘述祖

刘述祖传记资料

《万历三十八年庚戌科序齿录》

刘述祖，河南陈留县籍。贵州贵州卫人。贵阳府附生。字善夫，号蓬泽。治《礼记》。行四。丁丑二月十四日生。辛卯乡试三十名，会试第二百九十八名，廷试三甲一名。刑部观政。授太常寺博士。丙辰行取暂拟兵部主事。戊子七月考选广东道监察御史。曾祖继宗，指挥使……祖镗，守备。父守爵，参将。

《国朝历科题名碑录初集·明万历三十八年进士题名碑录》

刘述祖，贵州贵州卫，官籍。

《太常续考》卷七

刘述祖，贵州贵阳人，万历庚戌进士。

《类姓登科考》十一尤

刘述祖，贵州贵州卫人，三甲，御史，钦案拟徒。

乾隆《贵州通志》卷二十六

刘述祖，贵阳人，官御史。

乾隆《大清一统志》卷一百二十二

刘述祖妻薛氏，河曲人。年二十六夫亡，事舅姑尽孝，抚二子为知名士，寡嫂无依，迎养己室，相与励节，以终。

《兰台法鉴录》卷二十一

刘述祖，字善夫。贵州卫人。万历三十八年（1610）进士。四十六年由太常寺博士，选广东道御史。天启元年，管太仓银库。二年，巡仓。五年，补河南道。六年，管辽饷。七年，巡按江西。崇祯元年，为民。

（二十八）王祚远

1. 王祚远传记资料

《万历四十一年会试录》

第三百四十五名王祚远，直隶阜城县。县学教谕，《春秋》。

《国朝历科题名碑录初集·明万历四十一年进士题名碑录》

王祚远，贵州安顺军民府普卫，官籍，直隶应天府句容县人。

《明实录·熹宗实录》卷七十

癸酉……升国子监祭酒王祚远为詹事府少詹事兼翰林院侍读学士，充日讲官。

《明实录·熹宗实录》卷八十七

癸丑……升詹事府詹事王祚远为礼部右侍郎兼翰林院侍读学士，掌院事。

《类姓登科考》七阳

王祚远，贵州普安卫人，三甲，吏部左侍郎兼翰林院学士。

《碑传集》卷九十二

公讳复宗……故黔籍也，寄籍句容才两世……仪吉案：黔志，王复宗，普安人，己酉举人，祚远子。王祚远，万历癸丑进士，官吏部尚书。

康熙《贵州通志》卷十六

王祚远，普安人，改庶吉士，官吏部尚书。

王祚远，普安人，癸丑进士。

康熙《贵州通志》卷十八

王祚远，字无近，普安人。举万历癸卯乡试第二，癸丑成进士，改庶吉士，授检讨，历官祭酒、礼部右侍郎、吏部左侍郎。少负异才，下笔万言立就，凡试牍不起草，既成而后补之。诗文闳肆，书法尤工，尝充经筵讲官，丰仪秀整，音吐洪亮，熹庙常目送之。总铨政，进退人才，各当其任。崇祯初，屡与枚卜负重望，以请病归，未及大用而卒。

乾隆《贵州通志》卷二十八

王祚远，字无近，普安州人。举万历癸卯乡试第二，癸丑成进士，选庶吉士，授检讨。历官祭酒、礼部右侍郎、吏部左侍郎……以请病归，未及大用而卒。

道光《普安直隶厅志》卷十五

王祚远，官吏部左侍郎，《省志》作吏部尚书。

《黔诗纪略》卷十二

祚远，字无近，普安卫人，其先自应天句容来为卫官，遂籍焉。举万历三十一年乡试第二，四十一年进士。选庶吉士，授检讨。历官祭酒、礼部右侍郎，转吏部左侍郎。晋尚书，尚书少负异才，下笔万言立就，试牍不起草，既成而后补之。诗文闳肆，书法尤工，充经筵讲官，丰仪秀整，音吐洪亮，熹庙常目送之。总铨政，进退人才，各当其任。崇祯初，屡与枚卜负重望，以请疾[①]归，未及大用而卒。

---

① 《黔诗纪略》清同治十二年（1873）遵义唐氏梦研斋刻本原作“急”，今据文义及康熙《贵州通志》、民国《贵州通志》改之。

所著诗文甚富，其集无存。

民国《贵州通志》引孔贞运《敬事草》

熹宗赐日讲官、礼部右侍郎、兼翰林院侍读学士、协理詹事府事掌院事王祚远。制曰：贰卿峻秩，班联北斗之台衡；学士荣称，望重东观之领袖。盖典礼斟酌乎四代，必借鸿儒；而丝纶斧藻乎三朝，卓称名世。予一人特荐中和之极，子大夫宜膺宠锡之隆。尔日讲官、礼部右侍郎、兼翰林院侍读学士、协理詹事府[1]掌院事王祚远，奎璧腾辉，丹彝铸古，备虞廷之九德，品重蓬瀛；著汉史之三长，藻分石室。抡才首善，寸玑与尺璧俱收；晋位宫寮，秋实偕春华并茂。爰崇论思之任，简在帝心；丕纳启沃之忠，玉成朕德。成均专席，多士环桥，业已见美富于宫墙，何难赓喜起于尧舜。陟容台之右弼，资其寅清；兼玉署之中权，备在顾问。而尔讨惇庸之故实，期三谟二典以上陈；司案篆之权衡，讵八索九丘之徒博。经筵任巨，调燮功深，是用覃恩，授尔阶通议大夫，锡之诰命。

於戏！粤虞周之制，专典神人，以房魏之才，犹惭礼乐。欲陈古谊，非诚无以格神明；难穆师虞。惟（唯）平可以化君子。尚其创一代足征之史，应百年积德之期，无忝训词，有光揆路，汝其懋哉！

《黔诗纪略补》卷中

（王）祚远，字无近，普安卫人，仕履具莫氏《纪略》，有《永亭诗文集》。

2. 王祚远诗

《黔诗纪略》卷十二

何燕泉先生读书处

气节平生事，煌煌议礼书。遂令后来者，长忆授经初。棹楔光山国，莺花护草庐。余冬谁续录，望古一踌躇。

《黔诗纪略补》卷中

偕谢君采三一溪寻花

踏春何处好，一路逐溪长。水漾溶溶暖，花飞片片香。径宜携谢屐，诗好贮奚囊。美景寻难尽，归来更举觞。

京居书怀

小院多余地，携锄自种花。和吟枝上鸟，消暑雨前茶。薄宦原如客，安居即

[1] 《黔诗纪略》清同治十二年（1873）遵义唐氏梦研斋刻本“府”后有“事”字。

是家。不堪回首忆，廿载在京华。

为苍老祝太夫人寿

爱日迎眉寿，明星起少微。作邦瞻圣瑞，戏彩托宸晖。六命鱼轩贵，五花凤藻緋。摩耶能住世，长此庆垂衣。

（二十九）田仰

1. 田仰传记资料

《万历四十一年会试录》

第八十四名田仰，贵州思南府。府学生，《春秋》。

《国朝历科题名碑录初集·明万历四十一年进士题名碑录》

田仰，贵州思南府籍，江西吉安府庐陵县人。

《国榷》卷八十九

五月……已卯……田仰为太仆寺卿……六月……丁酉……田仰为右副都御史，巡抚四川。

明谈迁《国榷》卷一百零一

甲辰，田仰为南京右副都御史，巡抚淮扬、提督军务兼理海防。

《国榷》卷一百零

乙酉……进田仰南京兵部尚书，荫锦衣卫指挥佥事，追论先年贵州桃红坝功。

《类姓登料考》一无

田仰，贵州安化县人，癸丑三甲，太子太保、兵部尚书兼副都御史、巡抚淮扬。

乾隆《贵州通志》卷二十六

田仰，思南人，官巡抚、都御史，升总河。

乾隆《贵州通志》卷二十八

田仰，安化人。万历癸丑进士，以县令擢铨部，晋太仆寺少卿。天启六年，巡抚四川。

道光《思南府续志》卷六

田仰，安化县人，号百源，万历癸丑科登周延儒榜，官吏部主事、太仆寺卿，巡抚四川，以桃红坝大捷功，晋太子太保、兵部尚书。

道光《思南府续志》卷七

田仰，字百源，万历壬子举人，癸丑进士。性严介，先任汶上县……历任四川巡抚，所在无不塑像奉祀，抚蜀，平桃红坝有功，嗣任总漕。

《贵州通志·人物志》引康熙《贵州通志》

田仰，安化人，进士。以县令擢铨部，晋太仆寺少卿。天启六年巡抚四川，值奢贼叛后，绥戢残疆，肃吏爱人，民怀其惠。

2. 田仰诗文

道光《思南府续志》卷十

重修文庙碑记

文庙，宅郡治东，川岳之灵，人文之秀，实钟于此。溯其初建，自永乐时迄今三百年所矣。风雨日为震凌，梁木渐成倾圮，诸士念切鼎新，而未之逮也。幸郡守丁公祖、清戎黄公祖、司理李公祖、邑侯韩父母适寅恭一时，咸以尊圣崇文为首务。释奠之余，瞻对凄怆。爰集诸生，佥计修复之举，时有以补葺之说进者。广文彭先生慨然曰："庙制年久，修缮匪不屡更，然不越数纪，而仍圮者如故，非久道也。"诸公祖最善其谋，遂下更修之令，各捐俸有差。即士民之慕义助役者，约费百有余金。鸠工购材，遴士之有为有守者，如熊生应选、张生问政、刘生之鸾、敖生炎等共董其事。日夕未遑，饮冰拮据，举栋楹榱桷之就废者，悉从而更新之。经始于崇祯十三年（1640）冬十月，越明年孟夏告成。不糜岁月而功用倍之。厥材孔良，厥制孔坚；堂阶、门庑、几筵，咸周悉孔备。更修之勤，拟与创始并。其所以妥圣灵、培道脉者，匪细故矣。昔韩文公建学于潮，文起八代之衰，道济生民之溺。矧思唐人文蔚起，忠良辈出者乎？自今庙貌惟（唯）新，诸公祖之，盛业直垂千载，云仍奕叶，朱紫蝉联，皆因报本所致也。即我多士，云蒸豹变，永与宫墙相辉映矣。

（三十）徐卿伯

徐卿伯传记资料

《万历四十一年会试录》

第二百九十六名徐卿伯，贵州贵阳军民府。府学增广生，《书》。

《国朝历科题名碑录初集·明万历四十一年进士题名碑录》

徐卿伯，直隶徐州，官籍，贵州贵阳府人。

《兰台法鉴录》卷二十一

徐卿伯，字善生。贵州右卫人。万历四十一年（1613）进士。天启元年（1621），由中书选湖广道御史。三年，山西巡按。四年，升陕西副使。五年，起浙江道、巡漕。七年，南京畿道刷卷，加太仆寺少卿。崇祯二年（1629），京察。

《类姓登科考》六鱼

徐卿伯，贵州卫人，三甲。

康熙《贵州通志》卷十六

徐卿伯，贵阳人，官参议前御史。

徐卿伯，贵阳人，讲子，癸丑进士。

康熙《贵州通志》卷十八

徐卿伯，字孟麟，贵阳人，癸丑成进士。官御史。刚直敢言，多所论建。天启二年（1622），安叛围城至十月不解，卿伯上疏劾巡抚王三善逗遛（留），奉旨促之。三善乃贾勇破贼，围始解。后为时所忌，挤之于外，终四川参议。子必远、必遴成进士，居清要；必升；孙演时□举于乡。

雍正《山西通志》卷七十九

徐卿伯，进士。天启时任巡按山西御史，贵州前卫人。

乾隆《贵州通志》卷二十六

徐卿伯，贵阳人，官参议。

乾隆《贵州通志》卷二十八

徐卿伯，字孟麟，贵阳人。万历癸丑进士，官御史，刚直敢言，多所论建。天启壬戌安贼围城，至十月不解。卿伯上疏劾巡抚王三善逗留，奉旨促之。三善乃贾勇破贼，围始解。后为时所忌，挤之于外，终四川参议。子必远、必遴，成进士，居清要。必升，孙演时，举于乡。

《明史》卷二百四十九

大方之役，御史贵阳徐卿伯上言："邦彦招四方奸宄，多狡计。抚臣得胜骤进，视蠢苗不足平。不知泽溪以西，渡陆广河，皆鸟道，深林丛箐，彼诱我深入，以木石塞路，断其邮书，阻饷道，遮援师，则彼不劳一卒，不费一矢，而我兵已坐困矣。”后悉如其言。

乾隆《大清一统志》卷三百九十一

徐卿伯，字孟麟，贵阳人。万历中进士，官御史。刚直多所论建。安邦彦围贵阳十月不解，疏劾王三善逗留，奉旨促之。三善乃奋击破贼，围始解，终四川参议。

道光《贵阳府志》卷七十三

徐卿伯，字孟麟，贵阳人。父讲，万历十六年（1588）举人，官教谕；祖大魁，嘉靖四年（1525）举人，官户部员外郎。卿伯，万历四十年（1612）举人，明年成进士，官监察御史，刚直敢言，多所论建。

天启二年（1622），安邦彦围贵阳，十月不解，巡抚王三善新受命，至沅州，次镇远，又次平越，逡巡不敢进；前巡抚李枟、巡按史永安及城中士大夫屡告急。卿伯在京闻之，上疏劾三善逗留，有旨促三善，三善乃进。既进，遂破贼解围。三善反有轻贼心，长驱直入，已而败没于大方。其未败也，卿伯上疏言：“安邦彦招四方奸猾，多狡计，抚臣得胜骤进，视蠢苗不足平，不知泽溪以西渡陆广河，皆鸟道深林丛箐，彼诱我以深入，以木石塞路，断其邮书，阻饷道，遮援师，则彼不劳一卒、不费一矢，而我兵已坐困矣。”后卒如卿伯言，识者以为能策事。

久之，朝臣以其好言，多弗便，乃外用，累迁至四川参议，后卒于家。

子必远，崇祯六年（1633）举人，顺治六年（1649）进士，官河南副使；必遴，康熙十五年（1676）进士，改庶吉士；必升，崇祯九年（1636）举人。孙演，康熙二十年（1681）举人；时成，康熙二十九年（1690）举人。

（三十一）张慎言

1. 张慎言传记资料

《国朝历科题名碑录初集·明万历四十一年进士题名碑录》

张慎言，贵州贵阳府贵州卫，官籍，直隶定远县人。

《类姓登科考》七阳

张振先，浙江临安人，万历甲戌三甲……张凤翼，山西振武卫人，癸丑二甲……张慎言，贵州籍，定远人，三甲。

康熙《贵州通志》卷十六

张慎言，贵阳人，癸丑进士。

乾隆《贵州通志》卷二十六

张慎言，贵阳人，官知县。

《黔诗纪略》卷十一

（张）慎言，字□□，贵阳人，万历二十二年（1594）举人。四十一年进士。官□□知县。

《类姓登科考》卷二

张慎言，贵州籍定远人，三甲。

2. 张慎言诗

《黔诗纪略》卷十一

寄怀中丞江公分得圣水流云

勺水何年得圣名，临流几度漫推评。涓涓细浪腾方沼，滴滴回潮露片璃。应有山灵司吐纳，岂因月魄作亏盈。吾翁已会其中趣，坎止流行理自明。

按：江东之《瑞阳阿集》附黔人送行、寄怀、哀挽诸诗，慎言等十五人略可考者，已依次编录。尚有举人杨春芳之《铜鼓遗爱》，选贡黄裳言之《灵泉映月》，教谕余鸿渐之《狮峰将台》，参将吴光宇之《鸦关使节》为分题寄怀者。其人无考，诗亦未录，附存其目于此。

（三十二）陈士章

1. 陈士章传记资料

《国朝历科题名碑录初集·明万历四十四年进士题名碑录》

陈士章，贵州安顺府普安卫，官籍。

《明诗纪事》庚签卷二十三

士章榜姓陈。字含之，普安卫人。万历丙辰进士，除增城知县、迁南刑部主事，历员外、郎中，出为重庆知府，累迁参政。

《类姓登科考》十一真

陈九叙，福建漳平县人，万历甲戌二甲……陈圣典，湖广衡阳县人，丙辰二甲……陈士章，贵州普安卫人，三甲。

《类姓登科考》二十二祃

谢（陈）士章，江西宁都县人，三甲。

雍正《江西通志》卷九十四

谢（陈）士章，字含之，宁都人。进士，知增城县………历官广东副使，迁云南参政。

雍正《广东通志》卷四十

谢（陈）士章，字含之，宁都人。万历四十五年（1617），以进士知增城[①]。豁达明敏，革羡耗，简讼狱，禁轻生，百姓赖焉。先是用把总缉盗，实为厉阶，悉罢去。计擒大盗骆亚八等，捕斩二十余人，学宫颓毁，撤而新之。擢刑部郎[②]，历广西副使，迁云南参政。

雍正《江西通志》卷九十四

谢（陈）士章，字含之，宁都人。进士知增城县，豁达明敏，革耗羡，简讼狱，禁轻生，百姓赖焉。以计擒盗骆臣八等，重新学宫，修仓庾，置会讲田、城隍庙田，皆有关治道。历官广东副使，迁云南参政。

乾隆《贵州通志》卷二十六

陈士章，普安人，官参政。

民国《贵州通志·人物志》引《黔诗纪略补》

（谢）士章，一字石渠（榜姓陈），先世籍隶宁都，举万历壬子乡试，丙辰成进士，除增城，迁南刑部主事，历员外郎中，出为重庆知府，累迁云南参政。性耽吟事，淡于仕进，其在增城，于衙斋构秋似亭，取唐人诗“秋光都似宦情薄”之意，自作宦况诗云：“春和看穑事，公暇办诗逋。”怀归云：“高亢偏投忌，疏狂已性成。松风官舍梦，萝月故园情。仙吏环滁醉，幽人谷口耕。买山储薄俸，已识主恩宏。”在留都与林茂之、魏仲雪辈倡和。转比部郎云：“偶闻驽马新移厩，自笑蜣螂又转丸。”恬静之意，清俊之篇，不亚君采诗。有《计偕》《笑玉轩》《退食轩》《秋亭》《罗浮》《七星岩》《燕台》《懒云》《郢中》《巴音》十集。

---

① 光绪《广东府志》影印本“城”后有“县”字。

② 光绪《广东府志》影印本“郎”后有“中”字。

《黔诗纪略补》卷上

（谢）士章（榜姓陈），字含之，一字石渠，普安卫人，先世籍隶宁都。含之举万历壬子乡试，丙辰成进士，除增城知县，有善政。（《广州府志》：谢士章，字含之，普安人，由进士知增城。豁达明敏，革羡耗，简讼狱，禁轻生，百姓赖焉。时把总缉盗，实为厉阶，悉罢去。计擒大盗骆亚八等，捕斩二十余人，患乃息。）迁南刑部主事，历员外、郎中，出为重庆知府，累迁云南参政。性耽吟事，淡于仕进。其在增城，于衙斋构秋似亭，取唐人诗“秋光都似宦情薄”之意。自作宦况诗云：“春和看穑事，公暇办诗逋。”怀归云：“高亢偏投忌，疏狂已性成。松风官舍梦，梦月故园情。仙吏环滁醉，幽人谷口耕。买山储薄俸，已识主恩宏。”在留都，与林茂之、魏仲雪辈倡和。转比部郎云：“偶闻驽马新移厩，自笑蜣螂又转丸。”恬静之意，清俊之篇，不亚君采诗。有《计偕》《笑玉轩》《退食轩》《秋似亭》《罗浮》《七星岩》《燕台》《懒云》《郢中》《巴音》十集。余谓嘉、隆以后黔中诗家，若邵台山、杨冷然、邱献之，各有诗名在人口，含之则姓字湮如，其循绩清才，方志不载。傅竹庄父子、莫子偲辑黔诗，不能举其名。余薄游厂肆，偶尔获之，亦可谓厚幸已。

黄良臣《谢石渠诗序》：谢石渠先生令增江四年，载其清净，民以宁一，殆古所谓鸣琴而理者。尝于衙署西偏构秋似亭，盖取唐人诗“秋光似宦薄”之义。自公退食，啸咏其中，澹如也。黄子两溯增江，见邑庭阒寂，弦诵之声洽于阛阓，则知先生固以风教，不然，何彼邑人士一时顾化若是？先生素负山水癖，尝一再游罗浮，登飞云绝顶，夜半见海日，有翘视八荒、蝉蜕尘壒之想。已穷大、小石楼及黄龙、铁桥诸胜，各赋诗而归。归而合其先后旧作为二帙，函之奚囊，远致黄子，且属以执殳之役。黄子燥发弄柔翰，今犹困公车，家言安所语古而得当先生？无已，请以尝从海内学士先生所谭说者扬榷之。夫诗者，思也。思无定位，随触而兴，气动声流而调出焉。郊庙之词肃以雍，里巷之音质而坦，忠臣节士之气扬，戍夫思妇之怀惋。忧喜悲愉，叱咤怒号，究其所感不同，音节亦异，莫不机圆应捷，调合神符。予观先生诗，用奇为平，寓深于浅，秾含淡傅，音节俱灵，如山川迴薄，日光晶晶，忽而雾簇涛翻，龙翔蛟舞，意存奇变，调合和平。先生顾自视欿然，恒谓“生平慕古一念，半为铜墨绶夺去”。素善临池，遒劲飞动，得会稽内史笔意，世之知先生者止此。乃其襟致洒落，作宦无长物，身在风尘，心存丘壑，倘所称陶弘景入官，松风之梦故在者乎？予不揣，漫为缓颊，亦欲世知先生不独其艺上，抑其品高也。

魏浣初《懒云集序》：余同年含之兄，妙龄即奇吐白凤，藻掞文螭，倜然以鲍、谢、潘、陆自命。脱颖而去，牵丝于东粤之增江，自署为“增江傲吏”，而吏治之美，居然汉循卓、鲁之间。然爬剔煦妪，心力为殚，而退食委蛇，悠游歌咏，日未尝废言诗也。三年，邑大治，寻以卓异三最考功，因风调冷落，夷入含香之署，且南徙而秋司白云，人谓宜何如侘傺憔悴、不胜哀郢吊湘之感焉，而含之顾幸谢折腰，自喻适志，忘其蠖屈，日偕其素心僚友，课清虚萧散之业。问何处有花竹泉石，谁家好事有法书、名画、彝鼎之玩，辄相与挈榼携枰，联镳而往，追欢竟日；或风雨之辰，朝参之暇，以一丸泥支双户，任三径草长，花落未扫，主人非颓然脱冠，蘧蘧漆园之梦，即香消酒熟，引满向子妇歌乌乌矣。今味其诗，大都恬畅闲远，澹而不槁，嫣而不媚，宕而不放，幽而不畸，酝藉陶、韦，澄汰储、孟。此岂有羊肠之高下，蜗角之胜负，与夫蕉之鹿、槐之蚁足以劳形怵心而驱故吾以易之哉？惟（唯）是含之数年宦辙，故园墟于兵燹而身家萍梗，天地蓬庐，时一念来则仲宣登楼之流寓。子美卜居之播迁，发乎慨叹，不禁永言。而微窥含之历落旷怀，亦花溪竹坞，到即为家，沙鸥旅燕，随得吾侣，大丈夫何至楚囚相对，闻鹃啼而挥泣然者。噫，又恶从测其中之所存也。会分符五马，将之巴子之郡，此地干戈甫定，凋敝光景，人将返辕却步。含之叱驭之日，指白门柳条，黯然向余曰："郎潜日久，重习吏事，鞅掌一方，非所敢辞，独舍此佳丽之都，知己晏笑之乐，而崎岖鸟道，收拾残山剩水，虽锦江春色为来逼人，欲复轻裘缓带，把盏赋诗，那可便得？所谓见此茫茫，百端交集，不待滟滪堆前，实下听猿之泪矣。子能为我南中诸咏草缀数言，使他日簿领稍闲，披对之余，怃焉旧游，犹在清淮、石城间乎？"送君南浦，倚马而果斯诺。

2. 陈士章诗

陈士章有《谢石渠先生诗集》存世，四库禁毁书丛刊收有天启刻本，字数约5万字，难以尽录，兹选集中与科举相关者录之。

闱中同沈石年寅丈坐月次石年韵

天桂分香处，幽兰并座时。玉蟾初倒影，乌鹊尚惊枝。
明月家千里，同心酒一卮。年来山水意，横绮向钟期。

见外帘送豆酒二尊喜而赋此

浪说莲醑美，终输豆酒香。青州雨从事，红友五高阳。
呦鹿声将动，明蟾影渐长。步兵严典守，毕卓在东廊。

其二

未有朝天梦，流涎似汝阳。何缘动食指，应许浣愁肠。
振翮嫌樊窄，乘槎喜露凉。大家秋思好，若个醉天香。

闱中月夜诸同事共酌郡丞，沈云鸿以二诗见投，依韵和之

筑台登骏骥，鸣鹿醉神仙。白雪谁裁调，朱衣别有缘。
檐云珠箔映，桂露笔床妍。把酒闲占望，龙文射斗边。

其二

饮露寒沾袂，披香醉染毫。芝兰真臭味，词赋各风骚。
幸共南楼月，谁偏采石袍。夜深庭树白，人境绝纷嚣。

秋夜棘闱漫兴

玄晖直禁偏秋兴，况复月明三五秋。紫殿阴森松露湿，天阶虚朗桂香浮。
诗裁李白停杯手，酒满庾公玩月楼。怅望银河怀旧约，灵槎天路正悠悠。

粤闱中秋自酌，时检得佳卷，为诗志喜

中庭秋色澹松梢，凉月冲襟爽孟郊。几度杯光沉玉兔，一天海气触神蛟。
按图幸自收千里，应瑞知谁识九苞。选得甘泉堪献赋，词臣何必解人嘲。

闱中漫兴

沉沉桂露已秋高，蚁阵纵横竞彩毫。粤海明珠堪照乘，东方好鹤定闻皋。
陈人幸侧抡才事，散局犹烦掌记劳。为忆边城烽未熄，愿遴奇策代干旄。

午睡即事

战戈挥日午将亭，风入重帘睡眼醒。鹊喜偶然来棘院，鹏抟端合起沧溟。
雨余天桂香犹湿，日下庭松影亦清。旧事十年沉梦觉，数峰曾点入湘灵。

直指王存思监临东粤闱中，有中秋诗僭赓前韵

桂花飞露恰清秋，无限风光好唱酬。蟾窟霓裳云外落，骏台汗血眼中收。
醉邀太白三人影，笑倚元龙百尺楼。共望奎娄星聚处，文章五彩焕黄猷。

其二

寒生合浦海天秋，采得明珠欲献酬。绮席月华冰树映，清宵露液玉壶收。
有人犯斗寻机石，何处吹笳出塞楼。莫谓庾公偏远兴，安边令已壮洪猷。

（三十三）汤景明

汤景明传记资料

《国朝历科题名碑录初集·明万历四十四年进士题名碑录》

汤景明，贵州贵阳府新贵县，民籍。

《类姓登科考》七阳

汤景明，贵州新贵县人，三甲，冔曾孙。

康熙《贵州通志》卷十六

汤景明，贵阳人，冔曾孙，官吏部至参政。

汤景明，贵阳人，师项子，丙辰进士。

康熙《贵州通志》卷十八

汤景明，贵阳人，万历丙辰进士，以河间令，擢铨部郎，假归，迁荆西道右参政。性坦率，不饰边幅，与人交，蔼然可亲。人或犯之，不校也。乡里服其厚德。

雍正《河南通志》卷三十四

汤景明，贵州人，进士，崇祯元年（1628）任。

乾隆《贵州通志》卷二十六

汤景明，贵阳人，辱曾孙，官参政。

道光《贵阳府志》卷七十三

（汤）景明，字伯昭，万历三十一年（1603）与师炎同举于乡，四十四年成进士，选河间知县，治行卓异，擢吏部主事，累迁本部郎中，出为荆西道右参政，皆有治绩。景明性坦易，与人交，蔼然可亲。人或犯之，不校也。又不好修边幅，乡党昵就之。当世咸称其长厚云。

（三十四）马士英

1. 马士英传记资料

《国朝历科题名碑录初集·明万历四十七年进士题名碑录》

马士英，贵州贵阳府贵州卫。官籍。

《国榷》卷首之三

（马士英）兵部尚书兼东阁大学士，历太保武英殿大学士。

《雪堂随笔》卷四

州大夫封郎中玉台马公，黔之贵阳人也。先世籍真州，国初以材官从高皇帝征讨有功……留守贵筑，家焉……水西之难起，东徙金陵，金陵之有马氏自公始也……二十七举万历戊子贵州之乡试，一再上春官不第……公讳明卿，字为相，玉台其别号也……为房宜人出者五，曰士英，即太守，举万历己未进士，官河南府知府……

《明史》卷三百零八

马士英，贵阳人。万历四十四年（1616），与怀宁阮大铖同中会试。又三年士英成进士，授南京户部主事。……历知严州、河南、大同三府。……擢右佥都御史，巡抚宣府。……瑶草，士英别字也……遂起兵部右侍郎兼右佥都御史，总督庐、凤等处军务。……于是进士英东阁大学士兼兵部尚书、都察院右副都御史，与可法及户部尚书高弘图并命，士英仍督师凤阳。……而士英留辅政，仍掌兵部……加少傅兼太子太师、建极殿大学士，荫子如前。十二月，进少师。明年，进太保。……明年，大兵剿湖贼，士英与长兴伯吴日生俱擒获，诏俱斩之。

《类姓登科考》二十一马

马慥，陕西同州人，自强子，万历甲戌二甲……马士英，贵州贵阳卫人，己未二甲，少师兼太子太师，晋太保、吏部尚书兼掌兵部事，中极殿大学士。

《清诗纪事·顺治卷》

马士英，字瑶草，贵州贵阳人。明万历四十七年（1619）己未进士，官至东阁大学士。清兵破南京，出走，降清后被杀。

乾隆《贵州通志》卷二十六

马士英，贵阳人，官大学士。

康熙《贵州通志》卷十六

马士英，贵阳人。丙辰会试，官凤阳总督。

2. 马士英文

《山水移诗》序

最善移者，情也；最难移者，亦情也。即且甘带蛣蜣珍丸，情之所安，封以自守。段师教康昆仑，十年不近乐器，忘其本领，情岂易移哉！然喑鸣之雄，见柔媚而骨销；自好之士，酌贪泉而志靡，此为所夺而移者也。鲍肆何芳而忘臭，素丝何色而忽缁，此为所渐而移者也。夔门山水，何关于诗？嘉陵江声，何关于书？此又为所引而移者也。夺之境迫，渐之功缓，而引之机微。故海水也，山林也，鸟兽叫号也，亦何与人事？而伯牙忽曰：先生将移我情。情在伯牙，不能自移而求之子期。子期不能移而求之海上，又不能直指之于海上，而但付之刺船而去，旬日不返，以待伯牙之恍然心悲，而伯牙果曰：先生将移我情矣！移其情并移其琴矣！机用之相引也如是。

龙友氏具仙材骨，不可一世，从未作一犹人语。去岁为台、荡游，忽归而自名其诗曰《山水移》。天地灵秀之气纳于胸臆，暎于笔舌，不离故吾，顿殊旧观。奇者移而幻，巧者移而淡，俊者移而深，丽者移而幽，奔而峭者移而静且远。困居士读而叹曰：龙友真移矣，真为山水移矣，真为赤城、龙湫之山水移矣。移者不知也，受移者亦不知也。然伯牙如雪山老衲，万缘皆堕，忽露洁身。龙友则如清都道士飞入蓬壶，形神顿异。机用相引，一以禅，一以仙，又孰知其所以移者乎？世有钟期，当首肯余言矣。

崇祯庚午首夏题于符篱客舍。社弟马士英具草。

（三十五）谢上选

1. 谢上选传记资料

《国朝历科题名碑录初集·明万历四十七年进士题名碑录》

谢上选，贵州前卫，官籍，直隶扬州府兴化县人。

清盛子邺《类姓登科考》二十二初

谢上选，贵州前卫人，己未二甲。

康熙《贵州通志》卷十六

谢上选，贵阳人，己未进士。

康熙《贵州通志》卷十八

谢上选，字文若，新贵人，万历四十七年（1619）进士。自吏部郎迁广东参议，调参政易州道，并以清惠著。居平和易，不见喜怒之色。挹其襟宇，令人鄙吝俱消。

乾隆《贵州通志》卷二十六

谢上选，新贵人，官参议。

乾隆《贵州通志》卷二十八

谢上选，字文若，新贵人，万历己未进士。自吏部郎迁广东参议，调易州道，以清惠著。居平和易，不见喜怒之色。挹其襟宇，令人鄙吝俱消。

道光《贵阳府志》卷七十四

谢上选，字文若，新贵人。万历四十七年（1619）进士，累官吏部郎中，出为广东参议，调易州道，以清惠著。上选生平和易，与人交，不见喜怒之色，人乐就之。

《黔诗纪略》卷十八

（谢）上选，字文若，号鹤岑，一呼鹤里。《太学碑》云：贵州前卫籍。而《省志》云：新贵人。新贵新置立学卫附之也。万历三十七年（1609）举人。四十七年进士。累官吏部郎中，出为广东参议，调参政，易州道，并以清惠著。鹤岑为君采先生从子，赋诗饮酒，名噪竹林。襟宇冲和，不见喜愠之色，对之，令人鄙吝俱消。性情风格颇与乃叔相似，兼善书画。杨龙友文骢《题谢鹤岑秋色图》诗云："百卉秋尽，寄命枯毫。冷艳欲醉，与春争高。汇此素光，悬之于壁。四时气候，在君一室。听若有声，未踏荒山。问彼童子，声在画间。"见《山水移集》。惜遗稿无存，仅从《山水移集》中得一首。《静志居诗话》崇祯癸未，湖广巡抚宋一鹤败，家属没官。妾金陵陈氏以色艺闻，门客王屋聘焉。谢参政上选先期娶之，徽州贡生胡奎因作诗嘲笑，一时传诵诗云："歌舞丛中度岁华，一朝忽去抱琵琶。前身定是乌衣燕，不入王家入谢家。"

2. 谢上选诗

《黔诗纪略》卷十八

杨龙友《山水移集》题辞

凡物不解移，天地成彳亍。世法不能移，尘踪纷仆仆。能移不能移，所重超流俗。触手挥五弦，聚精良易笃。先生移我情，乃在沧海曲。循此测至人，名姓胪仙箓。君才贯白虹，追琢美片玉。矫然凌霄姿，高韵飡霞旭。杖履许同人，神情随所属。标建赤城奇，石梁不容撵。雁阵湖影秋，水帘时断续。听雨复看云，邀月供醽醁。幽胜不胜收，奚囊文锦缛。剪水削芙蓉，川岩归结束。灵异不自知，子春宛相勖。贻我碧琅函，启函星斗烛。错落玉盘珠，蔷薇露频浴。

（三十六）胡允恭

1. 胡允恭传记资料

《国朝历科题名碑录初集·明万历四十七年进士题名碑录》

胡允恭，贵州石阡府葛彰司，民籍，四川内江县人。

《类姓登科考》七虞

胡希舜，河南原武县人，万历甲戌三甲……胡以良，江西南昌县人，己未三甲。胡允恭，贵州石阡府人，三甲。

乾隆《贵州通志》卷二十六

胡允恭，石阡人，官推官。

乾隆《石阡府志》卷六

胡允恭，字中澹。万历乙卯解元，己未进士……初任湖广武昌推官……被劾……降补大名府教授，转国子监博士。丁母忧归……弟允敬，亦进士，忠节孝友聚于一门云。

民国《贵州通志·人物志》引《黔诗纪略》

胡允恭，字中澹，石阡府人，举万历四十三年乡试第一，四十七年进士，授武昌府推官。以廉直忤上官，被劾，众请留，不许。去之日，士女攀辕卧辙，遮道不能行。改大名府教授，转国子博士，以忧归。于病民弊政及保民诸善政，皆耸郡守除而行之，甚有德于乡里。允恭之先，自四川内江徙居郡之葛彰司，父仲贤，早卒，与弟允敬，皆母杨抚教以成。……

民国《石阡县志》卷十三

胡允恭，石阡人，字中澹，万历乙卯解元，己未进士，赋性光明，持躬正大，父仲贤早逝，母杨氏训读成名。初任湖广武昌推官，有一介四知之操，以径直忤上官被劾，众请留，不许。去之日，士女攀辕卧辙，遮道不能行，降补大名府教授转国子监博士，丁母忧归，遇公事，郡守请商，如除报大户、汰串楼、增女墙、条马诸大政，厘然不误，公不累民，当事赖之，桑梓德之。弟允敬亦进士，忠节孝友萃于一门云。

《黔诗纪略》卷十八

（胡）允恭，字中澹，石阡府人，举万历四十三年（1615）乡试第一。四十七年进士，授武昌府推官，以廉直忤上官，被劾改大名府教授，转国子博士。以忧归。于病民弊政及保民诸善政，皆耸郡守除而行之，甚有德于乡里。司理之先，自四川内江徙居乡之葛彰司。父仲贤早卒，与弟允敬皆母杨抚教以成，允敬天启四年（1624）举人。崇祯十年（1637）进士。官户部主事员外郎，出知直隶顺德府。降两淮运判。进南刑部主事。卒官。有孝友廉能称。

2. 胡允恭诗文

《黔诗纪略》卷十八

田少师祠

千里思州溯旧封，少师崛起亢其宗。能绵世业惟（唯）忠顺，屡著边猷在折冲。疆土只今分大郡，威名终古耆群赍。谁令裔叶忘先泽，祠墓荒凉感慨重。

《思南志》：田少师祠在北门内，今废。附：宋朝请郎于观撰《赠少师思国公田公墓志铭》：故通侍大夫、奉宁军承宣使、知思州军事、充夔州兵马钤辖、兼珍州南平军沿边都巡检使、赠正任保康军丞宣使、再赠开府仪同三司、少师思国公，以绍兴二十四年（1154）秋七月九日薨。越十有七日诸孤奉襄事，葬公于婺川县归义乡西山之原，附祖茔也。时观备员黔贰，熟闻公之威名重望，仁恩厚泽，恨不及见而公已殂。未几，其子汝瑞以门人李庄述平昔所纪公之事实，属观求铭。

公讳祐恭，字子礼，威名有素，未受命间，闻靖州失警。以急来告，乃父当行阻疾弗克进。公曰："谚有之：'养子可以防老也。'吾敢辞难乎！代父而往，死无悔矣。"元符二年（1099）以善干蛊授练使。政和二年（1112），黄杨洞酋首冉万花四族不轨，侵犯黔州，残民掠物，大为边害。郡将陈括知公之雄，乃召委其事。公既承命，躬领家僮，自备糗粮，收冉万花，俘杨文胜，万寮、万朝、路洗王等归，至郡城，戮于藁街。朝廷褒其智勇，特授成忠郎，充思州边西巡检。五年统义兵策应泸南，解梅岭堡之围，以功转忠训郎。继而讨晏州贼，以功转武翼郎。六年，干播州边，转武节郎。七年，安定播州，遏绝杨维聪之暴，以功转武翼大夫，加荣州刺史。八年，救石泉军，至白沙寨退戎兵，以功迁武节大夫。凯还，被召赴阙，迁武德大夫。重和元年（1118），建筑思州有劳，迁武功大夫。宣和元年（1119），授泸州兵马钤辖，再承诏朝参，加忠州团练使，赐金带、器币等物，宠赉优隆，朝辞，加贵州防御使，差充成都府路兵马都监、同管两路巡检，利川住札。以母老乞免。再充思州边西巡检。建炎二年（1128），兼知婺川县事。公化鄢未宁，知兵不可戢，且遇时乏军储，以万缗献助，朝廷以为有忧国之心，升右武大夫。

王辟寇归州，图入蜀，啃聚者众，其锋甚锐。公统兵收王辟，复收郡邑，赖蜀以安。

绍兴元年（1131），覃恩，迁中允大夫，再赐金带、金币。已而桑仲、郭希叛于兴山，图蜀，与王辟同，而军势倍之，公复统兵击破。迁侍中大夫，以功转五官。绍兴二年（1132），以保蜀劳勋加华州观察使。三年，金人侵犯梁洋，四川宣抚处置使张浚会集诸路将御之，公被檄行，无逗留。既至，金人望风退走。赏军器、鞍马等物，迁通侍大夫，知思州军州事。七年，朝廷以公抚循彝民备见勋劳，赐玺书、金带。明年以母忧解官。又明年被命起复，仍领州事。十一年以累大功加边郡承宣使，又迁奉宁军承宣使。廿四年以疾薨于正寝，赠正任保康军承宣使，赠七子恩泽，乃命子汝瑞袭守。后以两郊大礼，恩赠开府仪同三司、少师思国公。当疾召子孙立于前诫曰："吾自入仕，仅五十年，历仕三朝，治郡九域，建功立业，始终如一。今爵高禄厚，无愧无怍，尔等子孙当效祖考，勤修乃职，谨守边方，安集居民，匪懈匪怠，勿违！”观谨依事实序之，铭曰：

维思为州，实古黔中。田氏世领，肇唐永隆。有闻家声，刻铭在钟。传逮正允，当宋熙丰。除乱剪寇，庸亢厥宗。云聚鸦散，军虓臣雄。庆流三世，生少师公。子礼其字，讳曰祐恭。孝不辞难，代父匪躬。冉万四族，跳梁蛸蛒。戮于藁街，资公折冲。解卜漏围，晏州讨凶。安宁播贼，遏绝维聪。乡国连筑，白沙退戎。击走郭希，挫桑仲锋。不一其书，伟哉骏功。再朝阙廷，晋接春容。锡赐承宣，赠开仪同。剖符郡国，禄厚爵穹。策勋立业，无愧始终。少师之生，勇气贯虹。死而不泯，神明与通。旗帜显隐，恍犹公逢。溪彝震詟，克靖四封。何以致之，日惟（唯）一忠。资以云来，无忝乃翁。鉴此哀铭，永永无穷。

民国《石阡县志》卷十六

重修太虚硐记

国志，凡境内名山大川，幽岩古硐，皆备载之，非以侈游览也。俾执政者一出，而问俗采谣，赈疲恤困，游览之间，其资于政治者尤亲切焉，则景胜之不可废也。阡阳，弹丸耳！既隶职方，犹然郡也。山川所纪，虽不侔于五台嵩岳、金崎螺江，足齿上国。而八景所纪，如文笔栖霞、将军峻岭、漱玉温泉、龙川古渡，俱历见于前贤之题咏，不可谓非此地之形胜也。惟（唯）兹古硐，旧名燕子岩，草昧初传，有神物处焉，人莫敢近。嘉、隆间，开垦稍众，始辟之于惠安郑公祖。而命名“太虚”，则楚雄之江公祖。然硐门辟矣，前蔽崇岗，无异面墙，如吞山光、挹江濑何？今吉水曾太公祖以名世大贤拜命阡阳，不薄边鄙，于丙辰之冬，政通人和，兴举废坠，如水口空旷，则新创浮屠，屹乎成千载之砥柱；东门圮陋，则移建别址，巍然壮一郡之干城。若书院废，与文昌祠颓，俱一旦更新，丹垩辉映，此皆公之培造化、合神明，不日而奏厥功者。惟（唯）是亲巡阡陌，问民疾苦，过斯硐而登临，极赏其开辟之奇，尤慨其景况之隘也。因召父老，而得其通窍之处，捐俸金若干，鸠工凿之，三阅月而工竣。石室高明，则祀观音大士，瞻仰皆普陀之胜；硐口筑基，则成空中楼阁，对越惟（唯）星斗之章。若夫雁塔影摇，如尽东南之美；悬河远泻，莫穷逝者之藏。目之所收，心之所会，皆山水之动静，风云之变态，与花鸟之活泼也。而斯硐不诚奇胜也哉！游斯硐者，其乐有不极哉！然语有之：“满堂晏笑，一人向隅，则满堂之人不乐。”假令闾阎愁叹相闻，困苦不息，欲其寻芳览胜、乐事山水而开放自如也，其可得乎？惟（唯）公则能同乐于民者也。公善政不可枚举，大都民歌士诵，州处群萃，各安其居。则民之乐也，可以成公之乐。惟（唯）公后民乐而成此乐，则斯硐之辟，斯乐之极，固千载一时也。使后之贤人君子，有蹈公而续此游者，如其年丰时和，万物畅遂，则神恬心旷，歌南风，进霞觞，偕民乐以为乐，则斯硐之游也，民之幸也。如其岁歉时厉，黎庶颠连，则目击心动，发仓廪，议轸恤，引民忧以为忧，则斯硐之游也，尤吾民之幸也。然则公以游豫者而寄之于览胜之余，后亦以览胜者而追公游豫之盛，则苍生之福也，阡阳之幸也。孰谓郡之景胜第供游览而已哉？郡人士德公至远且大，恐岁久或湮，欲识公利泽于不朽，而以笔研（砚）属之。恭恭愚贱，敢当此役？惟（唯）思康衢击坏，皆以扬圣化，即愚贱非所论也。因积众论，而记公辟硐之所自，与游览之所资，亦窃附于衢壤之歌云尔。

（三十七）杨廷诏

杨廷诏传记资料

《国朝历科题名碑录初集·明万历四十七年进士题名碑录》

杨廷诏，贵州思南府，民籍，江西南昌府丰城县人。

《类姓登科考》七阳

杨以忠，南直武进县人，万历甲戌二甲……杨行恕，湖广钟祥县人，己未二甲……杨廷诏，贵州安化县人，三甲。

乾隆《贵州通志》卷二十六

杨廷诏，思南人，官副使。

乾隆《贵州通志》卷二十八

杨廷诏，安化人。万历己未进士，知龙溪县……迁湖广驿传道。

民国《贵州通志·人物志》引康熙《贵州通志》

杨廷诏，安化人，万历己未进士。知龙溪县，擢铨部郎，有冰鉴称。迁湖广驿传道，政声籍甚。

道光《思南府续志》卷六

杨廷诏，安化县人，万历己未科，登庄际昌榜，官福建龙溪县知县，行取礼部主事，历吏部郎中，升湖广驿传道副使。详乡贤。

道光《思南府续志》卷七

杨廷诏，万历丙午举人，己未进士。知龙溪县，擢铨部郎，有冰鉴称。嗣任湖广驿传道，政声籍甚。

（三十八）田景新

田景新传记资料

《国朝历科题名碑录初集·明万历四十七年进士题名碑录》

田景新，贵州思南府朗溪司，官籍，陕西蓝田县人。

《兰台法鉴录》卷二十三

田景新，字起周。贵州思南籍，陕西蓝田县人。万历四十七年（1619）进士。由阳曲知县。天启五年（1625），选广西道御史、巡视城城，管理章奏、巡视芦沟桥。七年，巡视皇城、中城，苏松提学。本年，闲住。崇祯元年（1628），奉旨起用。本年，为民。

《类姓登科考》一先

田大年，四川定远县人，万历甲戌三甲……田乃穉，湖广蕲州人，己未三甲。田景新，贵州思南府人，三甲，钦案拟徒。

雍正《山西通志》卷九十六

田景新，贵州人，泰昌间以进士知高平县。

乾隆《贵州通志》卷二十六

田景新，思南人，官御史。

民国《沿河县志》卷十四

田景新，沿人，万历乙卯科举人，己未进士。官山西高平县知县，政声卓著，迁广西监察御史，转河南道监察御史，掌十三道奏书黄门都给事。

道光《思南府续志》卷六

田景新，朗溪司人，万历己未科登庄际昌榜，官山西高平县知县，行取河南道监察御史。

十、明熹宗天启朝

（一）敖荣继

1. 敖荣继传记资料

《天启壬戌科进士同年序齿录》

敖荣继，思南府安化县籍……字公衮，号桥存……丁亥年十月二十五日生……会试三百五十二名，廷试三甲二百二十二名……授德清知县。叔祖宗庆，嘉靖戊戌进士，历任云南巡抚。娶陈氏。

《天启二年壬戌科进士履历》

敖荣继，桥存。《诗》六房。丁亥十月二十五日生，安化人。辛酉乡四名，会三百五十二名，三甲一百二十二名。癸亥授浙江德清知县。甲子调长兴县。丁卯补顺天府照磨……升本府推官。己巳升刑部云南司主事，革职。

《国朝历科题名碑录初集·明天启二年进士题名碑录》

敖荣继，贵州思南府安化县民籍，江西新喻县人。

《类姓登科考》四豪

敖荣继，贵州安化县人，天启壬戌三甲，宗庆子。按："宗庆子"当误。

乾隆《贵州通志》卷二十六

敖荣继，思南人，官主事。

乾隆《贵州通志》卷二十八

敖荣继，思南人。天启壬戌进士，以县令迁刑部主事。

民国《贵州通志·人物志》引康熙《贵州通志》

敖荣继，思南人，天启壬戌进士。以县令迁刑部主事，宅心仁恕，多所平反。

民国《贵州通志·人物志》引《黔诗纪略》

（敖）荣继，盖宗庆之裔，天启元年（1621）举人，二年进士。授顺天府推官，调知县，内迁刑部主事，宅心仁恕，刑狱多所平反。

《黔诗纪略》卷十八

（敖）荣继，字□□，思南人，盖梅坡之裔。天启元年（1621）举人。二年进士。授顺天府推官，调知县，内迁刑部主事。宅心仁恕，刑狱多所平反。

2. 敖荣继诗

《黔诗纪略》卷十八

书胡县尹祠壁

关节一毫无地入，清廉两字有天知。汉朝朱邑应相似，此是桐乡江上祠。

（二）田景猷

田景猷传记资料

《天启壬戌科进士同年序齿录》

田景猷，思南府，官籍，陕西西安府蓝田县人……字观野，号鹿枝……癸卯年七月二十日生……会试二百四十二名，廷试三甲二百四十七名……兄新，己未进士，阳曲知县。生母杨氏。娶杨氏。

《天启二年壬戌科进士履历》

田景猷，鹿枝。《礼记》。癸卯七月二十日生，蓝田人。乡十一名，会二百四十二名，三甲二百四十七名。本年授兵部主事，养病。

《国朝历科题名碑录初集·明天启二年进士题名碑录》

田景猷，贵州思南府，官籍，陕西西安府蓝田县人。

《明史》卷二百四十九

田景猷，贵州思南人。天启二年（1622）甫释褐……即擢职方主事。贼万围贵阳，景猷单骑往……羁贼中二年，至是遇害。具仰赠光禄卿，景猷太常少卿，并录其一子。

《类姓登科考》一先

田景猷，贵州思南府人，三甲。

乾隆《贵州通志》卷二十六

田景猷，思南人，官兵部主事。

乾隆《贵州通志》卷二十九

田景猷，思南人。天启壬戌进士……授以枢部主政，深入贼巢……后师败遇害……赠太仆寺卿。

民国《沿河县志》卷十四

田景猷，沿人，天启壬戌进士。值水西安邦彦乱，上疏自请招抚，朝议允之，授以兵部主事，令之往，景猷深入贼巢谕贼，贼不从，被执遇害。

道光《思南府续志》卷六

田景猷，朗溪司人，天启壬戌科，登文震孟榜，官兵部职方司主事。其年奉命抚水西殉难，赠太仆寺少卿。详乡贤。

道光《思南府续志》卷七

田景猷，郡人，天启壬戌进士，值水西安邦彦乱，上疏自请招抚。朝议允之，授以兵部主事，令之往。景猷深入贼巢谕贼，贼不从，为所执，几二载后，巡抚王三善败彦师，遂遇害。从祀乡贤。

十一、明思宗崇祯朝

（一）费道用

1. 费道用传记资料

《国朝历科题名碑录初集·明崇祯四年进士题名碑录》

费道用，贵州石阡司，军籍。

《类姓登科考》五未

费道用，贵州石阡府人，崇祯辛未三甲。

雍正《福建通志》卷二十九

费道用，字笔山，合州人。崇祯辛未进士，知福清……解任。

乾隆《贵州通志》卷二十六

费道用，石阡人，官吏部郎中。

民国《石阡县志》卷十三

费道用，石阡人，字暗如，号笔山，明天启甲子举于乡，崇祯辛未成进士。颖慧绝伦，性至孝，授福建福清县知县，莅任甫三月，能知邑之乡语。万户儿童曾经目击者，即辨为谁氏子。摘奸发伏，老吏惊畏，正赋外不纳耗银。廉介精明，听断平允，凡邑中飞粮挑户，偏颇不平之弊，力为厘剔。其亲捣海贼之巢穴，而诛其党。他如崇学校，奖士类，桥梁义冢，善政不胜书。因持法不徇，为土豪酿祸，被劾。代者至，民如失慈母，值海水不潮者三日。上官闻之，叹曰："海口有口，福清真清矣！"行之日，辞城隍，震风惊起，拔屋折树，自题句云："偶然不信随潮水，却讶无情哭庙风。"后台臣杨鹗具疏白其冤，补兵部职方司郎中，转吏部考功司郎中卒。著有《碧桃轩》各集，顺治八年（1651）崇祀福清名宦，载《闽志》，康熙三年（1664）入阡郡乡贤，《省志》遗。

按：《中国人名大辞典》载：费道用，明石阡人，字闇如，知福清县。当与杨德周等同著《闽南唐雅补》，所录皆有唐一代之诗，搜采极详。

民国《石阡县志》卷十六

吏部考功司郎中费道用传

冯翰先

费道用，字暗如，号笔山，阡郡西北乡德寨人，颖慧绝伦，性至孝。年十八，明天启甲子举人，崇祯辛未进士，授福建福清县知县，莅任甫三月，能知邑之乡语。万户儿童曾经目者，即辨为谁氏子。发奸摘伏，老吏惊畏，钱粮不取耗，词讼不取锾。凡田粮有飞洒诡寄，偏颇不平之弊，力为厘剔。遇命案，先审后验，删去株连。他如崇学校、奖士类、修桥梁、设义冢、捐俸以筑堤堰，善政不胜书。崇祯七年（1634），海寇充斥，单骑往探其巢，而诛其党，盗遂远徙。邑绅林正亨者，北京兵科给事中也，位居要路，气焰颇张，其子家于福建省会。因醉杀妻，妻家诉于抚、按两台，首县畏势不敢捕，密饬道用捕之，此子逃外自刺死，林正亨闻之切齿。会新授福建巡按张正星将出京，正亨往见，属以报复事，张颔之。至即诬道用以贪戾，飞章劾之。旨下，本省巡按研审，道用以此罢官，代者至，百姓如失慈母。将行，辞城隍以明心，震风骤起，飞瓦折树。及行，百姓遮道哭泣，至省寓，犹馈鱼米不绝。先是失官时，海水不潮者三日，为从来所未有，清民据此事，扶老携幼至抚军署，为公诉屈，抚军沈犹龙叹曰："海口有口，福清真清矣，尔辈不必喧哗，静听昭雪可也。"公因题句云："偶然不信随潮水，却讶无情哭庙风。"寓省六年，每一巡按至，清民皆代为鸣冤，诸上台盟神审质无验，判云："此一官者，轸念穷民而即为穷民所累，力锄奸党而反为奸党所伤，愚则有之，贪非其实也。"抚军沈公复疏云："此一官者，真负崛强本色，而不善其用者也"。适闽中蒲城县令杨鹗升御史，特疏白其冤，旨下："费道用廉明可风，朕深嘉赖，着来京引见补用。"由是廉名震天下，时流寇梗北道，公至南京，而北京已陷，值福王甲申改元，调补兵部主事，转吏部考功司郎中，卒。著有《碧桃轩》各集。清顺治八年（1651）崇祀福清名宦。康熙三年（1664）入石阡乡贤，子以诚、以矩，康熙癸卯同榜举人，自是子孙日繁，科名蝉联不替焉。

《黔诗纪略》卷十八

（费）道用，字暗如，号笔山，石阡府人，天启四年（1624）举人。崇祯四年（1631）进士。颖慧绝伦。授福建福清知县。三月能知其乡语，邑人经其目者，再见即辨为谁某。摘奸发伏，老吏惊畏，讼狱经听断，罔不服其明允。性廉介，正赋外不取耗银，邑中飞粮挑户偏颇不平之弊，厘剔一空。海贼起，亲捣其巢，尽诛之。崇学奖士，建桥，设义冢，诸善政靡不毕举。以持法不洵为土豪所中，被劾。代者至，民如失慈父母，海水不潮者三日。上官廉知之，乃叹曰：

“海口有口，福清真清矣！”行之日，谒辞城隍，神震，风骤起，拔木折树，因题句云：“偶然不信随潮水，却讶无情哭庙风。”后台臣杨鹗疏白其冤，迁补兵部职方司郎中。转吏部考功司，卒。著有《碧桃轩集》，未见。《省志》失其传，摭《闽志》为之。其诗则取之《黔风录》。其子以经，崇祯时以岁贡官铜仁府训导，亦有文学。

2. 费道用诗文

《黔诗纪略》卷十八

遣闷

闭门真正墙，永日自小院。坐久徐立起，缓步以舒倦。厨冷忘三月，客来忆半面。性疏本爱懒，才拙何容衍。步瀛虞公群，登仙班生彦。愧非斯人徒，吾将从所便。思之极烂熟，不悔亦不羡。倚楼望天色，独玩物之变。晴来四序静，霞起五色炫。秾华在其间，萧飒随所见。野头海气昏，日脚山光颤。园枝语鸟闻，牖户饥乌转。欲听紫芝歌，何处光明殿。纨袴比羁旅，侏儒与曼倩。榕城峙三山，飙回带九县。万里拥天关，七闽控海甸。弋船滚滚清，桨戟纷纷奠。四望黄尘飞，一隅青海晏。济济上官贤，落落远人贱。门前气若云，岩下月如电。昔非冀温饱，今欲焚笔砚。终爱嵇阮高，难随灌绛牵。久客思陇庙，栖栖欲何恋。故园有佳处，小溪水如箭。愚可比柳游，清亦堪吴咽。披蓑舟小小。击鲜鳞片片。浊醪镇日满，野老相与善。既不劳劝酬，自无妨责谴。如此真自乐，问君何迟践。逝将从此去，负瓢歌哨遍。

次群玉病中五首

横锥问八极，天地几由旬。既辟豺狼道，应怜虮虱臣。
藏锋成委顿，忍辱已柔驯。回日真何事，空留见在身。

自昔耽林麓，误为尘网撄。劳多傲骨损，悟极道心生。
梗泛孤游子，车旋七指庚。升沉经几变，随俗混优伶。

昨梦龙池月，问君胡不归？诚如禽鸟乐，非是稻粱肥。
贫可博长健，愚能销砍说。故人正待我，共餍北山薇。

旅中多酒债，痛节画义钱。倦步随松径，卧游张辋川。
客身轻似箭，归念沸如煎。夜夜还家梦，醒来不羡仙。

日长无好客，门静有惊魂。玩世知缘浅，畏人嫌我尊。
青天来俯仰，红腐足饔飧。识得萧然意，潜夫正可论。

（二）万任

1. 万任传记资料

《崇祯七年甲戌科进士履历便览》

万任，怀二。《诗》一房。癸卯年八月十九日生。铜仁县籍，江西南昌县人。庚午乡试十五名，会九十二名，三甲（一百）十七名。都察院政……授嘉定知县（……考选河南道御史。本年降山东按察司照磨。）

《国朝历科题名碑录初集·明崇祯七年进士题名碑录》

万任，贵州铜仁府铜仁县，民籍。

《类姓登科考》十四颜

万任，贵州铜仁府人，三甲。

乾隆《贵州通志》卷二十六

万任，铜仁人，官御史。

乾隆《贵州通志》卷二十八

万任，铜仁府人。崇祯甲戌进士，授苏州嘉定令……后官御史。

民国《贵州通志·人物志》引康熙《贵州通志》

万任，铜仁府人，崇祯甲戌进士。授苏州嘉定令，多惠政，去后民思之。后官御史，廉明镇静，吏治肃清。

民国《贵州通志·人物志》引光绪《铜仁府志》

万任字怀翁，崇祯庚午举人，甲戌进士。除南直隶嘉定县知县，县苦漕重，且多浮粮，任至，出示禁革之，未期年而民风于变，政简刑清，廷无鞭扑之声，野无追呼之苦。日长无事，集县中士以诗文知名者，相与推敲唱和，命吏胥钞录成集，暇复课差役，栽竹种树。每春夏之交，草长莺啼，水流花放，任承笋舆，往郊外绿荫下，藉草为茵，席地与诸父老量晴雨，话桑麻。时举古人忠孝节义事，为津津道之无倦。县称繁剧，素号难治，任操己以廉，御民以宽，坐理之，裕如也。以循卓擢河南道监察御史，奉令巡察四门，骢马所至，奸宄屏迹，一时畿辅肃然。其由县令内迁，卧辙攀辕，多至泣下，何惠泽入人之深，而民心感化之速有如是也！卒祀乡贤，葬郡城北十余里照壁岩。

2. 万任诗文

道光《铜仁府志》卷十

复无相和尚书

不佞榆景颓龄，杜门谢客，兀坐竟日，虽妄念不生，而旧时习气终未除尽。每念未到莲池晤上人，一叩无生宗旨，自是欠事。然向阅开建募文胜概，宛然在目，可当卧游。又得请读《龙山集》，不啻陪法座而领元谛矣。惟（唯）时置案头，以作俗尘，针砭裨益宏多。碑记未书原衔，初意以过时，陈人宜自韬晦故耳，今如命附上佳品见饷，过损伊蒲之供。此谢。

光绪《铜仁府志》卷十七

开建莲池庵碑记

山以六龙名，志灵也；池以莲名，志异也。龙在而池应一气感召，必然之理。招提兰若，舍是安建乎？然山川之灵，待时而显；否则，虽近在耳目之间，亦觌而莫遇。此地距城十余里，即云险峻，亦人迹可至。乃设郡三百年来，卒未有卓锡者，岂非不常之胜慨，造物秘惜而不以轻畀哉？时维丁酉，无相上人经过其麓，道眼所及，若有冥契。攀跻而上，石厂天成，轩爽幽邃，实为栖真奥区。中出一泉，地状似莲，澄洁甘冽，不让曹溪灵液。此非有道者不能居，而居之者亦于道力有助也。上人曰："吾清净人，得此清净地，可于此面壁老矣。"时则居人翕然，共襄厥事，剪荆劚石，鸠工庀材，鼎建楼殿，恭奉西方圣人，复构后殿，专安大士。次第措置，靡不咸宜。惟（唯）山门路由绝壁，出入维艰，暂以梯引，行者色敛。复募工修砌，来往便之。自开建以迄落成，历年十余。峻岭荒区，辟成梵境。崎岖仄径，易作康庄。登谒者，或羡为清凉佛地，或称为地上天宫，直与宇内名山相为伯仲矣。上人自幼潜心释典，已契真谛。继复杖履武陵，请其昆尼于语嵩和尚，次受付嘱于壁林禅师，而益有悟入大畅宗旨。时而趺坐冥参，时而升堂普说，为众生指迷，登觉开人天眼，是大有功于法道也。忆吾郡在昔，环城内外，列刹相望。今虽渐次复兴，然粼嚣而鲜静，致循故而乏奇观。其邀灵于天造地设者有几？即今赤县神州，缁素实繁，绀宫琳宇，等于旅寓。其力作以赡僧徒，捐置以资焚献，严戒律而坚愿力者有几？兹莲池创设，虽借檀助，而拮据经营，上人之行最专而缘最胜矣。是不可无以记。

光绪《铜仁府志》卷十九

访徐赤海宪副茶园山庄

我为思君甚，思君偶束装。山中啼鸟乱，门外野花香。见面还疑梦，拈髭各已苍。会离能复几，相视恻肝肠。

（三）扶纲

1. 扶纲传记资料

《崇祯七年甲戌科进士履历便览》

扶纲，允常。《易》五房。辛亥年九月二十二日生。都匀府籍，江西大庾县人。癸酉二十四名，会二百四十八名，三甲一百五十一名。大理寺观政。丁丑，授行人（……升稽勋员外。）

《国朝历科题名碑录初集·明崇祯七年进士题名碑录》

扶纲，贵州都匀卫，军籍。

《类姓登科考》七虞

扶纲，贵州都匀籍，大庾人，崇祯甲戌三甲。

康熙《贵州通志》卷十六

扶纲，都匀人，官吏部。

乾隆《贵州通志》卷二十六

扶纲，都匀人，官吏部员外郎。
扶纲，都匀人，甲戌进士。

《黔诗纪略》卷二十三

扶纲，字允常，都匀卫人。崇祯六年（1633）举人，七年进士，历官吏部员外郎。明亡不仕。著有《都匀府志略》若干卷。

民国《贵州通志·人物志》

按：《都匀县志》谓，纲官内阁中书，授行人，迁礼、兵二部尚书、文渊阁大学士、太子太保。明亡不仕，与《纪略》异。考莫友芝《郘亭遗诗·访陶子俊廷杰方伯于澹园留饮赋呈》，自注云："闻明末大学士扶公纲，曾为《都匀志》"据此，则纲固曾官大学士，殆在南明时，故《纪略》未及。

2. 扶纲诗

《黔诗纪略》卷二十三

寄弟二首

杏园策马经三载，把酒论文又二年。非是萤窗分雁影，只缘凤沼逼莺迁。
三春草绿王孙路，万里梅残驿使传。咫尺螭头红日近，白云何事远南天。

与君把盏催花发，陌道行旌绚彩霞。三五年来同雪案，七千里外隔天涯。
深依北阙龙颜近，翘首南云雁影斜。莫道凤池人去远，此身原许帝王家。

（四）姚咨俊

姚咨俊传记资料

《崇祯七年甲戌科进士履历便览》

姚咨俊，位甫。《易》五房。戊申年八月初六日生。新添卫人。辛酉乡试（三十一名），会二百九十二名，三甲二百十名。工部观政。乙亥，授安福知县。

《国朝历科题名碑录初集·明崇祯七年进士题名碑录》

姚咨俊（下缺）。

《类姓登科考》二萧

姚咨俊，贵州新添卫人，三甲。

乾隆《贵州通志》卷二十六

姚咨俊，新添人，官御史。

雍正《舒城县志》卷十四

姚咨俊，安福知县，贵州卫籍。

乾隆《贵州通志》卷三十一

姚咨俊妻唐氏，邑人。咨俊由进士筮仕江西安福县，今卒于官。唐扶榇还里，备极艰苦，守节以终奉旌。

乾隆《贵州通志》卷二十六

姚咨俊，新添人，官御史[①]。

① 康熙《贵州通志》卷十六作“官知县”。

（五）孙顺

1. 孙顺传记资料

《崇祯十年丁丑科进士履历便览》

孙顺，蒨溪。《诗》一房。癸丑二月二十二日生。安化县人。庚子九名，会二百五十四名，二甲二十五名。刑部观政。授安吉知州……（升户部浙江司员外，革职。）

《国朝历科题名碑录初集·明崇祯十年进士题名碑录》

孙顺，贵州思南府安化县籍，四川成都府绵州人。

《类姓登科考》十三元

孙顺，贵州思南府人，丁丑二甲。

乾隆《贵州通志》卷二十六

孙顺，思南人，官兵部。

道光《思南府续志》卷六

孙顺，安化县人，崇祯丁丑登科，登刘同升榜，官浙江安吉州知州，行取兵部浙江司员外郎，升本司郎中。

2. 孙顺诗文

道光《思南府续志》卷十二

白鹭洲

磅礴江心见浅洲，青沙有鹭狎同俦。引年栖息闲如鹤，快意忘机静似鸥。
素影蹁跹摇素练，清姿皎洁濯清流。因知王化滋禽鸟，羽族飞鸣得自由。

（六）胡允敬

胡允敬传记资料

《崇祯十年丁丑科进士履历便览》

胡允敬，止臣。《春秋》房。壬子十一月十七日生。贵州石阡府籍，内江人。乡三名，会二百八十三名，二甲二十八名。工部观政。戊寅，授南户部贵州司主事。庚辰，升湖广司郎中……（升顺德知府……升山东司郎中。）

《国朝历科题名碑录初集·明崇祯十年进士题名碑录》

胡允敬，贵州石阡府，民籍。

《类姓登科考》七虞

胡允敬，贵州石阡府人，丁丑二甲。

乾隆《贵州通志》卷二十六

胡允敬，石阡人，允恭弟，官知府。

《黔诗纪略》卷十八

（胡）允敬，天启四年（1624）举人，崇祯十年（1637）进士。官户部主事员外郎，出知直隶顺德府，降两淮运判，进南刑部主、事，卒官。

（七）李觉先

李觉先传记资料

《崇祯十年丁丑科进士履历便览》

李觉先，天予。《春秋》房。甲寅正月二十三日生。镇远县人。庚午十二名，会一百六十三名，三甲二十八名。户部观政。授南直宜兴县。（己卯，卒。）

《国朝历科题名碑录初集·明崇祯十年进士题名碑录》

李觉先，贵州镇远府镇远县，民籍。

《类姓登科考》四纸

李觉先，贵州镇远卫人，三甲。

乾隆《贵州通志》卷二十六

李觉先，镇远人，官知县。

乾隆《贵州通志》卷二十六

李觉先，镇远人，丁丑进士。

（八）周祚新

1. 周祚新传记资料

《崇祯十年丁丑科进士履历便览》

周祚新，又新。《诗》三房。辛亥七月初三日生。贵阳府人。丁卯二十六名，会五十九名，三甲九十六名。刑部观政。授兴化知县。己卯，调长山县……（甲申，补兵部车驾司主事。）

《国朝历科题名碑录初集·明崇祯十年进士题名碑录丁丑科》

周祚新，贵州贵阳卫，军籍。

《明诗纪事》辛签卷二十七上

（周）祚新，字又新，贵州卫人。崇祯丁丑进士，授户部主事。

《类姓登科考》十一尤

周祚新，贵州贵阳人，丁丑三甲。

乾隆《贵州通志》卷二十六

周祚新，贵阳人，官主事。

乾隆《贵州通志》卷二十六

周祚新，贵阳人，国彦子，丁丑进士。

《明季南略》卷一

有贵州举人杨文骢、周祚新北上，于浦口雇其驴，初未知为豪杰也。道经关山，突遇响马六人，文骢、祚新等亦娴弓马，欲与之敌。得功大呼曰："公等勿动，我往御之！"时杨、周管家亦颇材武，已于驴背跃下。行李与牲口重数百斤，得功一手挟驴，一手提行囊，突扑响马。响马大惊，乞止之，且曰："有言相告。"得功不听，扑击如故。响马急，齐下马罗拜曰："老兄真英雄，吾辈愿拜下风，勿失义气。"得功方止，亦拜曰："我不愿为此，只放吾等过去可也。"响马请姓氏，得功坚不与言，既而曰："黄姓，呼为黄大。"响马遗之以金，得功不受，乃去。杨、周两孝廉见其勇而有志，待以弟兄礼。

嘉庆《重修扬州府志》卷三十七

周祚新，德清人，进士。旧志误作"贵州人"。

《黔诗纪略》卷二十三

（周）祚新，字又新，号墨农，或呼墨龙，贵阳人（太学碑云：贵州卫人），天启七年（1627）举人。崇祯十年（1637）进士。官主事。善诗画，墨竹尤擅长。国朝李专《题墨竹》云："琅玕三尺凡五节，节节思化仙陂龙。谓非与可不能办，竟是黔人周墨农。祚新其名又新字，诗歌行草人推崇。"可想其风概。曲阿姜绍书《无声诗史》云：又新侨居金陵，为户部郎写墨竹，得文洋州梅沙弥心印盖。又新所藏多名迹，而与可仲圭之袜材咸萃青箱，故能为此君传神也。又新为杨龙友妹婿，收藏鼎彝书，画不亚于龙友，惜其集无传。

《无声诗史》卷四[①]

周祚新，字又新，贵州人，侨居金陵。崇祯丁丑进士，仕为户部郎，写墨竹，得文洋州梅沙弥心印盖。又新收藏多名迹，而与可仲圭之袜材咸萃青箱，故能为此君传神也。

《广阳杂记》卷一

周祚新，贵州人。弘光时兵部司官，遂家于南京，善书竹，号墨奴。今其遗迹已贵如拱璧矣。

《湖州进士名录》

周祚新，字又新。籍贯德清县。一说贵州人，侨居金陵。天启七年（1627）举人。崇祯十年（1637）登第。官户部郎中。

《骨董琐记全编·骨董琐记》卷三

周祚新，号墨奴，贵州人。善墨竹，宏光时官兵部司官，遂家于南京。今其遗迹已贵如拱璧。见《广阳杂记》。按马士英、杨文骢皆贵州人，祚新与同乡里，必其故旧。乃乱后不为众姓所恶，犹能安居，其品诣当有高过人者。

2. 周祚新诗文

《黔诗纪略》卷二十三

咏春水

东[②]娥细剪鹦哥翎，东皇绡帐鱼虾腥。天池浩瀚苍溟溟。碧涛翠汁渊泓渟。杨花未飞蒲未长，谷纹荡漾晴如纺。漪漪曲曲似有情，小泛轻舠不用桨。

---

① 清彭蕴灿撰《历代画史汇传》无"盖又新收藏多名迹，而与可仲圭之袜材咸萃青箱，故能为此君传神也。"

② 清陈田辑《明诗纪事》辛签卷二十七作"湘"。

途次读龙友新诗有怀作拟古三韵

神珠光烛天，赤龙抱电发。大士不得志，归卧南楼月。手持昆吾刀，光辉耀鬓发。

明堂登祖器，圭瓒考尧年。世眼售青黄，而乃自独贤。天子修大柴，明禋动山川。

明霞洞

岩岩石洞透青霞，清沚微芳峙一涯。芰径漫留书带草，延阶须植合欢花。
雨声滴沥欺残箨，雪意潆洄斗晓茶。寂寂涧门春色隐，谁从沧海问桑麻。

折枝牡丹

绰约新承雨露泽，名葩应自粲琼台。何人忍下并州剪，剪取春风枝上来。

落花诗

丁丁伐木应青峦，樵径花香锦似攒。谷口漫迷红紫雾，不知家在几千盘。
鱼竿袅袅钓丝柔，花港潆洄放叶舟。月午渔歌声彻浦，层层锦浪打船头。

《黔诗纪略》卷十九

《山水移》题词

人性动则浮，浮则露。惟（唯）静则深，深自活。机锋相逗，自现本来，一粒灵关，密移暗度，而静者自为理会耳。况山水为物，肌细理绵，神渊情扃，非夫浅人入手便得，置身可探。浮动之气为山水，乡愿乌识所谓移哉？

吾友龙友，负山水癖，人见其好游似动，而不知其性静居平，笔走云烟，思通造化，摩诘死后，千年再生，所谓宿世词客，前身画师，余欲取为龙友像赞，不虚也。

一日自台、荡归，坐余于影阁水上，余见其眉际峰青，眼底波碧，鼻吸龙湫，口呵雁人，余知非向时故吾。俄而觅龙友不得，但见数十万丈飞湫挂壁，杳霭空中，时见雷车，或成风马，溃云沫雨，润我几席，银虬青霓，骇我视听，余心知为山水移也，然而不敢一时喝破，留以洗吾肠而涤砚焉。此龙友以移移我也。急起闭户，静以藏之，敢令浅人一觑。

眷社弟周祚新具草。

（九）苏国瓛

苏国瓛传记资料

《崇祯十六年癸未科进士履历便览》

苏国瓛，瑜公。《易》二房。甲子年十二月二十二日生。敷勇卫籍，晋江县人。壬午十一名，会试第二百五名，二甲四十六名。

《国朝历科题名碑录初集·明崇祯十六年进士题名碑录》

苏国瓛，云南□□□江县。民籍。

《类姓登科考》七虞

苏国瓛，贵州敷勇卫人，癸未二甲。

乾隆《贵州通志》卷二十六

苏国瓛，敷勇人，官御史。

雍正《福建通志》卷三十八

苏国瓛，贵州中式，癸未进士。

参考文献

一、古籍

（明）陈循等纂修：《寰宇通志》，明景泰年间刻本。

（明）陈子龙撰：《安雅堂稿》，中国国家图书馆藏明崇祯刻本。

（明）过庭训撰：《本朝分省人物考》，明天启年间刻本。

（明）何出光等撰，喻思恂续撰：《兰台法鉴录》，明万历二十五年（1597）刻崇祯四年（1631）续刻本。

（明）林尧俞等纂修，余汝楫等编撰：《礼部志稿》，《景印文渊阁四库全书》第597—598册，台北：商务印书馆，1986年。

（明）孟思撰：《孟龙川文集》，明万历十七年（1589）刻本。

（明）孙应鳌撰：《孙文恭公遗书》，清光绪六年（1880）独山莫氏刻本。

（明）温纯：《温恭毅集》，《景印文渊阁四库全书》第1288册，台北：商务印书馆，1986年。

（明）俞宪撰：《皇明进士登科考》，台北：学生书局，1986年。

（清）陈田辑：《明诗纪事》，清光绪二十五年（1899）贵阳陈氏听诗斋刻本。

（清）计六奇辑：《明季北略》，清都城琉璃厂半松居士活字印本。

（清）姜绍书撰：《无声诗史》，清康熙五十九年（1720）李光映观妙斋刻本。

（清）梁同书撰：《频罗庵遗集》，清嘉庆二十二年（1817）刻本。

（清）刘廷献撰：《广阳杂记》，清光绪吴县潘氏刻功顺堂从书本。

（清）彭蕴灿撰：《历代画史汇传》，清道光五年（1825）吴门尚志堂彭氏刻本。

（清）盛子邺辑：《类姓登科考》，《四库全书存目丛书·史部》第226册，济南：齐鲁书社，1996年。

（清）唐树义、莫友芝、黎兆勋：《黔诗纪略》，清同治十二年（1873）遵义唐氏梦研斋刻本。

（清）佚名：《明季烈臣传》，清抄本。

（清）张廷玉等：《明史》，《景印文渊阁四库全书》第 297—302 册，台北：商务印书馆，1986 年。

二、方志

道光《宝庆府志》，台北：成文出版社，1975 年。

道光《大定府志》，清道光二十九年（1849）刻本。

道光《贵阳府志》，清咸丰二年（1852）刻本

道光《思南府续志》，清道光二十一年（1841）刻本。

道光《肇庆府志》，清道光十三年（1833）修光绪二年（1876）重刊本。

道光《重修仪征县志》，清光绪十六年（1890）刻本。

光绪《归安县志》，清光绪八年（1882）刻本。

光绪《黎平府志》，清光绪十八年（1892）刻本。

光绪《普安直隶厅志》，清光绪十五年（1889）刻本。

弘治《贵州图经新志》，明弘治年间刻本。

嘉靖《贵州通志》，明嘉靖三十四年（1555）刻本。

嘉庆《大清一统志》，上海：上海古籍出版社，2008 年。

康熙《贵州通志》，南京：凤凰出版社，2010 年。

康熙《云南府志》，清康熙三十五年（1696）刊本。

民国《贵州通志》，民国三十七年（1948）铅印本。

民国《湖北通志》，民国十年（1921）影印本。

民国《宁国府志》，民国八年（1919）影印本。

民国《沿河县志》，民国三十二年（1943）铅印本。

乾隆《贵州通志》，《景印文渊阁四库全书》第 329—330 册，台北：商务印书馆，1986 年。

乾隆《云南通志》，《景印文渊阁四库全书》第 569—570 册，台北：商务印书馆，1986 年。

万历《贵州通志》，北京：书目文献出版社，1991 年。

万历《黔记》，明万历三十六年（1608）刻本。

万历《新修南昌府志》，明万历十六年（1588）刻本。

咸丰《安顺府志》，清咸丰元年（1851）刻本。

咸丰《兴义府志》，清咸丰四年（1854）刻本。

三、今人专著

邓之诚：《骨董琐记全编》，北京：生活·读书·新知三联书店，1955 年。

贵州省博物馆：《贵州省墓志选集》，贵阳：贵州省博物馆，1986 年。

屈万里主编：《明代登科录汇编》，台北：学生书局，1969 年。

叙永县编史修志委员会：《叙永文钞》，1983 年。

四、论文

龚延明、邱进春：《明代登科进士总数考》，《浙江大学学报（人文社会科学版）》2006 年第 3 期。

斯信强：《再识谢士章之身世》，《贵州文史丛刊》2010 年第 4 期。